U0145557

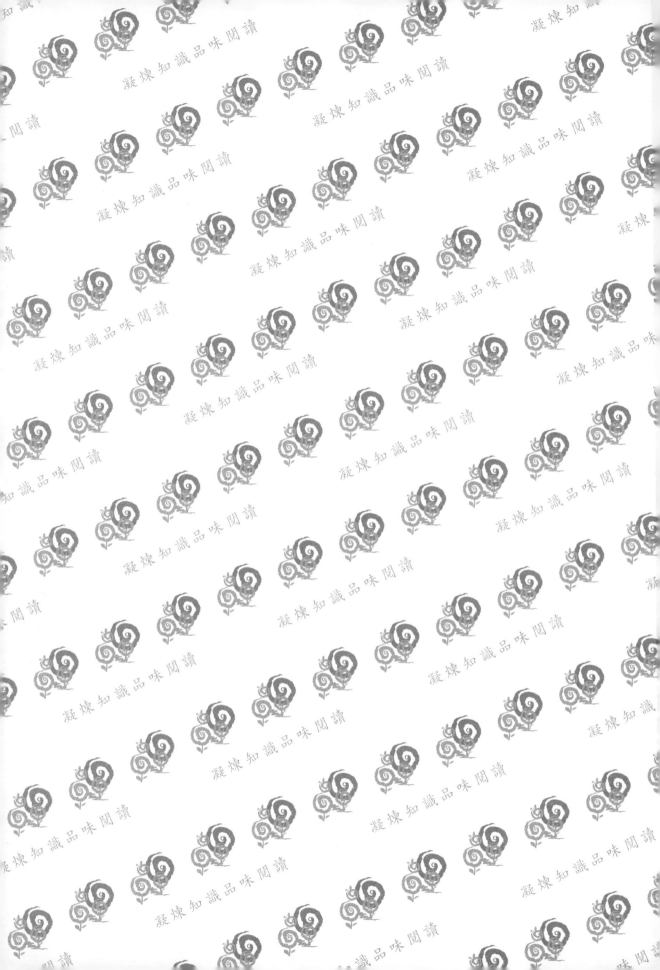

應用統計分析
——SPSS 的運用

陳寬裕 著

五南圖書出版公司 印行

序

　　SPSS（Statistics Package for Social Science）是目前世界上最優秀的統計套裝軟體之一，且SPSS也已廣泛被應用於自然科學與社會科學的研究中。鑒於SPSS突出的優越性，後學本著讓更多的讀者熟悉和掌握該軟體的初衷，進而強化分析數據能力而編寫本書。

　　本書特別適用於教學單位，在統計學或應用統計學等課程授課時使用。另外，亦非常適合於需進行學術論文寫作或個案專題者。其內容涵蓋了一般論文或專題寫作時，所需用到的各種統計方法，諸如：次數分配、現況分析、項目分析、無反應偏差、資料合併檢驗、共同方法變異、重要度—表現分析、相關分析、探索性因素分析、信度分析、收斂與區別效度檢驗、卡方檢定、t檢定、變異數分析、迴歸分析等。而且書中幾乎所有的範例都是實際碩士論文的原始資料與分析結果，期盼讓讀者能身歷其境，融入研究之情境中。

　　本書於內容編排的特點是對於每一個統計分析方法先簡略闡述其基本概念，然後介紹該方法的功能與應用，再介紹該方法能做什麼；接著再運用範例介紹如何去做和如何解讀分析結果。此外，本書在每一章後皆附有習題，方便授課教師驗收學生的學習效果。另外本書的編排方式尚有一大特色，即對於每一範例的操作過程與報表解說或內文中需額外講解的部分，皆附有影音檔。藉由影音檔當可促進讀者的學習效率，亦可減輕授課教師於課堂上的負擔。

　　本書的特質應該較屬於統計工具書，其目的是希望讀者能透過本書的引導，而能自力完成論文或專題的統計分析部分。因此，本書特別著重於統計方法的實務應用與操作。書中很多統計理論或方法都是整理博、碩士論文中常用的解說與分析方式，以及參考國內知名作家如：林震岩教授、吳明隆教授、吳統雄教授、邱皓政教授、黃芳銘教授與榮泰生教授的著作而來。書中或有誤謬、未附引註、文獻遺漏等缺失，在此先向諸位先進與讀者致上十二萬分的歉意，並盼各方賢達能以正面思考之方式，提供後學補遺、改進之契機。

　　本書得以順利出版，首先感謝五南圖書公司的鼎力支持與協助，其次感謝亦師、亦友的長榮大學經營管理研究所王正華所長，還有對我容忍有加的家人以及默默協助我的同事、學生。由於編寫時間倉促，後學水準亦有限，錯誤之處在所難免，敬請批評指正，後學不勝感激！

陳寬裕

謹識於 屏東科技大學休閒運動健康系

pf.kuan.yu.chen@gmail.com

2017年8月

目　錄

第 0 章

使用本書前

　　本書可應用在兩個方面，一則可作為大專院校「統計學」或「應用統計學」教科書；另一則可作為大專生或研究生製作專題、完成論文時的參考書。使用本書時，建議讀者先行閱讀下列說明：

一、範例檔與習題檔的使用

　　本書中所有的範例與習題皆附有相關檔案，檔案為ZIP格式（檔名：應用統計.zip）。於下載後，使用解壓縮程式解開即可使用。下載網址如下：

　　範例檔與習題檔的網址：https://goo.gl/2uhquT

　　解壓縮後，「應用統計」資料夾中包含兩個子資料夾，其名稱分別為「example」與「exercise」。「example」（範例檔）與「exercise」（習題檔）子資料夾中，將依各章序號存放檔案，範例檔的編號以「ex」為頭文字、習題檔則以「hw」為頭文字。欲使用檔案時，可依下列方式，找到檔案：

1. 欲開啟「第3章」之「範例3-6」所使用的SPSS資料檔時，其檔案路徑即為：
　　路徑：「..\應用統計\ example\chap03\ex3-6.sav」
2. 欲開啟「第10章」之「習題10-2」所使用的SPSS資料檔時，其檔案路徑即為：
　　路徑：「..\應用統計\ exercise \chap10\hw10-2.sav」

二、教學影音檔的使用

　　以本書為「統計學」或「應用統計學」教材時，課程內容可依本書的目錄循序漸進。在每週3小時的課程中，若能配合教學影音檔的使用，當可完成全部章節的課堂教學。而課程若為每週2小時的話，則建議教師能以課程目標為考量，選取部分章節於課堂教學，另以家庭作業方式與配合影音教材使用，鼓勵學生自行學習、研究其餘章節。

　　教學影音檔已發布於「YouTube」影音平臺。使用時，讀者可藉由搜尋關鍵字「應用統計分析_SPSS的運用」或下列網址或掃描QR code，而選擇、觀賞所需的教學影音檔。本書之頻道網址如下：

　　本書的頻道網址：https://goo.gl/zfsrnC

QR code：

　　欲觀賞所需的教學影音檔時，請先至本書的頻道，然後依「範例編號」即可找到所需的教學影音檔。例如：欲觀賞「範例8-2」的教學影音檔時，只需至本書的頻

道，然後找到標題名稱為「應用統計ex8-2.wmv」的影音檔即可。另外，亦可於各章節中，直接掃描附於各「範例題目」旁的QR code。

三、專題或論文寫作的指引

若以本書為製作專題或完成論文的參考書時，則建議能考量專題／論文的統計需求，善用下列所規劃的寫作程序。

就一般專題／論文的製作過程而言，常依問卷的發展過程而分成「預試階段」與「正式施測階段」，以下將就各階段的資料屬性，提供統計方法應用上的指引。在運用時，這些統計方法有其「順序性」與「選擇性」，只要依照本書所建議的程序，再配合影音教材使用，當可輕鬆的完成專題／論文的統計分析。

(一) 預試階段

在預試階段中，主要將進行如表0-1所詳列統計分析工作，盼讀者能遵循其「順序性」與配合書中章節內容、影音教材，循序漸進完成預試階段所須進行的統計分析任務。

表0-1　預試階段統計方法指引

順序	統計方法	選擇性	參考指引
1	建立預試資料檔	必選	第1、2章內容 範例2-1、2-2
2	反向題重新計分	可選	第3-4節內容 範例3-4
3	資料合併決定分析	可選	第10-7節內容 範例10-7
4	項目分析	必選	第6-3節內容 第7-6節內容 範例6-1 範例7-1
5	信度分析	可選	第6章內容 範例6-2
6	效度分析	可選	第7章內容 第8-4節內容 範例7-2 範例8-4

(二) 正式施測階段

　　在正式施測階段中，所須進行的統計分析工作較為繁雜，但只要讀者能遵循表0-2所詳列的統計方法，再配合書中章節內容、影音教材指引，當可輕鬆完成專題／論文的統計分析工作。

表0-2　正式施測階段統計方法指引

順序	統計方法		選擇性	參考指引
1	建立正式施測資料檔		必選	第1、2章內容 範例2-1、2-2
2	反向題重新計分		可選	第3-4節內容 範例3-4
3	資料合併決定分析		可選	第10-7節內容 範例10-7
4	無反應偏差檢定		可選	第9-7節內容 範例9-2
5	樣本資料常態性檢定		可選	第3-1節內容 範例3-1
6	個案基本資料分析		必選	第4-1節內容 範例4-1
7	信度分析		必選	第6章內容 範例6-2
8	效度分析		必選	第7章內容 第8-4節內容 範例7-2、範例8-4
9	共同方法變異檢測		可選	第7-8節內容 範例7-3
10	研究變數的現況分析		必選	第4-2節內容 範例4-2
11	研究變數的差異性分析		必選	第10、11章內容 範例11-3
12	主題性統計方法			
	(1)	IPA分析法	可選	第5章內容 範例5-1
	(2)	差異性檢定	可選	第10、11章內容
	(3)	課程介入效果研究	可選	第10、11章內容
	(4)	市場區隔研究	可選	第9章內容
	(5)	相關性研究	可選	第8章內容
	(6)	預測模型研究	可選	第12章內容
	(7)	解釋模型研究	可選	第12章內容

四、進階研究

　　如果想進行更深入、更創新的研究的話，那麼進階統計方法使用是必然的。此時，建議使用本人所編著的另一本專業論文統計書籍：新版《論文統計分析實務：SPSS與AMOS的運用》。在新版《論文統計分析實務：SPSS與AMOS的運用》中，除涵蓋本書之所有內容外，另增加了許多進階的統計方法，諸如：

1. 複選題分析與卡方檢定
2. 項目分析
3. 二因子完全獨立變異數分析
4. 二因子混合設計變異數分析
5. 二因子完全相依變異數分析
6. 典型相關分析
7. 階層迴歸的應用──中介與干擾效果的檢測
8. Sobel Test──中介效果的檢測
9. 結構方程模型──驗證性因素分析
10. 結構方程模型──潛在變數的路徑分析

　　相信，藉由《應用統計分析：SPSS的運用》與新版《論文統計分析實務：SPSS與AMOS的運用》等書籍，必能使研究者不再困擾於進階統計方法的使用、報表的解讀與結論的製作，而能更專注於研究議題的創新與發展。

第 **1** 章
簡介與建立資料檔

　　本章所介紹的內容是學習使用SPSS軟體的第一步。內容主要偏重於介紹SPSS軟體的基本視窗介面、操作技巧與資料檔的建立過程，期使讀者能對SPSS軟體的功能有個基本認識。因此，本章的目的是使讀者在學習開始使用SPSS軟體，進行統計分析的實作之前，能夠對它有一個初步了解，為以後的學習打下基礎。

本章內容包括：

　　(1) SPSS的視窗、選單的簡介和功能介紹

　　(2) SPSS的基本操作

　　(3) 如何建立SPSS資料檔

　　(4) 如何匯入其他格式之資料檔至SPSS中

1-1　SPSS的主畫面

　　啓動SPSS軟體後，會開啓兩個視窗。一個為「主要操作畫面」（圖1-1）；另一個為【報表】視窗。【報表】視窗暫時還用不到，所以不針對它做說明。在「主要操作畫面」視窗中，包含兩種操作頁面，一稱為【資料視圖】視窗，它是個可用以輸入、編輯、定義、轉換及儲存SPSS資料檔案，並且進行統計分析的視窗；另一稱為【變數視圖】視窗，它可用來檢視、新增、修改變數名稱以及進行變數之屬性建立與修改。SPSS軟體的「主要操作畫面」，由以下幾部分所組成：

(一) 標題列

　　標題列可顯示所開啓的資料檔之檔名。當它呈現藍底白字時，意味著視窗正處於可作用狀態，這時可以對視窗進行編輯操作。圖1-1中，標題列目前顯示「未命名標題1」，代表目前的編輯狀態，只是開啓了SPSS且正處於編輯狀態中，尚未存檔。

(二) 主選單

　　主選單中將顯示出各類子功能的最高層選單，這是最主要的命令操作選擇菜單。如果要進行某些實際的操作，就需要先按這些主選單，然後在彈出的子選單中選擇命令選項，就可完成所欲執行的特定功能。

(三) 工具列

　　工具列中會提供各種最常用的實用工具按鈕、圖示。選擇了某個工具按鈕就相當於執行了一個相對應的主選單中的命令，相當簡潔、方便。

(四)【頁面類型切換】標籤

在【頁面類型切換】標籤中，可切換主畫面的顯示模式。顯示模式有兩類，一類是【資料視圖】視窗，它是個可用以輸入、編輯、定義、轉換及儲存SPSS資料檔案並且進行統計分析的視窗，其操作方式類似於MS Excel試算表軟體；另一類是【變數視圖】視窗，它可用來檢視、新增、修改變數名稱以及進行變數之屬性建立與修改。建立一個新的資料檔時，須先使用【變數視圖】視窗定義變數，然後再使用【資料視圖】視窗輸入資料。

(五) 資料編輯區

資料編輯區會隨使用者對【頁面類型切換】標籤的選擇，而有不同的顯示畫面，即【資料視圖】頁面與【變數視圖】頁面。不管哪種頁面，在資料編輯區中，可進行資料或變數名稱的編輯。

(六) 狀態列

狀態列會顯示出SPSS系統目前所處的工作狀態。例如：圖1-1中顯示出「IBM SPSS Statistics處理器已就緒」，即代表SPSS系統已經準備就緒，此時已可以進行資料編輯或分析工作了。

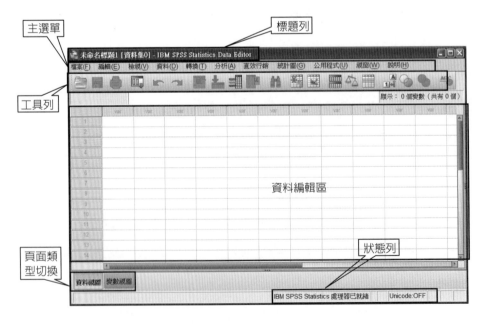

圖1-1　SPSS的「主要操作畫面」

SPSS視窗和其他Windows視窗一樣，可以對其進行移動或改變大小的操作。在它的標題列上使用滑鼠按住不放，可以把它移動到任何位置。也可以在它的邊和角上按住滑鼠不放進行拖拉，以改變視窗的大小。

1-2　開啓資料檔

如果要對一個資料檔進行編輯或分析，那麼就必須先開啓它。在SPSS中，開啓資料檔的方式和一般Windows視窗並無不同。當資料檔（副檔名爲*.sav）開啓後，資料檔所包含的資料就會顯示在SPSS的【資料視圖】視窗中。第1-1節中的圖1-1所示的【資料視圖】視窗中，之所以沒有任何資料，是因爲啓動SPSS時還沒有開啓任何資料檔，也沒有輸入任何資料之緣故。

如果要建立新的資料檔，則可以在已開啓的空白【資料視圖】視窗中直接輸入資料即可，或者也可以再重新執行一次【檔案】／【開啓新檔】／【資料】。如果想要開啓早已儲存在電腦中的資料檔，則可以按照下面的步驟來開啓它：

步驟1：執行【檔案】／【開啓】／【資料】。

步驟2：隨後彈出【開啓資料】對話框，即可利用【搜尋】的下拉式清單，選取要開啓之檔案所在的資料夾，直到找到檔案，再選定這個檔案，該檔的檔案名就會出現在對話框下方之【檔案名稱】輸入欄中，如圖1-2所示。

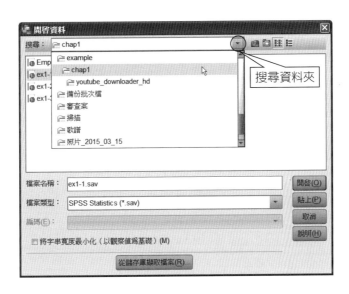

圖1-2　尋找要開啓的檔案

步驟3：找到所要開啓的檔案之後，選定它，然後按【開啓】鈕，就可開啓檔案。此
時就可以在【資料視圖】視窗中看見資料檔中的資料了，如圖1-3所示。

圖1-3　【資料視圖】視窗已出現資料

　　圖1-3即爲開啓「應用統計\example\chap01\ex1-1.sav」後，於【資料視圖】視窗
中顯示出資料的情形。可以看到，在視窗的下方，有【資料視圖】與【變數視圖】兩
個標籤頁，可以利用這兩個標籤頁在【資料視圖】視窗和【變數視圖】視窗之間切
換。如果按【變數視圖】，則視窗變成了圖1-4所顯示的樣子，這就是【變數視圖】
視窗。其內顯示了變數的各種屬性，如變數名稱、類型、欄位寬度、小數位數、標籤
等資訊，在這裡可以清楚地看到檔案所記錄的是些什麼意義、型態、特質的資料。

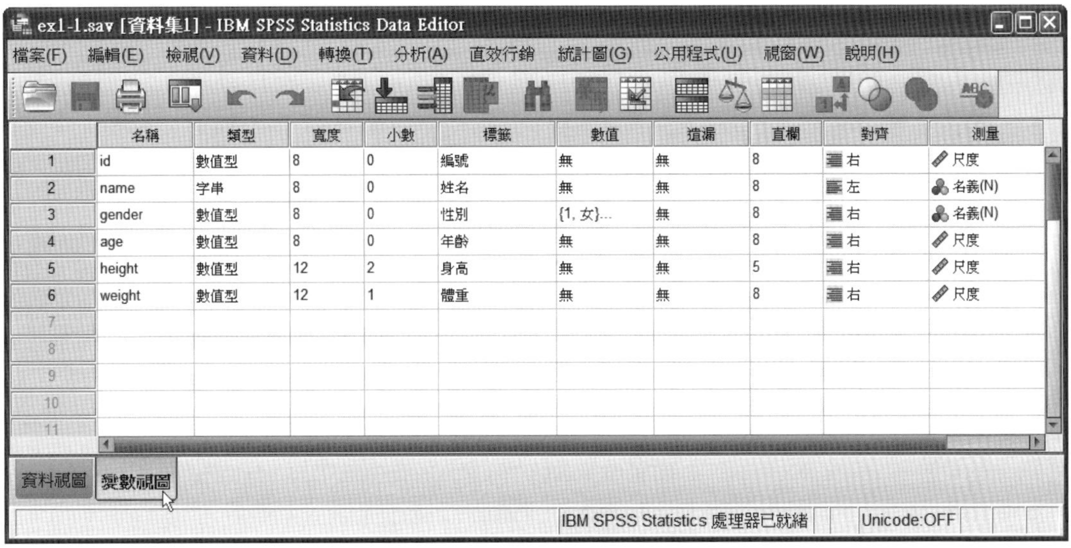

圖1-4　【變數視圖】視窗

1-3　編輯資料

　　【資料視圖】視窗是用來輸入、編輯、定義、轉換及儲存SPSS資料檔案，並且進行統計分析的視窗。也是SPSS軟體啓動後，預設狀態下系統的主畫面。使用者在該視窗中可完成建立、編輯資料檔，進行統計分析的一切工作。在【資料視圖】視窗中，可以使用與電子試算表（MS Excel）相似的方式建立和編輯資料檔。SPSS系統提供了兩種檢視方式，即【資料視圖】（圖1-3）與【變數視圖】（圖1-4）。

　　【資料視圖】視窗：顯示實際的資料和變數的數值標籤。
　　【變數視圖】視窗：顯示變數的定義資訊，包括變數名稱、資料型態（數值
　　　　　　　　　　　型、字串型、日期型）、變數總寬度、變數標籤、數值標
　　　　　　　　　　　籤、測量尺度和遺漏值等。

　　【資料視圖】視窗主要由三部分所組成，說明如下：
➤ 視窗標題列：如圖1-5所示的「藍底白字」那一列，就稱爲是【視窗標題列】。
　　　　　　　　【視窗標題列】可顯示資料檔的檔名。當新建一個資料檔且尚未命
　　　　　　　　名儲存時，系統將指定一個預設的檔名，如「未命名標題1」。

> 資料顯示區：畫面中央的主要區域是資料顯示區。它由兩張標籤頁所組成（【資料視圖】視窗和【變數視圖】視窗），每張標籤頁均為一個二維平面表格。在【變數視圖】視窗中可定義變數名稱及變數的屬性，在【資料視圖】視窗中可輸入並顯示變數值，資料表的第一行為記錄編號，資料表最頂部的一列為變數名稱。

> 資料狀態欄與資料編輯欄：在【資料視圖】視窗中，資料顯示區的上方有兩個矩形框，左邊的框中顯示目前記錄編號和變數名稱，此稱為資料狀態欄；右邊的框中，會顯示出使用者目前所輸入的數值，稱為資料編輯欄。輸入資料後按「Enter」鍵，系統將根據所定義的變數寬度，將數值顯示在所選取的儲存格中。

在【資料視圖】視窗中，SPSS的資料編輯畫面採用了二維表格的格式，即由行和列所組成，行、列的交叉處稱為「儲存格」。每一橫列就是一個「觀察個案」（簡稱個案，如果是問卷資料的話，就代表一位受訪者對所有題項的填答結果）或稱一筆記錄；而每一直行就是一個「變數」。每個儲存格裡儲存著某一特定觀察個案的特定變數的實際數值（即觀察值）。如果要改變某個儲存格的數值，則可以按照下面的步驟來做。

步驟1：請開啟「ex1-1.sav」，然後於欲進行編輯的儲存格上用滑鼠按一下，此時這個儲存格的邊緣將顯示為較粗的黑框，且它的資料值會出現在工具欄下方的【資料編輯欄】中，如圖1-5所示。

步驟2：直接於儲存格中輸入要重新賦予的數值，然後按鍵盤的【Enter】鍵，這時就可以看到儲存格中的資料已經更新了。此外，也可以在【資料編輯欄】中輸入新的數值以替換原來的數值，但這時儲存格中的數值還未更新，必須按鍵盤的【Enter】鍵確認後，儲存格中的數值才會改變。

步驟3：如果在輸入新的數值之後，又不想做更改了，這時如果還沒有按鍵盤的【Enter】鍵的話，那麼就可以按【Esc】鍵來取消這項操作，這樣原來的資料就會被保留下來，不會被更改掉。而若已按【Enter】鍵的話，則可執行【編輯】／【復原】或按回復鈕，來取消先前的操作動作。

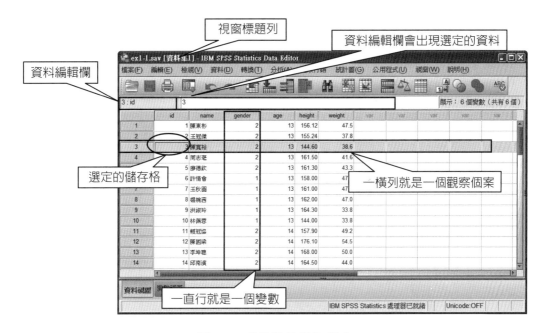

圖1-5　【資料視圖】視窗

1-4　建立新檔案

　　如果要利用SPSS儲存問卷或實驗的資料時，就必須先在SPSS中建立一個新的資料檔。建立一個新的資料檔時，須先使用【變數視圖】視窗定義變數，然後再使用【資料視圖】視窗輸入資料。詳細步驟如下：

步驟1：先定義變數。啟動SPSS之後，執行【檔案】／【開新檔案】／【資料】後，預設狀態是直接開啟【資料視圖】視窗，只要按底部狀態欄上方的【變數視圖】標籤，就可以切換至【變數視圖】視窗，在此視窗中即可進行定義變數的相關工作。

步驟2：選定【名稱】下面的第一個儲存格，就可開始輸入變數名稱。

步驟3：變數名稱輸入之後，由於SPSS預設的變數類型為數值。因此【類型】、【寬度】、【小數位數】等三欄都不再是空白，會自動顯示出SPSS的預設值，即【類型】欄預設為「數值型」、【寬度】預設為「8」、【小數位數】預設為「2」。如果使用者真正要定義的變數屬數值型的話，就不必管它，直接進行後面的步驟即可。但如果是其他類型的變數，就要於【數值型】字樣上按一

下，待出現▢鈕後，按▢鈕，就會彈出【變數類型】對話框，於此就可設定變數的類型，如圖1-6所示。

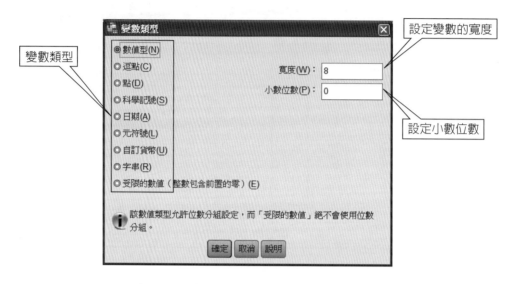

圖1-6　設定變數的類型、寬度和小數位數

使用者可根據自己想要定義的變數的類型，在這9種資料型態中選擇其中一種。這9種類型的意義見表1-1。

表1-1　SPSS的變數類型

變數類型	意義	資料顯示格式說明	範例
數值型	標準數值型	用標準型數值格式顯示數值。	1234.56
逗點	帶逗號的數值型	整數部分從右向左，每3位加一個逗號，作為分隔符號。	1,234.56
點	圓點數值型	整數部分自右向左每3位加一個圓點，以作為分隔符號。小數點則改用逗號表示。	1.234,56
科學記號	科學記號型	用科學記號法顯示數值。	1.2E+03
日期	日期型	從SPSS提供的日期和時間顯示格式中選擇所需的即可，不能進行運算。	12/31/2009
元符號	貨幣型	從SPSS提供的貨幣顯示格式中選擇所需的即可，輸入的數值前面會有$符號。	$1,234.56
自訂貨幣	自定義型	自定義常用的數值型變數的顯示格式。	自定義
字串	字串型	輸入字元，可用中文，不能進行運算。	ACA101，男性等
受限的數值	整數包含前置的零	整數前會依變數的寬度，自動填滿0。	00000001

步驟4：定義變數類型時，可以使用預設的變數寬度和小數點位數，如果不想使用預設的寬度，也可以自己輸入寬度的數值。定義好【類型】、【寬度】、【小數位數】等三欄之後，接下來可以依序定義變數的名稱【標籤】（即變數名稱備註）、變數【值】標籤（變數值的備註）、【遺漏值】等。這些欄位在定義變數時皆屬可選的，不是必須要定義的，因此不再一一說明，待1-8節時再予以詳細說明。

步驟5：定義好變數之後，就可以輸入資料了。先切換至【資料視圖】視窗，在【資料視圖】視窗即可輸入資料。

步驟6：選定要輸入資料的起始儲存格，此時這個儲存格會成為可作用的儲存格，且該儲存格會具有黃色網底，代表處於可編輯狀態。

步驟7：從鍵盤輸入數值，此時資料會顯示在資料編輯欄中，按【Enter】鍵或者移動滑鼠之後，輸入的數值會顯示在儲存格中。如果是按【Enter】鍵確定輸入資料，則可編輯儲存格會下移一格；如果按滑鼠鍵確定輸入資料，則可編輯儲存格會移到滑鼠所點的任意位置的儲存格。

步驟8：繼續輸入其他儲存格的資料，直到所有資料輸入完畢。

　　如果變數的類型不太複雜，有時為了方便，也可以省略定義變數這個步驟。在啟動SPSS後，直接在【資料視圖】視窗中輸入資料。這時，變數名稱會預設為VAR00001、VAR00002、VAR00003等，變數類型則會預設為標準數值型，預設總寬度為8，小數位數為2。

1-5　資料的修改

　　有時，使用者也需要對已存在的資料檔進行修改，對此情形將分兩種情況來做說明。一種是在不改變原有檔案整體結構的情況下，修改某個數值或某個變數的定義，這兩個操作在前文都已做了詳細說明。前者的操作在談到【資料視圖】視窗時已經提到了（第1-3節），後者在介紹如何定義變數時（第1-4節）也已說明過，因此這裡不再贅述。

　　另一種情況正是本小節所要說明的。比如，有時要增加或刪除一個變數、增加或刪除一個觀察個案等操作，這時就會改變檔案原有的結構。進行這類操作的方法有很多種，下面將分別舉例說明最常用的方式。假設已經開啟一已存在的檔案，並已顯示出【資料視圖】視窗。

(一) 增加一個新變數

在【資料視圖】視窗中，如果要在第4個變數前插入一個新變數，那麼就可以選定第4行資料的任一儲存格，然後執行【資料】／【插入新變數】，此時就會看到第4行左邊出現一個新的變數行，且變數名稱預設為VAR00001，原第4行自動右移成為第5行了。

(二) 刪除一個變數

在【資料視圖】視窗中，假如要刪除第3個變數，可以按第3個變數的名稱，這時整個第3行都會被選中，而具有黃色網底。然後執行【編輯】／【清除】，或直接按【Delete】鍵，如此該變數就被刪除了，原第4行將自動左移成為第3行。

(三) 增加一個新的觀察個案

在【資料視圖】視窗中，如果要在第5個觀察個案前插入一個新的觀察個案，則可以選定第5列資料的任一儲存格，然後執行【資料】／【插入觀察值】，就會看到第5列上方出現了一個新的空白觀察值列，原第5列自動下移成為第6列。

(四) 刪除一個觀察個案

在【資料視圖】視窗中，如果要刪除第7個觀察個案，可以按第7列的列號，以選取整個第7列，被選取的列會具有黃色網底。然後執行【編輯】／【清除】，或直接按【Delete】鍵，該列就可被刪除了，且原第8列就會自動上移而成為第7列。

此外，還有一些需要修改資料的情況。例如：在輸入資料時，遺漏或重複輸入了某個觀察值，或需要改變變數和觀察個案排列的順序，以及根據實際分析的需要，只想選擇部分變數或觀察個案進行分析等操作，這些操作通常與一般的MS Excel的操作非常類似。一般而言，都會使用滑鼠輔助選取資料區域，而後執行【編輯】選單中的【剪下】、【複製】、【貼上】、【清除】等命令，或者在選取區域後按右鍵，然後在彈出的快捷選單中選擇這些命令，也可以進行相對應的操作。

◆ 1-6 資料檔的儲存 ◆

SPSS可以將輸入的資料或已經開啟的資料檔，儲存為多種檔案格式，以利於其他程式使用；同時，它也能夠使用、開啟多種其他格式的資料檔。這就大大方便了資

料在不同的應用程式之間進行交換，達到資源共享的目的。

對於第一次要儲存的資料檔，可以執行【檔案】／【儲存檔案】，此時就會開啟【儲存檔案為】對話框，如圖1-7所示。找到要存放檔案的資料夾後，在【檔案名稱】輸入欄中輸入檔案名稱，然後在【存檔類型】下拉式清單方塊中選擇要儲存的檔案類型，最後按【儲存】鈕，就可將檔案儲存下來了。在【存檔類型】下拉式清單方塊中有相當多種檔案類型，可適用於各種不同應用程式的檔案格式，讀者可依自己需求自行選用。

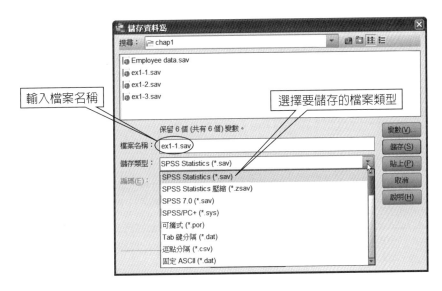

圖1-7　【儲存檔案為】對話框

通常使用者都會把檔案類型儲存成SPSS資料檔的格式，即預設的SPSS Statistics（*.sav）格式，則副檔名為「*.sav」。此外，為了方便起見，本書中所用到的所有資料檔也都是屬於SPSS資料檔的格式。

其次，對於那些重新進行編輯之後的檔案，如果使用者仍希望以原來的檔案名稱和格式來儲存修改後的檔案內容時，也可以執行【檔案】／【儲存檔案】命令，此時新的檔案內容就會覆蓋掉原有的檔案內容，但是檔案名稱不會改變。

而如果在對某個檔案內容進行編輯之後，想重新更改檔名或更改儲存檔的格式時，則可以執行【檔案】／【另存新檔】命令。此時也會開啟【儲存檔案為】對話框。在此輸入新的檔案名稱，選擇新的檔案類型，選擇欲存放檔案的資料夾，然後按【儲存】鈕，即可以「新的檔案名稱」儲存新的檔案內容。

範例1-1

圖1-8、表1-2分別為某問卷之資料檔與問卷各題項（變數）的編碼格式表，請依照圖1-8、表1-2的編碼格式，建立SPSS資料檔，並存檔為「ex1-1_ans.sav」。

圖1-8、表1-2分別爲某問卷之資料檔與問卷各題項（變數）的編碼格式表，請依照圖1-8、表1-2的編碼格式，建立SPSS資料檔，並存檔爲「ex1-1_ans.sav」。

	id	company	dept	jobtime	gender	bdate	salary	educ
1	1	元大科技	研發部	12.0	1	02/03/1987	$37,000	3
2	2	聯發實業	人力資源	36.0	2	05/23/1978	$50,200	4
3	3	三立媒體	攝影部	42.0	2	07/26/1968	$81,450	3
4	4	都蘭食品	檢驗部	22.0	2	04/15/1995	$21,900	4
5	5	上好食品	會計部	28.0	1	02/09/1978	$45,000	3
6	6	好快運輸	財務部	74.0	1	09/01/1972	$36,000	5

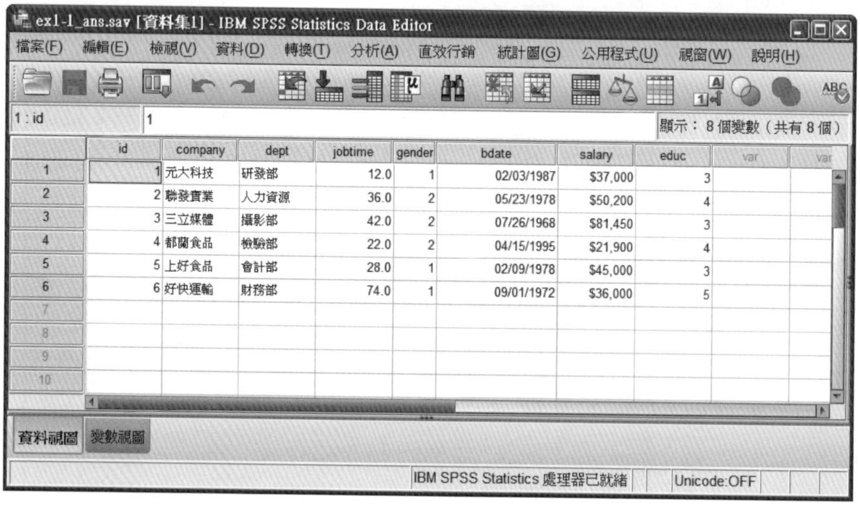

圖1-8　完成後的資料檔

表1-2　編碼格式表

構面名稱	欄位編號	變數名稱	變數標註	數值	數值標註	遺漏值
基本資料	1	id	受訪者編號	000-999	—	—
	2	company	公司名稱	文字	—	—
	3	dept	部門名稱	文字	—	—
	4	jobtime	資歷（月為單位）	0.0-999.9	—	0
	5	gender	性別	1	男	9
				2	女	
	6	bdate	出生年月日	日期		—
	7	salary	月薪（元為單位）	元符號		999
	8	educ	教育程度	1	國中或以下	9
				2	高中職	
				3	專科	
				4	大學	
				5	研究所或以上	

　　所謂「編碼」，即將受訪者回答之選項量化成數字的過程。通常一份問卷會有一份專屬的「編碼格式表」，表1-2即為某問卷的編碼格式表。建議讀者養成好習慣，要建立資料檔前，請嚴守紀律，先建立問卷的編碼格式表。編碼格式表就像是建立資料檔時的作戰策略一樣，它有助於資料檔的建立，增進建檔的效率與正確性。編碼格式表中有構面名稱、欄位編號、變數名稱、變數標註、數值、數值標註與遺漏值等欄位。透過編碼格式表可明瞭問卷的結構、各變數的特性與意義、取值範圍與遺漏值的取值方式。

　　為問卷資料建立SPSS資料檔的詳細步驟如下：

操作步驟

步驟1：啟動SPSS，然後執行【檔案】／【新增】／【資料】。

步驟2：待出現空白資料檔後，調整至【變數視圖】，依表1-2的編碼格式表，定義各變數的屬性，完成後如圖1-9。

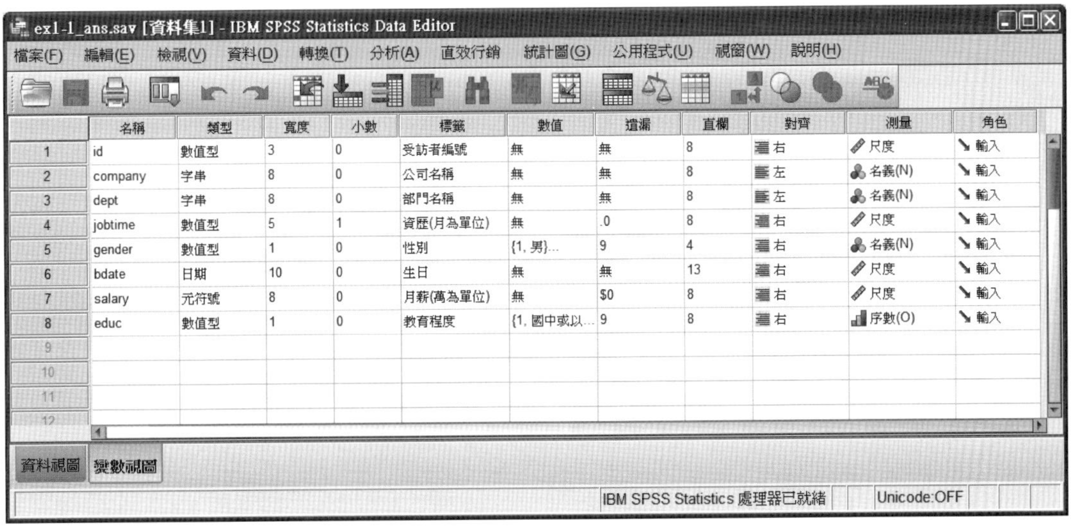

圖1-9　定義各變數的屬性

步驟3：完成【變數視圖】的設定後，調整至【資料視圖】，依圖1-8的資料表，直接於編輯視窗輸入資料。

步驟4：完成後，執行【檔案】／【另存新檔】，將檔名設定為「ex1-1_ans.sav」，即可存檔完成。

步驟5：詳細操作過程，讀者亦可自行參閱影音檔「ex1-1.wmv」。

在上述的操作過程中，有兩個變數須要另行再定義其【數值】標籤，即「gender」欄位與「educ」欄位。因為從「表1-2 編碼格式表」中可理解，這兩變數都屬於分類變數，各有數個取值，且其變數型態為「數值型」。因此，這些取值的意義必須再定義其【數值】標籤，以能清楚明瞭這些數值所代表的意義。【數值】標籤的定義方式，可參閱第1-8節的「(五)【數值】標籤屬性」之內容；或者讀者也可以詳閱影音檔「ex1-1.wmv」之內容。

1-7 使用其他格式的資料檔

在第1-2節中，介紹開啟資料檔時，只提到如何開啟SPSS資料格式的檔案（副檔名為.sav）。然而與SPSS能夠將資料儲存成多種格式的檔案一樣，它也能夠開啟多種其他格式的資料檔，下面將介紹相關的操作。

在【開啟資料】對話框中，從【檔案類型】下拉式清單方塊中，可以看到多種其他格式的檔案類型，如圖1-10所示。

圖1-10　開啟檔案類型下拉式清單方塊

　　Excel試算表軟體是一套優秀的數值處理軟體，對於需大量的輸入數值或文字資料時，使用Excel軟體操作起來較SPSS簡便許多，故建議使用者，對於樣本數通常較大的問卷資料，最好使用Excel試算表軟體來建檔較爲簡便，而不要直接使用SPSS建檔。

　　利用SPSS的資料轉換介面就可以從Excel檔案中讀取資料，並轉換爲SPSS格式的資料檔案。如此就能運用SPSS的強大統計能力，對該資料檔進行深入的統計分析。下面以一個Excel檔案「應用統計\example\chap01\ex1-2.xls」爲例，簡單示範在SPSS中開啓Excel資料檔的步驟。

▶ 範例1-2

圖1-11爲一張範例問卷，有5題關於品牌忠誠度的問項，這些問項採用李克特七點量表，另外還包含4題有關受訪者之基本資料的問項。「ex1-2.xls」爲該問卷之回收樣本的原始資料檔，試將該Excel檔案讀入SPSS中，並對各變數之定義，依其編碼格式表（表1-3）進行適當修正，完成後請另存新檔爲「ex1-2_ans.sav」。

第一部份：品牌忠誠度
※請針對您的服務經驗，回答下列相關問項，請於□中打「✓」，謝謝！

	極不同意	很不同意	不同意	普通	同意	很同意	極為同意
1. 購買 85 度 C 的產品對我來說是最好的選擇。	□	□	□	□	□	□	□
2. 我是 85 度 C 的忠實顧客。	□	□	□	□	□	□	□
3. 當我有需求時，我會優先選擇 85 度 C。	□	□	□	□	□	□	□
4. 我願意繼續購買 85 度 C 的產品。	□	□	□	□	□	□	□
5. 我會向親朋好友推薦 85 度 C 的產品。	□	□	□	□	□	□	□

第二部份：基本資料，請於□中打「✓」。

1. 性　別：　　□ 男　　　　　□ 女

2. 年　齡：　　□ 19 歲以下　□ 20~39 歲　　□ 40~59 歲　　□ 60 歲以上

3. 學　歷：　　□ 國中及以下　□ 高中(職)　　□ 大學　　　　□ 研究所(含)以上

4. 職　業：　　□ 學生　　　　□ 軍公教　　　□ 勞工　　　　□ 自由業

圖1-11　範例問卷

表1-3　範例問卷的編碼格式表

構面名稱	欄位編號	變數名稱	變數標註	數值	數值標註	遺漏值
品牌忠誠度	1～5	q1～q5	第N題問項	1～7	一	9
基本資料	6	性別	一	1	男	9
				2	女	
	7	年齡	一	1	19歲以下	9
				2	20～39歲	
				3	40～59歲	
				4	60歲或以上	
	8	學歷	一	1	國中及以下	9
				2	高中職	
				3	大學	
				4	研究所以上	
	9	職業	一	1	學生	9
				2	軍公教	
				3	勞工	
				4	自由業	

　　須大量的輸入數值時，使用Excel軟體操作起來會比SPSS較為簡單與便捷。因此，研究者於蒐集大量的樣本資料後，對於這些原始問卷資料的處理，大部分的研究者都會直接在Excel試算表軟體做輸入，然後再轉換為SPSS格式的資料檔案，最後才利用SPSS等專業的統計軟體進行分析。

　　根據上述說明，在將問卷資料輸入Excel前，建議讀者養成好習慣，先建立問卷的編碼格式表。編碼格式表就像是建立資料檔前的作戰策略，它有助於資料檔的建立，增進建檔的效率與正確性。編碼格式表中有構面名稱、欄位編號、變數名稱、變數標註、數值、數值標註與遺漏值等欄位。透過編碼格式表可明瞭問卷的結構、各變數的特性與意義、取值範圍與遺漏值的取值方式。

　　故依據圖1-11的範例問卷，我們將先建立編碼格式表。範例問卷中的第一部分為5題衡量品牌忠誠度的問項，這些問項皆採用李克特七點量表，建立資料檔時，為了將來計算與分析方便，這些問項變數的型態應設為數值型。而第二部分基本資料的各變數型態也可設為數值型，然後再於【數值】標籤設定各類別的基本資料，如表1-3。根據表1-3的編碼格式表，我們就可先在Excel軟體中，為各問項建立欄位名稱（即變數名稱），然後即可直接將所蒐集回來的樣本資料，直接進行輸入工作了。但在Excel軟體中，變數標籤、數值標籤與遺漏值，我們並不會先輸入，而是等到於

SPSS中匯入Excel檔後，才在【變數視圖】視窗中予以修改或定義。

接下來，我們只須將Excel資料檔讀入SPSS中後，就可進行較專業的統計分析工作了。在SPSS中讀入Excel資料檔的詳細步驟如下：

(操)(作) 步驟

步驟1：啟動SPSS，然後先確認等一下欲開啟的Excel檔案（ex1-2.xls）已經關閉，接著才能執行【檔案】/【開啟】/【資料】。

步驟2：待出現【開啟資料】對話框後，先找到目標檔案所在的資料夾（應用統計\example\chap01），再指定待讀入的【檔案類型】。方法是按【檔案類型】右邊的向下箭頭以展開下拉式清單，然後從清單中選擇檔案類型：【Excel（*.xls, *.xlsx, *.xlsm）】，此時以「.xls」為副檔名的Excel檔案會顯示在該資料夾中。從中選取「ex1-2.xls」，然後按【開啟】鈕。

步驟3：接下來，會彈出如圖1-12所示的【開啟Excel資料來源】對話框。通常Excel資料表的第一列是每行資料的標題。在將這種格式的資料表轉換成SPSS檔案時，透過選取【從資料第一列開始讀取變數名稱】選項，可將Excel資料表的第一列之標題自動轉換成SPSS資料檔案的變數名稱。

圖1-12　【開啟Excel資料來源】對話框

步驟4：由於Excel資料檔可以包含有多張工作表。如果想要讀取的資料不在第一張工作表（Sheet1）上時，則要在圖1-12的【工作單】右邊的下拉式清單中選擇一張其他的工作表即可。但由於「ex1-2.xls」的資料是

儲存於「Sheet1」中，因此，【工作單】右邊的下拉式清單中請選擇「Sheet1」就好。

步驟5：預設狀態下，SPSS會從Excel工作表中讀取全部的資料。如果想要讀取的資料不是工作表中的全部資料，而只是工作表中的部分資料時，則需要在【範圍】右邊的輸入欄中輸入選定區域的位址。本範例將讀取所有的資料，所以可以不用設定。

步驟6：按【確定】鈕，即可將Excel資料檔讀入到SPSS的【資料視圖】視窗中，如圖1-13。

步驟7：完成讀入Excel資料檔後，若有需要，尚可針對各變數的型態、【數值】標籤等，依照編碼格式表作必要的修改。基本上，性別、年齡、學歷、職業等變數都須再設定其【數值】標籤，以利後續的統計分析任務。【數值】標籤的定義方式，可參閱第1-8節的「(五)【數值】標籤屬性」之內容。

步驟8：執行【檔案】／【另存新檔】，將檔名設定為「ex1-2_ans.sav」，即可讀入完成。

步驟9：詳細操作過程，讀者亦可自行參閱影音檔「ex1-2.wmv」。

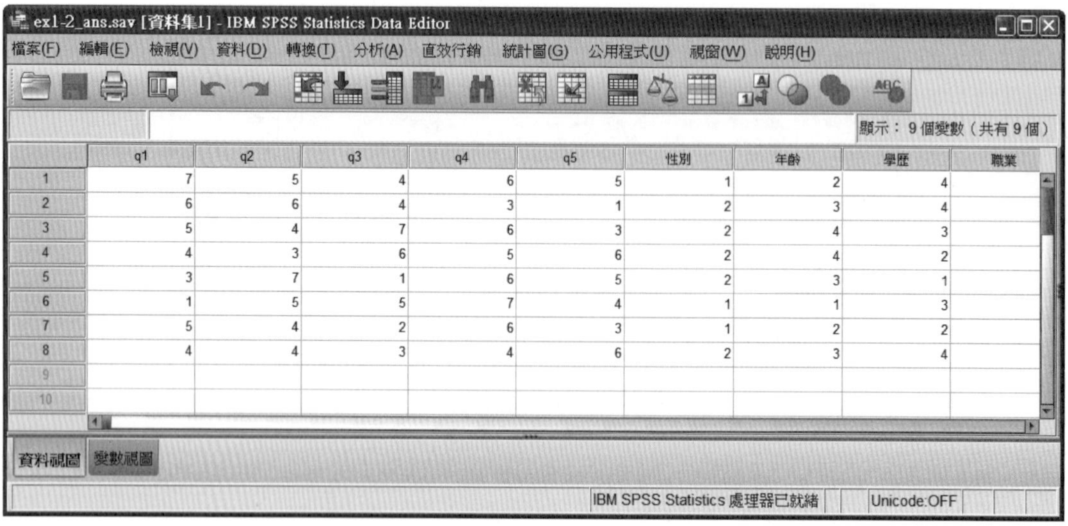

圖1-13　Excel資料檔已讀入SPSS中

1-8　SPSS的變數屬性

　　SPSS中的數值可分為兩類，一類為常數；另一類則為變數。一個SPSS的常數就是一個數值、一個字串，或者是按日期格式表示的日期、時間。例如：「42.5」就是一個數值型常數。而對於特別大或特別小的數值，則可採用科學記號法表示，如1.23E+20、4.56E-27等。在表示字串常數時，則必須用單引號或雙引號將它括起來，如「student」。也可以將常數想像為變數的一個取值。

　　SPSS中的變數與數學中對變數之定義是一致的，其值可變的數稱為變數。在統計分析中，可以將【變數視圖】視窗中的每一列分別看成是一個變數。每個變數都有自己的屬性，在定義變數時必須同時定義變數的屬性。在SPSS中，變數的屬性有：變數名稱、類型、寬度、小數、標籤、數值、遺漏、直欄、對齊、測量與角色，如圖1-14所示。在【變數視圖】視窗中可以定義變數的屬性，對於每個SPSS變數，至少要定義其變數名稱和變數類型，其餘屬性則皆可以採用系統的預設值也沒關係。

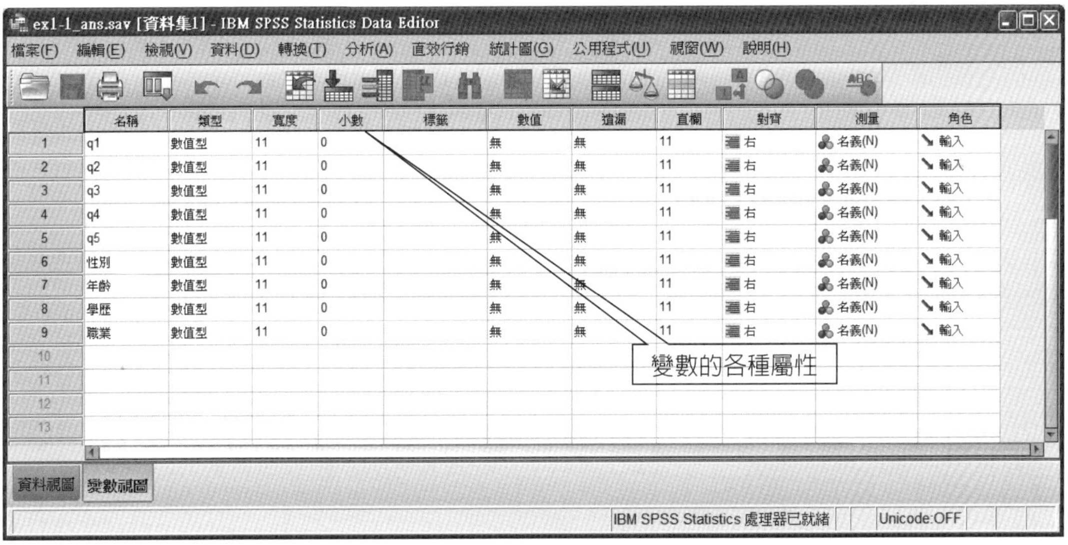

圖1-14　【變數視圖】視窗

(一)【名稱】屬性

　　為變數命名時，可直接在【名稱】欄的儲存格中輸入變數的名稱即可。但是應注意以下幾點：

○ 變數名稱不要太長，以能「達意」為原則。若怕變數名稱取的太短而導致讓人不知其意的話，則可以在其後方的【標籤】屬性中，輸入對該變數進行更詳盡說明的文字。

○ 若為英文名時，首字元必須是字母，其後可為字元、數值或其他字元（「？」、「！」、「。」這三個字元除外）。不能以下底線「_」和小數點「.」作為最後一個字元。

○ 變數名稱不能與SPSS的保留字相同，這些保留字有：ALL、AND、BY、EQ、GE、GT、LE、LT、NT、NOT、OR、TO、WITH等。

○ 不區分大小寫，例如：ABC與abc會被認為是同一個變數。

(二)【類型】屬性

定義變數【類型】屬性就是指定每個變數的資料型態。SPSS變數有三種基本的資料型態：數值型、字串型、日期型。數值型變數按不同的需求又可細分為六種，因此一共可定義九種資料型態（如第1-4節中的表1-1）。系統預設的資料型態為數值型，一個變數若沒有定義資料型態，則系統會自動賦予該變數為系統預設的資料型態，即數值型。

定義變數類型的方法：在【變數視圖】視窗中按【類型】欄中的儲存格（或移動游標至儲存格），儲存格被選中時，儲存格內會出現一圖示按鈕，按該圖示按鈕，會另外彈出如圖1-15所示的對話框。

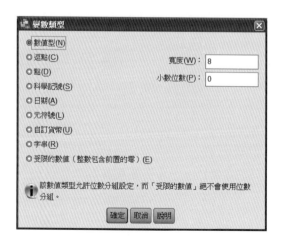

圖1-15　定義變數類型的對話框

在該對話框中可選定適合的資料型態，還可指定變數的總寬度，對數值型變數還可指定小數位數。甚至當選擇其中某些資料型態時，會彈出一個下一級的對話框，要求對變數之顯示格式作進一步的設定。

◆ 數值型　　預設總寬度：8　　小數位數：2

變數的值可用數值格式顯示。不指定寬度時則將使用系統預設的寬度（8）。變數值可以用數值格式輸入，對於特別大和特別小的資料，則可以用科學記號法輸入，如6.02E+23。用科學記號法輸入的數值型數值，顯示出來的格式首先會滿足數值格式。若用數值格式顯示出來的寬度大於變數總寬度時，則會自動轉為科學記號法顯示，如表1-4所示。

表1-4　SPSS數值顯示範例表

輸入	1234	123456789	1.2E4	1.2E13
顯示為	1234.00	1.23E+08	12000.00	1.20E+13

◆ 逗點　　預設總寬度：8　　小數位數：2

定義為「逗點」型態的變數，顯示時整數部分自右向左每三位用一個逗點作為分隔符號。輸入數值時可以直接帶逗點以作為分隔符號，也可以不帶逗點而採用普通格式輸入，還可以用科學記號法輸入。顯示出來的格式會首先滿足帶千分號的數值格式。若顯示出來的資料位數大於變數總寬度，則將自動轉為科學記號法顯示。

◆ 點　　預設總寬度：8　　小數位數：2

定義為「點」型態的變數，顯示方式與逗點型態變數正好相反（千分號變逗號，逗號變千分號）：整數部分自右向左每三位用一個圓點（即逗點）作分隔符號，而用逗點代替一般的小數點符號。

◆ 科學記號　　預設總寬度：8　　小數位數：2

對於數值很大或很小的變數，可以採用科學記號法表示，如1.23E+11。這種變數的值可以有指數部分，也可以沒有。表示指數的字母可以用E也可以用D，甚至也可以略去不寫。指數部分可以帶正負號，也可以沒有符號。例如：用「12.3E+1、

1.23E+2、1.23E2、1.23D+2、1.23+2」等所輸入的數值均代表123。

◆ 日期

　　「日期型」變數可用來表示日期，還可用來表示時間或日期時間。如圖1-16所示，使用者可以根據實際資料和需求，在右邊的清單方塊中選擇一種適合的格式。

　　輸入日期型變數的值時，可以使用「/」、「-」、「,」以及空格作爲分隔符號，相對應儲存格中的值還是會按指定的日期格式顯示的。對於月分，可以採用月分的數值，也可以輸入月分之英文單字前三個字母的縮寫，還可直接輸入月分的單字。輸入時間時，可以使用冒號、小數點、空格作爲時、分、秒時間的分隔符號。

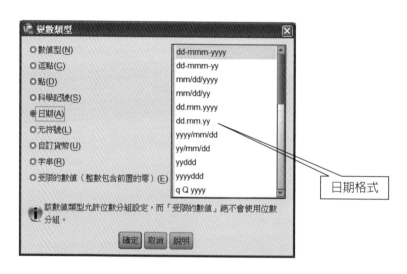

圖1-16　日期型變數的顯示格式

　　通常日期型變數的值不能直接參與運算。要想讓日期型變數的值能參與運算，必須透過有關的日期時間函數轉換其資料型態後，才可參與運算。

◆ 元符號　　預設總寬度：8　　小數位數：2

　　定義爲「元」符號類型的變數，顯示時會自動在數值前帶上美元符號「$」，並用逗點作三位分隔符號。元符號變數的實際顯示格式，還可以透過如圖1-17中右邊的清單方塊做進一步的設定。

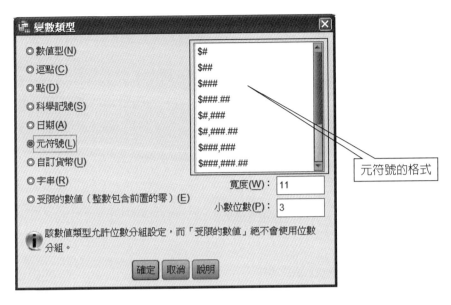

圖1-17　帶「$」符號的數值格式

◆ 自訂貨幣

　　在SPSS中你可以建立「自訂貨幣」類型，自訂貨幣類型最多不能超過五種。這五種自訂貨幣類型分別被命名為CCA、CCB、CCC、CCD、CCE，讀者不能對這些命名加以修改，只能針對數值型變數建立自訂貨幣類型。在每種自訂貨幣類型中，你可以指定特殊的前綴字元、後綴字元以及用來代表小數點的字元，這些字元不能出現在資料項目中，它們僅僅具有顯示資料格式的作用。

◆ 字串　　預設總寬度：8

　　「字串型」變數的值是一串字元，它包含的字元數最多不能超過變數的總寬度。在字串中可以使用的字元不受限制，任何合法字元都可以作為字串中的元素來輸入。

　　可以定義兩種字串型變數：

● 短字串型變數：由八個以下字元組成。

● 長字串型變數：由八個以上字元組成。長字串型變數在使用時受到較多限制，故盡量不要使用。

字串不同於數值型變數，它不能參與數值運算。此外，有一點要注意的是：字串

變數能分辨大小寫，大寫字母和小寫字母會被認為是截然不同的兩個字元。

◆ 受限的數值　　預設總寬度：11　　小數位數：0

　　變數的屬性若定義成「受限的數值」時，所顯示的值會以前置零填塞至變數的最大寬度。該值也能夠以科學符號格式輸入。例如：寬度為8時，則數入123時，會顯示「00000123」。

(三)【寬度】、【小數】屬性

　　【寬度】欄位可指定一個變數的總寬度。【小數】欄位則用以指定一個數值型變數的小數位數。

【寬度】和【小數】的定義方法：

　　在定義變數【類型】時，會彈出如圖1-15所顯示的對話框，在對話框中輸入寬度和小數位數的值即可。

　　還可採用第二種方法來定義：

　　在【變數視圖】視窗中，按【寬度】或【小數】欄的儲存格，以選定該儲存格。此時儲存格中會出現上下箭頭 8 的圖示，按上、下箭頭即可調整【寬度】或【小數】的值，也可直接在儲存格內輸入數值。

　　此外，讀者也必須理解，所謂「寬度」的算法，以免設定時產生錯誤訊息，而不知所措。寬度=整數位數+小數位數+1，此處的「1」代表小數的那個「.」。例如：「123.45」這個數值的「寬度」為「6」；而「1234.567」這個數值的「寬度」為「8」。如果你在【寬度】為「5」、【小數】為「2」的變數中輸入了「12345.67」時，那麼就會產生錯誤訊息了，因為「12345.67」這個數值的寬度為「8」，已經大於原本設定的「5」了。

(四)【標籤】屬性

　　【標籤】屬性可用來對變數名稱進行解釋性的說明。由於變數名稱受到字元數限制，有時不足以充分表達其意義，透過【標籤】屬性可以輸入一段備註性文字，以對變數名稱的意義作進一步的說明。用作【標籤】的字元數最多可達255個。

為變數建立【標籤】的方法如下：

　　在【變數視圖】視窗中按【標籤】欄下的儲存格（或移動游標至儲存格），儲存格被選中後，即可在儲存格中直接輸入標籤的內容。如可為變數「gender」建立備註

爲「性別」。

定義好【標籤】後，切換進入到【資料視圖】視窗，如圖1-18所示。當游標停留在變數「gender」上時，會自動顯示標籤的內容「性別」。

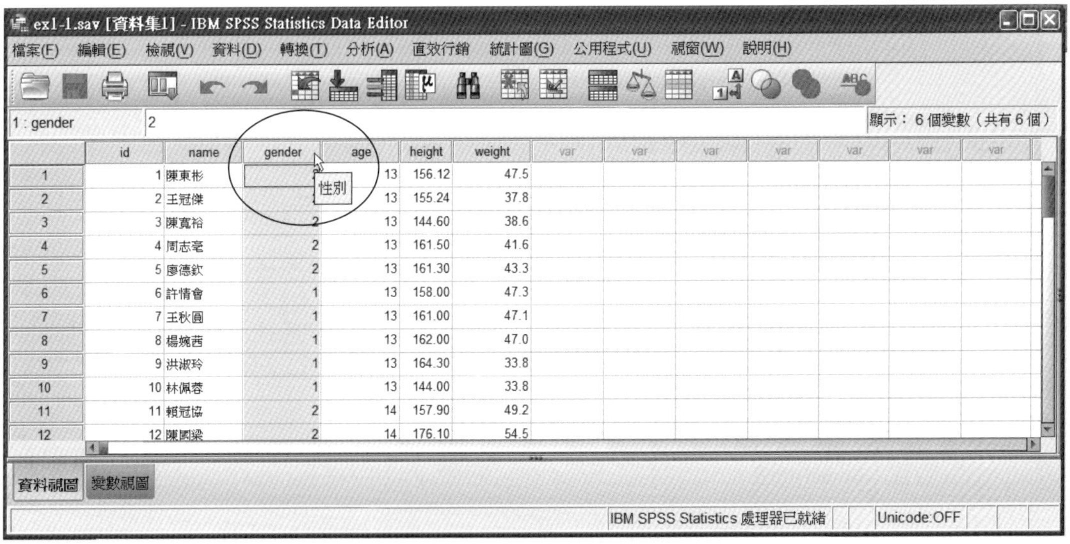

圖1-18　變數標籤的使用

(五) 【數值】標籤屬性

透過定義變數的【數值】標籤屬性，可以對變數的每一個可能取值作進一步的附加說明。原則上任何變數都可以定義【數值】標籤，但通常我們只會對分類變數定義其【數值】標籤。所謂分類變數是這樣的一類變數：變數的值通常是離散型數值，根據每一個不同取值可以將全部的觀察個案劃分成若干個子集合，更可進一步的對每個子集合同時進行資料分析，然後比較各子集合統計量的關聯性或差異性。因此，分類變數亦可稱作分組變數。例如：圖1-18中的「gender」變數，按照變數「gender」的不同取值可以將全部資料劃分成男、女兩個組別。以下我們以變數「gender」爲例，介紹定義變數的【數值】標籤之方法：

在【變數視圖】視窗中，按變數「gender」後方的【數值】欄下的儲存格，選定好該儲存格後，儲存格內會出現一圖示按鈕，按該圖示按鈕，將彈出如圖1-19所示的對話框。

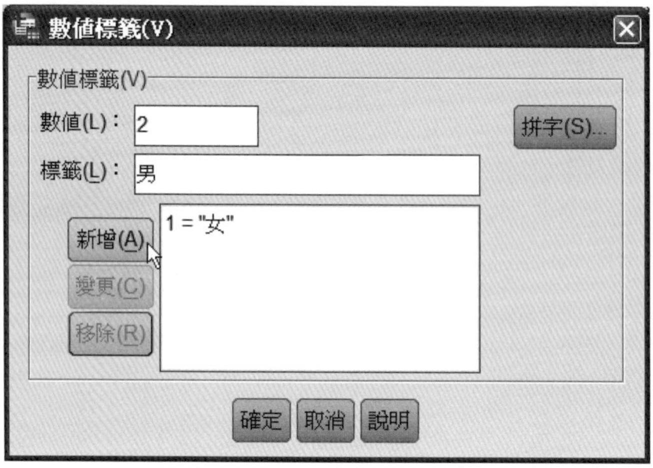

圖1-19　定義【數值】標籤屬性的對話框

　　對話框中共有三個矩形輸入框，首先在【數值】輸入欄中輸入「1」（變數值），然後在【標籤】輸入欄中輸入「女」（變數之數值標籤），再按【新增】鈕，一個數值標籤「1="女"」就可加入到下面的【數值標籤】清單方塊中了。重複上面的步驟，在【數值】輸入欄中輸入「2」，在【標籤】輸入欄中輸入「男」，再按【新增】鈕，就可新增另一個數值標籤「2="男"」，然後按【確定】鈕返回。定義【數值】標籤屬性的目的，除了可解決中文於資料輸入時的不便外，也能提高資料或未來輸出報表的可讀性。

　　定義好變數的【數值】標籤屬性後，回到【資料視圖】視窗。我們可以發現，雖然「gender」欄位還是只顯示「1」、「2」的數值。但使用者須理解的是，只要定義好變數的【數值】標籤屬性後，SPSS就能理解這些數值所代表的真正意義。例如：工具列上有一個【數值標籤】鈕，只要按該鈕就可以在【資料視圖】視窗顯示出該變數的【數值】標籤設定內容，如圖1-20所示。

(六)【遺漏值】屬性

　　在實際的研究工作中，往往會由於某種原因，使個案的資料失真、或沒有測到、或資料內容誤謬。例如：對某少年身高、體重的測量與基本資料的表格分開填寫時，測量了身高、體重，但卻沒有填寫其年齡。其他的資料（除年齡外的其他變數）在某些分析中或許還可以使用。但無論如何，對於這個少年的完整資料記錄而言，年齡即成為遺漏值。此外，另一個少年個案中的身高是2.58公尺，這顯然失真，不能使

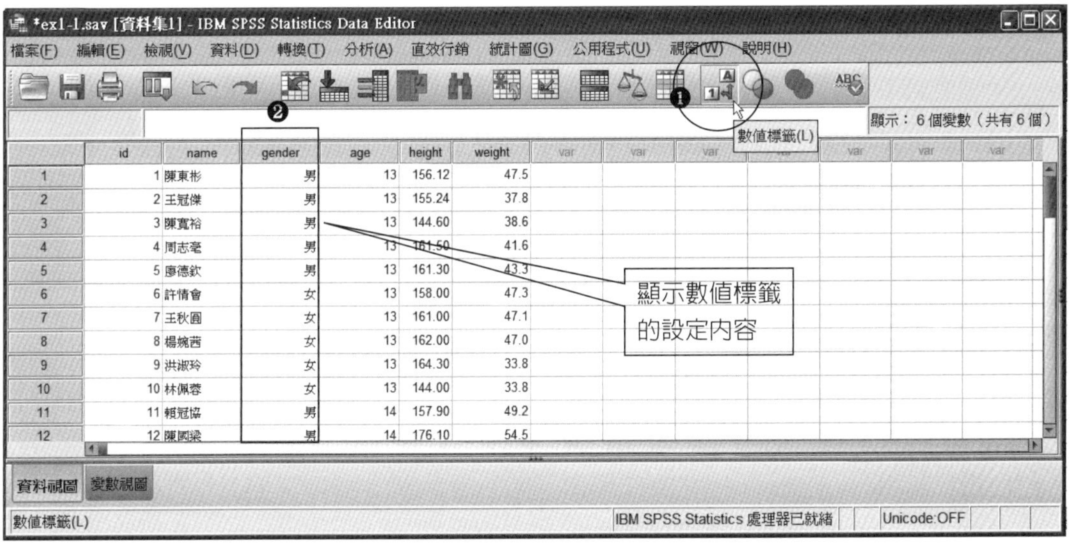

圖1-20　變數值與【數值】標籤屬性的切換

用。因此，該個案中的身高也應記作遺漏值。透過定義【遺漏值】，可以對這些非法數值加以限制。在資料分析時對遺漏值作特別處理時，絕大部分的情況，都是需要將這些遺漏值排除在資料分析的範圍之外。使用者定義遺漏值的方法如下：

　　在【變數視圖】視窗中按【遺漏值】欄下的儲存格，選定該儲存格，儲存格內會出現一圖示按鈕，按該圖示按鈕，即可彈出如圖1-21所示的對話框。

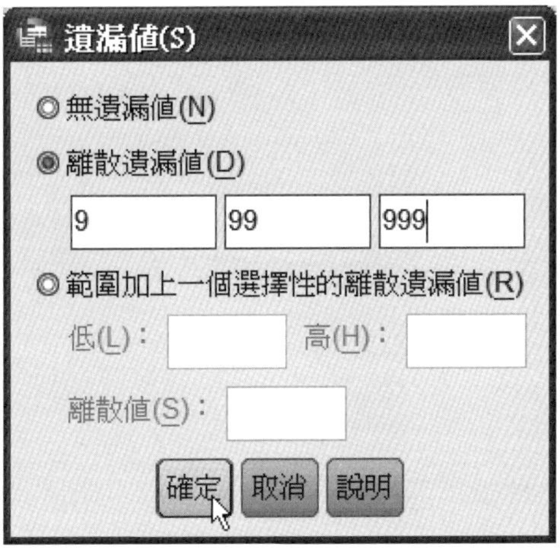

圖1-21　【遺漏值】對話框

使用者定義遺漏值的方式有以下三種：

➤ 【無遺漏值】

　　這是系統的預設狀態。如果目前變數的值，經測試後發現記錄完全正確，沒有遺漏或資料內容誤謬，則可選擇此項。

➤ 【離散遺漏值】

　　選擇此項，可在其下面的輸入欄中，可以輸入三個根本不可能出現在變數中的值作為遺漏值。也可以少於三個，但不能多於三個值。在進行統計分析時，若遇到所設定的這幾個值時，則SPSS會自動將該數視為遺漏值處理，這些值通常會設定為「9」、「99」等。

➤ 【範圍加上一個選擇性的離散遺漏值】

　　這種方式所定義的遺漏值，主要係針對連續變數。指定一數值範圍，如果變數的值出現在該範圍內，則當作遺漏值處理。此外，還可以指定一個該範圍永遠也包括不了的值。例如：在輸入變數「身高」的值時，錯誤地輸入了「1.30」、「1.90」、「1.95」、「2.03」等幾個值，這些都可視為遺漏值，那麼就可在【遺漏值】對話框中設定定義遺漏值的方式。例如：在【低】後面的輸入欄中輸入「1.90」，在【高】後面的輸入欄中輸入「2.03」，代表只要身高在「1.90」和「2.03」之間就視為遺漏值。另外，還須在【離散值】後面的矩形框中輸入「1.30」。代表只要身高是「1.30」就視為是遺漏值。此外，若非法值都已能包含在某個範圍之內的話，那麼【離散值】後面的輸入欄中，就可以不輸入數值。

　　以上三種方式都是針對數值型變數定義遺漏值，對於字串型變數，則不能像連續變數那樣定義一個遺漏值範圍。預設情況下，所有字元，包括空字串和空格，都將被認為是合法的字串型變數值。但是為因應特殊目的，若要將空字串和空格定義為字串型變數的遺漏值時，則只需要在【離散遺漏值】下的三個輸入欄中任選其一，然後在其中輸入一個空格即可。

(七) 【直欄】屬性

　　【直欄】可以設定變數值，於螢幕「顯示」時所占用的寬度。變數的【直欄】屬性只會影響變數值在【資料視圖】視窗中的顯示效果，對所定義的變數之實際寬度和變數的真正值均無影響。如果指定的顯示寬度小於變數的實際寬度時，則資料在儲存格中無法顯示，此時會以「科學符號」代替原來的資料顯示。

　　因此在定義變數的【直欄】屬性時，應讓其取值大於或等於變數之實際寬度。在【資料視圖】視窗中用滑鼠拖曳變數的欄邊界，也可以改變資料的顯示寬度。

(八)【對齊】屬性

　　【對齊】屬性僅影響變數值（或數值標籤），在【資料視圖】視窗中的「顯示」方式。對於數值型變數，系統預設狀態是靠右對齊；而對於字串型變數，系統預設狀態則是靠左對齊的。

　　改變【對齊】屬性的方法為：在【變數視圖】視窗中按【對齊】欄下的儲存格，選定該儲存格，儲存格中將出現一向下箭頭，按向下箭頭，待出現下拉式清單後，從下拉式清單方塊中選擇一種對齊方式即可。

(九)【測量】屬性

　　【測量】屬性可以為資料檔中的每個變數的值指定一種測量尺度，這些尺度有：【尺度】（數值型）、【次序的】尺度與【名義的】尺度。在SPSS中【次序的】和【名義的】之數值，都將作為分類變數看待。

➤【尺度】：【尺度】變數的變數值必須是一個數值，其為區間尺度或比率尺度皆可。在SPSS中，區間尺度或比率尺度的數值資料，皆稱為尺度。

➤【次序的】：【次序的】變數之變數值，代表一組彼此之間存在某種內部相關的邏輯範圍（例如：低、中、高；非常贊成、贊成、不贊成、強烈反對）。【次序的】尺度的變數值可以是字串，也可以是一組數碼（例如：1、2、3。1代表低、2代表中、3代表高等）。

➤【名義的】：【名義的】變數之變數值，代表一組彼此沒有內部相關的邏輯範圍（如工作職位、商品種類等）。【名義的】尺度的變數值可以是字串，也可以是一組數碼（例如：1代表Male、2代表Female）。

習 題

 練習 1-1

SPSS 是哪些英文單字的縮寫？這套軟體可以幫你完成哪些工作？

練習 1-2

統計分析軟體除了SPSS之外，就你所知還有哪些軟體也可拿來輔助進行統計分析工作？它們的功能如何？SPSS的優勢為何？

練習 1-3

於SPSS中，建立一個資料檔時，須考慮哪些事項與進行哪些工作？

練習 1-4

試依表1-5資料，建立一個SPSS資料檔，並存檔為「兒童.sav」（須為「性別」與「母親教育」等變數設定【數值】標籤）。資料中，「性別」變數有兩個取值，分別為男生、女生；而「母親教育」變數則有四個取值，分別為小學、國中、高中與大學。

表1-5　某地4筆新生兒童體檢資料

編號	兒童姓名	性別	母親教育	出生日期	出生體重	出生身高
1	陳東彬	男	小學	1987.06.30	2.8	40.0
2	王冠傑	男	大學	1982.12.15	1.9	44.0
3	林曉娟	女	高中	1993.04.21	3.0	46.21
4	周志豪	男	國中	1991.11.07	3.35	47.12

練習 1-5

請將圖1-22的Excel檔案（hw1-5.xls），轉換成SPSS的「*.sav」檔。

圖1-22 興隆企業股份有限公司薪資表

練習 1-6

附錄二為「遊客體驗、旅遊意象與重遊意願關係之研究」的原始問卷，資料檔「hw1-6.xls」為問卷經回收後，所輸入的填答資料。請將資料檔「hw1-6.xls」讀入至SPSS中，讀入後，請更改遊客體驗、旅遊意象與重遊意願構面中，各題項的【變數名稱】、【欄位寬度】、【小數位數】等屬性，而對於遊客特性中的各變數，請依各題項的選項值，設定【數值】標籤屬性。完成後，請存檔為「遊客體驗_原始資料.sav」。

第 2 章

問卷資料檔的建立

回收的問卷資料，經適當的編碼，並於Excel或SPSS中輸入好資料之後，才能利用SPSS所提供的各種統計功能，依研究者的需求進行統計分析任務。在本章中，將說明如何將回收的問卷資料建立成可分析用的資料檔。

本章內容包括：

(1) 李克特量表

(2) 範例問卷的結構

(3) 製作問卷的編碼格式表

(4) 將Excel資料檔匯入至SPSS

2-1 李克特量表

李克特量表（Likert scale，如圖2-1的第一部分）是由Rensis Likert於1932年所發展出的「一種能反應受訪者（研究對象）心理狀態的量表」。它常被使用於問卷中，而且是目前調查研究（survey research）領域中使用最廣泛的量表。當受訪者於回答李克特量表之題項時，即可具體的反應出受訪者對該題項所陳述之內容的認同程度。

第一部份：品牌忠誠度

※請針對您的服務經驗，回答下列相關問項，請於□中打「✓」，謝謝！

	極不同意	很不同意	不同意	普通	同意	很同意	極為同意
1. 購買 85 度 C 的產品對我來說是最好的選擇。	□	□	□	□	□	□	□
2. 我是 85 度 C 的忠實顧客。	□	□	□	□	□	□	□
3. 當我有需求時，我會優先選擇 85 度 C。	□	□	□	□	□	□	□
4. 我願意繼續購買 85 度 C 的產品。	□	□	□	□	□	□	□
5. 我會向親朋好友推薦 85 度 C 的產品。	□	□	□	□	□	□	□

第二部份：基本資料，請於□中打「✓」。

1. 性 別：	□ 男	□ 女		
2. 年 齡：	□ 19 歲以下	□ 20~39 歲	□ 40~59 歲	□ 60 歲以上
3. 學 歷：	□ 國中及以下	□ 高中(職)	□ 大學	□ 研究所(含)以上
4. 職 業：	□ 學生	□ 軍公教	□ 勞工	□ 自由業

圖2-1　李克特量表範例

本質上，李克特量表屬於評分加總式量表（summated rating scales）的一種。設計時，須對特定變數內的每一個構面（dimension）皆設計數個題項（item），以評量每位受訪者的心理或判斷反應（如：同意程度）。分析時，題項中的每一個回答選項皆須給予一個數值（如表2-1），以代表受訪者對該題項的認同程度（或稱為對該題項的認知），將每位受訪者在同一個構面的所有題項之得分加總，即是受訪者對該構面的整體認知程度或評量態度。上述中，每一個回答選項所指定的數值，其數值類型屬於區間尺度（interval scale），但亦可被視為屬於比率尺度（rating scale）的一種。

表2-1　正向題與反向題給分方法

	極不同意	很不同意	不同意	普通	同意	很同意	極為同意
正向題	1	2	3	4	5	6	7
反向題	7	6	5	4	3	2	1

李克特量表之回答選項的數量常介於3～11個之間，通常以使用5個選項最多（李克特五點量表）、7個選項次之（李克特七點量表）、9個選項再次之。當量表所設計之回答選項的數量不同時，後續所呈現的統計數值所代表的意義亦會有所不同。其原因在於，回答選項的數量將在誤差與成本之間權衡（trade-off）。當所設計之回答選項的數量越多時，雖然受訪者可以越精確的選擇其所相對應的心理感受程度，致使感受程度與評量數值之間的誤差降低；然回答選項數量越多時，回答問題時所考慮的時間即會增加，因此受訪者容易產生疲勞現象。導致在相同的時間內，降低了可作答的題項，且問卷施測的品質、效率亦有可能隨之而降低。此外，在李克特量表中，每一個回答選項所代表的數值通常不會揭露在問卷中，以免干擾受訪者回答時的情境，造成閱讀負擔與產生測量誤差。

2-1-1　建立李克特量表的步驟

一般而言，建立李克特量表的步驟，大略如下：

1. 首先，根據研究議題之需要，確認研究議題中所包含的主要構面（態度或心理認知）的種類與數量。接著針對各主要構面，分別建立有關該特定構面之題庫，題庫中應包含大量且可測量主構面意涵之題項，這些題項的來源最好有所本（即引用過往文獻），然後隨機的排列這些題項。題項必須包含正向題與反向題。若以

七點量表而言，同意程度大致上可分為七個等級：1.極不同意、2.很不同意、3.不同意、4.普通、5.同意、6.很同意、7.極為同意（如表2-1）。

2. 邀請一組專家（建議由產、官、學界等三方面專業人士組成），請各專家對各構面態度之題庫中的各題項表達看法。以作為後續題項之遣詞用句釜正、評估適用性之參考，以符合學術性文章對於內容效度或專家效度之要求。

3. 進行問卷預試，有效問卷約50〜110份。

4. 進行項目分析（item analysis），以評估各題項的適切性。題項的適切與否，將依據其是否具有鑑別力和區別力（power of discrimination）判定。鑑別力和區別力較差的項目將予以刪除。

5. 進行信度分析（reliability analysis）以確認量表中各題項的內部一致性。在此過程中，會建議將導致整體量表信度下降之題項予以刪除，以提高整體量表信度。

6. 進行正式問卷施測。一份符合學術嚴謹性要求的研究，其樣本的數量大小常讓研究者困擾。一般決定樣本數大小的原則可根據抽樣理論。根據抽樣理論中的中央極限定理和大數法則，樣本數大小（N）可以根據下列的公式計算出來：

$$N = P(1-P)(\frac{Z_{\alpha/2}}{e})^2 \qquad\qquad （式2-1）$$

式2-1中，N代表樣本數、P為各選項受訪者填答的百分比、$Z_{\alpha/2}$為標準常態機率值、α為顯著水準（通常設為0.05）、e為可容許的抽樣誤差。一般而言，研究者決定樣本數時，通常會假設研究中所要求的信賴水準（$1-\alpha$）是0.95（95%）。採用大樣本時，二項分配或樣本比例之分配近似常態的概念（即大數法則），則在95%的信賴水準時，其所對應的臨界值為1.96（$Z_{0.025}$）。

式2-1原本是運用於樣本比例的估計中，P即為樣本比例，而P（1-P）所代表的意義即是母體之異質程度（variability）。運用於問卷調查之統計時，因各選項之填答狀況非常難以預估，因此在評估樣本異質性時，可採P = 0.5，這是個最保守的策略，因為變異數最大的情況會發生在P = 0.5時。此外，在考量問卷施測時之拒簽率、廢卷率以及其他不可抗拒等因素所導致的誤差，採可容許之抽樣誤差不大於5%（e = 0.05），在這樣的條件下，根據式2-1所計算出來的正式問卷調查份數為384份。所以「384」個樣本數，即成為一般問卷調查時，決定樣本數的一個基準。

另外，依據Roscoe（1975）研究指出：(1)適合研究的樣本數目，以30〜500個樣本數較為恰當；(2)當從事多變量的研究時，樣本數至少須大於研究變數之題項的10倍或10倍以上為最佳。

2-1-2　問卷與量表的差異

　　雖然問卷與量表都可被研究者用來協助蒐集資料。就本質而言，問卷與量表也都是一種測量個體之行為和態度的技術。因此，它們的主要功能在於測量，特別是針對某些主要變數的測量。雖然問卷和量表都可以用來蒐集資料，但兩者基本上還是有一些差異存在的（王俊明，2004），茲分述如下：

(一) 量表需要理論的依據，問卷則只要符合主題即可

　　通常量表的編製須根據學者所提的理論來決定其編製的架構，例如：若要編製品牌形象量表時，可根據Aaker（1996）的相關理論或研究成果來編製。在Aaker（1996）的研究中，將品牌形象分為「品牌特質」、「品牌價值」與「企業聯想」等三個構面。因此，量表編製者可依照這三個構面編成一份有三個分量表的品牌形象量表。然而在編製問卷時較簡單，研究者只要先將所研究的主要議題釐清，並將所要了解的問題逐一臚列出來，即可依序編排出問卷。

(二) 量表的各分量表都要有明確的定義，問卷則無此要求

　　在編製量表時，若沒有分量表，編製者就必須為該量表定義操作型定義（operational definition）。所謂操作型定義即是研究者對研究變項或名詞提出一種可以測量、量化、具體、可重複試驗的基本說明與解釋，以便可將抽象的變項概念予以具體化，並據此可製作出量表中的各題項。若所編製的量表包含有若干個分量表，則各個分量表亦須將其定義加以界定清楚。根據操作型定義，一方面讓編製者在編題時能切合各個分量表的主題，另一方面是讓閱讀者能了解此量表的各個分量表具有何種意義。

(三) 量表以各分量表為單位來計分，問卷是以各題為單位來計次

　　若量表具有若干個分量表，其計分的方式是以各個分量表為單位。由於量表中各題項中的每一個回答選項通常屬區間尺度，因此，研究者只要將分量表中每一題的分數相加即可。問卷則和量表不同，它是以單題為計算單位，亦即是以每一題的各個選項得分來計算其次數。

(四) 量表的計算單位是分數，而問卷的計算單位通常是次數

　　由於量表是將各題的分數相加而得到一個分數，因此所得的分數可視為連續變

數。而問卷是以各題的選項來計次，所得的結果是各個選項的次數分配，此乃屬於間斷變數。

2-2　範例問卷的結構

本書中，所使用的範例資料檔，是一份碩士論文的真實資料，該份論文主要在研究【品牌形象、知覺價值對品牌忠誠度關係之研究】，完整問卷內容見附錄一。原始問卷包含三個量表，共包含四個主要部分，分別為品牌形象量表（構面）、知覺價值量表（構面）、品牌忠誠度量表（構面）與基本資料，分別描述如下：

2-2-1　範例問卷的結構

樹狀結構（tree structure）是一種能將特定事務之階層式構造特質，以圖形方式表現出來的一種方法。其名稱源自於以樹的外觀象徵來表現出特定事務架構之間的關係。在圖形的呈現上，它是一個上下顛倒的樹，其根部在上方，是資料的開頭，而下方的資料則稱為葉子。

問卷的架構若能以樹狀結構圖呈現，更有助於理解問卷設計的邏輯與各主構面、子構面、題項間的關係。本書中，範例問卷包含四個主要部分，分別為品牌形象主構面、知覺價值主構面、品牌忠誠度主構面與基本資料，如圖2-2。其中，品牌形象主構面又分為三個子構面，分別為品牌價值子構面（3個題項）、品牌特質子構

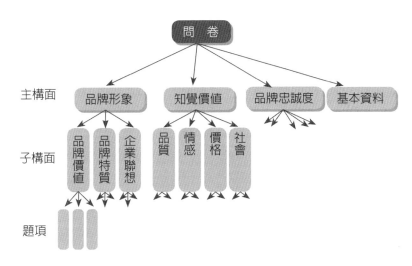

圖2-2　範例問卷的樹狀結構圖

面（3個題項）與企業聯想子構面（3個題項）；而知覺價值主構面則包含：品質價值（2個題項）、情感價值（2個題項）、價格價值（2個題項）及社會價值（2個題項）等四個子構面。品牌忠誠度主構面，以單構面之題項衡量，共包含5題問項。基本資料部分，主要的調查內容有性別、婚姻狀況、年齡、目前職業、教育程度、平均月收入、特色認知與偏好店家。

2-2-2　範例問卷的第一部分：品牌形象

Aaker（1996）以消費者對獨特產品類別或品牌聯想來闡釋品牌形象。他認為品牌形象係建構在三種知覺層面上，即品牌對應產品價值、品牌對應個人特質及品牌對應企業聯想。由於Aaker（1996）所主張之品牌形象的構成要素符合本研究對品牌形象之定義，因此本研究將以品牌價值（3個題項）、品牌特質（3個題項）與企業聯想（3個題項）等構面，作為衡量品牌形象的三個子構面。所有題項皆以Likert七點尺度法來衡量消費者對各子構面的認知程度，分別以「極不同意」、「很不同意」、「不同意」、「普通」、「同意」、「很同意」與「極為同意」區分為七個等級，並給予1、2、3、4、5、6、7的分數。如表2-2所示。

表2-2　品牌形象構面之操作型定義與衡量題項

構面	操作型定義	衡量題項（變數名稱）
品牌價值（bi1）	消費者對此一品牌的功能性利益與品質之知覺。	1.個案公司的產品風味很特殊。（bi1_1） 2.個案公司的產品很多樣化。（bi1_2） 3.個案公司和別的品牌有明顯不同。（bi1_3）
品牌特質（bi2）	消費者對此一品牌的情感連結與自我表現聯想。	4.個案公司很有特色。（bi2_1） 5.個案公司很受歡迎。（bi2_2） 6.我對個案公司有清楚的印象。（bi2_3）
企業聯想（bi3）	消費者對此一品牌的提供者或企業的情感連結。	7.個案公司的經營者正派經營。（bi3_1） 8.個案公司形象清新。（bi3_2） 9.個案公司讓人聯想到品牌值得信任。（bi3_3）

2-2-3　範例問卷的第二部分：知覺價值

　　知覺價值是來自於讓顧客期望自產品所獲得的利益，高於消費者長期付出的成本。本研究將採用Sweeney and Soutar（2001）提出的四個子構面，來衡量消費者的知覺價值。這四個子構面包含：品質價值（2個題項）、情感價值（2個題項）、價格價值（2個題項）及社會價值（2個題項）。所有題項皆以Likert七點尺度法來衡量消費者對各子構面的認知程度，分別以「極不同意」、「很不同意」、「不同意」、「普通」、「同意」、「很同意」與「極為同意」區分為七個等級，並給予1、2、3、4、5、6、7的分數。而問卷中若有反向題時，尚必須將上列七個尺度衡量依次給予反向7、6、5、4、3、2、1的分數。分數越高，表示消費者對該子構面的認知同意程度越高。觀察表2-3，明顯的衡量問項中，「價格價值」子構面的兩個題項皆屬反向題，將來進行統計分析前，資料需先進行反向計分，如表2-3所示。

表2-3　知覺價值構面之操作型定義與衡量題項

構面	操作型定義	衡量題項（變數名稱）
品質價值（pv1）	來自對產品的知覺品質或期望效果	1.我認為個案公司的產品，其品質是可以接受的。（pv1_1） 2.我不會對個案公司之產品的品質，感到懷疑。（pv1_2）
情感價值（pv2）	來自對於產品的感覺或感動	3.我會想使用個案公司的產品。（pv2_1） 4.使用個案公司的產品後，會讓我感覺很好。（pv2_2）
價格價值（pv3）	來自長期或短期的投入金錢成本	5.我認為個案公司的產品價格不甚合理。（pv3_1） 6.我認為以此價格購買個案公司的產品是不值得的。（pv3_2）
社會價值（pv4）	來自產品對社會自我認知的影響力	7.我認為個案公司的產品，能符合大部分人的需求。（pv4_1） 8.使用個案公司的產品後，能讓其他人對我有好印象。（pv4_2）

2-2-4　範例問卷的第三部分：品牌忠誠度

　　品牌忠誠度構面，主要將衡量顧客受品牌知名度與品牌形象之影響，對該品牌之忠誠行為與態度。由於研究目的偏重於實務運用性質，因此參考Chaudhuri（2001）之主張，以單構面之題項衡量消費者對個案公司品牌之忠誠行為。共包含5題問項，所有題項皆以Likert七點尺度法來衡量消費者對各子構面的認知程度，分別以「極不同意」、「很不同意」、「不同意」、「普通」、「同意」、「很同意」與「極為同意」區分為七個等級，並給予1、2、3、4、5、6、7的分數，如表2-4所示。

表2-4　品牌忠誠度構面之操作型定義與衡量題項

構面	操作型定義	衡量題項（變數名稱）
品牌忠誠度（ly）	消費者對同一品牌的購買經驗與行為承諾	1.購買個案公司的產品對我來說是最好的選擇。（ly1） 2.我是個案公司的忠實顧客。（ly2） 3.當我有需求時，我會優先選擇個案公司。（ly3） 4.我願意繼續購買個案公司的產品。（ly4） 5.我會向親朋好友推薦個案公司的產品。（ly5）

2-2-5　範例問卷的第四部分：基本資料

此部分主要將進行個案樣本的基本資料調查，主要的調查內容有性別、婚姻狀況、年齡、目前職業、教育程度、平均月收入、特色認知（複選題）與偏好店家（排序題）。所有題項的衡量尺度皆屬名目尺度。

2-3　製作問卷的編碼格式表

當問卷經調查、蒐集後，必須整理為特定的格式，並進行登錄以供電腦分析之用。此過程大致可分為四個步驟：

1. 決定格式：由於各種統計分析套裝軟體對於資料格式的要求不盡相同。因此，研究者在整理資料時，須根據所選定的統計分析套裝軟體之資料格式要求，進行編碼與登錄輸入的動作。一般而言，其原則是每個受訪者對各題項的回答應按照順序編碼，且每個受訪者的資料有相同的欄位數（題項數），每一題項皆有相對應的欄位（變數），同一題項應登錄在相同的欄位上。

2. 編碼（coding）：將問卷中每個題項之每一個答案選項給予一個對等的代表數字，就稱之為編碼。通常這項工作在製作問卷的內容時，大部分編碼的動作就已經確定了。編碼的過程也常與題項的陳述方法、格式，及問卷整體格式等有關。

3. 資料登錄輸入：將資料鍵入Excel、SPSS等套裝軟體中。

4. 資料檢核：進行統計分析之前，進行檔案的檢查工作，以確保其準確、完整及一致性。

　　為順利完成問卷之登錄作業，通常研究者會先為問卷擬定「編碼格式表」，並據以進行欄位（變數）格式之設定與欄位（變數）值的指定，以確保後續之資料登錄輸入作業能具有準確、完整及一致性。通常一份問卷會有一份專屬的編碼格式表（如表

2-5）。編碼格式表如同資料登錄時的作戰計畫，非常有助於資料檔的建立。希望讀者於建立問卷資料檔時，都能養成好習慣。先建立如表2-5的編碼格式表，然後再依各欄位（變數）的編碼格式，逐一欄位定義、輸入資料，如此將能增進建檔的效率與正確性。

表2-5　問卷（圖2-1之問卷）的編碼格式表

構面名稱	欄位編號	變數名稱	變數標籤	數值	數值標籤	遺漏值
品牌忠誠度	1～5	q1～q5	第N題問項	1～7	—	9
基本資料	6	性別	—	1	男	9
				2	女	
	7	年齡	—	1	19歲以下	9
				2	20～39歲	
				3	40～59歲	
				4	60歲或以上	
	8	學歷	—	1	國中及以下	9
				2	高中職	
				3	大學	
				4	研究所以上	
	9	職業	—	1	學生	9
				2	軍公教	
				3	勞工	
				4	自由業	

▶ 範例2-1　參考附錄一中，論文【品牌形象、知覺價值對品牌忠誠度關係之研究】的原始問卷。請開啟ex2-1.doc，並為這份問卷建立編碼格式表。

　　請讀者先行參考第2-2節中，對論文【品牌形象、知覺價值對品牌忠誠度關係之研究】的原始問卷之介紹。接下來，我們將先建立編碼格式表。

　　從原始問卷中不難理解，原始問卷共包含四個主要部分，分別為品牌形象構面、知覺價值構面、品牌忠誠度構面與基本資料。

　　第一部分：品牌形象中又包含三個子構面，分別為品牌價值（3個題項，bi1_1～bi1_3）、品牌特質（3個題項，bi2_1～bi2_3）與企業聯想（3個題項，bi3_1～bi3_3）。

第二部分：知覺價值則包含四個子構面，分別為品質價值（2個題項pv1_1～pv1_2）、情感價值（2個題項pv2_1～pv2_2）、價格價值（2個題項pv3_1～pv3_2）及社會價值（2個題項pv4_1～pv4_2）。

第三部分：品牌忠誠度，為單構面之題項衡量，共包含5題問項，分別為ly1到ly5。

原始問卷中的第一部分、第二部分與第三部分皆採用李克特七點量表，建立資料檔時，為了將來計算與分析資料方便，這些問項變數的型態應設為數值型的「區間尺度」。

基本資料部分包含：性別、婚姻狀況、年齡、目前職業、教育程度、平均月收入、特色認知（複選題）與偏好店家（排序題）。除第8題偏好店家須設為「序數尺度」外，其餘題項的衡量尺度皆屬「名義尺度」。由於各題項的選項互異，因此須特別注意【數值】標籤的設定。

基本資料中，第7題為複選題，這個複選題共有四個選項，分別為「咖啡」、「糕點」、「服務」與「氣氛」。編碼時，必須將每一個選項設定為一個「名義尺度」的變數，也就是說必須有四個變數來儲存每個選項被回應的情形（如：ca1～ca4）。此外，對於複選題的填答結果在資料取值編碼時，也將以名義尺度的「1」（代表勾選）或「0」（代表未勾選）來呈現特定選項是否被勾選。

基本資料中，第8題為排序題，排序題建檔時必須將每一個選項設定為一個序數尺度的變數。由於這個排序題共有七個選項，分別為「星巴克」、「85度C」、「7-11 city café」、「麥當勞」、「三皇三家」、「伯朗」與「怡客」。因此編碼時，必須有七個變數來儲存每個選項被回應的情形（如：freq_1～freq_7）。此外，對於排序題的填答結果在編碼時，若某一個選項未被選取，則代表該選項的變數應取值為「0」；當被選取時，那麼其取值就有可能是「1」、「2」或「3」等順序。

為問卷資料建立編碼格式表的詳細步驟如下：

操作步驟

步驟1：開啟資料夾（應用統計\example\chap02）中的「ex2-1.doc」，「ex2-1.doc」是一張通用的空白編碼格式表，可重複使用於各類研究中。

步驟2：依序完成各變數的格式定義，完成後的編碼格式表，如表2-6。

步驟3：本範例的詳細操作過程，讀者亦可自行參閱影音檔「ex2-1.wmv」。

2-4　將Excel資料檔匯入至SPSS

　　編碼格式表就像是建立資料檔時的作戰策略，它有助於資料檔的建立，增進建檔的效率與正確性。在範例2-1中，原始問卷的編碼格式表已製作完成，接著就可於套裝軟體中，為已蒐集回來的問卷資料進行建檔工作。Excel試算表軟體是一套優秀的數值處理軟體，對於須大量的輸入數值時，使用Excel軟體操作起來較SPSS簡便。故建議使用者，對於問卷資料的輸入，最好使用Excel試算表軟體來建檔，而不要直接使用SPSS建檔。

▶ 範例2-2　　　參考附錄一【品牌形象、知覺價值對品牌忠誠度關係之研究】的原始問卷與
範例2-1所完成的編碼格式表（表2-6）。「ex2-2.xls」為該問卷之回收樣本的
　　　　　　　原始資料檔，試將該Excel檔案讀入SPSS中，完成後請另存新檔為「ex2-2_ans.
　　　　　　　sav」。

　　由於需大量的輸入數值時，使用Excel軟體操作起來會比SPSS較為簡單與便捷。因此，研究者於蒐集大量的樣本資料後，對於這些原始問卷資料的處理，大部分的研究者都會直接在Excel試算表軟體做輸入，然後再轉換為SPSS格式的資料檔案，最後才利用SPSS等專業的統計軟體進行分析。

　　根據範例2-1所完成的編碼格式表（如表2-6），我們就可先在Excel軟體中，為各題項建立欄位名稱（即變數名稱），然後即可直接將所蒐集回來的樣本資料，直接進行輸入工作了，但在Excel軟體中，變數標籤、數值標籤與遺漏值，我們並不會先輸入，而是等到於SPSS中匯入Excel檔後，才於【變數檢視】視窗中予以定義。依題意，回收樣本之原始資料已輸入「ex2-2.xls」中，如圖2-3所示。

　　在「ex2-2.xls」中可明顯看到，編碼格式表的第四欄「欄位（變數）名稱」，未來在Excel工作表中輸入資料時，即被當成各欄的標題了。這些標題將來匯入SPSS時，會直接轉換為變數名稱。

表2-6　範例問卷之編碼格式表

主構面名稱	子構面名稱	欄位編號	欄位（變數）名稱	變數標籤	數值	數值標籤	遺漏值
品牌形象	品牌特質	1～3	bi1_1～bi1_3	無	1～7	無	9
	品牌價值	4～6	bi2_1～bi2_3	無			
	企業聯想	7～9	bi3_1～bi3_3	無			
知覺價值	功能價值	10、11	pv1_1～pv1_2	無	1～7	無	9
	情感價值	12、13	pv2_1～pv2_2	無			
	價格價值	14、15	pv3_1～pv3_2	無			
	社會價值	16、17	pv4_1～pv4_2	無			
品牌忠誠度	—	18～22	ly1～ly5	無	1～7	無	9
基本資料	性別	23	性別	無	1	女	9
					2	男	
	婚姻	24	婚姻	無	1	未婚	
					2	已婚	
	年齡	25	年齡	無	1	20歲以下	9
					2	21～30歲	
					3	31～40歲	
					4	41～50歲	
					5	51～60歲	
					6	61歲以上	
	職業	26	職業	無	1	軍公教	9
					2	服務業	
					3	製造業	
					4	買賣業	
					5	自由業	
					6	家庭主婦	
					7	學生	
					8	其他	
	教育	27	教育	無	1	國小（含）以下	9
					2	國中	
					3	高中（職）	
					4	專科	
					5	大學	
					6	研究所（含）以上	

表2-6　範例問卷之編碼格式表（續）

主構面名稱	子構面名稱	欄位編號	欄位（變數）名稱	變數標籤	數值	數值標籤	遺漏值
基本資料	月收入	28	月收入	無	1	15,000元以下	9
					2	15,001～30,000元	
					3	30,001～45,000元	
					4	45,001～60,000元	
					5	60,001～75,000元	
					6	75,001～90,000元	
					7	90,001～120,000元	
					8	120,001元以上	
	特色	29	ca1	咖啡	0 or 1	0：未勾選	9
		30	ca2	糕點			
		31	ca3	服務		1：勾選	
		32	ca4	氣氛			
	偏好	33	freq_1	星巴克	0～3	0：不常去	9
		34	freq_2	85度C			
		35	freq_3	7-11 city café		1：最常去	
		36	freq_4	麥當勞		2：次常去	
		37	freq_5	三皇三家			
		38	freq_6	伯朗		3：第3常去	
		39	freq_7	怡客			

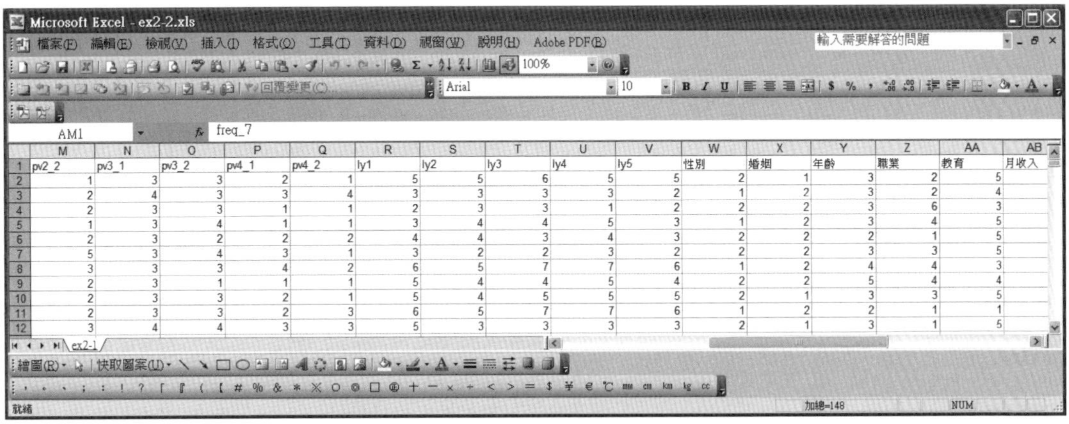

圖2-3　範例問卷之資料檔（ex2-2.xls）

操作步驟

接下來，我們只須將Excel資料檔讀入SPSS中，就可進行較專業的統計分析工作了。在SPSS中讀入Excel資料檔的詳細步驟如下：

步驟1：在確認範例問卷之資料檔（ex2-2.xls）已關閉的情形下，啓動SPSS，然後執行【檔案】／【開啓】／【資料】。

步驟2：待出現【開啓資料】對話框後，先找到目標檔案所在的資料夾（應用統計\example\chap02），再指定待讀入的【檔案類型】。方法是按【檔案類型】右邊的向下箭頭以展開下拉式清單，然後從清單中選擇檔案類型：【Excel（*.xls, *.xlsx, *.xlsm）】，此時以「.xls」爲副檔名的Excel檔案會顯示在該資料夾中。從中選取「ex2-2.xls」，然後按【開啓】鈕，如圖2-4所示。

圖2-4　選取Excel檔案「ex2-2.xls」

步驟3：接下來，會彈出如圖2-5所示的【開啟Excel資料來源】對話框。通常Excel資料表的第一列是每行資料的標題。在將這種格式的資料表轉換成SPSS檔案時，透過勾選【從資料第一列開始讀取變數名稱】選項，可將Excel資料表的第一列之標題，自動轉換成SPSS資料檔案的變數名稱。

步驟4：按【確定】鈕，即可將Excel資料檔匯入到SPSS的【資料檢視】視窗中，如圖2-6。

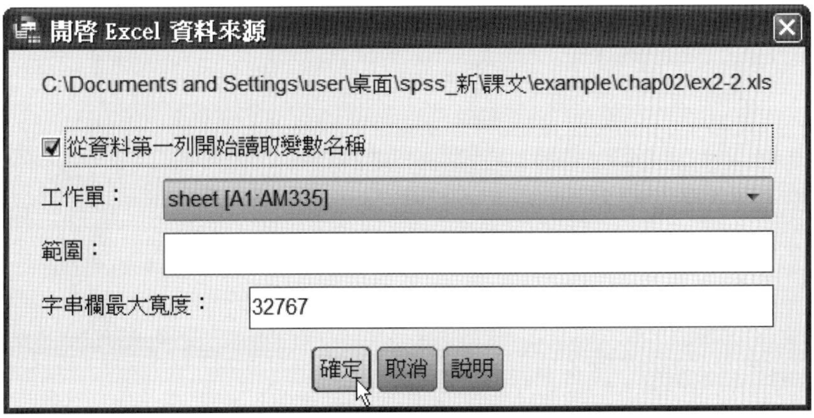

圖2-5　【開啟Excel資料來源】對話框

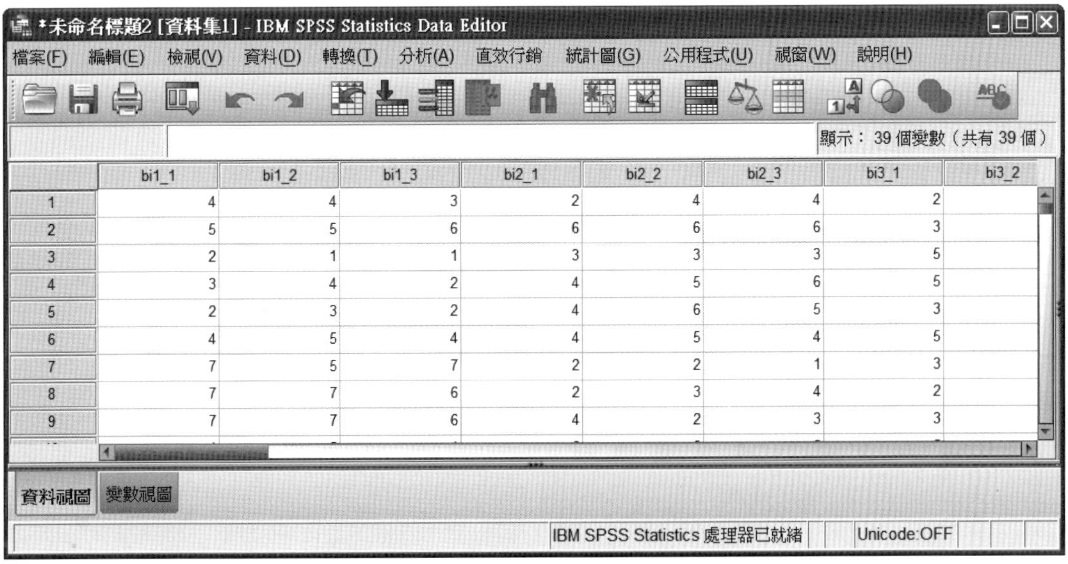

圖2-6　Excel資料檔已匯入SPSS中

步驟5：完成讀入Excel資料檔後，若有需要，尚可針對各變數的型態、數值標籤等作必要的修改，如圖2-7。

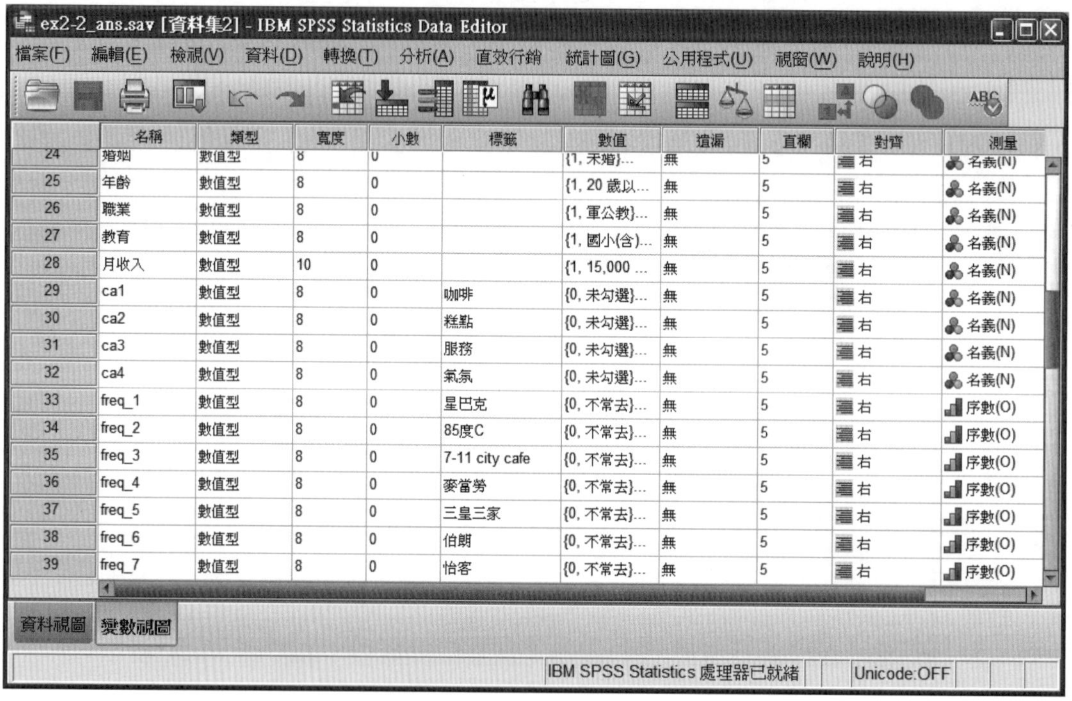

	名稱	類型	寬度	小數	標籤	數值	遺漏	直欄	對齊	測量
24	婚姻	數值型	8	0		{1, 未婚}...	無	5	右	名義(N)
25	年齡	數值型	8	0		{1, 20 歲以...	無	5	右	名義(N)
26	職業	數值型	8	0		{1, 軍公教}...	無	5	右	名義(N)
27	教育	數值型	8	0		{1, 國小(含)...	無	5	右	名義(N)
28	月收入	數值型	10	0		{1, 15,000 ...	無	5	右	名義(N)
29	ca1	數值型	8	0	咖啡	{0, 未勾選}...	無	5	右	名義(N)
30	ca2	數值型	8	0	糕點	{0, 未勾選}...	無	5	右	名義(N)
31	ca3	數值型	8	0	服務	{0, 未勾選}...	無	5	右	名義(N)
32	ca4	數值型	8	0	氣氛	{0, 未勾選}...	無	5	右	名義(N)
33	freq_1	數值型	8	0	星巴克	{0, 不常去}...	無	5	右	序數(O)
34	freq_2	數值型	8	0	85度C	{0, 不常去}...	無	5	右	序數(O)
35	freq_3	數值型	8	0	7-11 city cafe	{0, 不常去}...	無	5	右	序數(O)
36	freq_4	數值型	8	0	麥當勞	{0, 不常去}...	無	5	右	序數(O)
37	freq_5	數值型	8	0	三皇三家	{0, 不常去}...	無	5	右	序數(O)
38	freq_6	數值型	8	0	伯朗	{0, 不常去}...	無	5	右	序數(O)
39	freq_7	數值型	8	0	怡客	{0, 不常去}...	無	5	右	序數(O)

圖2-7　設定各變數的型態與數值標籤

步驟6：執行【檔案】/【另存新檔】，輸入檔名「ex2-2_ans.sav」，即可匯入完成。

步驟7：詳細操作過程，讀者亦可自行參閱影音檔「ex2-2.wmv」。

習　題

練習 2-1

　　附錄二為「遊客體驗、旅遊意象與重遊意願關係之研究」的原始問卷，請開啓 hw2-1.doc，為這份問卷建立編碼格式表。此外，資料檔「hw2-1.xls」為問卷經回收後，根據編碼格式表與所輸入的填答資料製作而成，請將資料檔「hw2-1.xls」讀入至SPSS中。讀入後，請更改遊客體驗、旅遊意象與重遊意願構面中，各題項的【變數名稱】、【欄位寬度】、【小數位數】等屬性，而對於遊客特性中的各變數，請依各題項的選項值，設定【數值】標籤屬性。完成後，請存檔為「遊客體驗_原始資料.sav」。

第3章
資料的編輯和轉換

基本上，資料輸入完成後，即可以利用SPSS所提供的各種統計功能，依研究者的需求進行統計分析了。但有些時候，由於沒有按照實際研究需求進行抽樣，或在資料分析過程中，研究者為了達到特定的目的需求，往往需要利用既有的資料重新加以分類、計算、重新計分等處理後，再進行統計分析。在這樣的情況下，就需要先對原始資料進行編輯和轉換工作了。

本章內容包括：

    (1) 資料常態性的檢測

    (2) 離群值檢測

    (3) 橫向計算

    (4) 反向題重新計分

    (5) 資料分組

    (6) 計算分組平均數

3-1　資料常態性的檢測

很多連續性數值之統計方法的前提假設（assumption），常假定所處理的資料必須要符合常態分配（normal distribution）的特質。故在進行統計分析前，研究者應先檢測樣本資料是否可以符合此前提假設。如果不符合，則不可以使用該統計方法；而應先進行資料的轉換（transformaiton），使能符合常態分配的特質後，再進行後續的統計分析。

大多數人應該都聽過或了解「常態分配」的意思。譬如說，學生考試的結果一般都是中等成績的學生占大多數，而考的很差或很優異的學生就占少數。這種普遍現象，畫出來的次數曲線就像是圖3-1。這是個多麼漂亮的曲線啊！然而在數學上，他背後的函數表示方式卻是有點複雜，如式3-1。此外，「常態分配」的現象或概念似乎也常存在於我們的自然環境及人類社會中，對於這種現象，每個人或多或少都能意識到它的存在，但卻也都有不同的感受。

$$f(x) = \frac{1}{\sigma\sqrt{2\pi}} e^{-\frac{1}{2}(\frac{x-\mu}{\sigma})^2}$$

（式3-1）

π：圓周率（約為3.1416）　　　　e：自然對數底（約為2.7183）

μ：分配平均數　　　　　　　　　σ：分配標準差

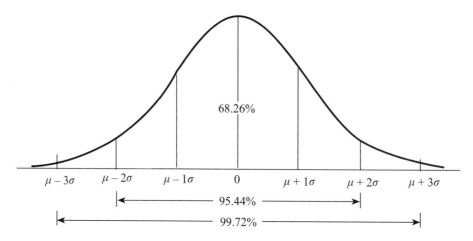

本圖形修改自方世榮（2005）

圖3-1　常態分配圖

3-1-1　常態資料的分布特性

　　統計學中，所謂分配（distribution）是指某變數其所有取值之出現次數的分布狀況。在平面座標中，常以橫軸為變數之各取值，縱軸為出現頻率的平面座標圖來呈現分配狀況。常態分配又稱為高斯分布（Gaussian distribution），它是一種以平均值（mean）為中心、標準差（standard deviation）為橫軸座標之基本單位、次數頻率為縱軸座標，所繪製的資料分布圖，其形狀為覆鐘形的對稱圖形（如圖3-1）。常態分配中，資料分布概況，具有以下的特性：

☞ 橫軸座標介於$\mu \pm 1\sigma$的區間，將含有全樣本之68.26%的個體。
☞ 橫軸座標介於$\mu \pm 2\sigma$的區間，將含有全樣本之95.44%的個體。
☞ 橫軸座標介於$\mu \pm 3\sigma$的區間，將含有全樣本之99.72%的個體。
☞ 95%的個體會落在橫軸座標$\mu \pm 1.96\sigma$的區間內。
☞ 99%的個體會落在橫軸座標$\mu \pm 2.58\sigma$的區間內。

3-1-2　常態圖的外觀特性

　　常態分配除具有上小節中所描述的分布特性外，在分配圖的外觀上，亦具有下列的基本特性：

1. 常態分配圖形具有單一主峰（single peak）且左、右對稱，其平均值位置在圖形的正中央。越接近平均值的數值出現的頻率越高，越遠離平均值的數值出現的頻率越低，且平均值、中位數（median）、眾數（mode）之數值、圖形位置均相同。

2. 左偏（skew to left）：圖形尾部拖向左側延伸，含有極小值，其主峰會偏向右邊，此時，眾數＞中位數＞平均值。

3. 右偏（skew to right）：圖形尾部拖向右側延伸，含極大值，其主峰會偏向左邊，此時，眾數<中位數<平均值。

3-1-3 檢測變數之常態性

　　常態性（normality）是指樣本觀察值的分配結構，要符合常態分配的特性。有很多推論統計分析（如相關分析、迴歸分析…等），都需要符合常態性假設的條件，才能獲得可靠有效的分析結果。在本小節中，我們將介紹變數之常態性的檢驗法。檢驗變數分配之常態性的方法大致上有三種，分別為：

1. 用圖形來觀察資料的常態性。

2. 利用假設檢定來判斷資料的常態性。

3. 運用變數分配的偏態（skewness）和峰度（kurtosis）等統計量。

　　第1、2種檢測方法可使用【探索】功能達成，第3種檢測方法則須先應用【描述性統計資料】功能，算出變數的偏態和峰度，當偏態與峰度絕對值皆小於2時，則可認定觀察變數具常態性（Bollen and Long, 1993）。偏態與峰度值的計算於本書第4章中再予以介紹，本章將只說明如何運用【探索】功能檢測變數之常態性。

　　【探索】功能（explore）是【描述性統計資料】功能的各種子功能選項中，功能最為強大的一個。它可對變數進行更為深入、詳盡的描述性統計分析。主要的應用時機為：對資料的性質、分配特徵等完全不清楚時，進行探索之用。研究者執行【探索】功能即可對變數進行初步的檢視。也就是說，【探索】功能可在一般描述性統計指標的基礎上，增加能描述資料其他特徵的文字與圖形，使輸出顯得更加細緻與全面化，而這將有助於研究者思考對資料進行進一步分析的方案。該功能可以檢查資料是否有錯誤、考察樣本分配特徵以及對樣本分配之規律性作初步的考察。

　　樣本分配特徵對統計分析的重要性非常大，許多分析方法對資料的分配都有一定的要求。例如：在某些分析方法中，要求樣本必須來自常態母體；對兩組資料平均值的差異性檢定，則需要根據其變異數是否相等而選擇計算公式。另外，研究者總希望

能簡單的透過對樣本資料的初步觀察，而盡可能的發現樣本資料內在的一些規律性，如兩個變數是否具有某種相關性等。此外，在一般情況下，過大或過小的資料可能是異常值或是錯誤資料。對這樣的資料要找出來並加以剔除，因為異常值和錯誤資料往往對分析結果影響很大，導致不能真實掌握資料的母體特徵。

此外，【探索】功能尚能提供在分組或不分組的情況下，常用的統計量與圖形，其結果一般會以圖形的方式將異常值、非正常值、遺漏值以及資料本身的特點表示出來。【探索】功能也可以用於找出、確認異常值、遺漏值和進行假設檢定。本節將討論如何利用【探索】功能，透過各種圖形以及基本統計量等，對資料的常態性進行初步的檢測。

▶ 範例3-1

資料檔ex3-1.sav為論文【品牌形象、知覺價值對品牌忠誠度關係之研究】的原始資料檔，試探討該筆資料是否具有常態性。

本論文主要在探討品牌形象、知覺價值與品牌忠誠度等三個主構面的關係，故未來進行描述統計或推論統計等高階統計分析時，主要亦是針對此三個主構面。因此，判斷問卷資料檔ex3-1.sav是否具有常態性時，將針對受訪者對品牌形象、知覺價值與品牌忠誠度等三個主構面之題項的得分狀況而評定。

基於此，研究者須先求算出每一個受訪者對於這三個主構面的總得分（常被稱為「量表總分」），進而探討變數「量表總分」的常態性即可完成任務。計算量表總分時，要特別注意題項中是否包含反向題，若存在反向題則須先將反向題重新計分後，才能求算量表總分。反向題重新計分與求算量表總分的方法，將在後續章節中（第3-4節）陸續介紹。

在問卷資料檔ex3-1.sav中，變數「量表總分」已計算完成。研究者於開始進行高階的統計分析之前，想先在一般描述性統計指標的基礎上，探索樣本資料是否具有常態性，以初步掌握資料的穩定性，為將來較為高階的統計分析奠定基礎。

操作步驟

步驟1：開啟ex3-1.sav後，執行【分析】／【描述性統計資料】／【探索】，即可開啟【探索】對話框。

步驟2：在【探索】對話框中，將變數「量表總分」選入【因變數清單】中。

步驟3：按【圖形】鈕，開啟【圖形】對話框，勾選【描述性統計資料】欄內的
【直方圖】核取方塊與【常態機率圖附檢定】，然後按【繼續】鈕，返
回【探索】對話框。

步驟4：於【探索】對話框中，按【確定】鈕，即可開始執行探索分析。

步驟5：詳細的操作過程，讀者亦可自行參閱影音檔「ex3-1.wmv」。

▶ **報表解說**

執行【探索】功能後，可發現產生的報表相當長，在此我們將分階段進行說明。

(一) 用圖形來觀察資料的常態性

一般來說，可以透過繪製資料的直方圖，來直觀地判斷「樣本資料的分配是否符合常態性」。圖3-2就是原始問卷資料的直方圖。

從圖3-2中可以看到，除了幾個偏離值外，原始問卷資料的直方圖具有近似於常態分配的特性，這說明了原始問卷資料應具有不錯的常態性。由於用以產生圖3-2的資料之樣本數較大，所以圖形是個還算不錯的單峰圖形。但是如果樣本數不夠大時，那麼直方圖看起來就會比較不像常態分配，因而也就很難利用這種直方圖來評價資料的常態性了。

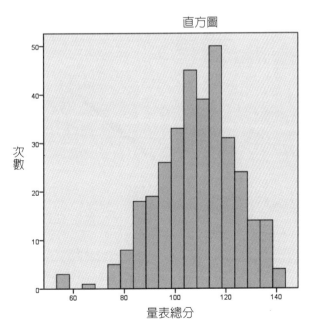

圖3-2　原始問卷資料的直方圖

　　因此，除了直方圖之外，還有一種圖形也可以用來判斷資料的常態性，那就是Q-Q圖。它在樣本數較小時，比一般的直方圖更容易判斷。使用相同的資料，可以繪製如圖3-3所示的常態Q-Q圖和圖3-4所示的取消趨勢常態Q-Q圖。

　　圖3-3為常態Q-Q機率圖，如果資料呈常態分配的話，那麼常態Q-Q機率圖中的資料點應會和代表標準常態分配的對角線重合或於對角線附近上、下分布。由圖3-3可見，雖然資料分布狀況較為隨機，但資料基本上大都還是在對角線附近上、下分布的，只是有幾個資料較為偏離而已（在圖3-3中被圈起來的部分）。但整體而言，資料並未出現明顯違反常態分配的情況。

　　為了更仔細的觀察，我們也可以看圖3-4的取消趨勢常態Q-Q圖。該圖反映的是，按標準常態分配所計算的理論值與實際資料值之差的分配情況。如果資料服從常態分配，則該差值應會較均勻的分布在Y = 0（與標準常態分配差異為0之義）這條直線上、下。由圖3-4可見，除幾個資料點離理論分配線較遠外，其他點的分布大致上也都沿Y = 0這條基準直線而上、下分布。由此可見，資料應可被認為是服從常態分配的。

　　在一些較為複雜的統計方法中，資料的常態性假設往往是最基本的要求。因此，資料的常態性在統計分析過程中占有舉足輕重的地位。雖然從圖形可以直觀的判斷資料是否符合常態分配，但是為求論文的嚴謹性，對於資料常態性的認定，還是透過Kolmogorov-Smirnov檢定來檢驗會比較妥當。

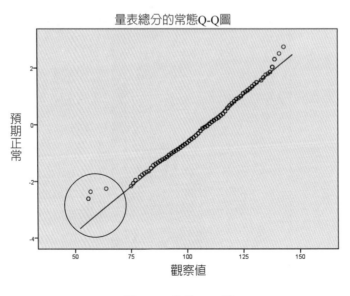

圖3-3　常態Q-Q圖

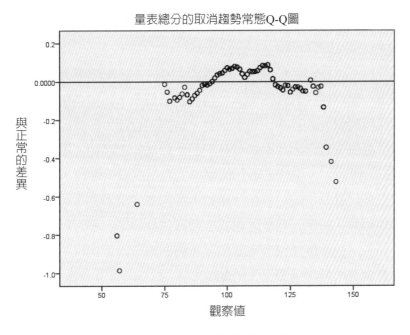

圖3-4　取消趨勢常態Q-Q圖

(二) 利用假設檢定來判斷資料的常態性

　　圖形雖然可直觀的協助我們判斷常態性，但是絕對無法取代以精確的數學計算和推理為基礎的假設檢定。在SPSS中，也可以進行資料的常態性檢定，這個檢定名為Kolmogorov-Smirnov檢定（簡稱K-S檢定）。K-S檢定的虛無假設是：資料符合常態性。如果檢定結果中的顯著性小於0.05，那麼就可以拒絕虛無假設，而有理由認為資料的分配並不是常態的。

　　從表3-1中可以看到顯著性是0.2大於0.05，所以不能拒絕虛無假設，亦即沒有足夠的證據顯示可以否定資料分配的常態性。因此，可以認定原始問卷的樣本資料是具有常態性的。

表3-1　K-S常態檢定

	Kolmogorov-Smirnov[a]			Shapiro-Wilk		
	統計資料	df	顯著性	統計資料	df	顯著性
量表總分	.045	334	.200[a]	.986	334	.003

◆ 3-2　離群值檢測 ◆

離群值英文為outlier，跟臺語的「奧梨ㄚ」，音、義都蠻接近的，都具有不符常態性資料的味道。離群值包含偏離值與極端值兩種類型，一般是指某一個觀察值與其他觀察值的數值呈現很大的差異。也就是說，離群值會遠大於或遠小於同一筆數據中的其他觀察值。故研究者常因此而懷疑該觀察值與其他觀察值並不是經由同一機制所產生的（Stevens, 1990），這代表著該觀察值的可信度有待驗證。離群值的存在，將會嚴重影響到很多統計分析的估計值。例如：從基本的母體特徵、平均值估計到兩個變數之間的線性相關，甚至一些統計模式的參數估計值等，都有可能因離群值的存在而產生偏差。如果這些離群值沒有在資料分析的初始階段或過程中被檢驗出來，則後續的結果詮釋將會有所偏誤（譚克平，2008）。

過往文獻中已提出多種判斷離群值的方法，在此只介紹兩種較容易執行及較常見的方法，即標準化值法（standardized value）與盒形圖法。

(一) 標準化值法

如果已能確認某變數資料符合常態分配的話，最常見的檢測方法是「將資料轉成標準化值（或稱Z分數）」來進行判斷。也就是說，先算出每筆資料離開平均值的距離（即離均差分數, deviation score），再除以該變數的標準差後，所得的數值即為標準化值（又稱Z分數）。根據常態分配的性質，約有99%資料的Z分數會落在平均值的正負3個標準差之內，因此有一些文獻會將Z分數大於3或小於-3的數據視為離群值（例如Shiffler, 1988; Stevens,1990）。利用SPSS計算標準化值的方法，留待第4-3節中，再予詳細說明。

(二) 盒形圖法

盒形圖（Box-Whisker Plot，簡稱Box Plot）是資料的一種圖形展示法，從視覺上即可有效的找出資料之五種主要的表徵值，這五種主要表徵值如：資料之集中趨勢（中位數）、變異、偏態、最小值、最大值等。因此，盒形圖又稱「五指標摘要圖」（five-number summary plot）（如圖3-5）。

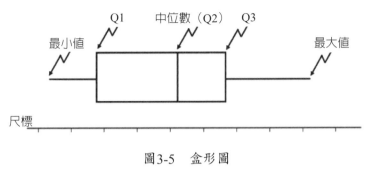

圖3-5　盒形圖

Q1：第一「四分位數」或稱為第25百分位數。
Q2：第二「四分位數」或稱為中位數。
Q3：第三「四分位數」或稱為第75百分位數。

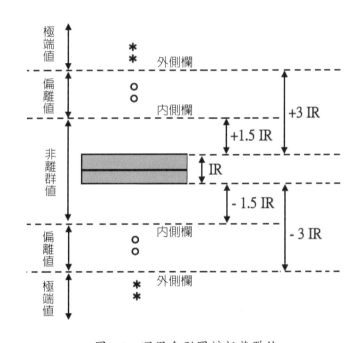

圖3-6　運用盒形圖辨認離群值

　　利用盒形圖辨認離群值是種相當簡便的方法。為了方便說明，假設盒形圖是以垂直的方式呈現，如圖3-6所示。盒形圖中盒子內的水平線，代表變數資料的中位數，盒子上下兩端的水平線分別稱為上樞紐（upper hinge）及下樞紐（lower hinge），上樞紐代表該變數的第75百分位數（Q3），下樞紐則為第25百分位數（Q1）。這兩個樞紐的值，一般視為是該變數的第75及第25百分位數。上、下樞紐之間的距離稱為四分位距（interquartile range, IR），它代表盒形圖中盒子的高度。此外，內側欄

（inner fence）是指離開上、下樞紐以外1.5個四分位距的距離（記為1.5×（Q3-Q1）或1.5×IR），外側欄（outer fence）是指離開上、下樞紐以外3個四分位距的距離（記為3×（Q3-Q1）或3×IR）。偵測離群值時，方法如下：

1. 偏離值：落於內、外側欄之間的觀察值（1.5×IR至3×IR之間），即稱為偏離值。它屬於離群值的一種類型。在SPSS的輸出報表中，會以「o」標示出來。

2. 極端值：落於外側欄外的觀察值（大於3×IR），即稱為極端值。它亦屬於離群值的一種類型。在SPSS的輸出報表中，會以「*」標示出來。

▶ 範例3-2 | 資料檔ex3-2.sav為論文【品牌形象、知覺價值對品牌忠誠度關係之研究】的原始資料檔，試探討該筆資料是否具有偏離值或極端值；若有，請刪除之。

在這個範例中，主要將練習製作盒形圖，並據以辨識出偏離值或極端值。如同範例ex3-1，主要的研究變數是「量表總分」，且已計算完成。其操作步驟和範例ex3-1相似。

操作 步驟

步驟1：開啟ex3-2.sav後，執行【分析】／【描述性統計資料】／【探索】，即可開啟【探索】對話框。

步驟2：在【探索】對話框中，將變數「量表總分」選入【因變數清單】中。

步驟3：按【統計資料】鈕，開啟【統計資料】對話框，勾選【偏離值】選項，然後按【繼續】鈕，返回【探索】對話框。

步驟4：按【圖形】鈕，開啟【圖形】對話框，選擇【盒形圖】欄中的【結合因素層級】選項，然後按【繼續】鈕，返回【探索】對話框。

步驟5：於【探索】對話框中，按【確定】鈕，即可開始執行探索分析。

步驟6：詳細的操作過程，讀者亦可自行參閱影音檔「ex3-2.wmv」。

▶ 報表解說

首先，可看到如表3-2的【觀察值處理摘要】報表，該報表中列出了樣本資料的基本情況，包括總個案數、有效個案數和遺漏值的數量。由表3-2可知，總個案數有334個受訪者，並沒有具遺漏值的受訪者。

表3-2　【觀察值處理摘要】報表

	觀察值					
	有效		遺漏		總計	
	N	百分比	N	百分比	N	百分比
量表總分	334	100.%	0	0.0%	334	100.0%

　　表3-3是變數「量表總分」的描述性統計資料表，這個報表中列出了變數「量表總分」的各種描述性基本統計量。

表3-3　【描述性統計資料】報表

		統計資料	標準錯誤
量表總分	平均數	108.69	.844
	95%平均數的信賴區間　下限	107.03	
	上限	110.35	
	5%修整的平均值	109.04	
	中位數	109.50	
	變異數	237.681	
	標準偏差	15.417	
	最小值	56	
	最大值	143	
	範圍	87	
	內四分位距	20	
	偏斜度	-.421	.133
	峰度	.394	.266

　　表3-4即為【極端值】報表，報表中顯示了「量表總分」的資料值分配，最大和最小值各取五個。雖然SPSS將這10個觀察值列入【極端值】報表中，但並不代表他們確為偏離值或極端值，最終仍須運用盒形圖加以辨識較為精確。例如：以數值的第一列來看，「量表總分」的最大值為143分（其所屬的個案編號為資料檔中第「89」個個案），雖目前已被列為極端值，然從後續的盒形圖辨識過程中，可確認其既非偏離值，也非極端值。

表3-4　【極端值】報表

			個案編號	數值
量表總分	最高	1	89	143
		2	101	141
		3	91	139
		4	92	139
		5	49	138[a]
	最低	1	16	56
		2	3	56
		3	324	57
		4	5	64
		5	118	75

　　圖3-7即為變數「量表總分」的盒形圖。觀察「量表總分」的觀察值分布，共有四個偏離值（以「o」標示），其個案編號分別為編號第3、5、16與324號，沒有極端值（*號）。對於這些偏離值研究者可以考慮從資料檔中予以刪除，以避免日後分析上的困擾。

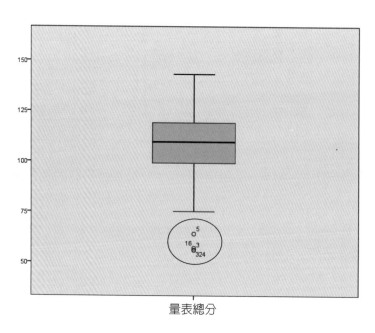

圖3-7　變數「量表總分」的盒形圖

3-3 橫向計算

在資料分析的過程中，為了達到特定的研究目的需求，研究者往往須利用既有的原始資料產生新的資料。這時就須對原始資料進行轉換或計算的工作了。所謂資料轉換或計算，就是利用已輸入完成的原始資料，透過某種轉換或計算公式來產生新的資料，以便能為特定的統計分析目的提供格式完備的研究資料。

在很多情況下，研究者是無法直接用原始資料進行分析的；而須對原始資料進行進一步的整理。這時就須要用到SPSS資料轉換或計算的一些方法了。熟練掌握並應用這些方法，可以在資料處理過程中收到事半功倍的效果，尤其是可以省去大量手工輸入資料的時間與精力。

在SPSS中，所有的分析與計算，其預設的計算方式都是縱向計算的（如圖3-8）。換言之，SPSS預設的【描述性統計資料】中的計算功能（如求平均數、標準差等），都是針對特定變數在所有的個案下進行計算的。比如說，利用【描述性統計資料】功能，要求算「pv1_1」這個變數的平均數。此時，SPSS它是針對檔案中的所有個案數，於「1.個案公司的產品風味很特殊。（pv1_1）」這個題項的答題得分進行平均而計算的。因此，縱向計算的特徵就是針對特定變數，於所有個案間進行計算。從SPSS的【資料視圖】視窗來看，它的計算方向是屬於「縱向」進行的。這個縱向的計算方向，也是SPSS所有的計算功能所預設的方向。

然而，這種縱向的計算方向，有時並不符合研究者實際的計算需求。例如：假設我們想比較男、女生對於個案公司的「品牌形象」構面之認知程度是否有顯著差異時，就遇到一個問題了。由於「品牌形象」構面是由三個子構面、共9個題項所構成，故若針對這9個題項逐題比較的話，不僅費時而且繁雜。試想，若能將每個受訪者（個案）的這9個題項得分先予平均（代表每一個個案之「品牌形象」構面認知的平均得分）後再比較，那麼分析工作將變得很簡單。而求取每一個個案「品牌形象」構面認知之平均得分（bi1_1～bi3_3等9個變數的平均）的過程，從SPSS的【資料視圖】視窗來看，它的計算方向即是屬於橫向進行的（如圖3-8）。因此，橫向計算的特徵就是針對特定某個個案，於諸多變數間進行計算。而這橫向計算的方式，在SPSS中必須透過【計算變數】功能且由使用者自行定義計算公式來達成。

縱向計算：針對變數進行計算

個案編號	pv1_1	pv1_2	pv1_3	個案平均得分
1	3	2	5	3.33
2	4	5	4	4.33
3	5	6	7	6.00
4	7	3	3	4.33
5	4	5	2	3.67
變數平均得分	4.60	4.20	4.20	

橫向計算：針對個案進行計算

圖3-8　縱向計算與橫向計算示意圖

▶ 範例3-3

在【品牌形象、知覺價值對品牌忠誠度關係之研究】論文中，「品牌形象」這個變數中包含了三個子構面，分別為：品牌價值（3個題項）、品牌特質（3個題項）與企業聯想（3個題項）。請開啓其資料檔「ex3-3.sav」，試計算每一個個案之品牌價值、品牌特質、企業聯想與整體品牌形象認知（9個題項）的平均得分。計算完成後，請另存新檔為「ex3-3-ans.sav」。

在此，我們將練習【計算變數】功能的操作。【品牌形象、知覺價值對品牌忠誠度關係之研究】論文中，品牌形象這個變數，包含「品牌價值」、「品牌特質」與「企業聯想」等三個子構面。測量時，「品牌價值」子構面有三題問項（bi1_1～bi1_3）、「品牌特質」子構面有三題問項（bi2_1～bi2_3）、「企業聯想」子構面有三題問項（bi3_1～bi3_3）。因此，整體品牌形象認知即包含9個題項（bi1_1～bi3_3）。

依題意，我們將計算出每一個個案（受訪者）於「品牌價值」、「品牌特質」、「企業聯想」與整體「品牌形象」認知等四個變數的平均得分，並將這些計算出來的新資料，以新的變數來儲存。由於計算「品牌價值」、「品牌特質」、「企業聯想」與「品牌形象」等變數之個案平均得分的操作過程均類似。故在此將只示範「品牌價值」子構面之個案平均得分（新變數名稱取爲bi1）的操作過程。

操作 步驟

步驟1：開啓ex3-3.sav，執行【轉換】／【計算變數】，開啓【計算變數】對話框。

步驟2：在【目標變數】輸入框中，請輸入新的變數名稱「bi1」，以儲存「品牌價值」子構面之個案平均得分。

步驟3：在【計算變數】對話框左邊的【數值運算式】輸入框中，輸入計算「品牌價值」子構面之個案平均得分的運算式。由於「品牌價值」子構面由bi1_1、bi1_2與bi1_3等三個題項所衡量，故「品牌價值」子構面之個案平均得分的計算方式如下：

$$bi1 = (bi1\_1+bi1\_2+bi1\_3)/3$$
$$或 bi1 = sum(bi1\_1 \ to \ bi1\_3)/3$$

依此計算方式，研究者可在【數值運算式】輸入框中，輸入運算式「(bi1_1+bi1_2+bi1_3)/3」或「sum(bi1_1 to bi1_3)/3」。研究者要計算累加的變數時，若其變數名稱之編碼方式，具有連續性的特質時，即可使用「sum」函數來進行加法運算，其方法是sum（第一個變數名稱 to 最後一個變數名稱）。

步驟4：輸入運算式後，按【確定】鈕後，SPSS即可開始執行計算工作。計算完成後，可發現原始資料檔將多出一個新變數名稱「bi1」，此變數即代表每一個受訪者對個案公司之「品牌價值」的認知（「品牌價值」的平均得分），如圖3-9所示。

步驟6：重複上述步驟，可繼續完成「品牌特質」、「企業聯想」與「品牌形象」等變數之個案平均得分的計算。計算完成後，請另存新檔為「ex3-3-ans.sav」。請留意，SPSS之資料檔的副檔名為「*.sav」。

步驟7：詳細的操作過程，讀者亦可自行參閱影音檔「ex3-3.wmv」。

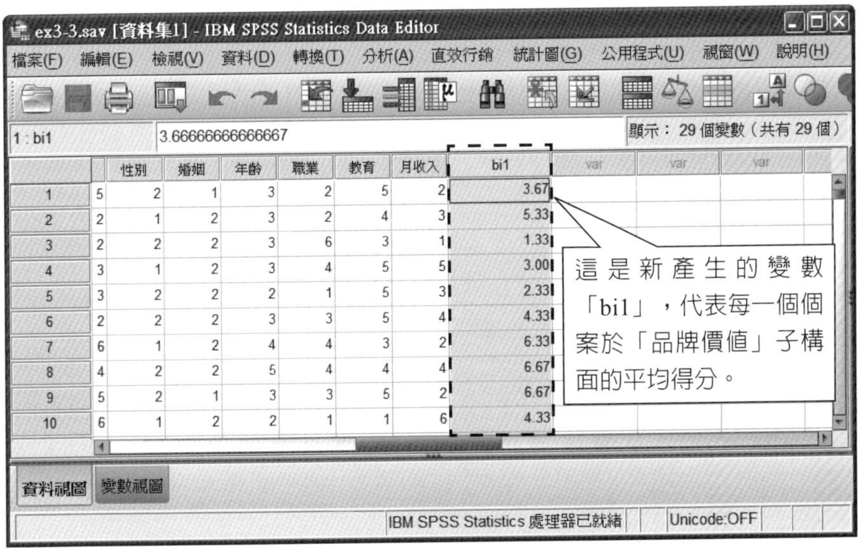

圖3-9　計算變數之執行結果

3-4　反向題重新計分

　　一般而言，研究者所設計出的問卷中通常都會包含正向題與反向題。正向題是指正面敘述的句子，如「我認為參與休閒活動有助於健康」；而反向題則指帶有否定敘述意味的句子，如「我不認為參與休閒活動有助於健康」。反向題為問卷設計時的普遍技術。為了避免受訪者於填寫問卷時草率作答，一般研究者常會在所設計的問卷中安插幾題反向題，藉以偵測受訪者是否符合專心作答的狀態。例如：【品牌形象、知覺價值對品牌忠誠度關係之研究】的原始問卷中，第二部分知覺價值構面的第5、6兩題，即被設計成反向題。如下：

> 5. 我認為個案公司的產品價格不甚合理（pv3_1）。
> 6. 我認為以此價格購買個案公司的產品是不值得的（pv3_2）。

　　問卷調查分析過程中，在量表、問卷設計時，很多研究者經常會用到的衡量工具是Likert七點尺度法（李克特七點量表）。李克特量表具有任意原點的特質，主要用來衡量「程度」，多半視為區間尺度，舉凡同意度、偏好度、滿意度、理想度、重要性、意向等程度上的問題，大多可以使用李克特量表呈現之。此外，根據Likert七點尺度法所設計的量表，編製上較容易，並且能兼顧良好的信度與效度。Likert七點尺度法中，假設每個選項上皆具有同等量值，但不同受訪者對同一選項的反應有程度上的差異。在量表計分時，每個題項的選項由「極不同意」、到「極為同意」分為七個選項，正向題分別給予1、2、3、4、5、6、7分，而反向題的題項計分時，便要給予7、6、5、4、3、2、1分。

　　量表題項加總時必須要注意的是，這些量表題項的方向必須一致。也就是說，統計分析前的首要工作就是要將題項的計分方式化為一致。因此，以正向題為基準的話，須將反向題反轉重新計分，否則其與正向題的分數會互相抵消。但若量表中沒有反向題時，則此操作可予以省略。

　　在論文【品牌形象、知覺價值對品牌忠誠度關係之研究】的原始問卷中，第二部分知覺價值構面使用了8個題項加以衡量，其中有6題正向題、2題反向題（第5題與第6題等兩題）。對正向題而言，受訪者對題項答題的分數越高，表示受訪者對該題項的認同度也越高。然而，對於反向題而言，如果受訪者勾選「非常不同意」（原始計分編碼數值為1，分數得分最低）時，則將代表著其所知覺的認同度應該越高（分

數得分最高）。顯而易見，正、反向題對於認同度的計分方式正好相反。在這樣的情形下，為達計分的一致性，研究者通常須將反向題的分數予以反轉，即將原本得分為1分者轉為7分、原本得分為2分者轉為6分、原本得分為3分者轉為5分、原本得分為5分者轉為3分、原本得分為6分者轉為2分、原本得分為7分者轉為1分後，再正式進行統計分析。

上述的反向題重新計分後，也須使用變數加以儲存。但由於我們不想讓原始檔案的規模，因為要儲存反向題重新計分後的結果而增加一個新變數。因此，在SPSS中，我們將使用【重新編碼成同一變數】的功能來完成。

▶ 範例3-4

資料檔ex3-4.sav為論文【品牌形象、知覺價值對品牌忠誠度關係之研究】的原始資料檔，由於問卷第二部分知覺價值構面的第5、6兩題為反向題，試予以反向重新計分，並計算量表總分。計算完成後，請另存新檔為「ex3-4-ans.sav」。

在本範例中，由於【品牌形象、知覺價值對品牌忠誠度關係之研究】之原始問卷的第二部分知覺價值構面的第5、6兩題（pv3_1與pv3_2）為反向題，為求計分的一致性，因此須予以反向重新計分，以利後續研究分析工作之進行。此外，為避免資料檔的複雜化，當資料進行重新計分後所產生的新值，我們希望它能儲存在原來所屬的變數中，此時，就須用到SPSS的【重新編碼成同一變數】的功能。

操作步驟

步驟1：執行【轉換】／【重新編碼成同一變數】，隨即開啟【重新編碼成同一變數】對話框。

步驟2：【重新編碼成同一變數】對話框的左半邊已列出所有的待選變數名稱，由於第二部分知覺價值構面的第5、6兩題為反向題，其變數名稱分別為pv3_1與pv3_2。因此選定這兩個變數名稱，然後按➡鈕，將該變數名稱移到右邊的【數值變數】清單方塊中。

步驟3：於【重新編碼成同一變數】對話框中，按【舊值與新值】鈕，打開【舊值與新值】子對話框，然後在左邊的【舊值】方框中選取【數值】，並且在其下方的輸入欄中輸入「1」，接著在右邊的【新值】方框中選取【數值】，並在其後方的輸入欄中輸入「7」，之後按【新增】鈕，即

可完成將原本分數為「1」轉換成分數為「7」的設定。依上述做法，陸續完成2→6、3→5、5→3、6→2、7→1的設定後，按【繼續】鈕，如圖3-10所示。

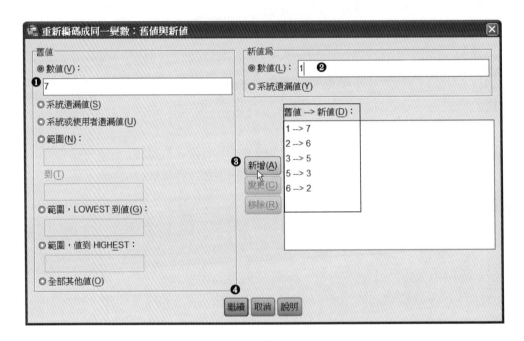

圖3-10　反向重新計分設定

步驟4：於【舊值與新值】子對話框中，按【繼續】鈕後，回到【重新編碼成同一變數】對話框，再按【確定】鈕，即可完成所有的反向題重新計分工作。回到【資料視圖】視窗，檢查可發現反向題重新計分前與後的數值差異，如圖3-11。

步驟5：完成反向題重新計分的工作後，接下來，即可計算「量表總分」了。繼續執行【轉換】／【計算變數】，開啟【計算變數】對話框。

步驟6：在【目標變數】輸入框中，請輸入新的變數名稱「量表總分」，以儲存品牌形象（9題）、知覺價值（8題）與品牌忠誠度（5題）等主構面之各題項（共22題）的加總得分。

步驟7：在【計算變數】對話框左邊的【數值運算式】輸入框中，輸入計算「量
　　　　表總分」之運算式。請在【數值運算式】輸入框中，輸入運算式「sum
　　　　(bi1_1 to ly5)」。

步驟8：輸入運算式後，按【確定】鈕，SPSS即可開始執行計算工作。計算完成
　　　　後，可發現原始資料檔將多出一個新變數名稱「量表總分」，此變數即
　　　　代表品牌形象（9題）、知覺價值（8題）與品牌忠誠度（5題）等主構
　　　　面之各題項的加總得分，如圖3-12。

步驟9：詳細的操作過程，讀者亦可自行參閱影音檔「ex3-4.wmv」。

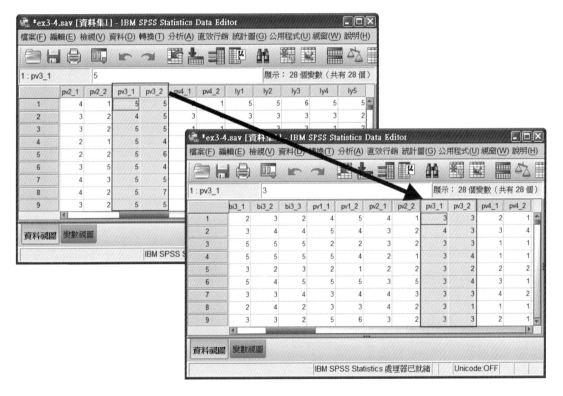

圖3-11　反向重新計分前、後數值之差異

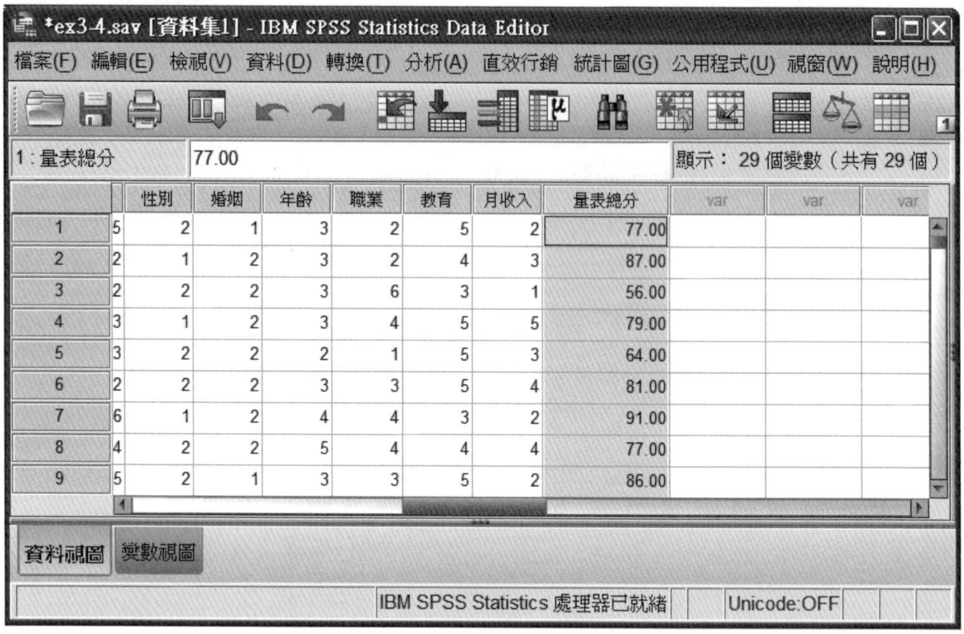

圖3-12　量表總分計算完成

3-5　資料分組

　　在SPSS中，除了可以將重新編碼後的結果存入原有變數外，也可將其結果存入不同的變數中。在我們進行統計分析的過程中，這種做法很常見。尤其是當原始資料的編碼格式不符合研究需求或欲簡化資料時，就須進行資料的轉換工作。例如：研究者欲根據原始資料的某個變數值，而將資料重新進行分組時。研究者於轉換資料後，通常也想保留原始的資料編碼格式，此時，就可以選擇使用【重新編碼成不同變數】功能了。因為，使用【重新編碼成不同變數】功能，除了可保留原有的資料編碼格式外，又可產生另一個新變數來存放轉換後的結果。

　　在本節中，將透過兩個範例來說明，對原始資料重新編碼後，將重新編碼結果存入不同變數的強大功能，這個功能在未來進行統計分析的過程中常常會被使用到，希望讀者能多加練習。

▶ **範例3-5**

資料檔ex3-5.sav為論文【品牌形象、知覺價值對品牌忠誠度關係之研究】的原始資料檔。由於研究的需求，有必要將受訪者的年齡重新分組。因此，須將「年齡」變數依下列規則，重新編碼成新變數「年齡層」，並對受訪者依「年齡層」重新分組。

30歲以下：改稱為青年，其數值代碼為1。

31～50歲：改稱為壯年，其數值代碼為2。

51歲以上：改稱為老年，其數值代碼為3。

計算完成後，請另存新檔為「ex3-5-ans.sav」。

論文【品牌形象、知覺價值對品牌忠誠度關係之研究】的原始問卷中，有關年齡的問項如下：

| 3. 年齡： | ☐ 20歲以下 | ☐ 21～30歲 | ☐ 31～40歲 | ☐ 41～50歲 |
| | ☐ 51～60歲 | ☐ 61歲以上 | | |

由「年齡」題項之選項中，不難理解，受訪者將被「年齡」變數分成5組。且受訪者於填答問卷的過程中，若勾選20歲以下時，則研究者編碼時將編碼為「1」，歸類為第1組；若勾選21～30歲時，則研究者編碼時將編碼為「2」，歸類為第2組；依序類推。

由於研究的需要，研究者打算將受訪者的年齡層分為三個階層（3組）即可，以避免後續的檢定分析太過於複雜（組別太多）。因此，研究者訂定了將受訪者的年齡層重新分組的規則。這些規則如題目所示，當受訪者的年齡在「30歲以下」時，這些受訪者將被重新定義成「青年」組，這個規則在SPSS中的意義即是，原本答題為「1」或「2」的受訪者（年齡變數的值為1或2），將被重新編碼為「1」，並儲存在新變數【年齡層】中，且將被歸類為「青年」組。原本答題為「3」或「4」的受訪者（年齡變數的值為3或4），將被重新編碼為「2」，並儲存在新變數【年齡層】中，且將被歸類為「壯年」組。原本答題為「5」或「6」的受訪者（年齡變數的值為5或6），將被重新編碼為「3」，並儲存在新變數【年齡層】中，且將被歸類為「老年」組（如圖3-13）。這些舊值與新值的轉換，由於會產生新的變數，因此我們將會利用到重新編碼的儲存成不同變數的功能，來進行操作。

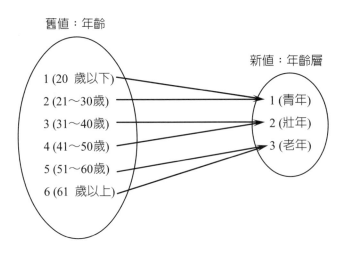

圖3-13　資料重新編碼示意圖

操作步驟

步驟1：開啓ex3-5.sav後，執行【轉換】／【重新編碼成不同變數】。

步驟2：出現【重新編碼成不同變數】對話框後，該對話框的左半邊已列出所有的待選變數名稱。由於須對「年齡」變數重新編碼，因此先選定「年齡」變數，然後按 鈕，將該變數名稱移到右邊的【數值變數】清單方塊中。

步驟3：在最右邊【輸出之新變數】框內的【名稱】輸入欄中，填入新的變數名稱「年齡層」，然後按【變更】鈕，即可於未來將轉變後的值，存入新變數「年齡層」中，如圖3-14所示。

步驟4：按【舊值與新值】鈕，打開【舊值與新值】子對話框，然後在左邊的【舊值】方框中選取【數值】，並在其下方的輸入欄中輸入「1」，接著在右邊的【新值】方框中選取【數值】，並在其後方的輸入欄中輸入「1」，接著按【新增】鈕，重複上述步驟，陸續完成2→1、3→2、4→2、5→3、6→3的設定後，按【繼續】鈕，如圖3-15所示。

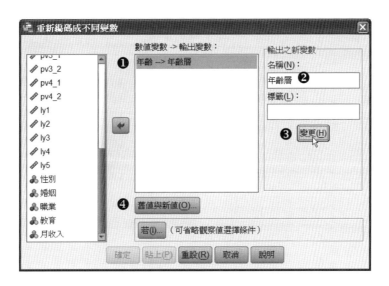

圖3-14　【重新編碼成不同變數】對話框

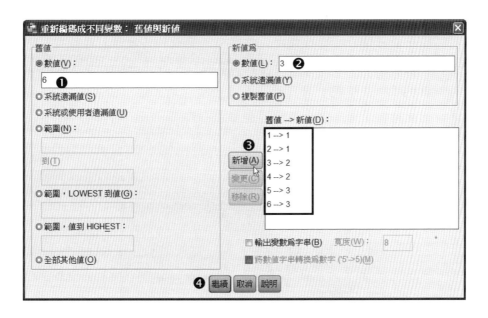

圖3-15　【舊值與新值】的轉換設定

步驟5：於【舊值與新值】子對話框中，按【繼續】鈕後，回到【重新編碼成
　　　　不同變數】對話框，再按【確定】鈕，即可完成所有的設定工作。回到
　　　　【資料視圖】視窗，檢查即可發現「年齡」值已轉換為「年齡層」，如
　　　　圖3-16所示。

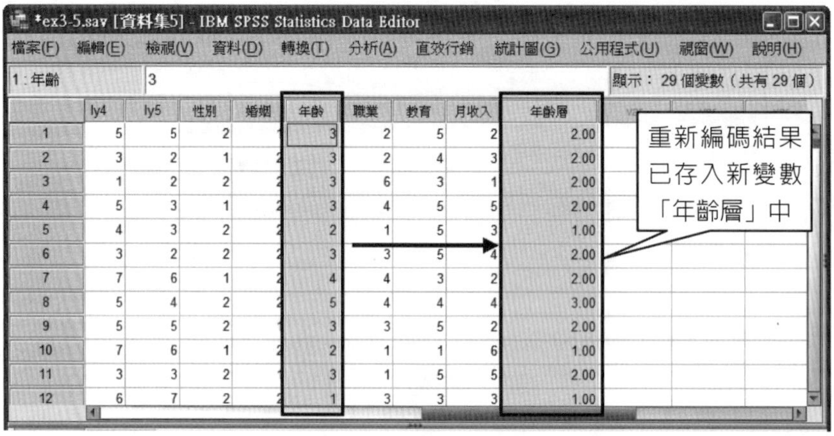

圖3-16　轉換完成

步驟6：雖然我們已將「年齡」值（1,2,3,4,5,6）轉換為「年齡層」值（1, 2, 3）。然而依題意，須再對「年齡層」值，再予以定義。這個定義工作將在資料檔的【變數視圖】視窗中，變數的【數值】標籤欄位中設定。首先按「年齡層」變數的【數值】欄位，待出現鈕後，按鈕，即可出現【數值標籤】對話框。在【數值】輸入框中輸入1，【標籤】輸入框中輸入「青年」，再按【新增】鈕即可完成「1 = "青年"」之定義，依上述做法陸續完成「2 = "壯年"」與「3 = "老年"」的定義，如圖3-17所示。

圖3-17　定義「年齡層」的數值標籤

步驟7：定義完成後，按【確定】鈕，即可完成設定。

步驟8：詳細的操作過程，讀者亦可自行參閱影音檔「ex3-5.wmv」。

範例3-6	資料檔ex3-6.sav為論文【品牌形象、知覺價值對品牌忠誠度關係之研究】的原始資料檔。試依據每個個案之【量表總分】，並依下列規則，建立一個新變數「分組」。

量表總分小於第25百分位數者：改稱為低分組，其數值代碼為1。

量表總分大於第75百分位數者：改稱為高分組，其數值代碼為2。

計算完成後，請另存新檔為「ex3-6-ans.sav」。

　　論文【品牌形象、知覺價值對品牌忠誠度關係之研究】的原始問卷中，扣除掉「第四部分：基本資料」的題項後，剩餘題項為可用以衡量「品牌形象」（9題）、「知覺價值」（8題）與「品牌忠誠度」（5題）等三個構面的題項，共22題。現針對每個個案所填答的這22個題項之得分進行加總，加總後的結果將存入變數「量表總分」中。此加總過程，已計算完成，並儲存在ex3-6.sav中了（量表總分欄位）。當然，對於量表總分的計算，讀者亦可自行應用【轉換】／【計算變數】功能，自行練習看看（可參考範例3-4）。

　　依題意，我們需要根據變數「量表總分」的第25百分位數與第75百分位數，將所有個案依題目所設定的規則而分組。亦即將變數「量表總分」重新編碼成不同的變數「分組」，然後再設定「分組」變數的【數值】標籤為「低分組」與「高分組」。

　　本題於重新編碼成不同變數時，和範例3-5最大的差異在於【舊值與新值】子對話框的設定。由於本題不再是原始得分之數值的轉換，而是數值範圍的轉換，因此於【舊值與新值】子對話框中，我們將設定該對話框中左側【舊值】方框中的【範圍】選項。詳細操作過程如下：

(操)(作) 步驟

步驟1：先求取量表總分的第25百分位數與第75百分位數。開啟ex3-6.sav後，執行【分析】／【描述性統計資料】／【次數】。待開啟【次數】對話框後，先於左下角，取消勾選「顯示次數分配表」選項，然後將變數「量表總分」選入左方的【變數】框內。

接著，按【統計資料】鈕，開啟【統計資料】子對話框，勾選【百分位數】，並於其後方之輸入欄中輸入「25」，然後按【新增】鈕。最後，再於【百分位數】後方之輸入欄中再次輸入「75」，再按【新增】鈕，即可完成求取第25百分位數與第75百分位數的相關設定（如圖3-18）。

　　最後，按【繼續】鈕，回到【次數】對話框後，按【確定】鈕，即可從報表得知第25百分位數與第75百分位數的數值分別為99與119。

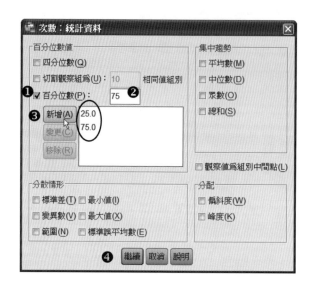

圖3-18　求取第25百分位數與第75百分位數

步驟2：執行【轉換】/【重新編碼成不同變數】。待出現【重新編碼成不同變數】對話框後，可發現該對話框的左半邊已列出所有的待選變數名稱，由於須對變數「量表總分」重新編碼，因此先選定「量表總分」變數，然後按 鈕，將該變數名稱移到右邊的【數值變數】清單方塊中。

步驟3：在右邊【輸出之新變數】項下的【名稱】框中填入新變數名稱「分組」，然後按【變更】鈕，即可於未來將轉變後的值存入新變數「分組」中。

步驟4：按【舊值與新值】鈕，打開【舊值與新值】子對話框，然後在左邊的【舊值】方框中勾選【範圍，LOWEST到值】選項，然後在其下方的輸入欄中輸入「99」，接著在右邊的【新值】方框中選取【數值】，並在其後方的輸入欄中輸入「1」，接著按【新增】鈕。接著重複上述步驟，在左邊的【舊值】方框中勾選【範圍，值到HIGHEST】選項，然後在其下方的輸入欄中輸入「119」，接著在右邊的【新值】方框中選取【數值】，並在其後方的輸入欄中輸入「2」，接著按【新增】鈕，再按【繼續】鈕，即可完成分組的設定工作，如圖3-19所示。

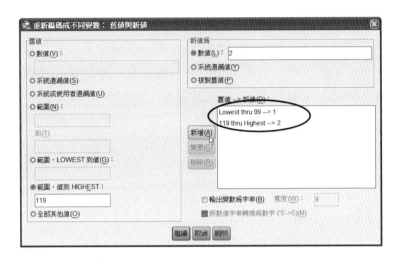

圖3-19 【舊值與新值】的轉換設定

步驟5：於【舊值與新值】子對話框中，按【繼續】鈕後，回到【重新編碼成
　　　　不同變數】對話框，再按【確定】鈕，即可完成所有的設定工作。回到
　　　　【資料視圖】視窗，檢查即可發現已依「量表總分」的值轉換為「分
　　　　組」，如圖3-20所示。

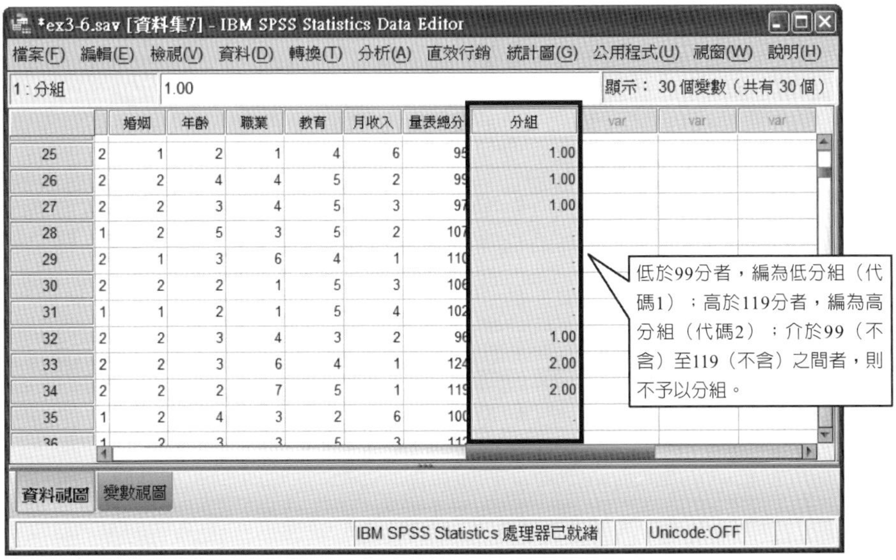

圖3-20 分組完成

步驟6：雖然我們已將「量表總分」值轉換爲「分組」值（1,2）。然而依題意，須再對「分組」值，再予以定義。這個定義工作將在資料檔的【變數視圖】視窗中，變數的【數值】標籤欄位中設定。首先按「分組」變數的【數值】欄位，待出現⋯鈕後，按⋯鈕，即可出現【數值標籤】對話框。在【數值】輸入框中輸入1，【標籤】輸入框中輸入「低分組」，再按【新增】鈕即可完成「1 = "低分組"」之定義，依上述做法亦可完成「2 = "高分組"」。

步驟7：定義完成後，按【確定】鈕，即可完成設定。

步驟8：詳細的操作過程，讀者亦可自行參閱影音檔「ex3-6.wmv」。

3-6 計算分組平均數

在SPSS中，欲計算分組平均數時，最常使用的功能爲【觀察值摘要】功能。【觀察值摘要】可以用來計算指定變數的分組統計量。其中，分組變數可以是一個，也可以有多個。如果是多個的話，將在所有水準（分組變數的取值）間進行交叉組合計算。在每個組別中，變數的值也可以選擇要顯示出來或不顯示。而對大資料集而言，也可以僅列出排序較前面的幾個觀察值。

▶ 範例3-7

資料檔ex3-7.sav為論文【品牌形象、知覺價值對品牌忠誠度關係之研究】的原始資料檔。試依範例3-5中「年齡層」的分組方式，計算各分組中品牌形象構面（bi）、知覺價值（pv）與品牌忠誠度（ly）之整體認知狀況的平均數與標準差，並填製表3-5（應用統計\example\chap03\表3-5.doc）。

表3-5　青、壯、老年於各主構面之平均值與標準差

	品牌形象（9題）		知覺價值（8題）		品牌忠誠度（5題）	
	平均數	標準差	平均數	標準差	平均數	標準差
青年						
壯年						
老年						

操作步驟

步驟1：開啟ex3-7.sav後，請參考範例3-5，先將「年齡」變數轉換爲「年齡層」，以便將所有的受訪者依其年齡分布分爲青年、壯年與老年等三組。

步驟2：依下列各公式，以橫向計算方式（【轉換】／【計算變數】）先計算出每個個案之品牌形象、知覺價值與品牌忠誠度的整體認知程度。

品牌形象的整體認知程度（bi）＝ sum(bi1_1 to bi3_3)/9

知覺價值的整體認知程度（pv）＝ sum(pv1_1 to pv4_2)/8

品牌忠誠度的整體認知程度（ly）＝ sum(ly1 to ly5)/5

步驟3：分組完成後，接著，執行【分析】／【報表】／【觀察值摘要】。待開啟【觀察值摘要】對話框後，將代表品牌形象、知覺價值與品牌忠誠度整體認知的變數bi、pv與ly選入【變數】清單方塊中。接著將分組變數「年齡層」選入【分組變數】清單方塊中。

步驟4：於【觀察值摘要】對話框的左下角，取消勾選【顯示觀察值】核取方塊。

步驟5：按【統計資料】按鈕，開啟【統計資料】對話框，請選取平均數、標準差等統計量作爲要輸出的統計量（即將平均數、標準差移到右邊的【儲存格統計資料】清單方塊中）。按【繼續】鈕，回到【觀察值摘要】對話框。

步驟6：設定完成後，按【確定】鈕，即可開始製作觀察值摘要報表，然後將資料填入「表3-5.doc」的表3-5中。

步驟7：詳細的操作過程，讀者亦可自行參閱影音檔「ex3-7.wmv」。

▶ **報表解說**

【觀察值摘要】分析的輸出結果如下：

表3-6 各年齡層的受訪者對品牌形象、知覺價值與品牌忠誠度之整體認知狀況

觀察值摘要

年齡層		bi	pv	lyg
青年	平均數	5.1148	4.8844	4.9867
	標準偏差	.90484	.80001	1.46551
壯年	平均數	5.1315	4.6694	4.8876
	標準偏差	.92532	.82751	1.36326
老年	平均數	5.1407	4.5917	4.9511
	標準偏差	.80522	.77350	1.34242
總計	平均數	5.1267	4.7362	4.9317
	標準偏差	.90017	.81627	1.39476

　　表3-6的【觀察值摘要】表中，列出了各年齡層的受訪者對品牌形象、知覺價值與品牌忠誠度之整體認知狀況。首先會依不同年齡層顯示出品牌形象、知覺價值與品牌忠誠度的平均數與標準差，然後再列出年齡層的匯總情況。從表3-6中可發現：品牌形象的整體認知中，年齡層為「老年」的受訪者對個案公司之整體品牌形象的認同度較高；在知覺價值的整體認知方面，則以「青年」的受訪者對個案公司之整體知覺價值的認同度較高；而於品牌忠誠度的整體認知方面，也是以「青年」的受訪者對個案公司之品牌忠誠度較高。

　　雖然，從表3-6的分析數據中，可大略看出各分組於各構面的認知有所差異。然研究者不能因表面的數據差異而據以認定該差異是確實存在的。畢竟抽樣往往是具有誤差的，這些差異或許是因誤差引起的也說不定。如果要確認各分組是否真有差異，最好還是從科學的角度加以檢驗較為保險，此科學技術即是日後我們將學習的「假設檢定」。

習　題

練習 3-1

附錄二為論文「遊客體驗、旅遊意象與重遊意願關係之研究」的原始問卷，該問卷的原始資料檔為「hw3-1.sav」，試求算下列問題：

1. 試算出每位受訪者於遊客體驗構面的平均得分與感官體驗、情感體驗、思考體驗、行動體驗及關聯體驗等五個子構面的平均得分，新變數的名稱請依序分別設定為「exp_avg」、「exp1_avg」、「exp2-avg」、「exp3_avg」、「exp4_avg」與「exp5_avg」。

2. 試算出每位受訪者於旅遊意象構面的平均得分與產品意象、品質意象、服務意象及價格意象等四個子構面的平均得分，新變數的名稱請依序分別設定為「im_avg」、「im1_avg」、「im 2_avg」、「im 3_avg」與「im 4_avg」。

3. 試算出每位受訪者於重遊意願構面的平均得分，新變數的名稱請設定為「rv_avg」。

4. 計算完成後，請另存新檔為「hw3-1-ans.sav」。

練習 3-2

參考附錄二中，論文「遊客體驗、旅遊意象與重遊意願關係之研究」的原始問卷，並開啟「hw3-2.sav」，由於研究的需要，須將「年齡」欄位依下列規則，重新編碼成新變數「年齡層」。計算完成後，請另存新檔為「hw3-2-ans.sav」，並計算各年齡層的受訪者，其於遊客體驗、旅遊意象與重遊意願等三構面的平均數與標準差，並完成表3-7。

30歲以下：改稱為青年，其數值代碼為1。

31～50歲：改稱為壯年，其數值代碼為2。

51歲以上：改稱為老年，其數值代碼為3。

表3-7　各年齡層的受訪者對遊客體驗、旅遊意象與重遊意願之整體認知狀況

	遊客體驗（21題）		旅遊意象（15題）		重遊意願（5題）	
	平均數	標準差	平均數	標準差	平均數	標準差
青年						
壯年						
老年						

練習 3-3

參考附錄二中，論文「遊客體驗、旅遊意象與重遊意願關係之研究」的原始問卷，並開啓「hw3-3.sav」，請依照每位受訪者的量表總分（共41題），進行分組。分組的原則如下：

量表總分小於第25百分位者：改稱為低分組，其數值代碼為1。

量表總分大於第75百分位者：改稱為高分組，其數值代碼為2。

計算完成後，請另存新檔為「hw3-3-ans.sav」。並計算各分組的受訪者，其於遊客體驗、旅遊意象與重遊意願等三構面的平均數與標準差，並完成表3-8。

表3-8　高、低分組的受訪者對遊客體驗、旅遊意象與重遊意願之整體認知狀況

	遊客體驗（21題）		旅遊意象（15題）		重遊意願（5題）	
	平均數	標準差	平均數	標準差	平均數	標準差
低分組						
高分組						

練習 3-4

參考附錄二中，論文「遊客體驗、旅遊意象與重遊意願關係之研究」的原始問卷，並開啓「hw3-4.sav」，請比較【遊客體驗】之平均得分大於4（高體驗組）與低於4（低體驗組）的受訪者在重遊意願構面的平均數與標準差，並完成表3-9。

表3-9　各分組的受訪者對重遊意願之整體認知狀況

	重遊意願（5題）	
	平均數	標準差
高體驗組		
低體驗組		

第4章

基本統計分析

在SPSS中，所謂的「基本統計分析」指的是【分析】功能選單下的【描述性統計資料】分析（descriptive statistics）功能，這項功能是SPSS統計分析的重要功能，也是一般我們進行統計工作的起始點。

透過【描述性統計資料】功能，研究者可以得到許多統計學上常使用的基本統計量，如平均數、中位數、百分位數、變異數、標準差、標準誤差、最大值、最小值、全距、偏態和峰度等。而且也能進行資料的常態性檢定、獨立性檢定等，進而理解單變數資料的特徵和多變量資料間的相互關係。此外，還可以依照使用者所設定的格式來輸出報表。

在本章將包含以下的內容：

(1) 製作基本資料分析表

(2) 主要變數的現況分析

(3) 標準化值

◆ 4-1 製作基本資料分析表 ◆

基本資料分析表（如表4-1），幾乎是所有的專題、論文於統計分析時第一個產出的報表。其主要的目的在於描述受訪者各項社經背景資料的分布狀況，這將有助於研究者檢視經由抽樣調查所得到的受訪者樣本是否符合研究議題的設定（如母體代表性、抽樣誤差）。基本上，表4-1的基本資料分析表其本質應是一種次數分配表。

一般而言，最基本的統計分析往往都是從次數分配開始的。透過次數分配能夠清楚了解變數之取值狀況，對掌握資料的特徵是非常有用的。例如：對問卷資料的統計分析過程中，通常會先去分析本次調查之受訪者的基本資料，如受訪者的總人數、年齡區間、職業、性別、婚姻狀況等基本資料。透過這些分析，便能夠輔助研究者了解樣本是否具有母體代表性，或者抽樣是否存在系統偏差等，並以此確認未來相關問題分析的代表性和可信度。

次數分配表是描述性統計中最常被使用的方法之一，【次數分配表】功能就是專門為產生次數表而設計的。它不僅可以產生詳細的次數表，還可以依照研究需求顯示出某百分位數的數值，以及常用的長條圖、圓形圖等統計圖。使用【次數分配表】功能可以方便地對資料按組別進行歸類整理，形成各變數的不同水準的次數分配表和圖形，以便對各變數的資料特徵和觀察值分配狀況能先有一個概括性的認識。次數分配表是描述性統計中最常用的方法之一，它還可對資料的分配趨勢進行初步分析。

▶ 範例4-1

參考附錄一中，論文【品牌形象、知覺價值對品牌忠誠度關係之研究】的原始問卷，並開啓ex4-1.sav和ex4-1.doc，試對受訪者的各項基本資料製作【次數分配表】，完成後並將資料彙整如表4-1。

　　表4-1為一般論文中常見的受訪者基本資料分析表，這個表中描述著受訪者的基本社經背景資料，如受訪者的總人數、性別、年齡、職業、婚姻狀況等基本資料。透過這些分析，可讓我們了解受測樣本的基本構造，進而輔助研究者了解樣本是否具有母體代表性，或者抽樣是否存在系統偏差等，並據以確認未來相關統計分析之結果的代表性和可信度。

　　基本上，表4-1只是次數分配表的基本應用與彙整而已。在SPSS中的操作很簡單，只是填這個表有點麻煩。但是，若能善用Microsoft Excel套裝軟體，那麼將可達事半功倍之效。表4-1的空白表格已製作完成，並存放在「應用統計\example\chap04」資料夾中，其檔名為「ex4-1.doc」，請讀者自行開啓並應用。

表4-1　受訪者基本資料分析表（樣本數：334）

顧客基本資料		樣本數	比例%	顧客基本資料		樣本數	比例%
性別	女	133	39.82	教育程度	國小（含）以下	6	1.80
	男	201	60.18		國中	8	2.40
婚姻	未婚	117	35.03		高中（職）	80	23.95
	已婚	217	64.97		專科	97	29.04
年齡	20歲以下	39	11.68		大學	130	38.92
	21～30歲	81	24.25		研究所（含）以上	13	3.89
	31～40歲	112	33.53	平均月收入	15,000元以下	46	13.77
	41～50歲	57	17.07		15,001～30,000元	86	25.75
	51～60歲	32	9.58		30,001～45,000元	112	33.53
	61歲以上	13	3.89		45,001～60,000元	51	15.27
職業	軍公教	48	14.37		60,001～75,000元	21	6.29
	服務業	69	20.66		75,001～90,000元	15	4.49
	製造業	93	27.84		90,001～120,000元	1	0.30
	買賣業	62	18.56		120,001元以上	2	0.60
	自由業	11	3.29				
	家庭主婦	20	5.99				
	學生	27	8.08				
	其他	4	1.20				

（操）（作）步驟

步驟1：開啓ex4-1.sav後，執行【分析】／【描述性統計資料】／【次數】。

步驟2：待開啓【次數】對話框後，於左方的待選變數欄中，將性別、婚姻、年齡、職業、教育與月收入等變數選入【變數】欄中。

步驟3：勾選【次數】對話框下方的【顯示次數分配表】選項，然後按【確定】鈕，即可於輸出報表中，顯示出各變數的次數分配表，如圖4-1所示。

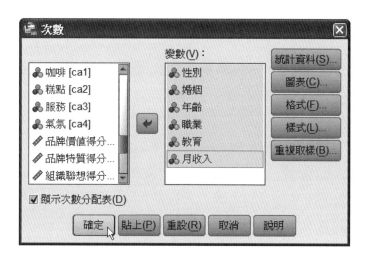

圖4-1　設定【次數】對話框

步驟4：執行後，即可輸出內含各變數之次數分配表的輸出報表，如表4-2。另外，若有需要的話也可對輸出報表存檔，存檔時請注意輸出檔的副檔名為「*.spv」。

表4-2　次數分配表（僅以變數「年齡」為例）

		次數	百分比	有效百分比	累積百分比
有效	20歲以下	39	11.7	11.7	11.7
	21～30歲	81	24.3	24.3	35.9
	31～40歲	112	33.5	33.5	69.5
	41～50歲	57	17.1	17.1	86.5
	51～60歲	32	9.6	9.6	96.1
	61歲以上	13	3.9	3.9	100.0
	總計	334	100.0	100.0	

步驟5：開啟「ex4-1.doc」，接下來，即可將輸出報表中各項基本資料的次數分配表，抄錄到空白的表4-1中了。抄錄過程或許讀者會覺得過於費力、費時，此時也可考慮利用Microsoft Excel輔助填製表4-1。此方法是將輸出報表中的各變數之次數分配表先複製到Microsoft Excel，再經由Microsoft Excel整理好各資料的格式後，再複製至「ex4-1.doc」的表4-1中，即可輕鬆完成表4-1之基本資料表的製作任務了。

步驟5：詳細的操作過程，讀者亦可自行參閱影音檔「ex4-1.wmv」。

▶ 報表解說

本研究主要針對個案公司之消費者進行問卷調查，經實際發放400份問卷後，實際回收373份問卷，扣除填答不完整、亂填等回收問卷後，本研究實際回收334份有效問卷。

本研究之人口統計變數包括「性別」、「婚姻」、「年齡」、「職業」、「教育程度」與「平均月收入」等六項，受訪者基本屬性分析結果如表4-1所示。受訪者樣本中，男性占60.18%，女性占39.82%，男性占多數；從婚姻狀況來看，已婚者占多數（64.97%）；在教育程度方面，以大學或專科學歷（67.96%）占多數；在年齡的分布中以31～40歲（33.53%）占多數，其次是21～30歲（24.25%）；在職業方面以製造業（27.84%）占多數，其次是服務業（20.66%）；在平均月收入方面以30,001～40,000（33.53%）占最多，其次是15,001～30,000（25.75%）。

經由受訪者基本屬性分析得知，個案公司的消費族群中，有相當高的比率屬青、壯年齡層、高等教育程度與中等所得；而職業則以製造業、服務業、買賣業與公教人員居多，男、女消費者之分布狀況則以男性居多。

◆ 4-2 描述性統計資料 ◆

問卷資料分析的過程中，利用次數分配表初步掌握受訪者基本資料之分布狀況後，通常還需要更精確的掌握區間尺度型態資料的分配特徵（即研究變數的現況），這時就需要精確計算各變數的基本描述統計量了。例如：對於【品牌形象、知覺價值對品牌忠誠度關係之研究】的問卷資料，通常研究者會去分析各個構面的現況，這時就須去計算這些構面變數的平均數、標準差、偏態、峰度等描述性統計量，以便能更

進一步準確的掌握資料的集中趨勢、分散趨勢與分布狀況等特徵。

在SPSS中，雖然可用以求取變數之描述性統計量的功能還相當多，如：【OLAP多維度報表】、【觀察值摘要】、【描述性統計資料】等功能。但是基本上，若研究需求是希望求取「分組」的描述性統計量時，那麼應該使用【OLAP多維度報表】或【觀察值摘要】功能；而在「不須分組」的情況下，求取描述性統計量時，則應使用本節將介紹的【描述性統計資料】功能。

【描述性統計資料】功能是對連續性資料之統計分析中，應用最多的一個功能。它可對變數進行描述性統計分析，以計算並列出一系列相關的統計指標，包括平均值、算術和、標準差、最大值、最小值、變異數、全距、平均值標準誤差、峰度和偏態…等。在【描述性統計資料】功能中，還有個特殊功能，那就是可將原始資料轉換成標準化分數（Z值），並以變數的形式存入資料檔中，供以後分析之用。所謂「Z」值是指某原始數值比其樣本平均值高或低多少個標準差，高的為正值、低的為負值、相等的為零。

4-2-1 描述資料集中趨勢的統計量

常見的描述性統計資料大致可以分為三大類。第一，描述集中趨勢的統計量；第二，描述分散程度的統計量；第三，描述分配型態的統計量。一般而言，只要能掌握這三類統計量就能夠極為精確和清晰地把握資料的分配特徵。

集中趨勢是指一組資料向某一中心點靠攏的傾向。因此，計算集中趨勢統計量的目的，正是要尋找到一個能夠反映資料一般水準的「代表值」或「中心值」。常見的集中趨勢統計量包含平均值、中位數與眾數。這些集中趨勢統計量中，平均值（mean）是一個最常用的「代表值」或「中心值」，又稱「算術平均數」。在統計學中，平均值占有重要的地位，它反映了某變數所有取值的集中趨勢或平均水準。

平均值的數學定義為：$\bar{x} = \frac{1}{n}\sum_{i=1}^{n} x_i$ （式4-1）

其中，n代表樣本數，x_i為各樣本觀察值。從平均值的數學定義可以清楚的看出，平均值具有以下的特點：

一、平均值的計算使用了所有樣本的資料值。
二、平均值代表了資料的一般水準。
三、平均值的大小易受到資料中極端值的影響。

此外，還有其他一些描述資料集中趨勢的統計量，如中位數（median，即一組資料由小排到大後，位於中間位置上的資料值）、眾數（mode，即一組資料中出現次數最多的資料值）等。這些集中趨勢統計量都具有各自的特性。在實際應用中，應根據這些統計量的不同特性和實際問題，選擇合適的統計量。例如：在評價全國人民的所得水準時，一般會使用中位數；鞋廠在制定各種型號鞋子的生產計畫時，應該會運用眾數等。

4-2-2　描述資料分散程度的統計量

分散程度是指一組資料中的各觀察值遠離其「中心值」的程度。描述資料的分配狀況時，若僅簡單的使用平均值等「中心值」來描述，並不能得到盡善盡美的結果，應該還須再考察資料分配的分散程度。即考察所有資料相對於「中心值」的分散程度。如果各觀察值都能緊密地集中在「中心值」的附近，那麼可推斷資料的分散程度較小，而這現象正可說明這個「中心值」確實是全部觀察值的「代表」。因此我們可以說，「中心值」對全部觀察值而言，它的代表性良好；相反的，如果各觀察值僅是鬆散地分配在「中心值」的附近，那麼可推斷資料的分散程度較大，這時「中心值」則較不具有代表性。因此，同時考量「中心值」和相對於「中心值」的分散程度的交互作用，才能對資料特徵進行比較完整的描述。

可用以描述資料分散程度的統計量如下：

➤ 樣本標準差（standard deviation: Std Dev）

樣本標準差（s）描述了各觀察值和平均值間的平均離散程度。樣本標準差的數學定義為：

$$s = \sqrt{\frac{1}{n-1}\sum_{i=1}^{n}(x_i - \overline{x})^2} \qquad\qquad （式4\text{-}2）$$

上式中 x_i 為各樣本觀察值、$\overline{x}$ 為平均值、「$x_i - \overline{x}$」亦稱為離差，不難理解樣本標準差的實質意義為離差平方和之平均值的平方根。故可明顯看出，樣本標準差描述了各觀察值相對於平均值的平均離散程度；樣本標準差越大，即說明各觀察值之間的差異程度越大，距平均值這個「中心值」的分散趨勢也越大。樣本標準差具有計量單位。

> ## 樣本變異數（variance）

樣本變異數也是一種可用以描述各觀察值間離散程度的統計量。樣本變異數的數學定義為：

$$\sigma^2 = \frac{1}{n-1} \sum_{i=1}^{n} (x_i - \bar{x})^2 \qquad (式4-3)$$

明顯的，樣本變異數就是樣本標準差的平方；樣本變異數值越大，各觀察值之間的差異程度也越大，距平均值這個「中心值」的分散趨勢也越大。基本上，樣本變異數是沒有計量單位的。

> ## 全距（range）

全距這個在統計學中常用的統計量，在中文版的SPSS中將被翻譯為「範圍」。它的意義為各觀察值中的最大值（maximum）與最小值（minimum）之差的絕對值。全距也是一種可用來描述各觀察值間離散程度的統計量。在相同樣本大小之情況下的兩組資料，全距大的資料比全距小的資料分散。全距若非常小，這就意味著各觀察值基本上大都是集中在一起的。

> ## 標準誤

另外，SPSS還能夠計算樣本平均值的標準誤差，簡稱為標準誤（standard error of mean）。眾所周知，樣本資料是來自母體的，樣本的描述統計量可以反映出母體資料的特徵。由於抽樣誤差的存在，使得樣本資料不一定能夠完全準確地反映母體，它與母體的真實值之間存在著一定的差異。因此，樣本平均值與母體平均值之間或多或少將存在著一些差異。

若我們抽樣很多次，那麼將會得到若干個不同的樣本平均值。當每次抽樣的樣本數夠大時，這些樣本平均值會服從常態分配，即 $\bar{X} \sim N(\mu, \sigma^2/n)$。其中，$\mu$為母體平均值，$\sigma^2$為母體變異數，$n$為樣本數。可見，樣本平均值與母體平均值的平均差異（離散）程度（即變異數），即為σ^2/n。因此，樣本平均值的標準誤差（標準誤）的數學定義為：

$$\text{standard error of mean} = \frac{\sigma}{\sqrt{n}} \qquad (式4-4)$$

由此可見，標準誤是描述樣本平均值與母體平均值之間平均差異程度的統計量。它反映了樣本平均數的離散程度。標準誤越小，即表示樣本平均數與母體平均數越接近。

4-2-3　描述分配型態的統計量

集中趨勢統計量和分散統計量是表達資料分配狀況的兩個重要特徵。爲能更清楚、更廣泛的了解資料分配的特性，還應掌握資料的分配型態。所謂資料的分配型態，主要是指資料的分配是否對稱、偏斜程度、陡峭程度等指標。

描述分配型態的統計量主要有兩種，如下：

➤ 峰度（kurtosis）

峰度是描述觀察值分配型態陡峭程度的統計量。峰度係以具有相同變異情況的常態分配爲基礎而進行比較的，它可用以了解一個對稱性的樣本分配的峰點是否處於相對比較扁平或高聳的狀況。當資料分配的峰度較高時，表示該分配在接近平均數附近時，是比較高聳的，坡度因此也較陡；而當資料分配的峰度較低時，則表示該分配在接近平均數附近，是比較扁平的。

峰度的數學定義爲：

$$Kurtosis = \frac{1}{n-1}\sum_{i=1}^{n}\frac{(x_i-\bar{x})^4}{s^3}-3$$

（式4-5）

式4-5中說明了，當資料分配狀況與標準常態分配的陡峭程度相同時，峰度值會等於0；峰度大於0表示資料的分配狀況比標準常態分配更陡峭；而當峰度小於0表示資料的分配狀況比標準常態分配更扁平。

➤ 偏態（skewness）

偏態是一種描述觀察值分配型態之對稱性的統計量。當一個分配的尾巴向右一直延伸，那麼，我們稱它爲「正偏態（positively skewed）」或右偏。同樣的，當一個分配的尾巴向左一直延伸，那麼，我們稱它爲「負偏態（negatively skewed）」或左偏。所以，偏態的範圍可以從負的無限大到正的無限大。

偏態的數學定義爲：

$$Skewness = \frac{1}{n-1}\sum_{i=1}^{n}\frac{(x_i-\bar{x})^3}{s^3}$$

（式4-6）

式4-6中說明了，當資料分配爲對稱分配時，正、負總偏差相等，偏態值等於0；當分配爲不對稱分配時，正負總偏差不相等，偏態值將大於0或小於0。偏態值大於0時，表示正偏差值大，爲正偏態或稱右偏，這時直方圖中有一條長尾會拖往右邊；偏態小於0時，表示負偏差值較大，爲負偏態或稱左偏，這時直方圖中有一條長尾拖往左邊。偏態絕對值越大，表示資料分配型態的偏斜程度越大、越不對稱。

▶範例4-2　　參考論文【品牌形象、知覺價值對品牌忠誠度關係之研究】的原始問卷，並開啟ex4-2.sav和ex4-2.doc，試對「品牌形象」構面進行現況分析，並完成表4-3。

　　論文【品牌形象、知覺價值對品牌忠誠度關係之研究】的原始問卷中，「品牌形象」構面共有三個子構面，分別為「品牌價值」、「品牌特質」與「企業聯想」。其中「品牌價值」有3題問項、「品牌特質」有3題問項、「企業聯想」亦有3題問項，共計9題問項。依題意，我們須對「品牌形象」構面進行描述性統計，並完成表4-3的製作，以了解受訪者對該構面之認知現況。

表4-3　　「品牌形象」構面現況分析表

題號	構面	問項	平均數	標準差	偏態	峰度	構面排序	總排序	構面平均
1	品牌價值	85度C的產品風味很特殊。	5.09	1.45	-0.57	-0.23	1	7	5.02
2		85度C的產品很多樣化。	4.98	1.47	-0.45	-0.45	3	9	
3		85度C和別的品牌有明顯不同。	4.99	1.38	-0.51	-0.19	2	8	
4	品牌特質	85度C很有特色。	5.13	1.38	-0.44	-0.41	3	6	5.16
5		85度C很受歡迎。	5.18	1.38	-0.60	-0.25	2	4	
6		我對85度C有清楚的印象。	5.19	1.36	-0.60	-0.11	1	3	
7	企業聯想	85度C的經營者正派經營。	5.22	1.37	-0.50	-0.52	1	1	5.19
8		85度C形象清新。	5.17	1.33	-0.49	-0.32	3	5	
9		85度C讓人聯想到品牌值得信任。	5.19	1.46	-0.50	-0.64	2	2	

操作步驟

步驟1：開啟ex4-2.sav後，執行【分析】/【描述性統計資料】/【描述性統計資料】，即可開啟【描述性統計資料】對話框。

步驟2：待開啟【描述性統計資料】對話框後，於左方的【待選變數】清單方塊中，將衡量「品牌形象」構面的題項bi1_1~bi1_3、bi2_1~bi2_3、bi3_1~bi3_3等變數，選入右方的【變數】清單方塊中。然後，於左下角取消勾選【將標準化的數值存成變數】選項，接著按【選項】鈕，待開啟【選項】對話框後，勾選【平均數】、【標準差】、【峰度】與【偏斜度】（即偏態），如圖4-2。

圖4-2　設定【描述性統計資料】之【選項】對話框

步驟3：設定好【選項】對話框後，按【繼續】鈕回到【描述性統計資料】對話框，接著按【確定】鈕，即可於輸出報表中輸出有關描述性統計量的相關報表，如表4-4所示。

表4-4　描述性統計表

	N	平均數	標準偏差	偏斜度		峰度	
	統計資料	統計資料	統計資料	統計資料	標準錯誤	統計資料	標準錯誤
bi1_1	334	5.09	1.446	−.571	.133	−.232	.266
bi1_2	334	4.98	1.470	−.454	.133	−.452	.266
bi1_3	334	4.99	1.383	−.511	.133	−.192	.266
bi2_1	334	5.13	1.381	−.441	.133	−.407	.266
bi2_2	334	5.18	1.378	−.605	.133	−.246	.266
bi2_3	334	5.19	1.357	−.600	.133	−.112	.266
bi3_1	334	5.22	1.366	−.498	.133	−.522	.266
bi3_2	334	5.17	1.332	−.487	.133	−.322	.266
bi3_3	334	5.19	1.458	−.500	.133	−.636	.266
有效的N（完全排除）	334						

步驟4：開啟「ex4-2.doc」，接下來，即可將輸出報表（表4-4）中各項統計資料，抄錄到空白的表4-3中了。抄錄過程或許讀者會覺得過於費力、費時，此時也可考慮利用Microsoft Excel輔助填製表4-3。此方法是將表4-4

先複製到Microsoft Excel，再經由Microsoft Excel整理好各資料的格式後，再複製至「ex4-2.doc」的表4-3中，即可輕鬆完成表4-3之基本資料表的製作任務了。

步驟5：詳細的操作過程，讀者亦可自行參閱影音檔「ex4-2.wmv」。

▶ **報表解說**

經由執行【描述性統計資料】後，可輕易輸出有關樣本資料的各項基本統計量。這些統計量若能經適當的表格化處理後，可供研究者研判各主要變數於受訪者心中的認知程度，並進行初步的比較與對各變數的現況進行分析。表4-3的現況分析結果，在專題或論文中可做以下的分析結論。

「品牌形象」構面的現況分析結果，如表4-3所示。於本研究中「品牌形象」構面共包含三個子構面，分別為「品牌價值」、「品牌特質」與「企業聯想」，共有9個衡量題項。一般而言，偏態與峰度係數如果介於±2之間，則可研判資料符合常態分配（Mardia, 1985）。從偏態與峰度係數來看，其值分別介於-0.605～-0.441、-0.636～-0.112間。因此，可認為「品牌形象」構面的樣本資料分配狀況大致上可服從常態分配。

再從平均得分觀之，消費者對整體「品牌形象」構面的認知程度中，以「企業聯想」子構面的平均數最高，達5.19，其次為「品牌特質」子構面（5.16），最低則為「品牌價值」子構面（5.02）。

在「品牌價值」子構面中，以「1. 85度C的產品風味很特殊。」題項的得分最高（5.09），其次為「3. 85度C和別的品牌有明顯不同。」（4.99），最低則為「2. 85度C的產品很多樣化。」（4.98）。然各題項之得分差異並不大。

在「品牌特質」子構面中，以「6.我對85度C有清楚的印象。」題項的得分最高（5.19），其次為「5. 85度C很受歡迎。」（5.18），最低則為「4. 85度C很有特色。」（5.13）。

在「企業聯想」子構面中，以「7. 85度C的經營者正派經營。」題項的得分最高（5.22），其次為「9. 85度C讓人聯想到品牌值得信任。」（5.19），最低則為「8. 85度C形象清新。」（5.17）。

而就品牌形象的各衡量題項而言，「企業聯想」子構面中的「7. 85度C的經營者正派經營。」的認同度最高，其次為「企業聯想」子構面中的「9. 85度C讓人聯想到品牌值得信任。」，再其次為品牌特質構面的「6.我對85度C有清楚的印象。」，而

認同度較低的後三名則全部皆爲「品牌價值」子構面的題項，分別爲「1. 85度C的產品風味很特殊。」、「3. 85度C和別的品牌有明顯不同。」與「2. 85度C的產品很多樣化。」。

綜合而言，三個品牌形象之子構面中，認同度最強之構面爲「企業聯想」子構面，其次爲「品牌特質」，最差者爲「品牌價值」子構面。但是其間的差異不大，其得分約屬中上程度。由此可知，一般消費者對於「85度C」的品牌形象、產品風味與印象尚能認同，且已能清楚的對「85度C」的市場定位明確釐清。雖是如此，一般消費者仍對「85度C」的產品多樣化、特色與形象清新度，則普遍認爲尚有改進空間。

4-3 標準化值

對於具有不同水準或不同單位的資料，在進行統計分析之前，往往需要進行預先處理，使資料能在更平等的條件下進行分析。對於這類資料的預處理工作，最常使用的方法就是將資料予以標準化（standardization）。例如：小明的統計學期中考成績爲71分，全班的平均是62分，標準差3分；另其期末考成績爲80分，班上的平均是70分，標準差5分。試問小明的成績在班上名次是進步或退步呢？

雖然從小明的期中、期末考成績來看，明顯的是分數有增加，名次進步的機率應較大。但是若考慮到兩次考試的難易度、鑑別力、情境等因素或有差異，故名次的變化應要有更嚴謹的評估標準。也就是說，單純的從分數來判斷小明成績進步或退步，將失之偏頗。故於名次的評估上，除應考量全班的平均數外，也應該將標準差的概念考慮進來。由於名次具有「位置」的概念，如果能了解兩次考試小明的成績於班上所占的位置於何處，就可得知小明在班上名次是進步或退步了。在此考量下，必須找出一個基準點，然後測量期中、期末成績離這個基準點有多少「距離」，且這個評估「距離」的單位也要一致才行。據此，最簡單的方法就是將平均數訂爲基準點，且以標準差爲「距離」的單位，就可解決這種具比較性的問題了。

在此情形下，若能回答出下列兩個問題，名次問題就可輕易獲得解決：

(1)小明的統計學期中考成績距全班期中平均有多少個標準差的距離？

(2)小明的統計學期末考成績距全班期末平均有多少個標準差的距離？

不難理解第(1)個問題的答案就是（71-62）/3 = 3，也就是期中考成績距全班期中平均有3個標準差；而第(2)個問題的答案爲（80-70）/5 = 2，也就是期末考成績距全班期末平均只有2個標準差。明顯的，小明的成績在班上名次是退步了。

上述解題過程中，該「距離」的值，就是統計學中所稱的標準化值（standardized value）。所謂標準化就是將樣本中的某個觀察值減去樣本平均數後再除以樣本標準差的過程，這個過程中所得的值就稱爲標準化值。因此，所謂的標準化值的眞正意義爲，不管樣本資料的水準或單位，某觀察值與平均數的距離有幾個標準差之意。標準化值是我們經常用來衡量資料之相對位置的指標數據，標準化值也稱爲Z值，標準化值的計算公式如下：

$$Z_i = \frac{x_i - \bar{x}}{s}$$

(式4-7)

其中，x_i爲樣本資料的第 i 個觀察值，$\bar{x}$爲樣本資料的平均數，s爲標準差。

從式4-7的計算公式中不難明瞭，Z值所代表的意義爲資料x_i在整體資料中所在的相對位置。例如：如果在你所任職的公司中，你的「所得」的標準化值Z值爲2，這表示你的「所得」是在「全體員工平均所得」以上的兩個標準差之位置，所以從近似鐘形分配資料或常態分配的經驗法則來看，你是一個高所得者（前2.5%）。因爲根據常態分配的特性，約有95%的觀察值會落在正、負兩個標準差的範圍內。

此外，第3章曾提及利用標準化值也可以判斷離群值。如果研究者已能確認某變數資料符合常態分配的話，那麼最常見的檢測離群值方法，非「標準化值（或稱Z分數）」莫屬。根據常態分配的性質，約有99%資料的Z分數會落在平均值的正負3個標準差之內，因此過往文獻上，會將Z分數大於3或小於-3的數據視爲離群值（例如：Shiffler, 1988; Stevens,1990）。

▶ 範例4-3

資料檔ex4-3，爲論文【品牌形象、知覺價値對品牌忠誠度關係之研究】的原始資料檔。請開啓ex4-3，試計算「量表總分」的標準化Z值，並從資料檔中刪除具離群值的個案資料，完成後請另存新檔爲「ex4-3-ans.sav」。

論文【品牌形象、知覺價値對品牌忠誠度關係之研究】的原始問卷中，扣除掉「第四部分：基本資料」的題項後，剩餘題項爲可用以衡量「品牌形象」（9題）、「知覺價値」（8題）與「品牌忠誠度」（5題）等三個構面的題項，共22題。現針對每個個案所填答的這22個題項的得分進行加總，加總後所得的值即所謂的「量表總分」。此加總過程，已計算完成，並已儲存在ex4-3.sav中了。

現在，我們將計算變數「量表總分」的標準化值。藉由標準化值可偵測是否存在離群值，並據以刪除具離群值的個案資料。

操作 步驟

步驟1：開啟ex4-3.sav後，執行【分析】／【描述性統計資料】／【描述性統計資料】，即可開啟【描述性統計資料】對話框。

步驟2：待開啟【描述性統計資料】對話框後，於左方的待選變數欄中，將變數「量表總分」選入右方的【變數】欄中，並勾選【將標準化的數值存入變數】核取方塊。選取此核取方塊，就會將所選取的變數進行標準化而產生相對應的Z值，並且會為該值自動建立一個新變數名稱而儲存在資料檔中，新變數名會在原變數名稱前加上「Z」。例如：變數「量表總分」所相對應產生的新變數名稱為「Z量表總分」。

步驟3：按【確定】鈕後，即可在原始資料檔的最後一欄，產生代表各標準化值的新變數名稱「Z量表總分」，如圖4-3所示。

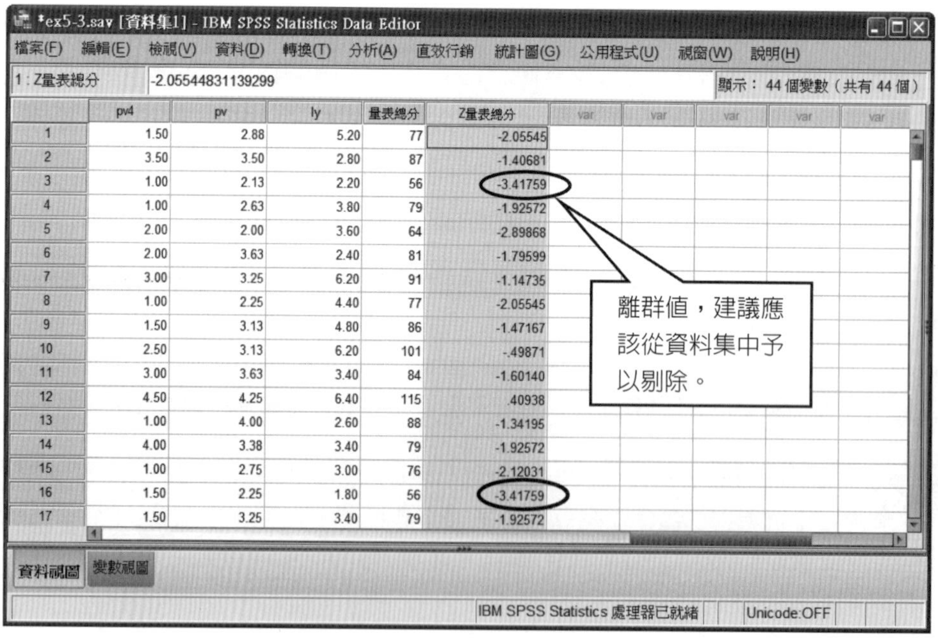

圖4-3　標準化值會以變數的型態儲存

步驟4：求取標準化值後，找出Z分數大於3或小於-3的數據，並刪除該個案資料。

步驟5：詳細的操作過程，讀者亦可自行參閱影音檔「ex4-3.wmv」。

▶ **報表解說**

　　依據經驗法則，針對常態分配或近似鐘形分配的資料集而言，大約68%的資料與平均數的差距在一個標準差內；而大約95%的資料與平均數的差距在二個標準差內；且幾乎所有的資料（約99%）與平均數的差距在三個標準差內。

　　以圖4-3中，第一個個案的標準化值為「-2.055」來看，其「量表總分」大約在平均值以下兩個標準差的位置。因此，根據經驗法則，其「量表總分」約處於「後2.5%」之位置，可研判此個案對「品牌形象」、「知覺價值」與「品牌忠誠度」的認知程度相對於其他個案而言是偏低的。

　　一般而言，觀察值之標準化值比「–3」還小或比「+3」還大時，就是離群值（outliers，臺語叫「奧梨ㄚ！」，有異曲同工之妙）。這些離群值建議應該從資料集中予以剔除，如圖4-3中的第3、16個個案，皆屬具離群值的個案。

習 題

練習 4-1

參考附錄二中，論文「遊客體驗、旅遊意象與重遊意願關係之研究」的原始問卷，並開啟hw4-1.sav與hw4-1.doc，試完成下表，並敘述分析結果。

表4-5　遊客基本資料分析表（樣本數：　　　　）

顧客基本資料		樣本數	比例%	顧客基本資料		樣本數	比例%
性別	女			教育程度	國小（含）以下		
	男				國中		
婚姻	未婚				高中（職）		
	已婚				專科		
年齡	20歲以下				大學		
	21～30歲				研究所（含）以上		
	31～40歲			平均月收入	15,000元以下		
	41～50歲				15,001～30,000元		
	51～60歲				30,001～45,000元		
	61歲以上				45,001～60,000元		
職業	軍公教				60,001～75,000元		
	服務業				75,001～90,000元		
	製造業				90,001～120,000元		
	買賣業				120,001元以上		
	自由業						
	家庭主婦						
	學生						
	其他						

資料來源：本研究整理

![練習圖示] **練習** 4-2

　　參考附錄二中，論文「遊客體驗、旅遊意象與重遊意願關係之研究」的原始問卷，並開啓hw4-2.sav與hw4-2.doc，試對遊客體驗、旅遊意象與重遊意願等構面進行現況分析，並完成表4-6、表4-7與表4-8，且針對現況分析結果，提出你的看法。

表4-6　遊客體驗現況分析表

題號	構面	問項	平均數	標準差	構面排序	總排序	構面平均
1	感官體驗	1.秀麗的山水風景，非常吸引我。					
2		2.豐富的歷史文物，非常吸引我。					
3		3.我覺得這次旅遊，非常富有趣味。					
4		4.我覺得這次旅遊，行程豐富精彩。					
5	情感體驗	5.看到美麗的景緻，令我心情放鬆。					
6		6.看到豐富的文物，能激發我思古之情。					
7		7.看到美麗的景緻，讓我感到歡樂愉快。					
8		8.當地的景色，令我感動。					
9		9.當地歷史文物，令我感動。					
10	思考體驗	10.透過這次旅遊，頗發人省思，令我有所思考。					
11		11.透過這次旅遊，引發我的好奇心。					
12		12.透過這次旅遊，引發我去做一些聯想或靈感的啓發。					
13		13.透過這次旅遊，能激發我創意思考。					
14	行動體驗	14.看到美景，我很想分享觀賞的心得。					
15		15.看到歷史文物，我很想分享觀賞的心得。					
16		16.看到美景，我很想拍照、錄影留念。					
17		17.看到歷史建物，我很想拍照、錄影留念。					
18	關聯體驗	18.我會想購買與當地相關的紀念品。					
19		19.透過這次旅遊，讓我產生環境維護的認同感。					
20		20.會因美麗的景緻，而聯想到西拉雅國家風景區。					
21		21.透過這次旅遊，西拉雅會成為我平常談論的話題。					

表4-7　旅遊意象現況分析表

題號	構面	問項	平均數	標準差	構面排序	總排序	構面平均
1	產品	1.自然風景優美。					
2		2.平埔族文化保存良好。					
3		3.知名度高。					
4	品質	4.開車環湖賞景令人愉悅。					
5		5.整體氣氛令人心情放鬆。					
6		6.通往本風景區交通便利。					
7		7.遊憩安全設施良好。					
8		8.地方公共服務設施完善。					
9	服務	9.整體旅遊環境乾淨。					
10		10.旅遊資訊充足。					
11		11.相關服務人員能提供遊客迅速且即時的服務。					
12		12.區內相關服務人員的服務態度良好。					
13		13.旅遊活動的各項安排均能提供遊客便利。					
14	價格	14.個人平均旅遊花費價格合理。					
15		15.收費合理。					

表4-8　重遊意願現況分析表

題號	構面	問項	平均數	標準差	排序	構面平均
1	重遊意願	1.到西拉雅風景區旅遊，對我來說是最好的選擇。				
2		2.我將會是西拉雅風景區的忠實遊客。				
3		3.當我有旅遊需求時，我會優先選擇西拉雅風景區。				
4		4.我願意繼續到西拉雅風景區旅遊。				
5		5.我會向親朋好友推薦到西拉雅風景區。				

練習 4-3

參考附錄二中，論文「遊客體驗、旅遊意象與重遊意願關係之研究」之原始問卷，並開啓hw4-3.sav，試以性別為分組變數對變數「量表總分」進行預檢資料分析，以進行下列檢測：（註：量表總分為遊客體驗、旅遊意象與重遊意願等三構面之衡量題項得分的加總結果，共41題）

1. 評估男、女性於「量表總分」的差異性。
2. 找出異常值、極端值。
3. 請以圖形與檢定方式判斷「量表總分」之分配是否符合常態分配？

練習 4-4

參考附錄二中，論文「遊客體驗、旅遊意象與重遊意願關係之研究」的原始問卷，並開啓「hw4-4.sav」，請依照每位受訪者的量表總分（共41題），進行分組。分組的原則如下：

量表總分小於第25百分位者：改稱為低分組，其數值代碼為1。

量表總分大於第75百分位者：改稱為高分組，其數值代碼為2。

計算完成後，請另存新檔為「hw4-4-ans.sav」。並計算高、低分組的受訪者，其於遊客體驗、旅遊意象與重遊意願等三構面的平均數與標準差，並完成表4-9。

表4-9　高低分組於各構面認知之比較表

	遊客體驗（21題）		旅遊意象（15題）		重遊意願（5題）	
	平均數	標準差	平均數	標準差	平均數	標準差
低分組						
高分組						

第5章

重要度—表現分析法

重要度—表現分析法（Importance-Performance Analysis，簡稱IPA）藉由分析消費者對供給方所提供之產品／服務的重要性和績效感知，從而找到提高消費者滿意度和忠誠度的途徑，它的優點是能以圖像分析的方式呈現產品／服務之各屬性重要性與表現績效的相對位置。

作者於2017年1月23日嘗試以「Importance-Performance Analysis」為關鍵字進行精準查詢，在「臺灣博碩士論文知識加值系統」中，共獲得2,487筆歷年來應用IPA法的博碩士論文；而在「Google學術查詢」中則約有13,300筆相關文獻。顯見，IPA法在學術或實務領域中皆占有相當重要的地位。

在本章將包含以下的內容：

(1) 重要度—表現分析法簡介

(2) IPA原理與分析步驟

(3) IPA策略矩陣圖

5-1　重要度—表現分析法簡介

Martilla and James於1977年提出了重要度—表現分析法（Importance-Performance Analysis，簡稱IPA）以檢視汽車業的服務表現。甚至後來，IPA法被認為是評估服務品質及發展管理策略的有效工具。在1970年代末期開始，IPA法已被廣泛使用於觀光、餐飲、休閒遊憩、教育、保健等領域的服務品質研究。

IPA法為一種藉由評估各產品／服務之屬性的「重要度（importance）」（消費者對各產品／服務屬性所認知的重要性）和「表現績效（performance）」（消費者對各產品／服務屬性之實際感受的測度）等指標，以於座標平面上標示出各產品／服務屬性之相對位置，進而針對這些產品／服務屬性，提出改善優先順序策略的技術。

IPA法藉由將各產品／服務之屬性的重要性與表現績效的平均得分製圖於一個二維的平面座標中。在該座標圖中，以橫軸表示消費者對產品／服務屬性的滿意程度（表現績效），縱軸表示消費者對產品／服務屬性的重要程度，而滿意程度與重要程度之總平均數則被視為此策略矩陣圖之中心座標，以利將座標矩陣畫分為四個象限，藉此可將各產品／服務屬性依其評估值歸納至所屬象限中，並據以製作改善決策或分配資源（Martilla and James, 1997）。

目前IPA法已普遍運用在企業經營決策分析上，也是企業管理階段用來衡量目前市場競爭位置、確認公司經營改善機會及引導公司策略方向的分析技術。此外，重要度績效分析亦可協助管理者確認並有效的規劃企業資源。總而言之，IPA法的主要目

的有二：一爲協助管理者針對現況進行分析，以輔助制定積極改善作爲之優先順序的決策；二爲協助管理者制定有效分配資源的決策（Barsky and Labagh, 1996）。

5-2　IPA原理與分析步驟

在IPA法中，產品／服務的供給者透過對消費者問卷調查的方式，評估其所提供的產品／服務之各種屬性的重要性與表現情形（一般以滿意度代表），並將該產品／服務各屬性的重要性與表現情形之平均值製成一個二維的策略矩陣圖；在策略矩陣圖中，軸線的尺度和象限的位置可以任意訂定，在策略矩陣圖中將以不同點的相關位置呈現該產品相關屬性是否具有改善的空間與須改善時的優先順序。其分析方法基本上可分爲以下幾個步驟（Martilla and James, 1977；吳忠宏、黃宗成，2001）：

(一) 列出欲評估之產品／服務的各個屬性，並發展成問卷。

(二) 請諸多使用者針對該產品／服務的各個屬性，分別在重要程度與表現程度兩方面進行評定等級（通常使用李克特五點或七點量表）。所謂重要程度是指使用者於使用該產品／服務時，對該產品的各個屬性的重視程度（如：行前期望）；而表現程度則是指使用者所體驗到之各屬性的表現程度（如實際體驗的滿意度）。

(三) IPA法通常會在平面座標中，以重要程度爲縱軸、表現程度爲橫軸，並以各屬性在重要程度及表現程度所得分數的總平均值作爲分隔點，將平面空間區隔成四個象限（如圖5-1所示）。

(四) 將各屬性在重要程度（縱軸）與表現程度（橫軸）所得的數值，標示在四個象限中的相對位置。

5-3　IPA策略矩陣圖

IPA法透過測量各屬性在重要程度及表現程度兩者所得的分數，可以產生策略矩陣圖（如圖5-1）。策略矩陣圖中具有四個不同的象限，此四個象限將結合每個屬性的重要程度及表現程度得分來呈現出不同的管理狀態。對於進行IPA法後，所得之策略矩陣圖的四個象限所隱含的意義，解讀起來並不困難（Martilla and James, 1977）。其意義分別如下：

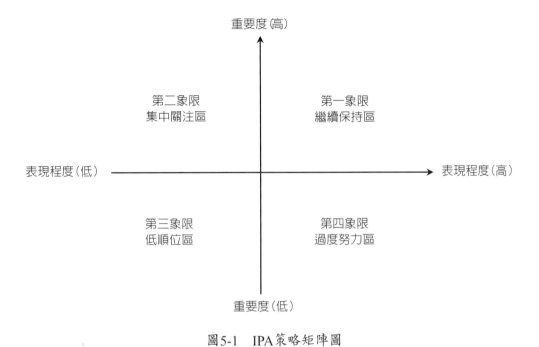

圖5-1　IPA策略矩陣圖

1. 第一象限：繼續保持區（keep up good work）

消費者對此產品／服務之各屬性的重要性與績效表現程度（滿意度）的評價都高，表示在競爭市場中有機會獲得或維持競爭優勢，所以落在此象限的屬性為應該繼續保持其管理狀態的優勢區域，故又稱為「優勢保持區」。

2. 第二象限：集中關注區（concentrate here）

落在此象限的產品／服務屬性表示消費者對該屬性所感知的重要性程度高，但績效表現程度並不高。因此，對產品／服務的提供者而言，這將是一個警訊、也是一個管理的重點，管理者必須要重點關注這些屬性並積極投入相關資源從事改善作為，如此才能提升產品／服務的整體績效。因此第二象限，又可稱為「優先改善區」，若忽視落在此象限之產品／服務的相關屬性，可能會對公司造成一連串的威脅。

3. 第三象限：低順位區（low priority）

落在此象限的產品／服務屬性表示消費者對此產品／服務的屬性，所感知的重要性和績效表現程度都不佳。雖然也是需要改善的屬性，但由於其重要程度相對而言並不高，也因此當管理者欲投入資源進行改善作為時，其優先順序應列於亟須改善的第二象限之後，如此才能充分、有效運用企業資源並提升企業整體績效。故管理者對落

於第三象限的產品／服務屬性之改善優先順序應較低，屬於低優先改善區，因此第三象限又可稱爲「次要改善區」。

4. 第四象限：過度努力區（possible overkill）

　　落在此象限的產品／服務屬性表示消費者認爲此產品／服務屬性的重要性低，但績效表現程度卻良好。這種現象反映出管理者的管理重點產生偏差，導致無端的消耗企業資源。因爲對於重要性不高的屬性，並不須投入過多資源而產生過度供給的現象，只須維持一般水準即可，故此象限又稱爲「過度重視區」。管理者應將投入本區域的資源重新規劃，甚至挪至第二象限以積極從事改善作爲。雖是如此，然而Oh（2001）也認爲在此象限的服務品質還是需要有的，尤其是在競爭的市場，因爲額外的績效通常不需要相對應的資源。

　　IPA法之所以能受到廣泛應用的原因，在於使用的方便性及其分析結果能提出對行銷改善策略的建議（Martilla and James, 1977）。甚至就服務品質而言，IPA法也是個有效辨別服務水準的工具。2004年Hudson等學者在英國以四種常用的評估服務品質方法：IPA、SERVQUAL、multiply SERVQUAL by Importance及SERVPERF，評估旅遊的服務品質，結果顯示四種方法所測得結果並未有顯著性差異。尤其IPA法相對其他評估法具有簡單、不需要專業人才或複雜的統計分析軟體、研究費用低，故對於管理者而言，是一項非常適合長期評估服務品質的工具（Derek and Paul, 2003）。此外，Vaske等人（1996）也進一步指出，不同的顧客群對於重要程度及績效表現程度會有不同的反應，因此顧客的市場區隔對於IPA而言是很重要的，且有助於管理者擬定未來的行銷策略及市場定位的參考（Chu and Choi, 2000）。

▶ 範例5-1　　參考附錄五中，論文【澎湖休閒漁業觀光意象】的原始問卷，並開啓ex5-1.sav，試針對澎湖休閒漁業之觀光意象的各項屬性進行重要度－表現分析，以找出澎湖休閒漁業觀光意象的關鍵影響因素。

　　附錄五，論文【澎湖休閒漁業觀光意象】的原始問卷中，共包含32題有關觀光意象的問項，每一個題項的填答區域都包含兩個部分，一爲遊客對題項關鍵屬性之重要度的評價；另一爲遊客於實際體驗後對題項之認同程度（如圖5-2）。藉由此特殊格式的問卷，我們將對澎湖休閒漁業之觀光意象進行重要度－表現分析。期盼能由此分析結果，輔助確認影響澎湖休閒漁業觀光意象的關鍵因素，並建議澎湖休閒漁業之業管單位，能在資源有限的情形下，對於觀光意象之形塑提供改善方向。

◎範例：若題目為：「到澎湖旅遊花費不多」，

對於這樣的說法，如果您覺得「花費」這件事對您而言「非常重要」：

則您應該在「屬性重視度」欄中的「非常重要」項做勾選，如下表❶處所示。

同時，實際上，如果您卻「不同意」，「到澎湖旅遊花費不多」的說法時：

則您應該在「屬性認同度」欄中的「不同意」項做勾選，如下表❷處所示。

	屬性重視度						屬性認同度				
	非常不重要	不重要	普通	重要	非常重要		非常不同意	不同意	普通	同意	非常同意
1. 到澎湖旅遊花費不多。					∨	※		∨			
					❶			❷			

圖5-2　IPA法的問卷範例

　　實務上，運用SPSS製做IPA策略矩陣圖時，將可細分為六個步驟，只要能確實遵循此六個步驟，必能輕而易舉的完成IPA策略矩陣圖的製作。此六個步驟說明如下：

1. 求取重要度變數（本範例中為im1～im32）與認同度變數（本範例中為pf1～pf32）等64個變數的平均值。

2. 將各平均值資料複製到Excel，然後將64個變數的平均值分成重要度變數與認同度變數兩直行。

3. 將整理好的資料，再複製到一個新的SPSS檔案中。

4. 求取「重要度」與「認同度」的標準化值。

5. 畫IPA策略矩陣圖（即散佈圖）。

6. 設定散佈圖的格式。

　　在原始資料檔「ex5-1.sav」中，變數「im1～im32」代表重要度的32題問項的填答結果；變數「pf1～pf32」則是認同度的32題問項的填答結果，現在我們就來試著動手製作IPA策略矩陣圖。

操作步驟

　　步驟1：開啟檔案「ex5-1.sav」。

　　步驟2：求取重要度變數「im1～im32」與認同度變數「pf1～pf32」的平均值。

　　　　　開啟「ex5-1.sav」後，執行【分析】／【描述性統計資料】／【描述

性統計資料】，待開啓【描述性統計資料】對話框後，將變數「im1～im32」與「pf1～pf32」全都選入【變數】清單方塊中。然後，再按【選項】鈕，於【選項】對話框中，請勾選【平均數】核取方塊就好，接著按【繼續】鈕，回到【描述性統計資料】對話框後，再按【確定】鈕，就可以於輸出報表中，求得變數「im1～im32」與「pf1～pf32」的平均值了。

步驟3：將平均值資料複製到Excel進行資料整理工作。請先開啓一個空白的Excel工作表，然後將輸出報表中的【描述性統計資料】表，複製到空白的Excel工作表中，然後，整理資料成三欄（如圖5-3所示）：

第一欄：題項編號v1～v32（代表32個題項）

第二欄：重要度變數「im1～im32」的平均值，

第三欄：認同度變數「pf1～pf32」的平均值

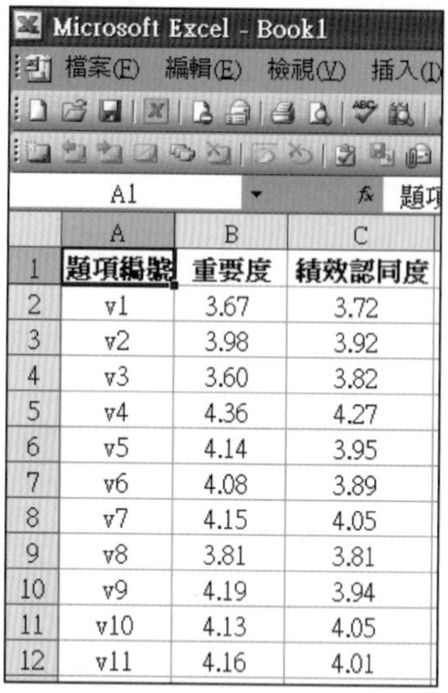

	A	B	C
1	題項編號	重要度	績效認同度
2	v1	3.67	3.72
3	v2	3.98	3.92
4	v3	3.60	3.82
5	v4	4.36	4.27
6	v5	4.14	3.95
7	v6	4.08	3.89
8	v7	4.15	4.05
9	v8	3.81	3.81
10	v9	4.19	3.94
11	v10	4.13	4.05
12	v11	4.16	4.01

圖5-3　於Excel進行資料整理工作（v12以後的資料略，不顯示）

步驟4：將Excel中整理好的資料再複製到一個新的SPSS檔案中。請再開啓一個新的空白SPSS檔案，然後將Excel工作表中的【題項編號】、【重要度】與【績效認同度】等資料複製到新的SPSS檔案的【資料視圖】視窗中（欄位名稱不用複製），我們將利用這個新的SPSS檔案來製作IPA策略矩陣圖，如圖5-4所示。

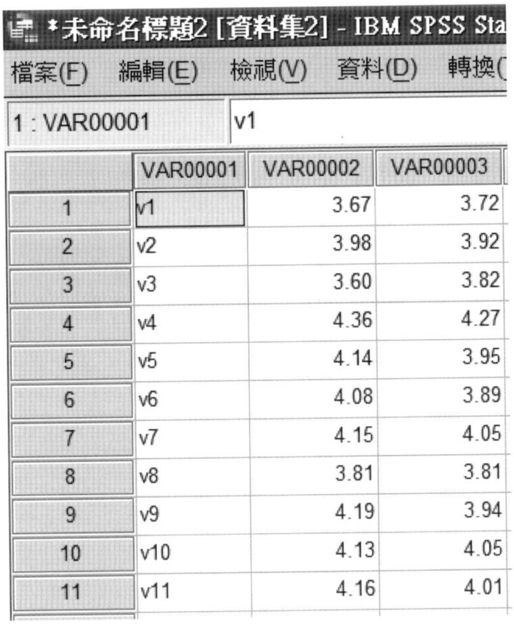
*未命名標題2 [資料集2] - IBM SPSS Sta
檔案(F) 編輯(E) 檢視(V) 資料(D) 轉換(
1 : VAR00001 v1

	VAR00001	VAR00002	VAR00003
1	v1	3.67	3.72
2	v2	3.98	3.92
3	v3	3.60	3.82
4	v4	4.36	4.27
5	v5	4.14	3.95
6	v6	4.08	3.89
7	v7	4.15	4.05
8	v8	3.81	3.81
9	v9	4.19	3.94
10	v10	4.13	4.05
11	v11	4.16	4.01

圖5-4　新的SPSS檔案（v12以後的資料略，不顯示）

步驟5：在新檔案中定義變數名稱。複製好資料後，請轉換至【變數視圖】視窗，定義變數名稱。請將「VAR00001」改爲「題項編號」、「VAR00002」改爲「重要度」、「VAR00003」改爲「績效認同度」（如圖5-5）。完成後，請存檔爲「ipa.sav」。

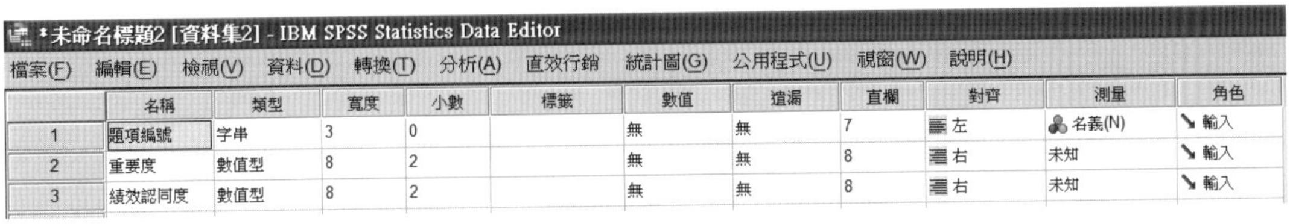
*未命名標題2 [資料集2] - IBM SPSS Statistics Data Editor
檔案(F) 編輯(E) 檢視(V) 資料(D) 轉換(T) 分析(A) 直效行銷 統計圖(G) 公用程式(U) 視窗(W) 說明(H)

	名稱	類型	寬度	小數	標籤	數值	遺漏	直欄	對齊	測量	角色
1	題項編號	字串	3	0		無	無	7	左	名義(N)	輸入
2	重要度	數值型	8	2		無	無	8	右	未知	輸入
3	績效認同度	數值型	8	2		無	無	8	右	未知	輸入

圖5-5　在新檔案中定義變數名稱

步驟6：在ipa.sav中，求取「重要度」與「績效認同度」的標準化值。爲了使「重要度」與「績效認同度」之座標軸的取值範圍一致，同時讓將來畫出的IPA策略矩陣圖能以（0,0）爲中心，而上下、左右對稱，我們將求取「重要度」與「績效認同度」的標準化值。

在開啓「ipa.sav」的狀態下，執行【分析】/【描述性統計資料】/

【描述性統計資料】，待開啓【描述性統計資料】對話框後，將變數「重要度」與「績效認同度」選入【變數】清單方塊中。然後，勾選左下角【將標準化的數值存成變數】核取方塊，按【確定】後，即可求得「重要度」與「績效認同度」的標準化值，如圖5-6所示。

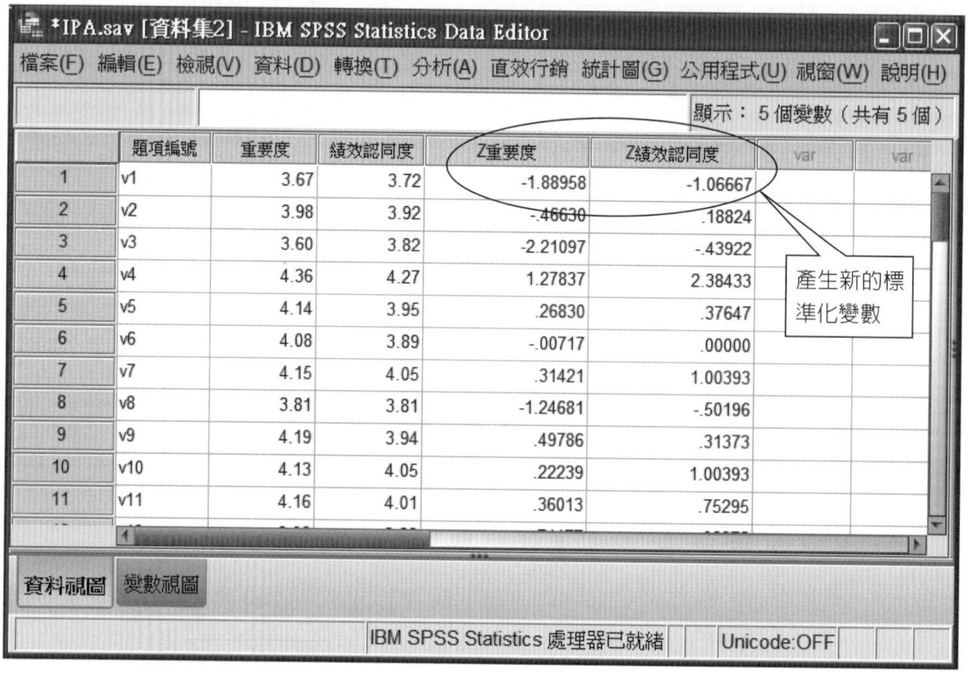

圖5-6　求取「重要度」與「績效認同度」的標準化值

步驟7：畫散佈圖。在開啓「ipa.sav」的狀態下，執行【統計圖】／【歷史對話紀錄】／【散佈圖】。待開啓【散佈圖】對話框後，選取【簡單散佈】，然後按【定義】鈕。

步驟8：設定【簡單散佈圖】對話框。待開啓【簡單散佈圖】對話框後，將變數【Z重要度】選入【Y軸】（設定縱軸）、【Z績效認同度】選入【X軸】（設定橫軸）、【題項編號】選入【觀察值標籤依據】（設定能將題項編號顯示於IPA策略矩陣圖中），然後按【確定】鈕就可於輸出報表中輸出散佈圖了，如圖5-7所示。

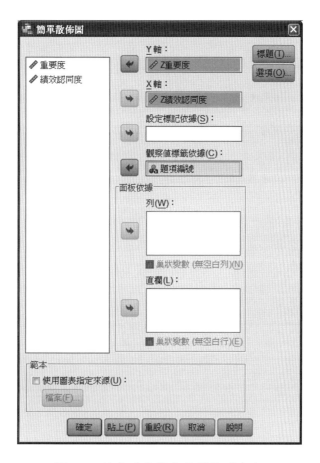

圖5-7　設定【簡單散佈圖】對話框

步驟9：於報表中顯示出IPA散佈圖後，首先將設定如何於散佈圖中能顯示出
　　　　【題項編號】。於散佈圖的空白處，快按兩下，進入【圖表編輯器】視
　　　　窗。開啓【圖表編輯器】視窗後，於散佈圖中的任一資料點上按滑鼠右
　　　　鍵，待出現快捷選單後，選取【顯示資料標籤】，即可爲散佈圖中的資
　　　　料點加上其【題項編號】。

步驟10：接著，畫十字座標軸。於【圖表編輯器】視窗中，在散佈圖中的空白
　　　　處按滑鼠右鍵，待出現快捷選單後，選取【新增X軸參考線】；同樣的
　　　　方式，也【新增Y軸參考線】。如此，即可於散佈圖中畫出縱、橫軸。

步驟11：設定十字線的位置。首先選取十字線的縱軸，然後於【內容】視窗
　　　　中，設定「參考線」的「位置」爲0，按【套用】鈕。然後再選取十
　　　　字線的橫軸，一樣於【內容】視窗中，設定「參考線」的「位置」爲

0，按【套用】鈕。讀者需要注意的是，每次於【內容】視窗中作設定後，一定要記得馬上按【套用】鈕，這樣設定值才會生效。

步驟12：設定座標軸的數字格式與區間。首先選取帶有數字之縱座標軸，然後於【內容】視窗中，設定「數字格式」的「小數位數」為2與「尺度」的「最小值」為-2、「最大值」為2。接著，於帶有數字之橫座標軸上進行相同的設定，即可完成IPA策略矩陣圖的繪製工作了，如圖5-8。

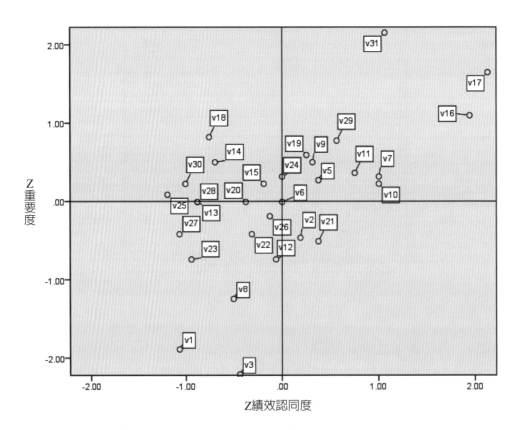

圖5-8　完成的IPA策略矩陣圖

步驟13：詳細操作步驟，讀者可參閱影音檔「ex5-1.wmv」。

▶報表解說

讀者可不要小看這個簡單的「重要度—表現分析法」。有興趣的話，讀者可以去查查【臺灣博碩士論文知識加值系統】中，有多少篇論文是以「重要度—表現分析法」來完成的。所以說，一篇好的論文，強調的不在統計方法用的多艱深，而在於你

的創意。須知統計方法只是工具而已，所以我寫這本書也寫的很簡單，很單純的想法：就是想幫助只想把統計當工具而完成論文的人。此外，我常稱我開的課為「白話統計學」，沒錯！不必要把統計學搞的那麼複雜啦！

從IPA策略矩陣圖中，我們就可從各題項所落的象限，而得知各題項於消費者心目中的認知，進而管理單位就可據以建立改善策略的優先順序。

1. 第一象限：繼續保持區（keep up good work）

透過IPA結果發現，有11個觀光意象屬性落在第一象限，分別為「4.參與行程可以實際體驗漁村文化。」、「5.先民所展現的智慧（如石滬漁法），令人欽佩。」、「7.參與行程可以了解漁村的風俗民情。」、「9.澎湖的休閒漁業擁有豐富且未受破壞／干擾的生態環境資源。」、「10.澎湖具有海洋資源豐富、海岸線長與傳統漁作等多樣化的休閒漁業環境。」、「11.設施與天然的景點／景觀相互融合。」、「16.澎湖的休閒漁業環境具有傳統的漁村特色。」、「17.行程具備多樣化的活動遊程。」、「19.澎湖的商店具有融合自然和地方休閒漁業的特性。」、「29.可以感受到當地特色民情。」與「31.澎湖的休閒漁業環境空氣新鮮且整潔。」等屬性。

落於此象限之觀光意象屬性，表示遊客認為其重要度高且評價也高，也就是澎湖休閒漁業在這些意象屬性的形塑上，已經達到甚至超越遊客的期望，未來澎湖休閒漁業的管理單位更應該繼續保持這些屬性的持續發展。

2. 第二象限：集中關注區（concentrate here）

透過IPA結果發現，有10個觀光意象屬性落在第二象限，分別為「6.參與行程令我對澎湖漁村建築的保存狀況，感到珍惜。」、「13.具有當地特色的漁村建築。」、「14.澎湖的漁村建築風格反映了順應環境及生活文化的特色。」、「15.澎湖的休閒漁業富有歷史性且具有先民智慧傳承的特色。」、「18.行程有夜間的海洋產業體驗活動。」、「20.澎湖的休閒漁業環境，有完善（備）路標設置和資訊設備。」、「24.在購物地點得到良好的服務。」、「25.注重服務態度與品質。」、「28.環境是乾淨衛生且經過精心規劃。」與「30.提供安全、舒適的休閒漁業旅遊環境。」等屬性。

落於此象限之觀光意象屬性，表示遊客對於這些屬性非常重視，但卻對所體驗到的觀光意象屬性感到不認同。因此亟需澎湖休閒漁業的管理單位深入探討癥結所在，投入資源並積極從事改善作為，以提升遊客認同度，進而增強重遊意願。通常落於第二象限的屬性，也被稱為「關鍵影響因素」，因為只要針對這些重要的屬性進行改

善，必能大幅提升整體績效。

3. 第三象限：低順位區（low priority）

透過IPA結果發現，有9個觀光意象屬性落在第三象限，分別為「1.本行程具高知名度。」、「3.澎湖居民的態度友善且好客。」、「8.可以觀賞到獨特的地質與地形景觀。」、「12.澎湖的海洋資源，存在一些特有種的海洋生物。」、「22.旅遊景點基礎設施很完善。」、「23.在用餐地點得到良好的接待。」、「26.可以發現具有當地特色的手工藝品和傳統美食。」、「27.澎湖的休閒漁業旅遊不會擁擠吵雜。」與「32.本行程有適合孩童玩樂的相關活動。」等屬性。

落於此象限之觀光意象屬性，表示雖然遊客並不十分重視，但認同度也偏低。這也是屬於需要改善的屬性，只是其改善作為的優先順序較低罷了，但澎湖休閒漁業的管理單位，若能在未來行有餘力，能針對這些低順位觀光意象屬性進行改善，就應該可以讓澎湖休閒漁業所欲形塑的觀光意象屬性更加完善，更能提升整體的認同度。

4. 第四象限：過度努力區（possible overkill）

透過IPA結果發現，有2個觀光意象屬性落在第四象限，分別為「2.參與行程可以回味漁村往日的氛圍。」與「21.澎湖休閒漁業的旅遊資訊取得很容易。」等屬性。

落於此象限之觀光意象屬性，表示遊客對這些觀光意象屬性評價都不錯，都已能達到遊客的期望水準，在市場競爭中為澎湖休閒漁業已具備的優勢，但卻不是遊客最重視的觀光意象屬性，雖可以繼續保持，但應減少資源繼續投入在這些屬性中，甚至可以把原本投入這些屬性的資源挪往第二象限或第三象限，以更積極的從事改善作為。

習 題

練習 5-1

請解壓縮hw5-1.zip，然後參考「hw5-1_說明.doc」，並開啟「hw5-1.sav」，請以「重要度」為縱軸、「滿意度」為橫軸，進行IPA分析，並回答下列問題：

1. 請製作「hw5-1.sav」之IPA策略矩陣圖？

2. 哪些屬性，管理者需進行改善作為？其優先順序為何？該優先順序是如何決定出來的？

3. 除(2)的改善作為外，管理者還可進行哪些管理策略？

第6章

信度分析

在測量過程中，對相同的對象、使用相同的測量工具（量表／問卷），重複進行多次測量時，研究者可評估每一次測量結果的「相似程度」。而這「相似程度」的統計學描述方式，一般即稱為信度（reliability）。信度具有兩種意涵，即一份測量（量表／問卷）所測的分數之一致性（consistency）或穩定性（stability）。在本章中，將對常用的信度分析方法進行說明，本章將包含以下的內容：

　　(1) 測量信度的方法簡介
　　(2) 運用信度分析以刪除問卷中不適切的題項
　　(3) 求取問卷中各構面的信度係數

6-1　信度簡介

　　信度的主要意義是指，當研究者針對某一群固定的受測者，利用同一種特定的測量工具（量表／問卷），在重複進行多次測量後，所得到結果的相似程度。因此，信度除了具有重複測量時所須具備的「穩定性」特質外，尚具有「一致性」的含意。穩定性代表同一群受測者在同一份測驗（量表／問卷）上，重複測驗多次後，所得的分數應差異不大。而一致性則表示衡量同一態度之量表的各題項間，其內容的一致程度。所以，信度應包括量表的穩定性以及一致性等兩種意義（黃俊英，1999）。此外，學者Kerlinger（1999）也認為信度可以衡量出工具（量表）的可靠度、一致性與穩定性。

　　量表的信度越高，表示該量表之測驗結果的可信程度越高。但是，說實在的，我們也很難去期待兩次或多次之測驗結果是完全一致的。因為信度除受量表中各題項的品質所影響外，亦受很多其他受測者因素的影響。故應該沒有一份量表之測驗結果是完全可靠的。信度只是一種衡量量表之可靠程度大小的指標而已。而所謂可靠程度較高的量表，便是指同一群人在不同的時、空背景下，接受性質相同、題型相同、目的相同的各種量表施測後，在各測量結果間可顯示出強烈的正相關且差異性也很小的狀況。

　　假設一個測量工具所測得的值為x_0（通常以平均數代表），則x_0可分解為：

$$x_0 = x_i + x_e \qquad \text{（式6-1）}$$

x_0：觀察值

x_i：真實值

x_e：誤差值

可將式6-1轉換為變異數型態。假設測量所得的變異量為V_0，則V_0可分解為：

$$V_0 = V_i + V_e \qquad\qquad (式6\text{-}2)$$

V_0：觀察值變異量

V_i：真實值變異量

V_e：誤差值變異量

根據信度的基本意涵，式6-2中的真實值變異量與觀察值變異量之比，即為信度（吳統雄，1985）。因此：

$$信度 = V_i / V_0$$
$$= (V_0 - V_e) / V_0 = 1 - V_e / V_0 \qquad\qquad (式6\text{-}3)$$

由式6-3，不難理解，信度之最基本的測量方法為：1減去「誤差變異量與觀察總變異量之比」（吳統雄，1985）。由此可見，測量誤差越小則信度越高。測量中為何會產生誤差？根據不少學者的研究，測量時容易產生誤差的來源，主要可以歸納為下列幾個方向（吳統雄，1985）：

➢ 受訪者的變異性

一般而言，在其他條件相同的情況下，研究母體內各基本單位特質分布的範圍越廣，則量表的信度係數會越高。受訪者可能會因內在心理特質（如：個性、情緒、動機、專注力、反應力、知識背景、作答態度）、外在生理因素（年齡、性別、社會地位）而影響填答的穩定性。

➢ 測量內容因素

量表的設計方式、一致性、題項數量、遣詞用字、格式以及受訪者對題項內容的敏感度等，都是導致誤差產生的原因之一。

➢ 測量長度

在適當的限度內，且合乎同質性的要求時，一個測量的題項數越多時，則其誤差越小，信度越高。

➢ 測量情境

訪問時的環境：如通風、溫度、溼度、光線、聲音、桌面、空間等因素。

➢ 間隔時間的長短

以再測法或複本法求信度時，兩次測量之相隔時間越短，其誤差越小，信度越高。

➢ 研究者本身

訪員是否專業、盡責，訪前規劃是否妥善。

➢ 疏忽

如：聽錯、記錯、轉錄錯誤等。

因此，產生誤差的原因是多方面的，研究者必須面面俱到，才能提高量表信度。基本上，學術文獻上也有一些提高量表信度的建議方向，諸如：

➢ 針對主要的研究變數或構念（construct），明確定義其操作型定義。
➢ 測量特定變數或構念時，建議使用多重指標（每個變數或構念皆包含2個題項以上），如此比較有機會可以獲得變數或構念的內涵。
➢ 施測時必須依據抽樣計畫確實執行，未達預定目標必須重複執行施測。

6-2　測量信度的方法

測量信度的方法有很多種，應用前必先確認方法的使用是否恰當。例如：在李克特（Likert）量表中最常使用的信度分析方法為「Cronbach's α」係數。以下簡介一些常用於檢驗信度之方法。

6-2-1　再測法（test-retest method）

先選擇適當的對象，並以定期方式實施測量，即稱為再測法。施測時，使用同一份測驗問卷，對同一群受測者，在不同的時間，前後測試兩次，然後求得兩次測量的結果（通常是得分），再計算兩次得分的相關係數，此相關係數即是再測信度（test-retest reliability）。研究者須仔細觀察這個相關係數，這個相關係數又稱為穩定係數（coefficient of stability）或再測係數（coefficient of retest reliability）。若相關係數越高，則表示此測驗的信度越高。

使用再測法時，常會因為時、空的不同而產生測量的誤差。例如：前、後兩次測量環境的改變、受測者的練習及記憶效果或是特定的系統性變化等，都會影響再測信度的穩定性。所以間隔時間的選擇是使用再測法的首要考量點，如果間隔時間過短，

則會產生練習或記憶效果等；若間隔時間太長，則欲測量的特質可能會因此而產生改變（吳統雄，1984）。目前並沒有標準的間隔時間，通常以二到四週為主，很少有超過半年的間隔時間，而且間隔時間的長短必須依不同的測驗特質來加以考量。

➤ 優點

可以提供有關測量結果是否會隨時間而變異的資料，以作為預測受測者未來行為表現的依據。

➤ 缺點

易受練習和記憶的影響，故前、後兩次測量的間隔時間要適當。若兩次測量間隔太短，受測者記憶猶新，有過第一次經驗後，第二次測量通常分數會提高。不過，如果題項數夠多的話，則可避免這種影響。此外，若兩次測量的時間間隔太長，由於受測者心智成長的因素影響，穩定係數也可能會降低。

6-2-2　複本相關法（equivalent-forms method）

再測法費時較長，且兩次測量的結果易受記憶與成長的影響，故有時不易估計測量結果的穩定性。在此情形下，即可採用複本法。使用複本法時，研究者會先編製一份測量工具，稱為正本，然後再另行編製一份性質、內容、難度均相同、但文字不同的題目，作為複本，並以正本與複本針對相同對象實施測量，以求得兩份測量的結果，最後計算其間的相關係數，如此就可評估測量工具的信度了。上述的相關係數又稱為等值性係數（coefficient of equivalence）或複本信度（equivalent forms reliability）。

複本相關法可同時連續實施或相距一段時間分兩次實施。同時連續實施的複本，其複本信度係數一般稱之為等值性係數。而相距一段時間分兩次實施的複本，其複本信度係數則稱為穩定與等值係數（coefficient of stability and equivalence），此數值可以同時反應測驗內容與時間變異所造成的誤差情形。

以複本相關法評估信度，可避免再測法的缺點，但須注意的是必須使用真正的複本，亦即兩份測量工具間在題數、型式、內容、難度、鑑別度等方面應皆屬一致。

➤ 優點

1. 雖然一般認為複本相關法是測量信度的最好方法，但是要編製複本問卷實屬不易。

2. 不受記憶效用的影響。

3. 對測量誤差的相關性通常比再測法低。

➤ 缺點

1. 兩次測量結果的等值性，在複本相關法與再測法中最受質疑。

2. 在誤差項變異數的等值性方面，複本相關法比再測法更容易受到質疑。

6-2-3　內部一致性信度（coefficient of internal consistency）

前述的兩種信度方法，受測者都必須接受兩次測驗，因此很容易產生學習效果、合作意願甚至是疲勞等不利的因素影響。而若採用內部一致性的信度分析的話，則只需施測一次即可，由一次施測的結果，就可估算信度的數值。此種分析方法會將重點放在：題目之間是否具有同質性。內部一致性的做法有下列幾種（葉重新，1999）：

1. 折半法（split half method）

折半法與複本相關法非常類似，折半法將問卷拆成兩個部分，在拆成兩個部分的過程中，最好能對這兩部分題項的內容性質、難易度加以檢討與考量，使這兩部分的題項盡可能具有一致性，然後在同一時間對受測者施測，計算這兩部分測驗分數的相關係數，此相關係數即稱之為折半信度係數（split-half coefficient）。

由於大多數的問卷，前半階段與後半階段的內容、特性往往不同，而且考慮到受測者的疲勞效果可能會造成前、後做答的差異，所以拆成兩個部分的方法，通常會以奇、偶數題的方式對拆。雖然折半信度的假設為兩部分的問卷題目具有類似的內容、困難度、平均數以及相同的變異數。但是實際上，所得的資料很少能符合兩部分測驗之變異數相等的假設（葉重新，1999）。

2. 庫李信度（Kuder-Richardson reliability）

庫李信度又稱為K-R信度，庫李信度將考量所有題項的一致性，不須折成一半，僅實施一次。庫李信度非常適用於二元化計分（dichotomously scoring）方法的題項。所謂二元化計分方法的題項（二元變項）即是一般常見的是非題（答對得1分、答錯得0分）（吳明隆、涂金堂，2005）。

由於折半信度無法產生單一的信度係數，這常被視為其與生俱來的缺點。庫李信度由於不須將問卷對拆成兩部分，因而解決了折半信度的缺失。庫李信度著重於分析

受測者於每個題項所作的回應是否具有一致性。這種一致性大小將受到兩個因素的影響，即內容取樣與測驗特質的異質性。測驗特質同質性越高，代表受測者的回應間一致性越高，故庫李信度係數也越高。

　　估計庫李信度最常用的公式為庫李20（Kuder-Richardson formula 20；簡稱KR$_{20}$）及庫李21號公式（Kuder-Richardson formula 21；簡稱KR$_{21}$）。當問卷中所有題項的難度指標都一樣，或平均難度接近0.5時，根據KR$_{20}$公式或KR$_{21}$公式所估算出來的信度係數值都會相等。但是，當所有題項的難度指標極不相同時，根據KR$_{20}$公式或KR$_{21}$公式所估算出來的信度係數值彼此之差距會很大（吳明隆、涂金堂，2005）。通常KR$_{21}$公式所估算出來的信度係數值會比KR$_{20}$公式所估算出來的信度係數值為低（Cronbach, 1990）。

3. Cronbach's α

　　為了克服部分折半法的缺點，1951年Cronbach提出了「α係數」，此α係數為目前社會科學研究領域中，最常使用的信度指標。也是在李克特量表中，最常用以評估信度的方法。Cronbach's α係數會將一個量表用各種不同的方式拆成兩半，然後利用折半信度公式計算所有可能的折半係數之後，求得各折半係數的平均數。Cronbach's α信度值介於0和1之間，其數值越靠近1，則代表信度越高。

　　Cronbach's α係數適用於多重選項的題目，也可用於二元變項的題目。Cronbach's α係數之計算公式的概念主要來自於組成信度的概念，一個完整的量表通常都包含了許多子量表，且量表總分是由這些子量表的分數所加總而得。其計算公式如下：

$$\alpha_k = \frac{k}{k-1} \left[1 - \frac{\sum S_i^2}{S_T^2} \right]$$
（式6-4）

k：量表的題項數。
S_i^2：每一題項得分的變異量。
S_T^2：量表總分的變異量。

6-2-4　小結

上述各種評估信度的方法，若依測驗次數與問卷版本加以劃分的話，則可歸納成如表6-1。

表6-1　各種評估信度的方法

		測驗版本	
		一種	兩種
測驗次數	一次	折半信度、庫李20、α係數	複本信度（等值係數）
	兩次	再測信度（穩定係數）	再測複本信度

註：吳統雄（1984）

於問卷的預試階段，如果問卷中的所有題項都能反應出相同的特質，則各題項之間應具有眞實的相關存在。若某一題項和問卷中的其他題項之間並無相關存在，則就表示該題項不應屬於該問卷，而應將之剔除。所以，只要有做問卷就可以做信度分析，以提供各項客觀的指標，作爲問卷良窳程度的具體證據。實務上進行信度分析時，若題項與量表總分的相關係數太低，則將可考慮優先刪除。此外，若刪除題項後，量表的Cronbach's α係數如果變大了，則表示刪除該題後確實有助於提高量表的Cronbach's α係數，表6-2爲可信度高低與Cronbach's α係數之對照表（吳統雄，1984），讀者可參考之。

表6-2　可信度高低與Cronbach's α係數之對照表

可信度	Cronbach's α係數
不可信	Cronbach's α係數 < 0.3
勉強可信	0.3 ≦ Cronbach's α係數 < 0.4
可信	0.4 ≦ Cronbach's α係數 < 0.5
很可信（最常見的標準）	0.5 ≦ Cronbach's α係數 < 0.7
很可信（學術論文的標準）	0.7 ≦ Cronbach's α係數 < 0.9
十分可信	0.9 ≦ Cronbach's α係數

註：吳統雄（1984）

6-3 以信度分析刪除不適切題項

　　雖然測量信度的方法、公式較爲複雜，然而利用SPSS軟體求算信度係數，卻是相當輕而易舉的。以下，將透過兩個範例帶領讀者了解信度分析之過程。

範例6-1

> 參考附錄四，【電信業服務品質】之原始問卷，並開啓ex6-1.sav。檔案「ex6-1.sav」爲研究的預試階段，透過【電信業服務品質】之原始問卷所蒐集的樣本資料，試運用信度分析以評估該原始問卷各題項的適切性，藉以刪除品質不佳的題項，並提高問卷的信度。

　　一般而言，研究者在設計好問卷後，進行問卷的正式施測前，爲提高問卷的可行性，都會先進行問卷的預試。在預試階段中，當預試問卷資料回收完成後，研究者即可開始使用項目分析評估問卷各題項的適切性，以刪除不適切的題項，並提升該份問卷的品質。

　　項目分析的諸多方法中，其中有一方法即是透過信度分析來完成的，該方法稱爲「題項－總分相關法」。在信度分析過程中，我們可以從報表中得到【更正後項目總數相關】資料，藉此資料即可找出與量表總分之相關係數較低的題項（學術論文中，常用的標準爲相關係數小於0.3）。這些相關係數較低的題項，代表著其與其他多數的題項間的關係較低，故實不應被包含在正式問卷中，因此可以刪除掉（此即題項－總分相關法的目的）。此外，透過信度分析，我們也可藉所求出的Cronbach's α 係數，來評估預試問卷的可靠度、一致性與穩定性。

操作步驟

步驟1：開啓檔案「ex6-1.sav」，然後執行【分析】／【尺度】／【可靠度分析】。

步驟2：待出現【可靠度分析】對話框後，將所有的題項選入右邊的【項目】清單方塊內，然後於左下方的【模型】下拉式清單中選取「Alpha值」（此即內部一致性的Cronbach's α係數），如圖6-1。

　　在【模型】下拉式清單中，總共有五種評估信度的方式，分別爲：Alpha值（內部一致性的Cronbach's α係數，如果是二元性資料，則此係數相當於依KR_{20}公式所計算出來的KR_{20}係數）、折半信度、Guttman值（Guttman最低下限眞實信度法）、平行模式檢定（各題項之變異數同

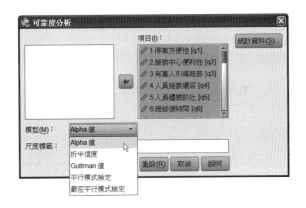

圖6-1　設定【可靠度分析】對話框

質時的最大機率信度）、嚴密平行模式檢定（各題項平均數與變異數均
同質時的最大機率信度）。

步驟3：接著，按【可靠度分析】對話框右上方的【統計資料】鈕，以開啓【統
計資料】對話框。請於【統計資料】對話框中勾選如圖6-2中所核取的
選項。【刪除項目後之量尺摘要】選項請務必選取，以便將來能於報表
中觀察，當某一題項被刪除時，對整個量表之信度的影響程度（信度增
加或減低）。接著按【繼續】鈕，回到【可靠度分析】對話框後，再按
【確定】鈕，即可順利完成信度分析的操作程序。

步驟4：詳細操作過程，讀者亦可自行參閱影音檔「ex6-1.wmv」。

圖6-2　設定【統計量】對話框

在圖6-2的【統計資料】對話框中尚有許多選項，這些選項的說明如下：

(一)【描述性統計資料對象】框

【項目】核取方塊：核取時，會於輸出報表中呈現出各題項的描述性統計量。

【尺度】核取方塊：核取時，會於輸出報表中呈現量表的描述性統計量。

【刪除項目後之量尺摘要】核取方塊：刪除題項後之量尺摘要。核取時，會於輸出報表中呈現當某一題項被刪除時，對整個量表之信度的影響程度（信度增加或減低）。

(二)【各分量表內項目之間】框

【相關】核取方塊：核取時，會於輸出報表中呈現各題項間的相關係數矩陣。

【共變數】核取方塊：核取時，會於輸出報表中呈現各題項間的共變數矩陣。

(三)【摘要】框

【平均數】核取方塊：核取時，會於輸出報表中呈現各題項的平均數。

【變異數】核取方塊：核取時，會於輸出報表中呈現各題項的變異數。

【共變異數】核取方塊：核取時，會於輸出報表中呈現各題項間的共變異數。

【相關】核取方塊：核取時，會於輸出報表中呈現各題項間的相關係數。

此外，尚有一些檢定類的選項，如表6-3所示。

表6-3　檢定類的選項

選項	說明
F檢定	進行F檢定
Friedman卡方	進行Friedman等級變異數分析及求取Kendall和諧係數
Cochran卡方	進行Cochran's Q檢驗，適用於答案為二元（如是非題）的量表
Hotelling's T平方	進行Hotelling's T^2檢驗
Tukey的可加性測試	進行Tukey的可加性檢驗
組內相關係數	求取量表內各題目平均數的相關係數

▶ 報表解說

在信度分析的【統計資料】對話框中（如圖6-2），我們勾選了【刪除項目後之量尺摘要】選項、四個摘要項和變異數分析的【F檢定】等設定。其實，若進行信度

分析主要的目的是要實現項目分析的「題項—總分相關法」時，研究者只要勾選【刪除項目後之量尺摘要】選項即可。當然讀者若想獲取更多的資訊時，也可多勾選其他的選項。

執行信度分析後，即可產生報表，報表很長共分為四個部分：【量表的信度係數】表（表6-4）、【摘要項目統計量】表（表6-5）、【項目總計統計資料】表（表6-6）與【變異數分析表】表（表6-7）。

(一) 量表的信度係數

表6-4中顯示了量表的信度係數，這份問卷中總共包含30個題項，其總信度係數為0.966，已達高信度係數的標準。此外，【基於標準化項目的Cronbach的Alpha】欄中的數值即為標準化的信度係數，標準化的Cronbach's α 係數表示已考慮各題項變異量不相等的情況所造成的影響，而經校正後的係數。

表6-4　量表的信度係數

Cronbach的Alpha	基於標準化項目 Cronbach的Alpha	項目個數
.966	.965	30

(二) 摘要項目統計資料

表6-5為【摘要項目統計資料】表，【項目平均數】列顯示出了「題項平均數的統計量」，這些統計量包括各題目平均數的總平均數、最小與最大值、全距（範圍）、最小值／最大值、變異數與個數。【項目變異數】列顯示出了「題項變異數的統計量」。【各項目之間的共變異數】列顯示出了「題項間之共變數統計量」。【各項目之間的相關性】列顯示出了「題項間之相關係數的統計量」。

表6-5　摘要項目統計量

	平均數	最小值	最大值	範圍	最大值／最小值	變異數	項目個數
項目平均數	3.389	1.741	4.859	3.118	2.791	.181	30
項目變異數	1.285	.156	1.688	1.533	10.849	.142	30
各項目之間的共變異數	.622	.003	1.670	1.667	484.561	.154	30
各項目之間的相關性	.480	.006	.994	.987	154.630	.065	30

表6-5中，雖由【項目平均數】後的變異數欄可見各題項的平均分數之差異性似乎不大，但是【項目變異數】的最小值與最大值之差異卻相當大，這代表對各題項之評分的差異性極不平衡，有的題項得分之差異性很小（$\sqrt{0.156} = 0.394$分），有的卻很大（$\sqrt{1.688} = 1.299$分）。再由【各項目之間的相關性】觀察，可見各題項的相關程度中等（0.480），且相關程度的差異性也較小（0.065）。

(三) 項目總計統計資料

表6-6為各題項與量表總分間之相關統計量，它顯示了剔除某題項後，其他題項與總分間之相關性與Cronbach's α係數之變化狀況。表6-6在信度分析中相當重要，項目分析的「題項—總分相關法」就是藉表6-6而達成的。首先解釋表中各欄位之意義：

【尺度平均數】：剔除某題項後，剩餘題項的總平均得分。

【尺度變異數】：剔除某題項後，剩餘題項的變異數大小。

【更正後項目總數相關】：某題項與其餘之題項的總分間的簡單相關係數。

【平方複相關】：某題項與其餘之題項的總分間的相關係數，其反映了某題項與其餘之題項的總體相關程度。

【Cronbach的Alpha】：剔除某題項後，整體量表的信度係數。

表6-6的【更正後項目總數相關】欄位中，值較小的題項（小於0.3），是可以考慮列入刪除之可能名單。由於Q1、Q2、Q4、Q5、Q29與Q30等題項對總分的相關係數都小於0.3，因此可考慮刪除這6個題項。此外，亦可從【Cronbach的Alpha】欄位，輔助判斷欲刪除的題項。

【Cronbach的Alpha】欄的意義為剔除某題項後，量表的整體信度係數。因此輔助判斷刪除與否的邏輯為：將各題項【Cronbach的Alpha】欄位內的值和原始量表的信度比較（量表信度在表6-4中，$\alpha = 0.966$），若該欄位值大於量表信度（0.966），則代表刪除該題項後量表的信度提高了，因此何樂不為，就刪除該題吧！而若該欄位值小於原始量表信度，則代表刪除該題項後量表的信度降低了，在此情況下何必多此一舉呢！觀察表6-6的【Cronbach的Alpha】欄位，Q1、Q2、Q4、Q5、Q29與Q30等題項的欄位值都大於量表信度（$\alpha = 0.966$），代表刪除這些題項後有助於量表信度的提升，例如刪除Q1後，量表信度將提升為0.967（原本為0.966）。以上的分析結果與使用【更正後項目總數相關】值之判斷結果一致。

表6-6　項目總計統計資料

	項目刪除時的尺度平均數	項目刪除時的尺度變異數	修正後項目總數相關	複相關平方	項目刪除時的Cronbach's Alpha值
1.停車方便性	98.43	572.732	.239	.	.967
2.服務中心便利性	98.39	561.968	.269	.	.968
3.有專人引導服務	98.33	537.998	.708	.	.964
4.人員服裝儀容	98.20	566.473	.227	.	.967
5.人員禮貌談吐	98.14	566.361	.215	.	.968
6.總修復時間	98.17	533.339	.831	.	.963
7.備有免費申訴或諮詢電話	98.34	537.035	.717	.	.964
8.未服務前的等候時間	98.17	536.129	.771	.	.964
9.營業時間符合需求	98.27	526.456	.901	.	.963
10.完成異動作業時間	98.18	533.408	.832	.	.963
11.備有電子佈告欄	98.30	539.773	.650	.	.965
12.完成服務所花時間	98.17	536.296	.772	.	.964
13.協助客戶解決問題能力	98.23	531.191	.875	.	.963
14.人員的專業知識	98.13	532.375	.869	.	.963
15.計費交易正確性	98.29	525.435	.919	.	.963
16.客戶資料保密性	98.20	530.709	.892	.	.963
17.準時寄發繳費通知	98.26	534.206	.755	.	.964
18.備有報紙雜誌	98.27	538.569	.662	.	.965
19.提供新資訊	99.92	554.872	.643	.	.965
20.話費維持合理價位	98.19	530.906	.891	.	.963
21.臨櫃排隊等候	98.22	529.582	.853	.	.963
22.繳納電費方便性	98.20	533.932	.730	.	.964
23.即時處理客戶抱怨	98.04	538.238	.800	.	.964
24.備有舒適及足夠座椅	98.56	529.977	.866	.	.963
25.內外環境整潔	96.80	565.849	.717	.	.965
26.櫃檯清楚標示服務項目	98.57	529.868	.866	.	.963
27.申請業務手續簡便	98.30	543.685	.756	.	.964
28.提供即時資訊	98.19	533.899	.732	.	.964
29.能立即給予滿意回覆	98.37	566.700	.260	.	.967
30.不因忙而忽略消費者	98.32	565.339	.293	.	.967

(四) 變異數分析

表6-7為變異數分析表，這個檢定的虛無假設是：「受訪者於問卷之各題項的填答結果間不存在差異性」。一份問卷除了題項的本質會影響信度外，受訪者的填答狀況也會影響信度。一般而言，受訪者間的填答結果差異越大，那麼信度越高。也就是說，受訪者的看法越不一致，則信度越高。由表中可發現F值為81.222，對應的機率p值為0.0000。若顯著水準為0.05，由於機率p值小於顯著水準，因此拒絕虛無假設，而可認為不同受訪者於問卷的填答結果間確實存在著顯著差異，這也代表著問卷之各題項，已具有基本的鑑別力。

表6-7　變異數分析表

		平方和	df	平均值平方	F	顯著性
人員之間		5717.288	296	19.315		
人員中	項目之間	1563.149	29	53.902	81.222	.000
	殘差	5696.617	8584	.664		
	總計	7259.767	8613	.843		
總計		12977.055	8909	1.457		

由以上的信度分析過程可以理解，信度分析除了可以幫助研究者於問卷的預試階段篩選出不適當的題項外，也可幫助研究者估算並提升問卷的信度。本範例中，讀者亦可自行測試看看，當把Q1、Q2、Q4、Q5、Q29與Q30等題項刪除後，再執行一次信度分析，應可觀察出量表的信度提高了（刪除題項後，Cronbach's α值會變為0.976）。可見項目分析的「題項—總分相關法」確實是一個能有效提升問卷品質的方法。

◆ 6-4　求取構面的信度 ◆

範例6-2

参考附錄一中，論文【品牌形象、知覺價值對品牌忠誠度關係之研究】之原始問卷，並開啓ex6-2.sav與ex6-2.doc，試評估品牌形象構面的信度，並完成下表。

表6-8　品牌形象信度分析表

構面名稱	構面內容	Cronbach's α
品牌價值	1.個案公司的產品風味很特殊。	0.906
	2.個案公司的產品很多樣化。	
	3.個案公司和別的品牌有明顯不同。	
品牌特質	4.個案公司很有特色。	0.899
	5.個案公司很受歡迎。	
	6.我對個案公司有清楚的印象。	
企業聯想	7.個案公司的經營者正派經營。	0.904
	8.個案公司形象清新。	
	9.個案公司讓人聯想到品牌值得信任。	
整體信度：0.824		

　　【品牌形象、知覺價值對品牌忠誠度關係之研究】的原始問卷中，「品牌形象」構面中包含三個子構面，每個子構面各有三個衡量題項。現在，我們將對「品牌形象」構面評估信度。表6-8是一般期刊論文或碩、博士論文中，對信度分析之結果的表現方式。要完成表6-8須配合Microsift Word套裝軟體的使用。表6-8的表格格式，作者已貼心的準備好，讀者可自行自範例檔案中開啓，其檔名爲「ex6-2.doc」。

　　欲完成如表6-8的信度分析，我們總共要進行四次信度分析，分別爲：對「品牌價值」的三個題項（bi1_1〜bi1_3）進行信度分析、對「品牌特質」的三個題項（bi2_1〜bi2_3）進行信度分析、對「企業聯想」的三個題項（bi3_1〜b3_3）進行信度分析與對「品牌形象」的九個題項（bi1_1〜bi3_3）進行信度分析。待求出各子構面的Cronbach's α係數與主構面的Cronbach's α係數後，再一一填入表6-8中，即可完成本範例之信度分析工作。

操作步驟

步驟1：開啟檔案「ex6-2.sav」與「ex6-2.doc」，然後執行【分析】／【尺度】／
【可靠度分析】。

步驟2：待出現【可靠度分析】對話框後，先進行「品牌價值」子構面的信度分析。將bi1_1～bi1_3等題項選入右邊的【項目】清單方塊內，然後於左下方的【模型】下拉式清單中選取「Alpha值」。再按【確定】鈕，即可順利評估「品牌價值」子構面的信度。

步驟3：重複步驟2，依序求出「品牌特質」、「企業聯想」與「品牌形象」的信度。

步驟4：詳細操作過程，讀者亦可自行參閱影音檔「ex6-2.wmv」。

▶ 報表解說

表6-9、6-10、6-11與6-12中顯示了「品牌價值」、「品牌特質」、「企業聯想」等三個子構面與整體「品牌形象」量表的信度係數。再將所得到的信度係數填入「ex6-2.doc」中，即可完成表6-8整體「品牌形象」量表的信度分析了。

表6-9　品牌價值子構面的信度係數

Cronbach的Alpha	項目個數
.906	3

表6-10　品牌特質子構面的信度係數

Cronbach的Alpha	項目個數
.899	3

表6-11　企業聯想子構面的信度係數

Cronbach的Alpha	項目個數
.904	3

表6-12　品牌形象量表的信度係數

Cronbach的Alpha	項目個數
.824	3

　　由表6-8的信度分析結果可知，「品牌形象」構面的各子構面的Cronbach's α係數皆接近0.9，且「品牌形象」構面的整體Cronbach's α係數亦大於0.8，屬高信度水準，代表衡量「品牌形象」構面的各題項，其可靠度、一致性與穩定性已達一般學術性的要求。

 **練習 6-1**

　　hw6-1.sav為某量表初稿的資料檔，該量表中包含24題問項（q1～q24），試對此量表進行信度分析，以確認哪些不適宜的題項該被刪除，並問最終版的量表應該包含哪些題項，其Cronbach's α為何？

練習 6-2

　　參考附錄二中，論文「遊客體驗、旅遊意象與重遊意願關係之研究」的原始問卷，並開啟hw6-2.sav和hw6-2.doc，試對遊客體驗、旅遊意象與重遊意願等構面進行信度分析，並完成表6-13、表6-14與表6-15，並針對信度分析結果提出你的看法。

表6-13　遊客體驗量表之信度分析

量表問項	更正後項目總數相關	Cronbach的Alpha（如果項目已刪除）	Cronbach's α係數
感官體驗			0.915
1.秀麗的山水風景，非常吸引我。	0.732	0.915	
2.豐富的歷史文物，非常吸引我。			
3.我覺得這次旅遊，非常富有趣味。			
4.我覺得這次旅遊，行程豐富精彩。			
情感體驗			
5.看到美麗的景緻，令我心情放鬆。			
6.看到豐富的文物，能激發我思古之情。			
7.看到美麗的景緻，讓我感到歡樂愉快。			
8.當地的景色，令我感動。			
9.當地歷史文物，令我感動。			
思考體驗			
10.透過這次旅遊，頗發人省思，令我有所思考。			
11.透過這次旅遊，引發我的好奇心。			
12.透過這次旅遊，引發我一些聯想或靈感的啟發。			
13.透過這次旅遊，能激發我創意思考。			
行動體驗			
14.看到美景，我很想分享觀賞的心得。			
15.看到歷史文物，我很想分享觀賞的心得。			

表6-13　遊客體驗量表之信度分析（續）

量表問項	更正後項目總數相關	Cronbach的Alpha（如果項目已刪除）	Cronbach's α係數
16.看到美景，我很想拍照、錄影留念。			
17.看到歷史建物，我很想拍照、錄影留念。			
關聯體驗			
18.我會想購買與當地相關的紀念品。			
19.透過這次旅遊，讓我產生環境維護的認同感。			
20.會因美麗的景緻，而聯想到西拉雅國家風景區。			
21.透過這次旅遊，西拉雅會成為我平常談論的話題。			
量表整體信度：			

表6-14　旅遊意象量表之信度分析

量表問項	更正後項目總數相關	Cronbach的Alpha（如果項目已刪除）	Cronbach's α係數
產品意象			0.919
1.自然風景優美。	0.840	0.879	
2.平埔族文化保存良好。			
3.知名度高。			
品質意象			
4.開車環湖賞景令人愉悅。			
5.整體氣氛令人心情放鬆。			
6.通往本風景區交通便利。			
7.遊憩安全設施良好。			
8.地方公共服務設施完善。			
服務意象			
9.整體旅遊環境乾淨。			
10.旅遊資訊充足。			
11.相關服務人員能提供遊客迅速且即時的服務。			
12.區內相關服務人員的服務態度良好。			
13.旅遊活動的各項安排均能提供遊客便利。			
價格意象			
14.個人平均旅遊花費價格合理。			
15.收費合理。			
量表整體信度：			

表6-15　重遊意願量表之信度分析

量表問項	更正後項目總數相關	Cronbach的Alpha（如果項目已刪除）
1.到西拉雅風景區旅遊，對我來說是最好的選擇。		
2.我將會是西拉雅風景區的忠實遊客。		
3.當我有旅遊需求時，我會優先選擇西拉雅風景區。		
4.我願意繼續到西拉雅風景區旅遊。		
5.我會向親朋好友推薦到西拉雅風景區。		
量表整體信度：		

第**7**章

效度與探索性因素分析

在社會與行為科學的研究中，研究者經常會蒐集實證性的量化資料來驗證某些理論或假設。為了要維持驗證過程之嚴謹性，首要條件是：所蒐集的量化資料必須是可靠且正確的。欲評估資料的可靠性與正確性時，則必須依靠測量或調查工具的信度或效度來評估（楊國樞等，2002）。

一份好的量表應該要能夠將欲研究的主題構念（construct，它是心理學上的一種理論構想或特質，無法直接觀測得到）清楚且正確的呈現出來，而且還需具有「效度」，即能真正衡量到我們所欲量測的特性。此外還有「信度」，即該量表所衡量的結果應具有一致性、穩定性。信度和效度的關係，可用Duane Davis（2004）的經典圖形來加以描述，如圖7-1。

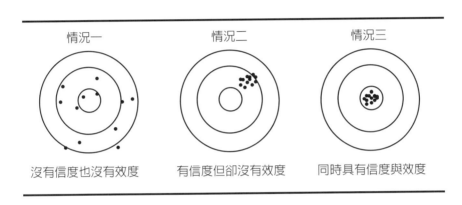

圖7-1　信度和效度的關係

資料來源：Duane Davis (2004), "Business Research for Decision Making", sixth edition, p.188.

在圖7-1中，可以將靶心想像成「欲測量之變數的具體目標」，而人拿的槍即為欲打到靶心的工具（即測量工具），利用圖7-1可具體說明信度和效度的關係。

情況一：彈痕分散於靶內各處，並無一致性可言，以測量的術語來說，即是無信度且也無效度。

情況二：雖然彈痕很集中，即具有一致性，但是並沒有在靶中心，以測量的觀點來看，則是有信度但無效度。

情況三：彈痕很集中且聚焦靶心，這才是好的測量，同時具有效度及信度。

因此，為達成「良好測量」的目標，必須有以下兩個步驟：第一個步驟是針對量表的題項進行項目分析，以維持各題項的品質；第二個步驟則是建立量表的信度與效度。量表的項目分析與信度分析已於第6章介紹過，在本章主要將探討如何利用探索性因素分析（簡稱因素分析，exploratory factor analysis, EFA）來建構量表的效度。本章中，將包含下列內容：

(1) 效度

(2) 因素分析的意義、概念、執行

(3) 如何以因素分析法進行項目分析

(4) 以因素分析檢驗效度

(5) 共同方法變異

7-1　效度的意義與種類

效度代表測量工具（量表／問卷）之正確性和準確性的程度，也就是測量工具確實能測出其所欲測量的特質、特徵或功能之程度。因此，評估效度時，首重測量工具（量表／問卷）能否達到原先研究所設定的評量目標、效果和效益。此外，若測量工具（量表／問卷）的效度良好時，根據該測量工具（量表／問卷）所得的分析結果，也可以視爲未來進行推論時的價值性、適當性和意義性之指標。

具體而言，在學術研究中，效度說明了概念定義（conceptual definition）與操作型定義（operational definition）間契合的程度。因此，當我們說某個構念的諸多觀察指標（題項）具有效度時，我們是在特定目的及定義的情況下（操作型之概念）做此判斷的。同樣的觀察指標在不同的研究目的下，則可能有不同的效度。某個測量的效度將比信度更難達成，因爲構念是抽象的，而觀察指標則是具體的觀察。我們對於一個測量是否有效度並無絕對的信心，但可判斷是否比另一測量更有效度。常見的效度有四種類型：

7-1-1　表面效度（face validity）

「表面效度」是指測量工具經由受測者或研究者，主觀覺得其諸多題項與研究主題相關的程度。也就是說，當受測者或研究者一看到某測量工具的諸多題項後，就知道研究主題想測量什麼。這是最容易達成及最基本的效度，但也是最沒有效力的一種。此類效度通常會由學界來判斷觀察指標（題項），是否眞的能測量到所欲測量到的構念。

7-1-2　內容效度（content validity）

「內容效度」是指某測量工具之題項內容是否周延、具代表性、適切性、並確實

已包含所欲測量主題的內涵。從測量工具的內容來檢驗，看看是否符合測量目標所預期的內容。這是一種特殊的表面效度。內容效度的達成有三個步驟：

(1) 說明構念定義的內容

(2) 從此定義所包含的區域或部分中做抽樣

(3) 發展指標以連結定義的內容

此外，常見的專家效度（expert validity），亦屬於內容效度的一種。檢驗專家效度時，將聘請專家（對於測量的主題熟稔，可協助判斷題項內容是否符合內容效度之要求的人）協助檢查問卷的內容與格式，評斷是否恰當。若測量內容涵蓋所有研究計畫所要探討的架構及內容，就可說是具有優良的內容效度。在一般論文中，常使用如下的方式來檢驗或說明內容效度：

> 本研究之問卷係以理論為基礎，參考多數學者的問卷內容及衡量項目，並針對研究對象的特性加以修改，且經由相關專業人員與學者對其內容審慎檢視，繼而進行預試及修正，因此本研究所使用之衡量工具應能符合內容效度的要求。

> 本研究之各研究變項皆經先前學者之實證，衡量工具內容均能足夠地涵蓋欲探討的研究主題。另外，本研究於正式施測前，亦針對問卷之各題項與相關領域的學者、專家進行內容適切度之討論，因此，研究採用之衡量工具應具內容效度。

> 在內容效度方面，主要是根據文獻探討及專家研究者的經驗。然因本研究問卷設計之初，考量目前相關的文獻中，尚未對本研究議題提出實證性問卷，故只能自行設計量表，對於內容效度是否達成，尚有疑慮。

7-1-3　效標效度（criterion validity）

效標是一種獨立於本次測量，但可顯示本次測量所欲測量或預測之特質的獨立量數，因此效標可作為檢定效度的參照標準。故「效標效度」意指用某些標準或效標來精確的指明一個構念。檢驗測量指標的效標效度時，是要將它與其他測量同一構念且研究者有信心的指標（即效標）來進行比較。通常會以測量指標的得分和效標得分間的相關係數來檢驗效標效度程度之高低。由此可知，效標效度是建立在實證資料之上，且不涉及測量之構面多寡和涵蓋面問題。

另外，尚有一種與效標有關的效度，即效標關聯效度（criterion-related validity）。效標關聯效度意指測驗分數與一些外在效標間的相關，是以實證或統計的方法，研究測驗分數與外在效標間的相關性，以表示測量之效度的高低，所以又叫實證效度（empirical validity）或統計效度（statistical validity）。由於各種測量所採用的效標，有的是立馬可以獲得的資料，有的則需待將來始能蒐集，故效標關聯效度又分為同時效度（concurrent validity）與預測效度（predictive validity）兩種。

　　同時效度：也可稱為併行效度，意指一個指標必須與既存且已被視為有效的指標相關聯。在這種情形下，測量分數和效標分數是可以同時取得的。例如：大學入學考試（新的指標）可以用中學成績作效標（既存且有效的指標）。

　　預測效度：意指測量分數與將來之效標資料間的相關程度。若相關係數高，則測量工具的預測效度越高，預測效度的效標資料通常都需要過一段時間後才可蒐集到。例如：評估一份工作表現之認知量表的預測效度，代表此測量的得分（實際測量後所得分數）與事後經過其服務單位主管所評定的表現評分（效標）兩者的相關程度。若經相關分析後，其相關性具有統計顯著性時，則此量表即具有預測效度。又例如：對各候選人的意見調查問卷（實際評量，如出口民調）能夠正確的預測選舉的結果（效標）。

7-1-4　建構效度（construct validity）

　　所謂的「建構效度」係指測量工具的內容（即各題項內容）是否能夠測量到理論上的構念或特質的程度。建構效度包含收斂效度（convergent validity）與區別效度（discriminant validity）。收斂效度主要測試以一個變數（構念）發展出的多題題項，最後是否仍會收斂於一個因素中（同一構念、不同題項間的相關性要高）；而區別效度則為判定某一題項可以與其他構念之題項區別的程度（不同構念、不同題項間的相關性要低）。

　　進行量表之建構效度評估時，雖理應同時檢視收斂效度與區別效度，然審視國內之碩士論文或一些期刊論文都可發現，大部分都以探索性因素分析法進行收斂效度之評估，並僅以收斂效度說明量表的建構效度。利用SPSS進行量表之建構效度評估時，常用探索性因素分析法進行收斂效度之評估。進行因素分析時，根據Kaiser（1958）所提出的收斂效度評估標準，若能符合下列原則，即可表示量表的收斂效

度較高：

1. 所萃取出之因素的特徵值（eigenvalue）須大於1。
2. 各構念的衡量題項皆可收斂於同一個共同因素之下。
3. 各因素構面中各變數之因素負荷量大於0.5。
4. 累積解釋變異（cumulative explained variation）須達50%以上時。

至於區別效度，則可採用Gaski and Nevin（1985）所建議的兩個評估標準：

1. 兩兩變數間的相關係數是否顯著小於1。
2. 任兩構面間的相關係數均小於個別構面的Cronbach's α值。

此外，近年來，較具嚴謹性的論文，一般都會使用屬於結構方程模型（structural equation model, SEM）領域的驗證性因素分析（confirmatory factor analysis, CFA），以進行構面之因素結構的配適度檢定，並以因素負荷量、組合信度（composite reliability）與平均變異抽取量（average variance extracted）等統計量，來檢定各構念是否具有足夠的收斂效度與區別效度。因此建議讀者，若有必要檢驗量表的收斂效度與區別效度時，方法的使用上宜儘量使用驗證性因素分析。

7-2 探索性因素分析的意義

探索性因素分析（簡稱因素分析）屬於多變量統計分析技術的一種，其主要目的是濃縮、簡化資料。它透過研究眾多變數之間的內部依賴關係，探索觀測資料中的基本結構，並用少數幾個假想的變數來表示其基本的資料結構（因素結構）。這些假想變數能夠反映原來眾多的觀測變數（題項）間所代表的主要資訊，並解釋這些觀測變數之間的相互依存關係，我們把這些假想變數稱之為因素（factors）。因此，因素分析就是研究如何以最少的資訊遺失，而能把眾多的觀測變數濃縮成為少數幾個具代表性的因素之統計技術，如圖7-2所示。

一般在對實際問題做研究時，研究者往往希望盡可能地多多蒐集與研究主題相關的變數，以期能針對問題，而有比較全面性的、完整性的掌握和認識。雖然蒐集這些變數資料需投入許多的人力、物力與時間成本，然而也因此能夠較為完整而精確地描述研究主題。但將這些變數資料實際運用在分析、建立模型時，卻未必能真正發揮研究者所預期的作用。也就是說，研究者的「投入」和「產出」並非呈合理的正比，相

反的，這樣的蒐集資料行為，反而會給研究者於統計分析時帶來許多問題，這些問題如下：

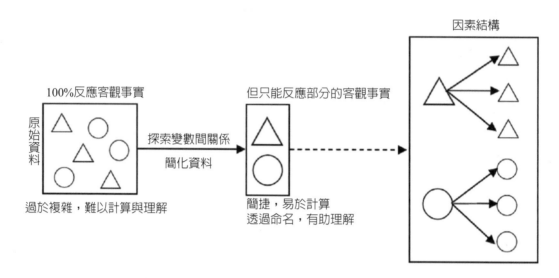

圖7-2　探索性因素分析示意圖

(一) 計算量的問題

由於研究者所蒐集的變數相當多，如果這些資料都投入分析與建模時，無疑的，這將會增加分析過程中於計算上的工作量。雖然，目前電腦運用普遍且其計算能力亦相當優異，然而對於此種高維度的變數和龐大的資料量仍是在計算上所不容忽視的。

(二) 變數間的相關性問題

由於研究者針對特定之主題所蒐集到的諸多變數之間，通常或多或少都會存在著相關性。也就是說，變數之間往往具有資訊的高度重疊性和高度相關性，這些特質將會給進階統計方法的應用帶來許多的不便。例如：在多元線性迴歸分析中，如果這些眾多的解釋變數之間，存在著較強且顯著的相關性時，即存在著高度的多重共線性時，那麼於迴歸方程的係數估計時，將帶來許多麻煩，致使迴歸方程係數不準確，甚至模型不可用等問題。

為解決上述的問題，最簡單且最直接的解決方法，就是精簡變數之個數。但是精簡過程中，勢必會導致資訊的漏失和資訊不完整等現象產生，這是一個trade-off（權衡）的問題。為此，研究者無不希望探索一種更有效的解決方法，期盼它既能大大減

少參與資料分析、建模的變數個數，也同時不會造成資訊的大量漏失。而因素分析正是這樣一種能夠有效降低變數維數（個數），並已得到廣泛應用的分析方法。

因素分析的概念與技術是由心理學家所發展出來的，最初心理學家借助因素分析模型來解釋人類的行為和能力。1904年Charles Spearman在美國心理學雜誌上發表了第一篇有關因素分析的文章，而在往後的三、四十年裡，因素分析的理論和數學基礎理論逐步獲得發展和改善。也因此，這個統計分析工具逐漸被人們所認識和接受。50年代以來，隨著電腦的普及和各種統計軟體的出現，因素分析在社會學、經濟學、醫學、地質學、氣象學和市場行銷等越來越多的領域獲得了廣泛的應用。

因素分析以最少的資訊漏失為前提，試圖將眾多的原始變數綜合成少數幾個綜合指標，這些綜合指標即名為共同因素（簡稱因素）。一般而言，因素具有以下幾個特點：

■ 因素個數遠少於原始變數的個數

原始變數綜合成少數幾個因素後，因素將可以替代原始變數參與資料建模，這將大大減少分析過程中的計算工作量。

■ 因素能夠反映原始變數的絕大部分資訊

因素並不是原始變數的簡單取捨，而是原始變數重組後的結果。因此，不會造成原始變數資訊的大量遺失，並能夠代表原始變數的絕大部分資訊。

■ 因素之間的線性關係不顯著

由原始變數重組出來的因素之間的線性關係會較弱（基本上會互相獨立），具有這種特質的因素在參與資料建模工作時，才能夠有效地解決諸如變數間多重共線性等，會給分析應用帶來困擾的諸多問題。

■ 因素具有命名解釋性

通常，因素分析後所產生的因素，研究者會透過各種方式（如依該因素所包含之題項的整合意義）而最終獲得命名解釋性。因素的命名有助於對因素分析結果的解釋與評價，對因素的進一步應用有重要的意義。

7-3 因素分析的數學模型

　　因素分析的核心價值在於它能使用較少且相互獨立的因素，來反映原始變數的絕大部分資訊。由於任何一個變數都可以透過標準化的程序

$$z = \frac{x - \bar{x}}{\sigma_x} \ (\bar{x}\text{為}x\text{的平均數}，\sigma_x\text{為}x\text{標準差})$$

的轉換而變成標準化變數。經標準化後的變數並不會改變原始變數之間的相關係數。在此我們所討論的變數都是標準化變數。假設原有p個變數x_1, x_2, ……, x_p且每個變數的平均數為0，標準差均為1。假設因素有k個（$k < p$），現將每個原始變數都可以用k個因素（$f_1, f_2, ……, f_k$）的線性組合來表示，即：

$$x_1 = a_{11}f_1 + a_{12}f_2 + a_{13}f_3 + ... + a_{1k}f_k + u_1$$

$$x_2 = a_{21}f_1 + a_{22}f_2 + a_{23}f_3 + ... + a_{2k}f_k + u_2$$

$$x_3 = a_{31}f_1 + a_{32}f_2 + a_{33}f_3 + ... + a_{3k}f_k + u_3 \qquad （式7\text{-}1）$$

$$\vdots$$
$$\vdots$$

$$x_p = a_{p1}f_1 + a_{p2}f_2 + a_{p3}f_3 + ... + a_{pk}f_k + u_p$$

　　式7-1就是因素分析的數學模型。此模型在型式上和多元迴歸模型很相似，也可用矩陣的型態表示為$X = AF + U$。其中F稱為因素，由於它們出現在每個原始變數的線性運算式中，因此又可稱為共同因素（common factors），它們是每一個原始變數所共同擁有的因素，解釋了變數之間的相關程度。因素也可被想像成是高維空間中，互相垂直的k個座標軸。A稱為因素負荷矩陣，a_{ij}稱為因素負荷量，它是第i個原始變數（x_i）在第j個因素（f_j）上的負荷。負荷的概念相當於多元迴歸分析中的標準化迴歸係數。U稱為獨特因素（unique factor），它是每個原始變數所特有的因素，相當於多元迴歸中的殘差項，它表示了原始變數不能被因素所解釋的部分，其平均數為0。

　　因素分析模型中，假設p個獨特因素之間是彼此獨立的，獨特因素和共同因素之間也是彼此獨立的。此外該模型中，每一個原始變數都是由k個共同因素和一個獨特因素的線性組合來表示，而我們所感興趣的，只是這些能夠代表較多資訊的「共同因

素」而已。因此，往後如果沒有特殊說明的話，本書中所經常提到的因素，實際上所指的就是共同因素。

　　共同因素的個數最多可以等於原始變數的數量。由於在求因素解時，通常都會使第一個因素之代表性最高（即擁有最多的資訊），而之後的其他因素的代表性則會日益衰減。因此，如果忽略掉最後幾個因素，則對原始變數的代表性也就不會有什麼太大的損失。所以，因素分析模型中，共同因素的個數，往往遠遠小於原始變數的個數。如果把獨特因素當作是殘差項看待的話，那麼因素分析模型和多元線性迴歸模型在型式上就非常相近了，他們都是用其他變數的線性組合加上一個殘差項來表示一個變數。但是迴歸模型中的自變數是可觀測的（觀察變數）；而因素分析模型中的因素是假想變數，是種不可觀測的潛在變數，這就使得它有別於一般的線性模型了。

◆ 7-4　因素分析的相關概念 ◆

　　因素分析的數學模型中，蘊藏著幾個重要的相關概念，搞懂這些概念不僅有助於因素分析之意義的理解，更有利於明瞭因素與原始變數間的關係、因素的重要程度以及輔助評估因素分析的效果。為了進一步了解該因素分析所蘊含的意義，下面我們將介紹因素分析中常用的幾個統計量。

(一) 因素負荷（factor loading）

　　因素負荷可說是因素分析中最重要的一個統計量，它連接了原始變數和共同因素。當共同因素之間完全不相關時，我們可以很容易的證明出因素負荷a_{ij}其實就是第i個變數和第j個因素之間的相關係數。在大部分的情況下，我們通常會假設共同因素之間是彼此正交的（orthogonal），也就是說假設共同因素之間不相關。因此，因素負荷不僅說明了原始變數是如何由因素線性組合而成，而且也反映了因素和變數之間的相關程度，a_{ij}的絕對值越大，表示共同因素f_j與變數x_i間的關係越緊密。

　　假設有一個包含五個原始變數、兩個共同因素的模型：

$$x_1 = 0.95f_1 + 0.21f_2 + 0.24u_1$$
$$x_2 = 0.88f_1 + 0.30f_2 + 0.33u_2$$
$$x_3 = 0.16f_1 + 0.87f_2 + 0.22u_3 \qquad (式7\text{-}2)$$
$$x_4 = 0.56f_1 + 0.75f_2 + 0.34u_4$$
$$x_5 = 0.88f_1 + 0.36f_2 + 0.39u_5$$

　　從式7-2這個因素分析模型中，可以很容易看出，若以因素負荷0.6為取捨標準的話，共同因素f_1與變數x_1、x_2、x_5的關係密切（x_3與x_4於f_1的因素負荷量小於0.6），因為其間的因素負荷較大，這說明了共同因素f_1代表了變數x_1、x_2、x_5所共同蘊含的資訊。而共同因素f_2則與變數x_3、x_4關係密切，因此，共同因素f_2主要代表了這兩個變數所共同擁有的資訊。

　　此外，因素負荷還可以用來估計原始變數之間的相關係數。當共同因素之間彼此不相關時，由因素分析模型很容易可以推導出變數x_i、x_j之間的相關係數（如圖7-3）為：

$$\gamma_{ij} = a_{i1}a_{j1} + a_{i2}a_{j2} + \ldots + a_{ik}a_{jk} \tag{式7-3}$$

　　即任何兩個原始變數之間的相關係數等於所對應的因素負荷乘積之和。以上例而言，若f_1、f_2不相關，那麼x_1、x_2間的相關係數則為$0.95 \times 0.88 + 0.21 \times 0.3 = 0.899$。這說明了因素分析模型假設原始變數之間的潛在關係可以透過共同因素來加以描述。如果我們把x_i變數和因素f_j之間的負荷想像為路徑係數，則變數x_i和變數x_j之間的關係，就可以透過圖7-3直觀地表示出來。

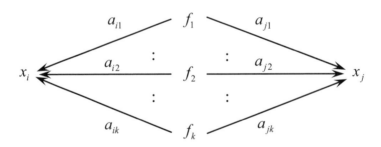

圖7-3　變數x_i和變數x_j之間的關係圖

　　由因素模型所導出之變數間的相關係數，可以用來輔助判斷因素解是否合適。如果由原始觀測資料所計算出的相關係數和從模型中所導出的變數間的相關係數相差很小，那麼我們可以認為模型非常適切的擬合了原始觀測資料，因素解是合適的。因素分析模型是從解釋變數之間的相關關係出發的，它的最佳解即是原始變數之間的實際相關關係。

(二) 共同性（communality）

所謂共同性（又稱共通性）是指原始變數的變異數中，由共同因素所決定之部分所占的比例。變數x_i的共同性可記為h_i^2。當共同因素之間彼此正交時，共同性等於和該變數有關的因素負荷量的平方和，用方程式可表示為：

$$h_i^2 = \sum_{j=1}^{k} a_{ij} = a_{i1}^2 + a_{i2}^2 + \cdots + a_{ik}^2 \qquad （式7-4）$$

由式7-4可輕易理解，變數x_i的共同性即是因素負荷矩陣A中第i列中所有元素的平方和。讀者對式7-4的公式也可用更輕鬆的方式來記憶，共同性通常是以h_i^2來代表，為何要使用「h」這個字母，因為橫向這個字的英文為「horizontal」，引申到因素負荷矩陣中的話，即代表一列，故第i個變數的共同性即為因素負荷矩陣A中，第i列中所有因素負荷量的平方和。例如：表7-1的因素負荷矩陣中，x_1的共同性即是因素負荷矩陣A中，第1列中所有因素負荷量的平方和，故$h_1^2 = 0.95^2 + 0.21^2 = 0.9466$。

由於變數x_i是標準化變數，所以變數x_i的變異數可以表示成$1 = h_i^2 + u_i^2$；也就是說，原始變數x_i的變異數可由兩個部分來加以解釋：

第一部分h_i^2為共同因素所決定，即x_i的共同性，它是變數x_i之變異數能被共同因素所能解釋說明的部分，h_i^2說明了所有因素對變數x_i的解釋貢獻程度。共同性越大，代表變數能被因素解釋的程度也越高。共同性越接近1，代表因素解釋說明了變數x_i的大部分變異數。也就是說，如果我們使用因素（f_1、f_2）來描述變數x_i時，則變數x_i的資訊遺失較少。

第二部分u_i^2則是由獨特因素（u_i）所決定，即獨特因素的平方，它反映了變數x_i的變異數中不能由所有因素解釋說明的部分。u_i^2越小則說明變數x_i的資訊遺失越少。總之，變數x_i的共同性描述了所有因素對變數x_i所蘊含之資訊的解釋程度，是評價變數x_i之資訊遺失程度的重要指標。如果大部分之原始變數的共同性均較高（如高於0.8），則代表所萃取出的因素確實能夠反映原始變數的大部分（80%以上）的資訊，而僅有較少的資訊遺失（20%以下），因此因素分析的效果較好。

所以，共同性是衡量因素分析效果的重要依據。對於上面所舉的五個原始變數、兩個共同因素的例子，可計算出每個變數的共同性，見表7-1。變數x_1的共同性$h_1^2 = 0.9466$，表示f_1和f_2兩個因素解釋了x_1變數94.66%的資訊量。共同性這個指標以原始變數為中心，它的意義在於說明：如果用共同因素替代原始變數後，每個變數原始的資訊被保留的程度。

表7-1　因素負荷矩陣—共同性、特徵值與因素貢獻度

	f_1	f_2	h_i^2
x_1	0.95	0.21	0.9466
x_2	0.88	0.30	0.8644
x_3	0.16	0.87	0.7825
x_4	0.56	0.75	0.8761
x_5	0.88	0.36	0.9040
特徵值（V_k）	2.7905	1.5831	
$V_k/5$	0.5581	0.3166	

(三) 特徵值與解釋變異量

因素分析中，特徵值的數學定義為某一共同因素在所有變數上的因素負荷量之平方和。由於第 j 個因素在第 i 個變數上的因素負荷量記為 a_{ij}，且它反映了因素和變數之間的相關程度，故因素負荷量的平方具有類似迴歸分析中判定係數（coefficient of determination, R^2）的含意，判定係數 R^2 是相關係數的平方，代表某自變數的解釋能力，故因素負荷量 a_{ij}^2 亦具有第 j 個因素對第 i 個變數之解釋能力的意涵，進而特徵值即具有該共同因素對所有變數之總解釋能力的意義。因此，特徵值又稱為該因素的貢獻度（contributions），記為 V_k，k 為因素個數。V_k 值等於某一因素在所有變數上的因素負荷量之平方和，即

$$V_k = \sum_{i=1}^{p} a_{ik}^2 \qquad\qquad (式7-5)$$

讀者對式7-5的公式也可用較輕鬆的方式來記憶，因素貢獻度（特徵值）以 V_k 來代表，為何要使用「V」這個字母，因為縱向這個字的英文為「vertical」，引申到如表7-1之因素負荷矩陣的話，即代表一直行，故第 j 個因素的貢獻度即為負荷矩陣中第 j 行中所有因素負荷量的平方和。例如：表7-1中，f_1 的因素貢獻度即是因素負荷矩陣中，第1列中所有因素負荷量的平方和，故 $V_1 = 0.95^2 + 0.88^2 + 0.16^2 + 0.56^2 + 0.88^2 = 2.7905$。

加總各個共同因素的貢獻度就可得到所有共同因素的總貢獻度，故所有共同因素的總貢獻度（以 V 表示）則為：

$$V = \sum_{p=1}^{k} V_p \qquad\qquad (式7-6)$$

　　然而在實際的研究中，更常用的相對性指標是「每個因素所能解釋的變異數占所有變數總變異數的比例」。可見，相對性指標衡量了共同因素的相對重要性。假設 p 是表示原始變數之數量，則 V_k/p 表示了第 k 個因素所解釋的變異數占總變異數的比例，而 V/p 則表示所有共同因素能解釋的總變異數比例，它可以用來作為因素分析結束的判斷指標。

　　如表7-1，在上例中，f_1 的特徵值（因素貢獻度）為2.7905、f_2 的特徵值（因素貢獻度）為1.5831。此外，$V_1/5 = 0.5581$、$V_2/5 = 0.3166$，這代表第一個因素解釋了所有變數之總變異數的55.81%，而第二個因素則解釋了總變異數的31.66%，兩個因素一共解釋了總變異數的87.47%。V_k/p 的值越高，代表相對應因素 f_k 的重要性越高。因此，因素貢獻度（特徵值）和總變異數貢獻率（能解釋總變異數的比例）是衡量因素重要性的關鍵性指標。

7-5　因素分析的基本步驟

　　進行因素分析時，通常包括以下四個主要步驟：

(一) 檢測因素分析的前提條件

　　由於因素分析的主要目的是簡化資料或者是找出資料的基本因素結構。此即將原始變數中的資訊重疊部分萃取出來並整合成因素，進而最終實現減少變數個數與萃取出因素的目的。因此，若要能夠進行因素分析，則必須要求原始變數之間應存在較強的相關性。否則，如果原始變數間是相互獨立、不存在資訊重疊，那麼也就無法將其整合和縮簡了，也就無須進行因素分析了。所以本步驟的主要目的就是希望透過各種方法分析以檢測原始變數間是否存在較強的相關性，是否適合進行因素分析。一般而言，如果相關矩陣中的大部分相關係數都小於0.3，那麼就不適合做因素分析了。

(二) 因素萃取

　　將原始變數整合成少數幾個因素是因素分析的主要目的之一。本步驟中就是要去決定共同因素的個數和求取因素解（萃取因素）的方法。

(三) 使因素容易命名與具可解釋性

　　將原始變數整合為少數幾個因素後，如果因素的實質意涵無法釐清，則極不利於進一步的分析。本步驟就是希望透過各種方法（如座標軸旋轉）使萃取出來的因素，

其實質意涵能夠被清楚的表達出來，進而使研究者能根據其涵義而對因素加以命名並深入的解釋它。

(四) 計算各樣本的因素得分

因素分析的最終目標是減少變數個數，以便在進一步的分析中，能用較少的因素代替原始變數以參與資料分析與建模。本步驟將透過各種方法計算各樣本在各因素上的得分，並以這些因素得分替代原始變數值，為未來進一步的分析奠定基礎。下面將依次對上述的基本步驟進行詳細討論。

7-5-1　因素分析的前提條件

因素分析的目的是從眾多的原始變數中，求同捨異以整合出少數幾個具有代表性的因素。在這過程中，需要一個潛在的前提條件，即原始變數之間應具有較強的相關性。這個道理並不難理解，如果原始變數之間不存在較強的相關性，那麼就無法從中整合出能夠反映某些變數共同特性的少數幾個共同因素了。因此，一般在進行因素分析前，須先檢驗因素分析的前提條件，即檢驗原始變數間是否具有較強的相關性。SPSS軟體中提供了下列幾種方法，以幫助研究者判斷原始變數是否適合做因素分析。

(一) 反映像相關矩陣（anti-image correlation matrix）

反映像相關矩陣中，各元素的值會等於負的偏相關係數。偏相關係數是控制其他變數不變的情形下，而計算某兩個變數間的淨相關係數。如果原始變數之間確實存在較強的相互重疊性以及互相影響時，也就是說，如果原始變數中確實能夠萃取出共同因素的話，那麼變數之間的偏相關係數應該會很小，因為它與其他變數重疊的解釋影響被扣除掉了。所以如果反映像相關矩陣中，大部分元素的值都較大的話，應該考慮該觀測資料可能不適合做因素分析。

反映像相關矩陣的對角線上的元素為某變數的「採樣適切性量數」（measure of sample adequacy, MSA）統計量，其數學定義為：

$$MSA_i = \frac{\sum_{j \neq i} \gamma_{ij}^2}{\sum_{j \neq i} \gamma_{ij}^2 + \sum_{j \neq i} p_{ij}^2}$$（式7-7）

其中，γ_{ij}是變數x_i和其他變數x_j（$j \neq i$）間的簡單相關係數，p_{ij}為在控制了其他變數之

影響力的情形下，變數x_i和他個變數x_j（$j \neq i$）間的偏相關係數。由式7-7可知，某變數x_i的MSA統計量的值應會介於0和1之間。當變數x_i和他個變數x_j（$j \neq i$）間的簡單相關係數平方和遠大於偏相關係數的平方和時，MSA_i值接近1。MSA_i的值越接近於1，意味著變數x_i和他個變數x_j（$j \neq i$）間的相關性越強。而當變數x_i和他個變數x_j（$j \neq i$）間的簡單相關係數平方和接近0時，MSA_i的值則接近0。MSA_i值越接近於0，意味變數x_i和他個變數x_j（$j \neq i$）間的相關性越弱。藉由以上的觀念，研究者可以仔細觀察反映像相關矩陣，如果反映像相關矩陣中，除主對角元素外，其他大多數元素的絕對值均較小，而對角線上元素的值較接近1時，則說明了這些變數的相關性較強，適合進行因素分析。反之，如果反映像相關矩陣中大部分元素的值都較大的話，應該考慮該觀測資料可能不適合做因素分析。

(二) 相關係數矩陣

計算原始變數間的簡單相關係數矩陣並進行統計檢定。相關係數矩陣計算出來後，仔細觀察相關係數矩陣，如果相關係數矩陣中的大部分相關係數值均小於0.3，即各個變數間大多為弱相關的話，那麼原則上這些變數是不適合進行因素分析的。

(三) 巴特利特球形檢定（Bartlett test of sphericity）

巴特利特球形檢定以原始變數的相關係數矩陣為基礎，判斷相關係數矩陣是否為單位矩陣，即相關係數矩陣為對角矩陣（對角元素不為0，非對角元素均為0），且主對角上的元素均為1。因為如果相關係數矩陣為單位矩陣的話，代表各變數間沒有相關，因此觀測資料也就不適合做因素分析了。故巴特利特球形檢定的虛無假設H_0為相關係數矩陣是單位矩陣。巴特利特球形檢定的檢定統計量將根據相關係數矩陣的行列式計算而得到，且其機率分配近似服從卡方分配。如果該統計量的值傾向於較大的值，且所對應的機率p值小於預設的顯著水準（一般設$\alpha = 0.05$），則應拒絕虛無假設，亦即可認為相關係數矩陣並非單位矩陣，所以原始變數適合作因素分析；反之，如果該統計量的值傾向於較小的值且所對應的機率p值大於預設的顯著水準（0.05），則不能拒絕虛無假設。因此可以認為相關係數矩陣與單位矩陣無顯著差異，原始變數就不適合作因素分析了。

(四) KMO檢定（Kaiser-Meyer-Olkin test）

KMO檢定從比較原始變數之間的簡單相關係數和偏相關係數的相對大小出發，因此須建立一個能比較變數間簡單相關係數和偏相關係數的指標，此指標稱為KMO

檢定統計量，其數學定義為：

$$KMO = \frac{\sum\sum_{j \neq i} \gamma_{ij}^2}{\sum\sum_{j \neq i} \gamma_{ij}^2 + \sum\sum_{j \neq i} p_{ij}^2}$$ （式7-8）

其中，γ_{ij}是變數x_i和其他變數x_j（$j \neq i$）間的簡單相關係數，p_{ij}是變數x_i和其他變數x_j（$j \neq i$）間在控制了其他變數下的偏相關係數。KMO與MSA的主要差異在於KMO將相關係數矩陣中的所有元素都加入到了平方和的計算中。由式7-8可知，KMO統計量的值會介於0和1之間。當所有變數間的偏相關係數平方和遠遠小於簡單相關係數平方和時，KMO值接近1。KMO值越接近於1，意味著變數間的相關性越強，原始變數越適合做因素分析；當所有變數間的簡單相關係數平方和接近0時，KMO值接近0。KMO值越接近於0，意味著變數間的相關性越弱，原始變數越不適合做因素分析。Kaiser訂出了常用的KMO統計量之衡量標準：0.9以上表示非常適合做因素分析；0.8表示適合；0.7表示普通；0.6表示不太適合；0.5以下表示極不適合。

除了上述四點的前提條件外，樣本大小也是須考量的重點。在此，將執行因素分析時，所必備的前提條件整理如下：

1. 根據Gorsuch（1983），要進行探索性因素分析時，樣本大小的決定可遵照下列兩個原則：
   (1) 題項數與受訪者的比例最好在1：5以上。
   (2) 受訪者的總數不得少於100人。
2. 反映像相關矩陣中，除主對角元素外，其他大多數元素的絕對值均較小，而對角線上元素的值較接近1時，則說明了這些變數的相關性較強，適合進行因素分析。
3. 原始變數之相關係數矩陣中的大部分相關係數值均大於0.3。
4. 巴特利特球形檢定之結果，必須顯著（即$p < 0.05$）。
5. KMO統計量值在0.8以上。

7-5-2 因素萃取

在探索性因素分析的過程中，求解因素初始解這一步驟的主要目的是想確定能夠解釋原始變數之相關性的因素之最小個數；也就是說，能夠根據樣本資料去求出其因素負荷矩陣。根據所依據的準則不同，有很多種求解因素負荷矩陣的方法，主要可以分為兩類：一類是基於主成份分析模型的主成份分析法（principle components factoring），另一類是以共同因素模型爲基礎的共同因素分析法，包括主軸因素法（principle axis factoring）、最大概似法（maximum likelihood factoring）、最小平方法（least squares factoring）、Alpha法（Alpha factoring）、映像分析法（image analysis factoring）等。

　　主成份分析法實際上是一種獨立於因素分析外的一種資料化簡技術。它的做法是將所蒐集到的各觀測變數之資料予以歸納，並找出一個最能夠解釋各變數之因素（稱爲主要成份因素），當主要成份因素找到後即可以依主成份分析爲基準再去尋找其餘的因素。因素分析中會把主成份分析的結果作爲一個初始因素解，這是因爲在確定因素個數時，常會用到主成份分析所產生的一個統計量——特徵值。而此特徵值即代表著因素的貢獻度，貢獻度高的因素才會被萃取出來。其他的求因素解的方法，如主軸因素法也採用了和主成份分析類似的演算法。所以，主成份分析在因素分析中占有重要的地位，也是因素分析中用於萃取出共同因素的主要分析方法。

　　原則上，有個變數就應該有個共同因素，但是因素分析的目的是爲了簡化資料，所以我們不會自找麻煩萃取出全部的共同因素，而只會萃取出前幾個特徵值較高的共同因素作爲初始因素（因爲它們已能涵蓋原始資料的大部分資訊）。然而，到底需要幾個因素才能代表原來資料中的主要資訊部分呢？雖然到目前爲止，學術上還沒有精確的定量方法可以用來輔助決定因素個數，但在實務應用上，還是有一些準則可以幫我們決定因素的個數，常用的有以下三個：

1. 特徵值準則

　　所謂特徵值準則就是取特徵值大於、等於1的共同因素來作爲初始因素，而放棄特徵值小於1的共同因素。因爲每個變數的變異數爲1，該準則認爲每個被萃取出來的因素至少應該能解釋一個變數的變異數，否則就達不到精簡的目的。特徵值準則是實務應用中最普遍的確定因素個數的方法。

2. 陡坡圖準則

　　在陡坡圖準則中，將按照因素被萃取出的順序（依特徵值大小排序），畫出因素的特徵值隨因素個數變化的散佈圖，這種圖形就稱爲陡坡圖（scree test）。根據陡坡圖的形狀可以協助判斷該萃取出多少個因素個數（如圖7-4）。陡坡圖的形狀像一個山坡，從第一個因素開始，曲線迅速下降，然後下降趨勢變得較爲平緩，最後變成近似一條水平直線。一般而言，曲線開始變平緩的前一個點可被認爲是萃取的最大因素個數。因爲後面的這些散佈點就好像是山腳下的「碎石」，捨去這些「碎石」，並不

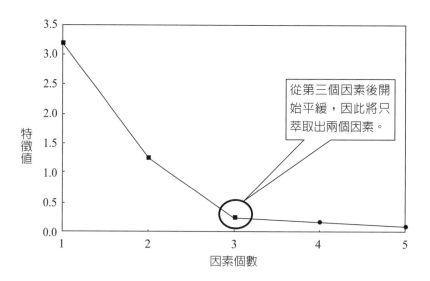

從第三個因素後開
始平緩，因此將只
萃取出兩個因素。

圖7-4　因素分析的陡坡圖

會損失很多資訊，該準則也因此又名為碎石圖。

3. 因素的累積總解釋變異量（%）

第一個因素的累積總解釋變異量（%）定義為：

$$c_1 = \frac{V_1}{p}$$
（式7-9）

p 為原始變數之個數，V_i為第i個因素的特徵值，代表第i個因素於解釋變異數時的貢獻度（解釋變異量）。由式7-9可知，第一個因素的累積總解釋變異量（%）就是它的特徵值除以原始變數之總個數。由於原有的p個變數已經進行了標準化處理（平均數為0、變異數為1），因此原始變數之總變異數為p。故第一個因素的累積總解釋變異量（%），也可說成是它解釋總變異量時的貢獻度（即特徵值）除以總變異量。

前二個因素的累積總解釋變異量（%）可定義為：

$$c_2 = \frac{V_1 + V_2}{p}$$
（式7-10）

由此，前k個因素的累積總解釋變異量（%）定義為：

$$c_k = \sum_{i=1}^{k} \frac{V_k}{p}$$
（式7-11）

根據式7-11即可計算出各因素的累積總解釋變異量（%）。於進行探索性因素分析時，通常會選取累積總解釋變異量（%）達50～80%時的因素個數為研究中所欲萃

取出的因素個數。

表7-2　各因素的特徵值及累積總解釋變異量（%）

因素	特徵值	總解釋變異量（%）	累積總解釋變異量（%）
1	3.20	64.00%	64.00%
2	1.27	25.40%	89.40%
3	0.25	5.00%	94.40%
4	0.18	3.60%	98.00%
5	0.10	2.00%	100.00%

　　表7-2為某組資料經因素分析後的結果，該表列出了所有候選因素（即等於原始變數的數量，共5個）的特徵值、總解釋變異量（%）及累積總解釋變異量（%）。根據特徵值準則（特徵值大於1），對於表7-2的資料應該選取兩個因素，從陡坡圖（圖7-4）來看也應該選取兩個因素，這兩個因素累計解釋了原始資料中總變異量的89.4%。因素累積總解釋變異量（%）也是確定因素個數時可以參考的指標，一般選取的因素數量應要求使累積的總解釋變異量（%）能達到50～80%以上。

　　當然在有些特定的情況下，研究者已經事先確定了因素的個數，也可以在SPSS中直接設定要萃取的因素個數。這種方法在檢定有關因素個數的理論和假設或者重複做某些特定工作時非常方便。在實務的研究中，研究者很少僅僅依賴某一準則來決定因素個數，而是應該結合幾個準則進行綜合判斷。保留的因素是否有意義，是否能被解釋，也是在確定因素時應該考慮的重點。保留的因素太多，在解釋因素時可能會比較困難。

　　除了上述3個決定因素個數的準則外，也有一些其他方法常被運用於專題或論文中，茲綜合整理如下：

1. 因素之特徵值須大於1。

2. 運用陡坡圖。

3. 累積總解釋變異量（%）不得小於0.5。

4. 共同性（communality）須大於0.5。

5. 當某原始變數同時橫跨兩因素時，在決定該變數到底隸屬於哪個因素時，可視該原始變數在兩因素上的負荷量大小而決定。若兩因素負荷量的差大於0.3時，則排除較小者。其他情形，可依文獻、理論或研究者之經驗、主觀而決定。

6. 以最大變異法（varimax）轉軸以後，在決定哪些題項該隸屬於哪個因素時，取該因素所包含之題項的因素負荷量絕對值大於0.5者。

7-5-3 因素的命名

　　因素的命名或解釋是因素分析的另一個重要課題。觀察因素負荷矩陣，如果因素負荷a_{ij}的絕對值在第 i 列的很多行上都有較大的值（通常大於0.5），則表示原始變數x_i與多個因素同時有較大的相關關係。也就是說，原始變數x_i的資訊需要由多個因素來共同解釋；如果因素負荷a_{ij}的絕對值在第j行的很多列上都有較大的值，則表示因素f_j能夠同時解釋許多變數的資訊，故因素f_j不能典型代表任何一個原始變數x_i。在這種情況下，因素f_j的實際含義是模糊不清的。

　　而在實際分析工作中，研究者總是希望對因素的實際含義有比較清楚的認識。為解決這個問題，可透過因素旋轉的方式使一個變數只在盡可能少的因素上有比較高的負荷。最理想狀態是，使某些變數在某個因素上的負荷趨近於1，而在其他因素f_j上的負荷趨近於0。這樣，一個因素f_j就能夠成為某些變數的典型代表，於是因素的實際含義也就能夠清楚表達了。

　　因素旋轉的目的就是想透過改變座標軸的位置，重新分配各個因素所解釋的變異數的比例，使因素結構更為簡單、更易於解釋。因素旋轉不會改變模型對資料的擬合程度，也不會改變每個變數的共同性$h_i{}^2$，但卻會改變其對原始變數的貢獻度V_k（即特徵值）。而所謂「更簡單的因素結構」是指每個變數在盡可能少的因素上，都有比較高的負荷。

　　例如：以因素為軸，因素負荷為座標值而做圖，則每個變數是該空間中的一個點，該圖稱為因素負荷圖，如圖7-5和圖7-6所示。

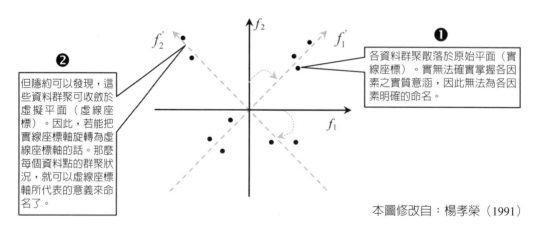

本圖修改自：楊孝濚（1991）

圖7-5　座標軸旋轉前的因素負荷圖

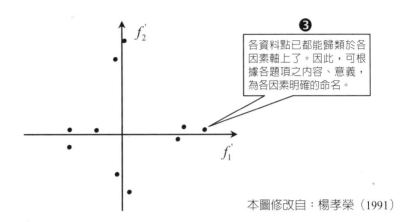

❸ 各資料點已都能歸類於各因素軸上了。因此，可根據各題項之內容、意義，為各因素明確的命名。

本圖修改自：楊孝濚（1991）

圖7-6　座標軸旋轉後的因素負荷圖

　　圖7-5是以兩個因素f_1、f_2為座標軸的因素負荷圖。可以看到，圖中的10個原始變數（10個點）在因素f_1、f_2上均有一定的負荷，但卻都和f_1、f_2座標軸有段距離，實很難看出各變數應歸屬於f_1、f_2的狀況。因此，因素f_1、f_2所應具有的涵義就很難去定義清楚。

　　而在圖7-6中，座標軸旋轉後，在新的座標軸中可發現，10個變數中有6個變數在新因素f_1'上有較高的負荷，而這6個變數在新因素f_2'上的負荷幾乎為0。此外，其餘的4個變數在因素f_2'上有較高的負荷，在因素f_1'的負荷幾乎為0。此時，因素f_1'、f_2'的涵義就很清楚了，f_1'、f_2'它們分別是對原有6個變數和其他4個變數的整合與縮減。在此情形下，就可根據該6個原始變數（題項）的共同意義，由研究者主觀的為f_1'來取個合適且有意義的名稱了。舉一反三，當然f_2'的名稱，亦可由其所包含的4個原始變數之共同意義來命名。因此，座標旋轉後應盡可能使原始變數點出現在某個座標軸的附近，並同時遠離其他座標軸。在某個座標軸附近的變數只在該因素上有較高負荷，而在其他因素上只有很低的負荷。

　　因素旋轉的方式有兩種：一種為正交旋轉，另一種為斜交旋轉。正交旋轉是指座標軸在旋轉過程中始終保持互相垂直，於是新產生的因素仍可保持不相關性。而斜交旋轉中座標軸中的夾角可以是任意角度，因此新產生的因素之間無法保證不具相關性。在使因素能被容易命名與解釋方面，斜交旋轉通常會優於正交旋轉，但卻也犧牲了一些代價，即無法保持因素的不相關性。因此，實務應用上一般會選用正交旋轉方式。正交旋轉方式有四次方最大值轉軸法（quartimax）、最大變異法（varimax）和equamax轉軸法等。這些旋轉方法的目標是一致的，只是策略不同而已，其中又以最大變異法最為常用。

7-5-4　計算因素得分

在前面的幾個小節中，我們主要解決了用因素來表示一組原始變數的相關問題。如果我們要使用這些因素再來進行其他的研究，比如想把得到的因素作為自變數來做迴歸分析、對樣本進行分類或評價等，這些都需要對因素進行測量。這時，都必須先求算出每個因素在每個樣本上的實際因素負荷量。而算出因素對應於每個樣本上的值，這些值就稱為因素得分（factor scores）。因素得分是因素分析的最終結果，在因素分析的實務應用中，當因素確定以後，便可計算各因素在每個樣本上的具體數值（因素得分），這些因素得分所形成的變數稱為因素變數。於是，在以後的分析中就可以使用這些因素變數以代替原始變數進行資料分析與建模，進而實現降維和簡化問題的目標。計算因素得分的過程相當繁雜，但在SPSS中，執行因素分析後，即可自動算出因素得分。

7-6　以因素分析法進行項目分析

實務上，研究者若預期未來的研究過程中會使用到探索性因素分析時，那麼在抽樣的設計上，應注意到樣本大小的問題。根據Gorsuch（1983），要進行探索性因素分析時，樣本大小的決定可遵照下列兩個原則：

(1)題項數與受訪者的比例最好在1:5以上，即樣本數須為題項數的五倍以上。

(2)受訪者的總數不得少於100人。

有了適當的樣本規劃後，再來進行探索性因素分析當可比較順利。在本節中，將介紹在研究的預試階段中，如何利用探索性因素分析來評估問卷諸題項的適切性。

▶ 範例7-1　附錄四為「電信業服務品質」之原始問卷，共30個題項。試以運用因素分析法進行項目分析，以刪除不適切題項。雖該問卷之題項中包含反向題，但反向題皆已重新計分完成，資料檔為「ex7-1.sav」。

利用因素分析法進行項目分析，以刪除不適切題項時，主要是藉由因素負荷量的絕對值大小，來輔助判斷個別題項與共同因素間之關係的強弱，進而刪除因素負荷量絕對值較低的題項。在此目的下進行探索性因素分析時，將使用主成份分析之單一因素的原始負荷量來輔助判斷。也就是說，將來執行因素分析時，萃取因素的方法將使用【主成份分析法】，且強迫性的只萃取出「1」個因素，如此就可獲得每個題項的

因素負荷量。據此，即可篩選出因素負荷量絕對值較低的題項而刪除之。

　　當把所萃取的因素個數強迫設定為「1」時，從因素分析的數學模型（式7-1）來看，其模型即類似於第6章所提及的「項目與總分相關」。而此時所產生的因素負荷量，其角色則類似於「題項與總分相關」法中的相關係數之角色。因此，當欲運用因素分析法刪除不適切的題項時，常用的判斷原則有兩個，即是：

1. 【成份矩陣】表中因素負荷量小於「0.5」的題項，將被刪除。
2. 除此之外，由於當取一個因素時，共同性為因素負荷的平方，所以另一個標準是共同性小於「0.3」的題項，亦將被刪除（邱皓政，2006）。在學術性研究中，此準則較為常用。

操作 步驟

　　步驟1：開啟檔案「ex7-1.sav」後，執行【分析】／【維度縮減】／【因素】。

　　步驟2：待出現【因素分析】對話框後，將左邊【待選變數】清單中的變數q1至q30選入右邊的【變數】清單方塊中。

　　步驟3：由於將強迫性的只萃取出1個因素，故直接按【擷取】鈕，此時會出現【擷取】對話框。由於我們將進行主成份分析且只萃取出一個因素，因此在此對話框中，請於【方法】中選取【主成份】法，然後於【固定因素數目】後方的輸入欄中直接輸入「1」，如圖7-7所示。

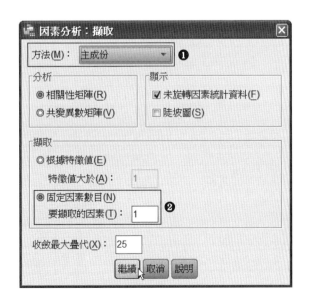

圖7-7　設定【擷取】對話框

步驟4：設定好【擷取】對話框後，按【繼續】鈕，回到【因素分析】對話框後，再按【確定】鈕，即可跑出因素分析報表。

步驟5：詳細操作過程，讀者亦可自行參閱影音檔「ex7-1.wmv」。

▶ **報表解說**

執行後所產生的分析報表有三個，分別為【共同性】（communalities）、【說明的變異數總計】與【元件矩陣】，由於我們只是想藉由因素分析的結果來進行項目分析，所以在此只將採共同性法輔助判斷，以刪除不適切的題項（共同性小於0.3的題項）為目標。因此，執行因素分析後，所產生的報表中，只看【共同性】表即可，如表7-3。

表7-3　共同性表

	初始	萃取
1.停車方便性	1.000	0.061
2.服務中心便利性	1.000	0.081
3.有專人引導服務	1.000	0.520
4.人員服裝儀容	1.000	0.045
5.人員禮貌談吐	1.000	0.042
6.總修復時間	1.000	0.749
7.備有免費申訴或諮詢電話	1.000	0.528
8.未服務前的等候時間	1.000	0.645
9.營業時間符合需求	1.000	0.827
10.完成異動作業時間	1.000	0.751
11.備有電子佈告欄	1.000	0.453
12.完成服務所花時間	1.000	0.646
13.協助客戶解決問題能力	1.000	0.795
14.人員的專業知識	1.000	0.789
15.計費交易正確性	1.000	0.873
16.客戶資料保密性	1.000	0.828
17.準時寄發繳費通知	1.000	0.616
18.備有報紙雜誌	1.000	0.476
19.提供新資訊	1.000	0.465
20.話費維持合理價位	1.000	0.826
21.臨櫃排隊等候	1.000	0.778
22.繳納電費方便性	1.000	0.574
23.即時處理客戶抱怨	1.000	0.675

表7-3　共同性表（續）

	初始	萃取
24.備有舒適及足夠座椅	1.000	0.775
25.內外環境整潔	1.000	0.540
26.櫃檯清楚標示服務項目	1.000	0.776
27.申請業務手續簡便	1.000	0.614
28.提供即時資訊	1.000	0.576
29.能立即給予滿意回覆	1.000	0.068
30.不因忙而忽略消費者	1.000	0.083

　　觀察表7-3的【共同性】表，其中問卷的q1、q2、q4、q5、q29與q30等六題，其共同性表都小於0.3，代表這些題項與共同因素間的關係較弱。因此，可列為優先考慮刪除的題項。

　　至此，我們已學習過兩種項目分析的方法，即「題項－總分相關法」（範例7-1）與「因素分析法」。這兩種方法是一般論文中進行項目分析時，最常用的方法。由於這兩種方法都是基於題項間的相關性而發展出來的，故「題項－總分相關法」與「因素分析法」的項目分析結果，亦相當一致（如表7-4）。儘管如此，建議讀者未來進行項目分析時，還是以選用「因素分析法」為原則。因為若選用「因素分析法」時，在進行項目分析的過程後，也可順便檢視資料的因素結構是否如預期？即根據文獻所設計的問卷，其各因素構面中所應包含的題項是否有跑掉？

　　此外，雖然上述分析結果中，q1、q2、q4、q5、q29與q30等六題是建議刪除的題項，但是要注意以下三點：

1. 請避免大刀一砍，一次刪6題。正確的做法是一次只刪一題，然後遞迴的、逐次的進行「因素分析法」，直到沒有「共同性小於0.3的題項」為止。

2. 有時也請手下留情。是否「共同性小於0.3的題項」真的一定要砍？要記得學術論文中，量表／問卷中所包含的構面、題項大都是參考過去文獻中的原始問卷，再依研究主題、對象稍加修改遣詞用句而來，所以，其因素結構基本上是已知的、固定的（白話講就是哪個構面應包含哪些題項是已知的、固定的）。如果，研究者進行項目分析的過程中，刪掉某個題項後，結果卻發現量表／問卷中原本應具有的因素結構改變了，甚至某個構面消失了。此時，建議最好不要刪除題項，理由可以這樣寫：「雖第x題其共同性小於0.3應予刪除，然考量不影響原始問卷的因素結構，故在本研究中仍予保留」。

3. 從第2點的說明中，讀者或許也發現了，實務中以「因素分析法」進行項目分析時，正確的做法應該是先執行「強迫性」萃取1個因素個數的因素分析，刪題後，再執行「特徵值大於1」的因素分析（不預先限定萃取的因素個數），以檢視因素結構是否改變？如此不斷的遞迴的、逐次的進行「因素分析法」，直到沒有可刪題項爲止。

表7-4　因素分析法與題項—總分相關法比較

題目內容	題項—總分相關法	因素分析法	刪除否
1.停車方便性	0.239	0.061	是
2.服務中心便利性	0.269	0.081	是
3.有專人引導服務	0.708	0.520	
4.人員服裝儀容	0.227	0.045	是
5.人員禮貌談吐	0.216	0.042	是
6.總修復時間	0.831	0.749	
7.備有免費申訴或諮詢電話	0.717	0.528	
8.未服務前的等候時間	0.771	0.645	
9.營業時間符合需求	0.901	0.827	
10.完成異動作業時間	0.832	0.751	
11.備有電子佈告欄	0.651	0.453	
12.完成服務所花時間	0.772	0.646	
13.協助客戶解決問題能力	0.875	0.795	
14.人員的專業知識	0.869	0.789	
15.計費交易正確性	0.919	0.873	
16.客戶資料保密性	0.892	0.828	
17.準時寄發繳費通知	0.755	0.616	
18.備有報紙雜誌	0.662	0.476	
19.提供新資訊	0.643	0.465	
20.話費維持合理價位	0.891	0.826	
21.臨櫃排隊等候	0.853	0.778	
22.繳納電費方便性	0.730	0.574	
23.即時處理客戶抱怨	0.801	0.675	
24.備有舒適及足夠座椅	0.866	0.775	
25.內外環境整潔	0.717	0.540	
26.櫃檯清楚標示服務項目	0.866	0.776	
27.申請業務手續簡便	0.756	0.614	
28.提供即時資訊	0.732	0.576	
29.能立即給予滿意回覆	0.260	0.068	是
30.不因忙而忽略消費者	0.293	0.083	是

項目分析的方法相當多，包含7種方法，如遺漏值檢定法、平均數法、標準差法、偏態法、極端組檢驗法、題項—總分相關法與因素分析法。雖到本章為止，已介紹過題項—總分相關法與因素分析法。但事實上，論文中進行項目分析時，並非每一種方式皆需運用，讀者可依自己的需求與成本進行考量。不過，若能正確的使用因素分析法，應是個不錯且嚴謹的策略。

7-7　評估初步的建構效度

　　建構效度可分為收斂效度與區別效度。檢驗量表的建構效度時，最嚴謹的方法，應是使用結構方程模型。在SPSS中並無法同時檢驗收斂效度與區別效度，僅能使用探索式因素分析進行收斂效度的評估，且無法進行驗證。故稱之為初步的建構效度評估。

> **▶ 範例7-2**
>
> 附錄四為「電信業服務品質」之正式問卷，經進行項目分析，刪掉不適當的題項後，正式問卷僅存21個題項。經實際施測完成後，所得的原始資料如資料檔「ex7-2.sav」，試進行因素分析，並開啟「ex7-2.doc」製作如表7-5的信、效度分析表，以評估「電信業服務品質」問卷的信度並掌握其初步的建構效度。

　　假設經嚴謹的項目分析後，定稿後的正式問卷（即電信業服務品質）問卷，總共將只包含21道題項。再經正式施測後，所蒐集回來的資料共有338筆有效問卷（ex7-2.sav）。「電信業服務品質」問卷主要是根據Parasuraman、Zeithaml及Berry（簡稱PZB）三人於1988年提出的「SERVQUAL」量表，再依臺灣電信業的特質修改而成。原始的「SERVQUAL」量表應包含五個構面，分別為可靠性（reliability）、回應性（responsiveness）、保證性（assurance）、同理心（empathy）與有形性（tangibles）（Parasuraman, Zeithaml, & Berry, 1988）。然而，「電信業服務品質」問卷其調查主題與對象均迥異於原始「SERVQUAL」量表。在此，研究者想透過探索性因素分析探索「電信業服務品質」的因素結構，評估其信度並掌握其初步的建構效度（只評估收斂效度）。

表7-5 「電信業服務品質」之信、效度分析表

因素名稱	因素構面內容	因素負荷	轉軸後平方負荷量		Cronbach's α
			特徵值	解釋變異量%	
專業性服務	12.客戶資料保密性	0.853	7.947	37.841	0.969
	15.話費維持合理價位	0.848			
	10.人員的專業知識	0.843			
	09.協助客戶解決問題能力	0.837			
	17.繳納電費方便性	0.833			
	18.即時處理客戶抱怨	0.829			
	11.計費交易正確性	0.749			
	13.準時寄發繳費通知	0.719			
	05.營業時間符合需求	0.691			
	01.有專人引導服務	0.503			
服務等候	08.完成服務所花時間	0.862	5.342	25.440	0.971
	04.未服務前的等候時間	0.861			
	06.完成異動作業時間	0.786			
	02.總修復時間	0.782			
	16.臨櫃排隊等候	0.780			
	21.申請業務手續簡便	0.760			
營業設施	07.備有電子佈告欄	0.881	4.363	20.774	0.920
	14.備有報紙雜誌	0.807			
	20.櫃檯清楚標示服務項目	0.636			
	19.備有舒適及足夠座椅	0.636			
	03.備有免費申訴或諮詢電話	0.631			
總解釋變異量：84.055 %					
整體信度：0.976					

　　論文中，利用表7-5的信、效度分析表，就可確認「電信業服務品質」的因素結構、評估問卷的信度，並掌握初步的建構效度。表7-5是個通用的格式，常用於論文中，作者也因此將此表製作於「ex7-2.doc」中，以方便讀者日後修改使用。而本範例的目標就是將執行因素分析與信度分析後，所得的因素負荷量、特徵值、解釋變異量（％）與Cronbach's α值填入表7-5中，以檢驗「電信業服務品質」量表的信、效度。

　　在進行分析之前，研究者最好能先擬定因素分析的執行與分析策略，包含：

1. 執行策略

(1) 確認樣本數是否已達問卷題項的5倍以上，且樣本數的總數不少於100個。

(2) 分析方法：主成份分析法。

(3) 只萃取出特徵值大於1的因素。

(4) 轉軸法：最大轉軸法（varimax）。

(5) 因素負荷要遞減排序。

(6) 定大於0.5的因素負荷才於報表中顯示出其數值，如此報表較簡潔外，也能符合收斂效度的原則。但若因這個設定而導致影響因素結構（即某因素該包含哪些題項）之判斷時，亦可放寬至0.3。

2. 分析策略

(1) KMO統計量值0.8以上，且巴特利特球形檢定之結果必須顯著（即p<0.05）。

(2) 決定萃取出的因素個數時，應綜合運用下列原則：

　　a. 特徵值大於1。

　　b. 陡坡圖檢定準則。

　　c. 累積解釋總變異量（%）不得小於0.5。

　　d. 共同性（communality）須大於0.5。

(3) 決定因素結構時，應遵循下列原則：

　　a. 兩因素負荷量絕對值差大於0.3時，排除較小者。

　　b. 以最大變異數轉軸法（varimax）旋轉以後，取該因素所包含之題項的因素負荷量絕對值大於0.5者。

　　c. 若題項橫跨兩個因素以上，且其因素負荷量差距亦不大時，則表示該題項的區別效度可能較差。此時，將導致難以判斷該題項到底應歸屬哪個因素，這時可回頭參酌所引用之原始問卷／量表的因素結構，而定奪該題項應歸入哪個因素。

3. 信度要求：Cronbach's α值大於0.7。

4. 初步建構效度要求

(1) 所萃取出之因素的特徵值（eigenvalue）須大於1。

(2) 各構念的衡量題項皆可收斂於同一個共同因素之下。

(3) 各因素構面中，各變數之因素負荷量大於0.5。

(4) 累積總解釋變異量（cumulative explained variation）須達50%以上時。

操(作)步驟

步驟1：開啟檔案「ex7-2.sav」後，執行【分析】/【維度縮減】/【因素】。

步驟2：待開啟【因素分析】對話框後，將所有變數（q1～q21）選入到【變數】框中，如圖7-8所示。

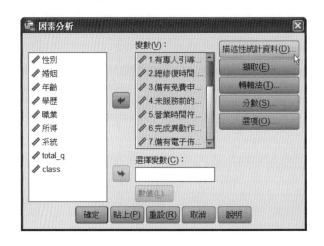

圖7-8　將所有變數（q1～q21）選入到【變數】框中

步驟3：在【因素分析】對話框中，按右方的【描述性統計資料】鈕，於開啟的【描述性統計資料】對話框中，選取【單變量描述性統計資料】選項、【未轉軸之統計資料】選項、【係數】選項與【KMO與Bartlett的球形檢定】選項，然後按【繼續】鈕，回到【因素分析】對話框，如圖7-9所示。

圖7-9　設定【描述性統計量】對話框

步驟4：按【擷取】鈕，於開啓的【擷取】對話框中，【方法】下拉式清單中選
　　　取【主成份】法、【分析】方框中選取【相關性矩陣】、【顯示】框中
　　　選取【未旋轉因素統計資料】選項與【陡坡圖】選項、【擷取】框中選
　　　取【根據特徵值】選項，並於其後方的輸入欄中輸入「1」，意味著特
　　　徵值大於1的因素，才夠資格被萃取出來。設定好後，按【繼續】鈕，
　　　回到【因素分析】對話框，如圖7-10所示。

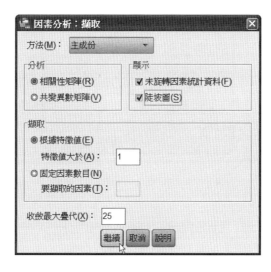

圖7-10　設定【擷取】對話框

步驟5：按【轉軸法】鈕，於開啓的【轉軸法】對話框中，選取【最大變異
　　　法】，並於【顯示】框中選取【轉軸後的解】選項。接著，按【繼續】
　　　鈕，回到【因素分析】對話框，如圖7-11所示。

圖7-11　設定【轉軸法】對話框

步驟6：按【分數】鈕，於開啓的【分數】對話框中，勾選【因素儲存成變數】
選項，並在【方法】框中選取【迴歸】法爲計算因素得分的方法。再選
取【顯示因素分數係數矩陣】選項。接著，按【繼續】鈕，回到【因素
分析】對話框，如圖7-12所示。

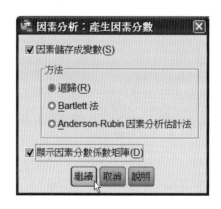

圖7-12　設定【分數】對話框

步驟7：按【選項】鈕，於開啓的【選項】對話框中，在【遺漏值】框中選取
【完全排除觀察值】選項，並勾選【係數顯示格式】中的【依據因素負
荷排序】選項（預設方式爲遞減排序）與【隱藏較小的係數】選項，並
在其後方的輸入欄中輸入「0.5」（小於0.5，即隱藏之意），以符合收
斂效度之要求。按【繼續】鈕，回到【因素分析】對話框，如圖7-13。

圖7-13　設定【選項】對話框

步驟8：於【因素分析】對話框中，按【確定】鈕，即可完成所有的設定工作並執行因素分析。

步驟9：詳細操作過程，讀者亦可自行參閱影音檔「ex7-2.wmv」。

▶ **報表解說**

執行完上述步驟後，即可跑出因素分析之報表並將因素得分儲存於資料檔中，報表相當長，限於篇幅，在此僅解釋必要之報表。

(一) 檢定樣本資料是否適合進行因素分析

首先，我們將檢定所蒐集到的樣本之原始變數間，是否存在特定的相關性、是否適合採用因素分析來萃取出因素。在此，可借助Bartlett球形檢定（虛無假設：相關係數矩陣為單位矩陣）和KMO檢定方法進行分析，如表7-6所示。

由表7-6可知，Bartlett球形檢定之卡方統計量的觀測值為14403.141，其對應的機率p值（顯著性）接近0。就檢定概念而言，顯著水準為0.05時，由於機率p值小於顯著水準，故應拒絕虛無假設，而認為相關係數矩陣與單位矩陣有顯著差異，也就是說相關係數矩陣不為單位矩陣之意，故適合進行因素分析。同時，KMO值為0.824（大於0.8），依據Kaiser（1958）對KMO之衡量標準可知，原始變數亦適合進行因素分析。

表7-6　KMO與Bartlett檢定表

Kaiser-Meyer-Olkin測量取樣適當性		.824
Bartlett的球形檢定	大約卡方	14403.141
	df	210
	顯著性	.000

(二) 萃取因素

根據原始變數的相關係數矩陣，我們將應用「主成份分析法」並以「特徵值大於1」為篩選條件來萃取出因素，分析結果如表7-7、表7-8與圖7-14所示。

表7-7為因素分析後所產生的初始解，該表顯示了所有變數的共同性資訊。共同性的意義為對原始21個變數，如果採用主成份分析法萃取出所有的因素（即萃取出21個因素），那麼原始變數的所有變異數都可被解釋，因此變數的初始共同性均為1（原始變數標準化後的變異數為1）。

表7-7　共同性

	起始	擷取
1.有專人引導服務	1.000	.554
2.總修復時間	1.000	.916
3.備有免費申訴或諮詢電話	1.000	.639
4.未服務前的等候時間	1.000	.924
5.營業時間符合需求	1.000	.888
6.完成異動作業時間	1.000	.921
7.備有電子佈告欄	1.000	.869
8.完成服務所花時間	1.000	.926
9.協助客戶解決問題能力	1.000	.898
10.人員的專業知識	1.000	.872
11.計費交易正確性	1.000	.898
12.客戶資料保密性	1.000	.927
13.準時寄發繳費通知	1.000	.674
14.備有報紙雜誌	1.000	.834
15.話費維持合理價位	1.000	.919
16.臨櫃排隊等候	1.000	.908
17.繳納電費方便性	1.000	.762
18.即時處理客戶抱怨	1.000	.796
19.備有舒適及足夠座椅	1.000	.858
20.櫃檯清楚標示服務項目	1.000	.857
21.申請業務手續簡便	1.000	.813

　　但是事實上，因素分析的目標必須因素個數小於原始變數的個數，所以不可能萃取全部所有的因素。表7-7之第三欄是依所設定的萃取條件（在此為特徵值大於1）來萃取因素時的共同性。可以清楚的看出，q2、q4～q12、q14～q16、q19～q21等變數的絕大部分資訊（大於80%）可被萃取出的因素所解釋，這些變數的資訊遺失較少。但q1、q3等兩個變數的資訊遺失較為嚴重（近40%）。整體而言，本次因素萃取的效果大致上可以接受。

　　表7-8為因素解釋原始變數之總變異量的情況。該表中第一行為元件，代表因素的編號，之後每三行成一組，每組中各欄位的意義依次是特徵值（【總計】欄）、解釋變異量和累積總解釋變異量。

◆ 第一組資料項（第二至第四欄，即起始特徵值欄）

　　第二至第四欄描述了初始因素解的情況。很清楚的可以看到，第1個因素的特徵值為14.427，解釋了原始21個變數之總變異量的68.7%（14.427÷21×100）。累積變

異數貢獻率為68.7%；第2個因素的特徵值為1.844，解釋原始21個變數之總變異數的8.779%（1.844÷21×100），累積變異數貢獻率為77.479%（68.7% + 8.779%）。其餘資料之意義類似。在初始解中由於萃取了21個因素，因此原始變數的總變異數全部都會被解釋掉，表7-8第四行的最後一個數值100%，即可說明這點。

表7-8　因素解釋原始變數之總變異數的情況

元件	起始特徵值			擷取平方和載入			循環平方和載入		
	總計	變異的%	累加%	總計	變異的%	累加%	總計	變異的%	累加%
1	14.427	68.700	68.700	14.427	68.700	68.700	7.947	37.841	37.841
2	1.844	8.779	77.479	1.844	8.779	77.479	5.342	25.440	63.281
3	1.381	6.576	84.055	1.381	6.576	84.055	4.363	20.774	84.055
4	.631	3.005	87.060						
5	.583	2.778	89.838						
6	.467	2.224	92.061						
7	.335	1.597	93.658						
8	.302	1.438	95.096						
9	.244	1.160	96.256						
10	.210	1.001	97.257						
11	.122	.582	97.839						
12	.102	.487	98.326						
13	.097	.463	98.789						
14	.069	.329	99.118						
15	.065	.308	99.426						
16	.051	.245	99.671						
17	.040	.193	99.864						
18	.014	.067	99.931						
19	.009	.042	99.973						
20	.005	.025	99.998						
21	.000	.002	100.00						

◆ 第二組資料項（第五至第七欄，即擷取平方和載入欄）

　　第五至第七欄描述了轉軸前因素解的概況。可以看出，由於設定了特徵值（【總計】欄）大於1才萃取成因素。因此本範例將萃取出三個因素，這三個因素共解釋了原始變數之總變異的84.055%。整體而言，原始變數的資訊遺失量並不多。因此，本次的因素分析效果可謂理想。另外，第五行【總計】的意義為各因素的貢獻度，也就是指特徵值之意。

◆ 第三組資料項（第八至第十欄，即循環平方和載入欄，此即過往版本的轉軸後因素
解）

　　第八至第十欄描述了最後因素解（轉軸後因素解）的結果。可以看出，因素旋
轉後，累積總解釋變異量百分比並沒有改變，也就是沒有影響原始變數的共同性。但
卻重新分配了各個因素解釋原始變數的變異量（第九行），即改變了各因素的貢獻度
（第八行【總計】，即特徵值），以使得因素更易於解釋。

　　從圖7-14的陡坡圖來看，橫座標為因素個數、縱座標為特徵值。很清楚可以看
到，第1個因素的特徵值很高，對解釋原始變數的貢獻最大；第4個以後的因素特徵值
都較小，陡坡圖較為平坦，對解釋原始變數的貢獻度變得很小，已經成為可被忽略的
「碎石頭」。因此，再次說明了萃取三個因素是合適的。

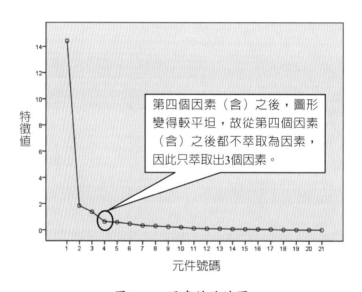

圖7-14　因素的陡坡圖

　　表7-9為元件矩陣（成份矩陣），又稱為因素負荷矩陣（未轉軸），它是因素分
析後，呈現因素負荷量的表格。由表7-9可知，21個變數在第1個因素上的負荷都很
高，意味著它們與第1個因素的相關程度高，因此第1個因素很重要；第2個、第3個
因素與原始變數的相關性均較小（因素負荷量小於0.5，所以沒有顯示出來），它們
對原始變數的解釋作用較不顯著。另外，在目前情況下，讀者應可以理解，要對這三
個因素的實際意義做出定義，有其實質上的困難。故此時，正可突顯出後續進行轉軸
處理的重要性。

表7-9　未轉軸成份矩陣（元件矩陣）

	元件		
	1	2	3
11.計費交易正確性	.937		
12.客戶資料保密性	.915		
5.營業時間符合需求	.913		
15.話費維持合理價位	.912		
9.協助客戶解決問題能力	.898		
20.櫃檯清楚標示服務項目	.888		
19.備有舒適及足夠座椅	.887		
16.臨櫃排隊等候	.882		
10.人員的專業知識	.875		
6.完成異動作業時間	.867		
2.總修復時間	.866		
18.即時處理客戶抱怨	.813		
8.完成服務所花時間	.805		
4.未服務前的等候時間	.804		
21.申請業務手續簡便	.782		
13.準備寄發繳費通知	.778		
17.繳納電費方便性	.736		
1.有專人引導服務	.714		
3.備有免費申訴或諮詢電話	.704		
14.備有報紙雜誌	.684		
7.備有電子佈告欄	.661		.517

(三) 因素的命名與解釋

　　為使因素具有命名解釋性，在此將採用最大變異法對元件矩陣實施正交旋轉。同時也設定了依照因素負荷降冪輸出的轉軸後因素負荷，且因素負荷量小於0.5將不顯示，以符收斂效度原則，分析結果如表7-10所示。

　　表7-10即為轉軸後的元件矩陣（轉軸元件矩陣），又稱為轉軸後因素負荷矩陣。與旋轉前的因素負荷矩陣相比，轉軸後的因素涵義較為清晰、較具可命名性。由表7-10可知，可萃取出3個因素，這3個因素的說明如下：

➤ 第1個因素：專業性服務

　　q12、q15、q10、q9、q17、q18、q11、q13、q5與q1，共10個原始變數，在第1個因素上有較高的負荷。也就是說，第1個因素主要解釋了這幾個原始變數的意涵。觀察這些變數的原始題項的意涵，可發覺，這些題項都是電信業者經營管理的專業服

表7-10　轉軸後的成份矩陣（旋轉元件矩陣）

	元件		
	1	2	3
12.客戶資料保密性	.853		
15.話費維持合理價位	.848		
10.人員的專業知識	.843		
9.協助客戶解決問題能力	.837		
17.繳納電費方便性	.833		
18.即時處理客戶抱怨	.829		
11.計費交易正確性	.749		
13.準時寄發繳費通知	.719		
5.營業時間符合需求	.691		.562
1.有專人引導服務	.503		
8.完成服務所花時間		.862	
4.未服務前的等候時間		.861	
6.完成異動作業時間	.528	.786	
2.總修復時間	.528	.782	
16.臨櫃排隊等候		.780	
21.申請業務手續簡便		.760	
7.備有電子佈告欄			.881
14.備有報紙雜誌			.807
20.櫃檯清楚標示服務項目	.584		.636
19.備有舒適及足夠座椅	.587		.636
3.備有免費申訴或諮詢電話			.631

務，因此第1個因素可命名為「專業性服務」。

➢ 第2個因素：服務等候

　　q8、q4、q6、q2、q16與q21，共6個原始變數，在第2個因素上有較高的負荷。故第2個因素主要解釋了這幾個變數，而這些變數的原始題項的意涵，都反映著服務等候的特質，因此第2個因素將命名為「服務等候」。

➢ 第3個因素：營業設施

　　最後q7、q14、q20、q19與q3，共5個原始變數，在第3個因素上有較高的負荷，故第3個因素主要解釋了這幾個有關於電信業者營業設施的變數，所以第3個因素將命名為「營業設施」。

(四) 計算因素得分

　　爲了後續的研究分析方便，我們將計算因素得分。在此將採用迴歸法估計因素得分係數，並輸出因素得分係數，其結果如表7-11所示。

表7-11　成份分數係數矩陣（元件評分係數矩陣）

	元件		
	1	2	3
1.有專人引導服務	.036	−.074	.137
2.總修復時間	.005	.246	−.162
3.備有免費申訴或諮詢電話	.019	−.143	.239
4.未服務前的等候時間	−.125	.292	−.032
5.營業時間符合需求	.072	−.090	.131
6.完成異動作業時間	.004	.248	.163
7.備有電子佈告欄	−.144	−.082	.404
8.完成服務所花時間	−.125	.293	−.033
9.協助客戶解決問題能力	.158	−.081	−.008
10人員的專業知識	.169	−.047	−.067
11.計費交易正確性	.097	−.025	.022
12.客戶資料保密性	.161	−.051	−.046
13.準時寄發繳費通知	1.35	.003	−.088
14.備有報紙雜誌	−.166	.006	.338
15.話費維持合理價位	.160	−.051	−.044
16.臨櫃排隊等候	−.039	.228	−.075
17.繳納電費方便性	.211	−.028	−.171
18.即時處理客戶抱怨	.182	−.086	−.050
19.備有舒適及足夠座椅	.024	−.078	.185
20.櫃檯清楚標示服務項目	.022	−.076	.184
21.申請業務手續簡便	−.120	.230	.029

　　表7-11即爲成份分數的係數矩陣（元件評分係數矩陣），又稱爲因素得分係數矩陣。由表7-11可見計算三個因素得分變數的變數值時，在第1因素中，因素得分係數較高的都是旋轉後因素負荷較高的變數，而因素得分係數較低或屬負數值（方向相反）的變數則屬第2、3因素，這與我們所定義之因素的實際涵義是相吻合的。這個表，未來的再使用率並不高。

此外，當您再重新檢視原始資料檔時，會發現多了三個變數，其名稱分別爲FAC1_1（專業性服務）、FAC2_1（服務等候）與FAC3_1（營業設施），如圖7-15所示。這些變數就是SPSS根據因素得分係數矩陣所算出來的，它們代表每個樣本對21題題項的綜合評分概況。因此，現在開始可簡單的只使用這三個變數值來替代先前的21題題項了。也就是說，這三個變數值就是每個受訪者於21題服務品質題項的答題狀況，經縮減成三個因素後的得分。每一個因素的因素得分，其平均數爲0，標準差爲1。正值表示高於平均水準，負值表示低於平均水準。

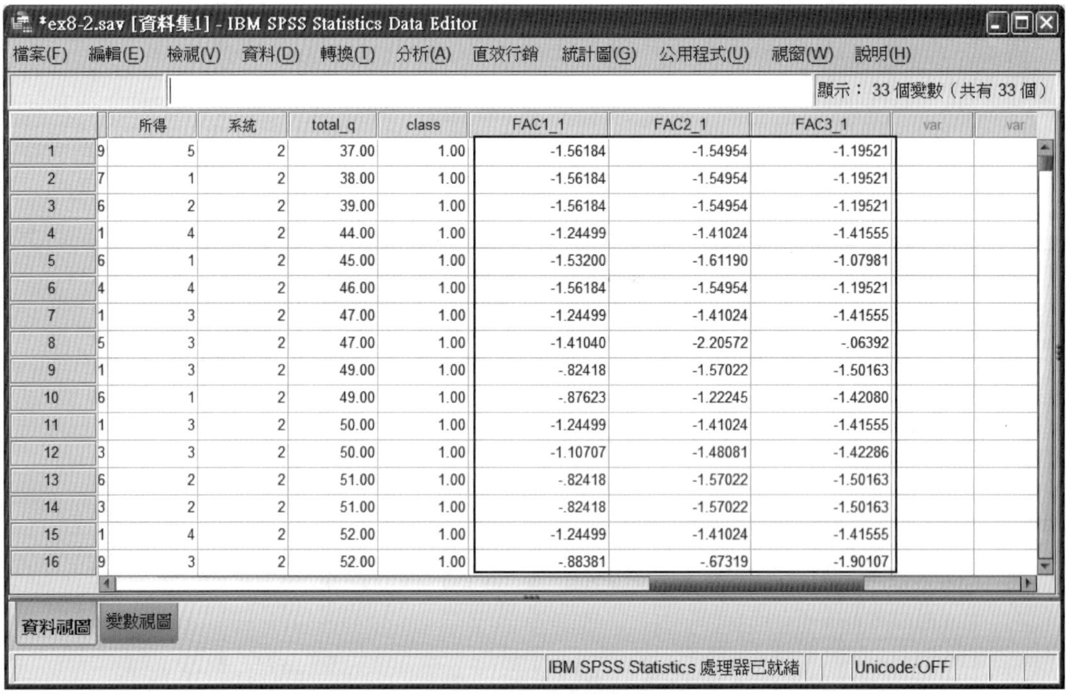

		所得	系統	total_q	class	FAC1_1	FAC2_1	FAC3_1	var	var
1	9	5	2	37.00	1.00	-1.56184	-1.54954	-1.19521		
2	7	1	2	38.00	1.00	-1.56184	-1.54954	-1.19521		
3	6	2	2	39.00	1.00	-1.56184	-1.54954	-1.19521		
4	1	4	2	44.00	1.00	-1.24499	-1.41024	-1.41555		
5	6	1	2	45.00	1.00	-1.53200	-1.61190	-1.07981		
6	4	4	2	46.00	1.00	-1.56184	-1.54954	-1.19521		
7	1	3	2	47.00	1.00	-1.24499	-1.41024	-1.41555		
8	5	3	2	47.00	1.00	-1.41040	-2.20572	-.06392		
9	1	3	2	49.00	1.00	-.82418	-1.57022	-1.50163		
10	6	1	2	49.00	1.00	-.87623	-1.22245	-1.42080		
11	1	3	2	50.00	1.00	-1.24499	-1.41024	-1.41555		
12	3	3	2	50.00	1.00	-1.10707	-1.48081	-1.42286		
13	6	2	2	51.00	1.00	-.82418	-1.57022	-1.50163		
14	3	2	2	51.00	1.00	-.82418	-1.57022	-1.50163		
15	1	4	2	52.00	1.00	-1.24499	-1.41024	-1.41555		
16	9	3	2	52.00	1.00	-.88381	-.67319	-1.90107		

圖7-15　代表因素得分的欄位

(四) 因素分析結果的呈現

於SPSS中執行完因素分析後所輸出的報表相當長，理解因素分析輸出報表的解釋後，相信讀者已可掌握因素分析之精華。然而在您的報告、專題或論文中，以前述的分析過程來解釋因素分析的結果並不恰當，故建議可將所產生的報表略爲整理一下，如此較具可讀性。

一般研究者會將因素分析的結果，整理成如表7-12的因素分析表，此表可顯示出

各因素所包含的題項與其貢獻度，亦可顯示出量表的信度，完整的呈現出因素分析之結果且秀出量表的信、效度。

表7-12　服務品質因素分析表

因素名稱	因素構面內容	因素負荷	轉軸後平方負荷量		Cronbach's α
			特徵值	解釋變異量%	
專業性服務	12.客戶資料保密性	0.853	7.947	37.841	0.969
	15.話費維持合理價位	0.848			
	10.人員的專業知識	0.843			
	09.協助客戶解決問題能力	0.837			
	17.繳納電費方便性	0.833			
	18.即時處理客戶抱怨	0.829			
	11.計費交易正確性	0.749			
	13.準時寄發繳費通知	0.719			
	05.營業時間符合需求	0.691			
	01.有專人引導服務	0.503			
服務等候	08.完成服務所花時間	0.862	5.342	25.440	0.971
	04.未服務前的等候時間	0.861			
	06.完成異動作業時間	0.786			
	02.總修復時間	0.782			
	16.臨櫃排隊等候	0.780			
	21.申請業務手續簡便	0.760			
營業設施	07.備有電子佈告欄	0.881	4.363	20.774	0.920
	14.備有報紙雜誌	0.807			
	20.櫃檯清楚標示服務項目	0.636			
	19.備有舒適及足夠座椅	0.636			
	03.備有免費申訴或諮詢電話	0.631			
總解釋變異量：84.055 %					
整體信度：0.976					

　　觀察表7-12，各因素的信度Cronbach's α值分別為0.969、0.971、0.920，皆大於0.7，而整體量表信度更高達0.976。其所呈現的信度值高於一般水準，可知量表之信度相當高。在各題項之因素負荷方面，則全部都大於0.5，且累積的總解釋變異量亦達84.055%，此正可說明本量表亦具有相當不錯的收斂效度，符合初步建構效度的要求。至於區別效度，仍須使用相關分析，再進行檢驗。相關分析方法於第8章介紹，在此將不予說明（可參考範例8-4）。

7-8　共同方法變異

　　方法變異量（method variance）是指因為測量方法所造成的變異量，而非來自於研究構面（變數）之真正的變異量。而所謂的共同方法變異（common method variance，CMV，又稱共同方法偏差）則意指：因為同樣的資料來源或受訪者、同樣的測量環境、量表語意以及量表本身特徵，所造成的自變數與依變數間的人為共變關係（周浩、龍立榮，2004）。這種人為的共變關係對研究結果將產生嚴重的混淆，並對結論有潛在的誤導，是一種系統性誤差。共同方法變異在心理學、行為科學、管理學等研究中，特別是採用問卷調查法的研究中廣泛存在。因此，引起了越來越多研究者的注意。

　　在一般的管理科學領域中，研究者為了了解消費者對品牌的反應等種種現象，例如：品牌個性、真實自我、理想自我之一致性與購買意願間的因果關係、或組織內、外部種種現象等議題時，研究者往往會根據研究主題，經由文獻探討、整理與分析後，針對研究議題所需的變數而設計自陳式（self-report）問卷。透過這些自陳式的問卷對受訪者施測，從而可以蒐集到據以分析的資料。如果這些資料中，包含了研究架構的自變數和依變數，而且是以單一問卷向同一群受訪者蒐集而得，那麼這個研究就已經出現了研究方法中所謂的「共同方法變異」問題了（彭台光、高月慈、林鉦棽，2006）。因為，研究中測量自變數與依變數之兩種量表的受訪者相同，所以測量到的量表得分可能會受到來自受訪者本身的某些因素影響，而造成所謂的同源性偏差，導致自變數與依變數之間的相關性無謂的膨脹（即產生偏誤）了，這就是共同方法變異的現象。

7-8-1　Harman單因素檢驗法

　　避免共同方法變異的方式，可分為程序控制和統計控制等兩類（周浩、龍立榮，2004）。程序控制指的是研究者在研究設計與測量過程中就積極採取控制措施，以避免可能產生共同方法變異的情況。例如：從不同來源測量自變數與依變數、對測量進行時間上、空間上、心理上或方法上的隔離、保護受訪者的匿名性、減小對測量目的的猜疑以及改進量表題項順序等（彭台光、高月慈、林鉦棽，2006）。由於程序控制是直接針對共同方法變異之來源的事前預防控制方法，因此研究者在抽樣計畫上，應該優先考慮採用這種程序控制的方法，以嘗試杜絕共同方法變異的問題產

生。

　　但是，在某些研究情境中，由於受某些條件的限制，上述的程序控制方法並無法確實落實，或者無法完全消除共同方法變異時，這個時候就應該考慮在資料分析時採用統計的方法來對共同方法變異進行事後補救的控制了。例如：使用Harman單因素檢驗法、第三因素測試法、潛在CMV變數測試法、偏相關法、量表題項修整法、多特質多方法模式（multi-trait multi-method，即MTMM法）等（彭台光、高月慈、林鉦棽，2006）。

　　Harman單因素檢驗法是種常用的檢驗共同方法變異是否存在的方法。這種技術的基本假設是如果方法變異大量存在的話，那麼進行因素分析時，可能會出現兩種現象：一為只萃取出單獨一個因素；另一為某個共同因素解釋了大部分的變異量。因此，欲以Harman單因素檢驗法檢驗共同方法變異是否存在時，傳統的做法是把量表中所有的變數（題項）放到一個探索性因素分析中，然後檢驗未旋轉的因素分析結果，以確定最少的因素個數。如果只萃取出一個因素或某個因素的解釋力特別大時，即可判定存在嚴重的共同方法變異。一般的評判標準為：若單一因素對所有的變數能解釋50%以上之變異量的話，那麼就會被認為有嚴重的共同方法變異（Podsakoff, MacKenzie & Lee, 2003）。

　　Harman單因素檢驗的最大優點是簡單易用，但切記它僅僅是一種評估共同方法變異之嚴重程度的診斷技術而已，且並沒有任何控制共同方法變異的效果存在（Podsakoff et al., 2003）。

7-8-2　檢驗共同方法變異之範例

▶ 範例7-3　　參考附錄三，論文「景觀咖啡廳意象、知覺價值與忠誠度：轉換成本的干擾效果」之原始問卷，ex7-3.sav是透過該問卷所蒐集回來之樣本資料的電子檔，試檢驗該樣本資料是否存在「共同方法變異」的問題？

　　本研究透過相關文獻整理、分析、推論與建立假說後，推導出景觀咖啡廳意象對知覺價值及忠誠度皆具有正向直接顯著影響；知覺價值對忠誠度亦具有正向直接顯著影響等假設。自變數為消費者於景觀咖啡廳中所感受到的商店意象（image），其包含六個子構面，分別為商品、服務、便利、商店環境、促銷及附加服務。此外，依變

數則為消費者的忠誠度；而處於自變數與依變數之間的中介變數則是消費者所認知的知覺價值。最後，本研究亦將檢驗轉換成本的干擾效果。

　　為了檢驗上述之研究假說，本研究試圖將概念性模型予以操作化，並建構相對應的題項。根據概念性模型，本論文之研究變數包含景觀咖啡廳意象、知覺價值、忠誠度與轉換成本等。以下為本研究之研究變數的操作型定義之陳述，至於原始問卷請讀者自行參閱附錄三。

一、景觀咖啡廳意象

　　Martineau（1958）認為在消費者決策中，有一種力量在運作，使消費者傾向惠顧與自我形象一致的商店，他將這種力量稱之為商店意象。據此，本研究將景觀咖啡廳意象定義為一種包含功能性特質、心理層面屬性及長期經驗的態度，本質上是複雜而非單獨的特性，它是消費者心中對景觀咖啡廳的整體意象，透過與其他餐廳比較後所產生之知覺的主觀想法，最後再內化為個人知覺的整體意象。衡量上，將參考陳榮芳、葉惠忠、蔡玉雯、李麗娟（2006）及Kisang、Heesup and Tae-Hee（2008）所使用之商店意象的衡量題項，再依古坑華山景觀咖啡廳現場實察做修改與刪減。因此，將採用商品、服務、便利、商店環境、促銷及附加服務等六個子構面，計二十一個題項，衡量景觀咖啡廳意象。衡量時，將以Likert的七點尺度衡量，分別以「極不同意」、「很不同意」、「不同意」、「普通」、「同意」、「很同意」與「極為同意」區分成七個等級，並給予1、2、3、4、5、6、7的分數，分數越高表示景觀咖啡廳消費者對商店意象的感受同意程度越高。表7-13將顯示出景觀咖啡廳意象構面之各子構面與衡量題項。

二、知覺價值

　　Zeithaml（1988）定義知覺價值為消費者對產品或服務衡量其「所獲得的東西」和「所付出的代價」後，對產品效用所做的整體性評估，此即指顧客對產品或服務的知覺評價結果，也就是知覺利益（perceived benefits）與知覺成本（perceived costs）之間的抵換結果。本研究所指之知覺價值為消費者在付出的知覺成本（包含貨幣與非貨幣的成本）與獲得的知覺利益之間的落差，為影響消費者購買意願的因素之一。衡量上，將參考Yang and Peterson（2004）所使用之題項作為衡量依據，再依古坑華山景觀咖啡廳現場實察做修改與刪減，並經過檢測修正問卷，結果共有四題，如表7-14所示。

表7-13　景觀咖啡廳意象構面的衡量題項

構面	衡量題項
商品 im1	1.餐飲品質好，新鮮度佳（im1_1）。 2.餐飲商品種類多，選擇性高（im1_2）。 3.餐飲價格合理（im1_3）。 4.菜單內容會不定時更換（im1_4）。
服務 im2	5.服務人員親切有禮，服裝整齊（im2_1）。 6.服務人員會主動提供餐點之訊息（im2_2）。 7.服務人員結帳時，快速準確（im2_3）。 8.服務人員出餐快速，等待食物時間短（im2_4）。
便利 im3	9.營業時間滿足需要（im3_1）。 10.週邊交通便利，地點易達（im3_2）。 11.停車空間足夠（im3_3）。
商店環境 im4	11.店內裝潢高雅舒適，氣氛良好（im4_1）。 12.燈光音樂宜人（im4_2）。 13.店內環境舒適整潔（im4_3）。 14.走道空間寬敞，不會影響鄰座客人的交談（im4_4）。
促銷 im5	16.配合節慶主題性有促銷活動（im5_1）。 17.發行貴賓卡成立會員俱樂部（im5_2）。 18.提供商品折價券（im5_3）。
附加服務 im6	19.店內提供無線上網（im6_1）。 20.可使用信用卡付款（im6_2）。 21.提供書報雜誌閱讀（im6_3）。

表7-14　知覺價值構面的衡量題項

構面	衡量題項
知覺價值 pv	1.和其他同業相較，本餐廳服務或商品非常吸引我（pv1）。 2.和其他同業相較，本餐廳物超所值（pv2）。 3.和其他同業相較，本餐廳提供了較多的免費服務（pv3）。 4.和其他同業相較，本餐廳提供比我預期更高的價值（pv4）。

三、忠誠度

Oliver（1997）將顧客忠誠度定義為消費者重複購買某商品或使用某特定服務的高度承諾，先產生於消費者態度層面，進而表現於外在的購買行為，即使面臨情境改變或是競爭者的影響，仍不會改變對於該產品或服務未來持續性使用的意願與行為。本研究所指之忠誠度為顧客對某產品或服務維持長久關係之承諾，表現於行為或是態度兩方面，其為企業長久獲利之要素之一。衡量上，將參考簡惠珠（2006）所使用

之題項作爲衡量依據，再依古坑華山景觀咖啡廳現場實察做修改與刪減，並經過檢測修正問卷，共有五題，如表7-15所示。

表7-15　忠誠度構面的衡量題項

構面	衡量題項
忠誠度 ly	1.本餐廳會是我優先的選擇（ly1）。 2.我願意再來本餐廳消費（ly2）。 3.我認爲我是本餐廳的忠實顧客（ly3）。 4.我會向本餐廳申請貴賓卡（ly4）。 5.我會主動向親朋好友介紹本餐廳（ly5）。

四、轉換成本

Jones等人（2002）認爲影響轉換意願之因素不應只有消費者對品牌的評價，也應該包含消費者在客觀條件的限制下對轉換至其他業者的成本評估。因此，定義轉換成本爲能增加轉換困難度或妨礙消費者轉換行爲之相關因素，如有形的貨幣成本及無形的時間、精神成本，這些概念統稱爲轉換障礙（switch barriers）。本研究將轉換成本定義爲在產品或服務轉換過程中，所需額外花費之有形或無形成本的評估。衡量上，將參考Yang and Peterson（2004）所使用之題項作爲衡量依據，再依古坑華山景觀咖啡廳現場實察做修改與刪減，並經過檢測修正問卷，共有三題，如表7-16所示。

表7-16　轉換成本構面的衡量題項

構面	衡量題項
轉換成本 sc	1.我覺得轉換到另一間餐廳是費時費力的（sc1）。 2.轉換到另一間餐廳需花費較高的成本（sc2）。 3.我覺得要轉換到其他餐廳消費是一件麻煩的事（sc3）。

由於上述的自陳式（self-report）問卷中，測量自變數與依變數之量表的受訪者皆相同，故可能造成同源性偏差而引發共同方法變異的問題。在此，將示範運用Harman單因素檢驗法檢驗共同方法變異是否存在。

操作步驟

由於本研究想利用Harman單因素檢驗法檢驗樣本資料（ex7-3.sav）是否存在「共同方法變異」的問題。因此，我們將進行探索性因素分析。其詳細步驟如下：

步驟1：開啟「ex7-3.sav」後，執行【分析】／【資料縮減】／【因素】。

步驟2：待開啟【因素分析】對話框後，將所有變數（im1_1～im6_3、pv1～pv4、ly1～ly5、sc1～sc3共33個變數）選入到【變數】框中。

步驟3：於【描述性統計資料】對話框中，選取【統計資料】框中的【未轉軸之統計資料】選項與【相關性矩陣】框中的【KMO與Bartlett的球形檢定】選項。

步驟4：於【擷取】對話框中，【方法】下拉式清單中選取【主成份】法、【分析】方框中選取【相關性矩陣】、【顯示】框中選取【未旋轉因素統計資料】選項、【擷取】框中選取【特徵值】選項，並於其後方的輸入欄中輸入「1」，意味著特徵值大於1的因素，才夠資格被萃取出來。

步驟5：於【轉軸法】對話框中，選取【最大變異法】，並於【顯示】框中選取【轉軸後的解】選項。

步驟6：於【選項】對話框中，選取【完全排除遺漏值】選項，勾選【依據因素負荷排序】選項與【隱藏較小的係數】選項，並在其後方的輸入欄中輸入「0.5」，以符合建構效度之要求。接著按【繼續】回到【因素分析】對話框，再按【確定】鈕，即可開始執行探索式因素分析。

步驟7：詳細操作過程，讀者亦可自行參閱影音檔「ex7-3.wmv」。

▶ 報表解說

執行完上述步驟後，即可跑出因素分析之報表，報表相當長。但因為我們的主要目的，只在於利用Harman單因素檢驗法檢驗樣本資料是否存在共同方法變異的問題，因此，我們只要針對【說明的變異數總計】表（舊版稱為總解釋變異量表）進行解說即可。

表7-17即為【說明的變異數總計】表，【擷取平方和載入】欄位代表著未轉軸的因素分析結果。若未轉軸的因素分析結果中，單一因素對所有的變數能解釋50%以上之變異量的話，那麼就會被認為有嚴重的共同方法變異（Podsakoff, et al., 2003）。據此，觀察表7-17的【擷取平方和載入】欄位，可發現因素分析結果總共萃取了9個特徵值大於1的因素。第一個因素的可解釋變異為25.397%（最大）並小於50%，且

總計9個因素的解釋變異為84.112%。由於分析結果得到9個因素，且第一個因素（最大）並不能解釋其中大部分的變異（只有25.397%，小於50%），所以我們認為在本研究中，共同方法變異的問題並不明顯。

表7-17　說明的變異數總計

元件	起始特徵值			擷取平方和載入			循環平方和載入		
	總計	變異的%	累加%	總計	變異的%	累加%	總計	變異的%	累加%
1	8.381	25.397	25.397	8.381	25.397	25.397	3.694	11.193	11.193
2	4.595	13.924	39.321	4.595	13.924	39.321	3.418	10.356	21.549
3	2.715	8.228	47.548	2.715	8.228	47.548	3.415	10.348	31.898
4	2.389	7.241	54.789	2.389	7.241	54.789	3.290	9.970	41.867
5	2.305	6.985	61.774	2.305	6.985	61.774	3.270	9.908	51.775
6	2.094	6.347	68.120	2.094	6.347	68.120	2.849	8.634	60.410
7	2.017	6.113	74.233	2.017	6.113	74.233	2.657	8.051	68.461
8	1.747	5.293	79.526	1.747	5.293	79.526	2.590	7.850	76.310
9	1.514	4.586	84.112	1.514	4.586	84.112	2.575	7.802	84.112
10	.518	1.569	85.268						
11	.373	1.131	86.813						

7-9　有關因素分析的忠告

終於結束了這冗長的一章，探索性因素分析的過程其實還算簡單，在範例7-2中，我們很順利的只進行一次探索性因素分析，即完成縮減資料的任務，且其信、效度也很漂亮。然而沒有天天過年的事，一般研究者進行因素分析時，不僅是體力上的付出，而且也是心智上的煎熬。但無論如何，進行因素分析時，有一些實務應用上的概念，仍應該要去釐清：

(一) 因素分析是個遞迴過程

在進行因素分析時，很少一次就能完成整個工作的。因為分析時我們往往會發現，雖然是已進行過項目分析、已淘汰一些品質不良的題項，但是，畢竟抽樣是具有隨機性的。因此，當正式施測後，所得到的正式樣本資料，於進行因素分析時，仍難免會有一些現存的題項，共同性太低（低於0.3）、因素負荷量太低（低於0.5）或無法被任何因素所解釋（也就是說，無法歸類於所萃取出來的某一因素之中）。在這種

情形之下，研究者有必要將此類題項排除於量表之外，排除後再一次的進行因素分析，如此操作，不斷的遞迴，直到所有題項皆能被所萃取出來的因素解釋後，才算完成整個因素分析的任務。這種現象很常見，但研究者仍得枯燥的、有耐心的去完成它。

(二) 研究者擁有發言權

第二種狀況是，一般研究者於實證時所設計的問卷，大都是根據理論或文獻的原始量表而來的（具有內容效度）。然而，我們卻常常發現，研究者進行因素分析後所得到的因素結構，往往相異於原始量表的因素結構。例如：對於服務品質構面，若研究者是根據SERVQUAL量表而設計問卷，那麼因素分析完應該會有五個子構面，即有形性、可靠性、反應性、確實性與關懷性。然而研究者的因素分析結果卻只有三個子構面，這樣代誌就有點大條了，因為自打嘴巴了！然而這情形卻是很常見的，很多研究者會將導致此現象的因素，歸因於時空背景、產業因素或抽樣狀態的不同。這樣的解釋是不會有什麼大問題，只是比較八股罷了。其實，這都是因為資料的隨機性所引起的。既然因素分析是屬於探索式的技術，因此對於因素分析結果的解讀、因素命名等，研究者都擁有發言權，發揮你的想像空間，就看你如何根據過去的文獻、經驗去解釋、怎麼去自圓其說而已。

(三) 探索性與驗證性因素分析同時使用

如上述，當然你的指導教授、口試委員與論文審核者不會太難「剃頭」的話，或許解釋、自圓其說等方法就可過關。但是，做研究應該不要賭運氣吧！在已違反原始量表之因素結構的情形下，除了解釋、自圓其說外，研究者該如何脫困呢？或許研究者可使用相同題項的另一組資料，並以探索性因素分析所萃取之因素結構為基礎，然後運用結構方程模型的驗證性因素分析技術來證明自己所發展出來的因素結構是具有信度、收斂效度與區別效度的。如此，或許是一個解決問題的方向，只是比較麻煩，要再去蒐集一份樣本資料罷了。若你的研究落到這種田地，或許會感嘆「我比別人卡認眞，我比別人卡打拚，為什麼、為什麼比別人卡歹命？」不用哀號，「去做卡實在」。

進行探索性因素分析時，多數研究者往往會苦於千辛萬苦所蒐集回來的樣本資料，無法符合預期的因素結構，導致論文一事無成。若想重新再蒐集資料，則所花費的時間、人力、財力與物力又不堪負荷，甚為困擾。此時，建議研究者可以尋求網路上一些代蒐資料的合作機會。例如：若研究議題適合於網路發放問卷時，那麼就可委託「my3q」網路問卷服務（http://www.my3q.com/）。

(四) 程序正確

　　資料的隨機性，往往令我們很困擾。但我們也必須面對它、解決問題。如前所述，因素分析是個遞迴過程，在這個遞迴過程中，應該要包含這些程序（如圖7-16所示）：

1. 先以直接指定「只萃取出1個因素」的方式來進行因素分析，然後從【共同性】表中刪除共同性小於0.3的題項。若不刪除，也可以將該題項移出【因素分析】對話框的【變數】框之外，即該變數不納入進行因素分析之意。刪除或移出題項後，再重複進行「只萃取出1個因素」的因素分析，直到所有題項的共同性皆已大於等於0.3為止。

2. 確定將納入因素分析的所有變數之共同性都大於等於0.3後，就可再一次執行正式的因素分析了。所謂正式的因素分析是指執行因素分析時，設定了以下這些項目：
   ☞ 進行球形檢定與KMO檢定
   ☞ 設定只萃取出特徵值大於1的因素
   ☞ 使用最大變異法進行轉軸
   ☞ 因素負荷要遞減排序
   ☞ 設定大於0.5的因素負荷，才顯示出來

3. 執行正式的因素分析後，【轉軸後的成份矩陣】表（旋轉元件矩陣表）中，若有因素負荷小於0.5或無法被任何因素所解釋（也就是說，無法歸類於所萃取出來的某一因素之下）的題項時，則刪除之。若不刪除，也可以將該題項移出【因素分析】對話框的【變數】框之外，不納入進行因素分析。刪除或移出題項後，再重複進行「正式的因素分析」，直到所有題項都可歸類於因素之下，且因素負荷都已大於0.5為止。

4. 觀察每個因素中所包含的題項之內容與意義，適當的為因素命名。並製作如表7-12的因素分析表，以說明因素結構、信度與收斂效度。

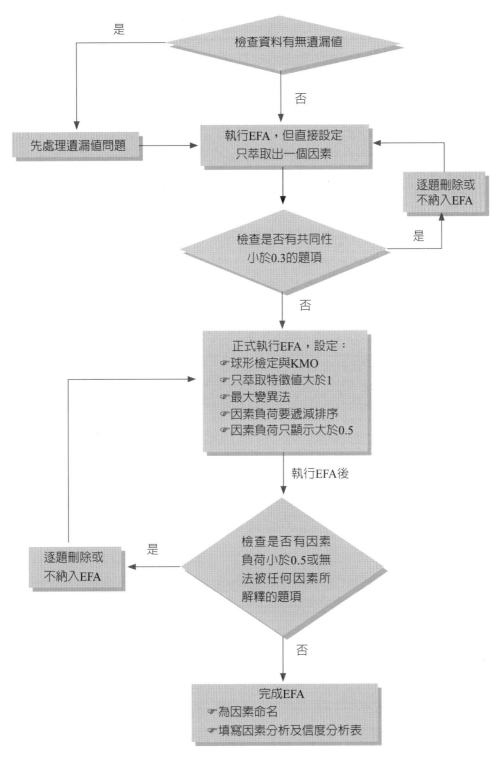

圖7-16 探索性因素分析的程序

習 題

 **練習 7-1**

「hw7-1.sav」為一包含27個題項的量表，試進行探索性因素分析。完成後，並請製作如表7-12的因素分析表，以說明因素結構、信度與收斂效度。

練習 7-2

參考附錄二中，論文「遊客體驗、旅遊意象與重遊意願關係之研究」的原始問卷，並開啓hw7-2.sav與hw7-2.doc，試對遊客體驗與旅遊意象兩構面進行因素分析，完成表7-18與表7-19，並加以評論，以初步掌握問卷的建構效度。

表7-18 遊客體驗構面因素分析表

因素名稱	因素構面內容	因素負荷	轉軸後平方負荷量		Cronbach's α
			特徵值	解釋變異量%	
感官體驗	1.秀麗的山水風景，非常吸引我。				
	2.豐富的歷史文物，非常吸引我。				
	3.我覺得這次旅遊，非常富有趣味。				
	4.我覺得這次旅遊，行程豐富精彩。				
情感體驗	5.看到美麗的景緻，令我心情放鬆。				
	6.看到豐富的文物，能激發我思古之情。				
	7.看到美麗的景緻，讓我感到歡樂愉快。				
	8.當地的景色，令我感動。				
	9.當地歷史文物，令我感動。				
思考體驗	10.透過這次旅遊，頗發人省思，令我有所思考。				
	11.透過這次旅遊，引發我的好奇心。				
	12.透過這次旅遊，引發我去做一些聯想或靈感的啓發。				
	13.透過這次旅遊，能激發我創意思考。				
行動體驗	14.看到美景，我很想分享觀賞的心得。				
	15.看到歷史文物，我很想分享觀賞的心得。				
	16.看到美景，我很想拍照、錄影留念。				
	17.看到歷史建物，我很想拍照、錄影留念。				

表7-18　遊客體驗構面因素分析表（續）

因素名稱	因素構面內容	因素負荷	轉軸後平方負荷量		Cronbach's α
			特徵值	解釋變異量%	
關聯體驗	18.我會想購買與當地相關的紀念品。				
	19.透過這次旅遊，讓我產生環境維護的認同感。				
	20.會因美麗的景緻，而聯想到西拉雅國家風景區。				
	21.透過這次旅遊，西拉雅會成為我平常談論的話題。				
累積總解釋變異量：					
量表整體信度：					

表7-19　旅遊意象構面因素分析表

因素名稱	因素構面內容	因素負荷	轉軸後平方負荷量		Cronbach's α
			特徵值	解釋變異量%	
產品	1.自然風景優美。				
	2.平埔族文化保存良好。				
	3.知名度高。				
品質	4.開車環湖賞景令人愉悅。				
	5.整體氣氛令人心情放鬆。				
	6.通往本風景區交通便利。				
	7.遊憩安全設施良好。				
	8.地方公共服務設施完善。				
服務	9.整體旅遊環境乾淨。				
	10.旅遊資訊充足。				
	11.相關服務人員能提供遊客迅速且即時的服務。				
	12.區內相關服務人員的服務態度良好。				
	13.旅遊活動的各項安排均能提供遊客便利。				
價格	14.個人平均旅遊花費價格合理。				
	15.收費合理。				
累積總解釋變異量：					
量表整體信度：					

練習 7-3

參考附錄五中，論文「澎湖休閒漁業觀光意象」之原始問卷，該問卷內容較為特殊，受訪者需填答其對相關題項的重要度認知與表現程度認知（認同度）。檔案「hw7-3.sav」為受訪者對相關題項之「認同度」的原始資料檔，試對該檔案「hw7-3.sav」進行因素分析。完成後，並請製作如表7-12的因素分析表，以說明因素結構、信度與收斂效度。

第8章

相關分析

相關分析的主要目的在於探討變數之間關係的緊密程度，以及根據樣本的資料推斷母體資料是否也相關。反映變數之間關係緊密程度的指標主要就是相關係數，相關係數的取值在 -1 和 $+1$ 之間，當數值越接近 -1 或 $+1$ 時，則表示關係越緊密；接近於 0 時，則說明關係越不緊密。但是相關係數常常是根據樣本的資料計算的，因此若想要確定母體中兩個變數是否也相關時，應該要考慮到樣本規模的影響力，因為樣本太小，推論時可能會出現較大的誤差。因此，相關分析中有一個很重要任務，那就是根據樣本相關係數來推斷母體的相關情況。

8-1 相關分析的前提假設

雖然，研究兩變數或兩變數以上的相關關係，方法有二，即相關分析（correlation analysis）與迴歸分析（regression analysis），但其本質上仍存在一些差異。於簡單迴歸模型中，所牽涉到的兩個變數中，假設X為自變數（independent variable），Y為依變數（dependent variable），那麼自變數X將可以被預先確定或控制，因此自變數X是一個非隨機變數，而依變數Y則不用去事先決定，所以依變數Y是一個隨機變數。而在相關模型中，所牽涉到的兩個變數則都是屬於隨機變數，而且沒有哪個是自變數或哪個是依變數之分。從而不難理解，如果變數間無法區分出所謂的依變數與自變數時，則使用相關分析來探討變數間的線性關係；如果變數是可以區分的話，則使用線性迴歸分析來探討變數間的線性關係。

因此，在相關模型的假設下，由於變數沒有依變數與自變數之分，如果硬要去擬合迴歸直線，那麼就會有兩條直線可以擬合。例如：若是透過X去估計Y，則建立迴歸模型時，應使Y的各點到直線的距離最短；若是透過Y去估計X，則應使X的各點到直線的距離最短。雖然，在一般情況下，這兩條直線是不會一樣的，但是若從相關的角度來看的話，兩者關係的緊密程度則會是一致的。

當樣本相關分析的結果要推論到母體時，除了上述兩個變數都是隨機變數的假設之外，還必須滿足以下的條件：
☞ 當X取任意值時，Y的條件分配為一常態分配。
☞ 當Y取任意值時，X的條件分配為一常態分配。
☞ X與Y的聯合分配是一個二維的常態分配。

◆ 8-2　相關係數的計算 ◆

統計學中，將衡量兩隨機變數間之關係的方法稱為相關分析。而將用以衡量兩隨機變數間之直線關係程度的大小（即反映兩個變數之間緊密程度的指標）與方向的量數稱為相關係數（correlation coefficient）。樣本的相關係數一般用「r」來表示，而母體的相關係數一般則用「ρ」表示。

計算相關係數時，有幾種不同的方法可以選用，這完全視資料之屬性而定。其中，Pearson相關係數（Pearson correlation coefficient）適用於區間尺度資料（連續型的數值型資料），而Spearman等級相關係數和Kendall等級相關係數則都適合於順序尺度資料（或無母數的相關分析）。

8-2-1　Pearson相關係數

相關係數最早是由Pearson提出，所以又稱為Pearson相關係數，它可以直接根據樣本觀察值計算而得，其計算公式如式8-1。在式8-1的分子部分為兩個變數之第一動差（first moment，即離差）的相乘積，此即為兩變數的共變異數（covariance），共變異數的意義在於描述兩個隨機變數間的線性關係。也就是說透過共變異數的數值可以協助理解，當一個變數變動時，另一變數將呈同方向或相反方向變動（此即線性關係之意）。共變異數的數值會介於$-\infty$到∞之間，當兩變數的共變異數大於零，表示兩變數同方向變動；小於零時，則表示兩變數將反方向變動；而等於零時，則表示兩變數間沒有「線性」關係，但並不表示兩者之間沒有其他關係存在。

也由於式8-1的分子部分為兩個變數之第一動差的相乘積，所以Pearson相關係數又稱為乘積動差相關係數（product-moment correlation coefficient），簡稱為積差相關係數。Pearson相關係數的計算公式為：

$$r_{XY} = \frac{\sum (X_i - \overline{X})(Y_i - \overline{Y})}{\sqrt{(\sum (X_i - \overline{X})^2) \times (\sum (Y_i - \overline{Y})^2)}}$$

（式8-1）

由式8-1，可反映出下列有關相關係數r_{XY}的特性：

(1) $r_{XY} = 0$表示兩隨機變數X與Y沒有線性關係。

(2) $r_{XY} > 0$表示兩隨機變數X與Y間有正向的線性關係。

(3) $r_{XY} = 1$表示兩隨機變數X與Y完全正相關、斜率為正的線性關係。

(4) $r_{XY} < 0$表示兩隨機變數X與Y間有負向的直線關係。

(5) $r_{XY} = -1$表示兩隨機變數X與Y完全負相關,斜率為負的線性關係。

　　統計學上,為了在分析前就能初步確認兩變數間的關係,也常使用散佈圖(scatter plot)來加以判斷。利用散佈圖於座標平面中標示出兩變數之數值(一個為X;另一個為Y)所共同決定出的點後,若各分散的點呈左下至右上的直線分布,代表X軸的變數遞增時,Y軸的變數亦遞增,此時即稱兩變數完全正相關($r_{XY} = 1$,如圖8-1c)。若各分散的點呈左上至右下的直線分布,代表X軸的變數遞增時,Y軸的變數卻遞減,此時即稱兩變數完全負相關($r_{XY} = -1$,如圖8-1d)。散佈圖若像圖8-1a、8-1b呈現隨機分布時,代表兩變數零相關,即兩變數沒關聯之意。不過大多數情形,兩變數的關係經常不會呈現完美的直線關係,而是像圖8-1e、8-1f的情形,圖8-1e中「大致」呈現左下至右上的分布,即稱為正相關($r_{XY} > 0$);反之,圖8-1f則「大致」呈現左上至右下的分布,則稱為負相關($r_{XY} < 0$)。須請讀者理解的是,關係的強弱與斜率並無直接關係,而是與散佈圖是否近似一條直線有關。當散佈圖越近似一條直線時,兩變數的關係就會越接近完全正相關或完全負相關。

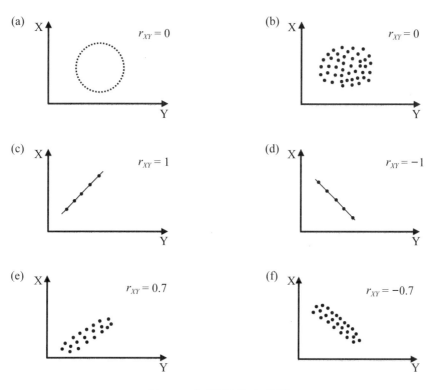

圖8-1　相關係數示意圖

此外，學術上亦常根據相關係數的大小，而評定關聯程度的強弱，如表8-1所示。另亦有學者認為當相關係數大於0.7時，即可成為高度相關；介於0.4至0.7之間為中度相關；小於0.4為低度相關（吳明隆，2008）。

表8-1　兩變數之關聯程度評定

相關係數	關聯程度
1	完全相關
0.7～0.99	高度相關
0.4～0.69	中度相關
0.1～0.39	低度相關
0.1以下	微弱或無相關

除相關係數數值大小的討論外，讀者須注意的是，在推論統計中，兩個變數間的關係是否顯著，並不能單從相關係數數值（絕對值）的大小來決定，而必須從相關係數之檢定過程中所得來的機率p值來輔助判定。當機率p值大於0.05（預設的顯著水準）時，縱使相關係數數值很大，我們仍得認定「兩變數的相關性未達顯著」，即兩變數間沒有顯著的正相關或負相關之意。反之，若機率p值小於0.05時，即代表「兩變數的相關性達顯著」；也就是說，兩變數間呈現顯著的正相關或負相關。兩變數間的關係要顯著時，相關係數數值（絕對值）的大小才有意義，也才可據以評估兩變數間的關聯程度。

8-2-2　Spearman等級相關係數

Spearman等級相關係數（Spearman's rank correlation coefficient），可用來衡量兩組經過「等級排序」後之變數資料間的相關程度。在以等級順序為基礎（順序尺度）的所有統計量中，Spearman等級相關係數是發展最早，並且到目前為止，也許是最著名的。Spearman等級相關係數的原理是，假設將N個目標事件／物件依照某兩個變數的意涵來排序。例如：我們可以將一組學生按入學考試成績和第一學期的學期成績來排列等級。如果將入學考試成績的等級排序結果記為X_1、X_2、……X_N，而學期成績的等級排序結果記為Y_1、Y_2、……Y_N。此時，我們就可以用Spearman等級相關係數來決定入學考試成績（X）和第一學期的學期成績（Y）之間的相關性。

Spearman等級相關係數的數學式為:

$$r = \frac{\sum(X_i - \overline{X})(Y_i - \overline{Y})}{\sqrt{(\sum(X_i - \overline{X})^2) \times (\sum(Y_i - \overline{Y})^2)}}$$

(式8-2)

8-2-3　Kendall等級相關係數

Kendall等級相關係數就比較難以解釋了。因此,我們將以一個例子來說明Kendall等級相關係數的計算過程。如果兩位鑑定家各自以畫作的吸引力大小為基準,將7幅抽象派畫作評定了等級。在此情況下,若我們想要去了解這兩位鑑定家的等級評定資料間的相符程度時,那麼就可運用Kendall等級相關係數來加以分析了。表8-2顯示出了7幅畫作的等級評定資料。

表8-2　畫作的等級評定表

畫號	二	六	五	一	四	三	七
鑑定家1	1	2	3	4	5	6	7
鑑定家2	2	3	1	4	6	5	7

首先我們將「鑑定家1」所評定的等級由第一名排到第七名(先予以固定,遞增排序),此時畫作的編號也會跟著異動,如表8-2的第一列與第二列。接著,根據目前畫作編號的排列順序(第一列資料),依序填入「鑑定家2」所評定的等級,如表8-2的第三列。最後,由於「鑑定家1」所評定的等級已依遞增順序排好,所以我們將重點聚焦於表8-2的第三列(即「鑑定家2」所評定的等級)。由畫號二開始,依次取出各畫作被評定出的等級,然後算出每一幅畫作之右邊欄位中,在等級上比自己小的個數,並將這些個數加起來,且將此數指定為Q。例如:從表中第三列第一欄開始,「鑑定家2」對畫號二所評定的等級為2,其個數則為1(因為在其右邊的欄位中,等級比2小的,只有畫號五,1個畫作而已),繼續算出其餘六個畫作之個數依次為1、1、0、0、1和0,因此個數的總和為Q = 3。而Kendall等級相關係數則為:

$$\tau = 1 - \frac{4Q}{n \times (n-1)} = 1 - \frac{12}{42} = 0.714$$

(式8-3)

上述計算式中,n為畫作的個數,τ即代表Kendall等級相關係數。Kendall等級相關係數的值會介於-1和+1之間,其計算顯得麻煩一些,但是其在原假設上的機率分配較為簡單,而且也可被推廣而應用在研究偏相關的問題上。

◆ 8-3　相關分析的範例 ◆

　　在相關分析中，變數可以是連續型的或是順序尺度型的變數（或是無法滿足常態分配的區間尺度資料），因此，可以選擇計算Pearson相關係數、Spearman等級相關係數和Kendall等級相關係數。除了相關係數的計算外，也可針對相關係數的顯著性進行檢定，而其所檢定的虛無假設則為：相關係數等於0（即無相關）。當然檢定的過程中，也可選擇使用單尾檢定或是雙尾檢定。故而本節將講解兩個範例，分別對應於連續型變數和順序尺度型變數。

8-3-1　雙變數相關分析範例

▶ 範例8-1

養雞專家將探索小雞之體重是否與雞冠重有關，於是蒐集了10隻15天大的小雞，並測量每隻小雞的體重與雞冠重，資料如表8-3所示。養雞專家想透過對小雞的體重（weight）和雞冠重（coronary）進行相關分析，以便觀察小雞體重和雞冠重之間是否有比較緊密的關聯性存在（ex8-1.sav）。

表8-3　小雞的體重與雞冠重資料表

觀測個案編號	1	2	3	4	5	6	7	8	9	10
體重（克）	83	72	69	90	90	95	95	91	75	70
雞冠重（毫克）	56	42	18	84	56	107	90	68	31	48

操作 步驟

　　在此，我們將使用SPSS套裝軟體，輔助相關係數的計算與分析，詳細操作步驟如下：

　　步驟1：執行相關分析功能。首先將資料輸入【資料視圖】視窗中（或直接開啟 ex8-1.sav），然後執行【分析】／【相關】／【雙變數】，以開啟【雙變量相關分析】對話框。

　　步驟2：選取欲分析的變數。在左邊的【待選變數】清單中選擇變數「體重」、「雞冠重」進入【變數】框中。

　　步驟3：設定計算方式。由於「體重」、「雞冠重」都是屬於連續型數值資料，

因此在【相關係數】框內,請選擇【Pearson相關係數】選項,以計算「體重」與「雞冠重」的Pearson相關係數。

步驟4:設定檢定方式。由於事先我們並不清楚「體重」與「雞冠重」間之關係的方向,因此,在【顯著性檢定】框內,請選擇【雙尾檢定】選項。

步驟5:選取【標示顯著性訊號】核取方塊,如圖8-2所示。

圖8-2　設定【雙變量相關分析】對話框

步驟6:設定選項功能。按【選項】按鈕,打開【選項】對話框,選取【平均數與標準差】核取方塊、【交叉乘積離差與共變異數矩陣】核取方塊和【成對方式排除】選項,完成後按【繼續】鈕,如圖8-3所示。

圖8-3　設定【選項】對話框

步驟7：回到【雙變量相關分析】對話框後，按【確定】鈕，即可開始進行相關
　　　　分析的計算。

步驟8：詳細操作過程，讀者可自行參閱影音檔「ex8-1.wmv」。

▶ 報表解說

執行完雙變數之相關分析後，SPSS套裝軟體當可跑出相關報表，相關分析的統計報表並不複雜，相關說明如下：

1. 描述性統計資料表，如表8-4所示。

表8-4　描述性統計資料表

	平均數	標準偏差	N
體重	83.00	10.541	10
雞冠重	60.00	27.596	10

從表8-4中可以清楚看出，變數weight（體重）的平均值為83.00，標準差為10.54，觀測個案數（小雞數）為10；變數coronary（雞冠重）的平均值為60.00，標準差為27.60，觀測個案數亦為10。

2. Pearson相關係數矩陣，如表8-5所示。

從表8-5中可以看出，Pearson相關係數為0.879，即小雞的體重與雞冠重的相關係數為0.879，這兩者之關係的雙尾檢定值為0.001（小於0.05，故顯著）。體重觀測值的變異數為111.111，而雞冠重觀測值的變異數為761.556，體重和雞冠重的共變異數為255.778。從統計結果可以得到，小雞的體重與雞冠重之間存在著顯著的正相關關係，相關係數達0.879，且顯著。因此，可推論當小雞的體重越重時，則小雞的雞冠越重。並且，否定了小雞的體重與雞冠重之間不相關的虛無假設。亦即，小雞的體重與雞冠重之間具有顯著的相關性，且其相關係數達0.879。

表8-5　Pearson相關係數矩陣

		體重	雞冠重
體重	皮爾森（Pearson）相關	1	.879**
	顯著性（雙尾）		.001
	平方和及交叉乘積	1000.000	2302.00
	共變異	111.111	255.778
	N	10	10
雞冠重	皮爾森（Pearson）相關	.879**	1
	顯著性（雙尾）	.001	
	平方和及交叉乘積	2302.000	6854.000
	共變異	255.778	761.556
	N	10	10

8-3-2　順序型變數的Spearman等級相關分析

▶ 範例8-2

本範例的內容與資料皆引自Siegel的著作《無母數統計》。基於世代變遷，某些研究者想了解在目前多元化的社會情境中，新一世代的年輕人對於權威主義和地位慾的看法。於是研究者使用了著名的F量表（權威主義的一種量表）和為測量地位慾而設計的另一種量表，而對12個大學生進行了調查。調查後，該權威主義和地位慾之評定等級如表8-6，試分析此兩種評定等級的相關程度。（ex8-2.sav）

　　透過權威主義量表和地位慾量表的施測結果，我們希望知道對權威主義的評等和對地位慾的評等之間相關程度的資訊，以便能找出某些論點，以標識、闡明個人的地位慾。這些論點諸如：「人們不應該和社會地位比自己低的人結婚」；「對於約會這件事來說，去看馬戲團表演比去看棒球賽好」；「追溯你的家譜是一件值得做的事情」等。在表8-6中已列出了這12位學生評分的等級。我們將根據這些評等結果，來分析此兩種評定等級的相關程度。

表8-6　權威主義和地位慾評定等級

學生	A	B	C	D	E	F	G	H	I	J	K	L
權威主義	2	6	5	1	10	9	8	3	4	12	7	11
地位慾	3	4	2	1	8	11	10	6	7	12	5	9

　　從表8-6中，顯然可以看出權威主義個性最強的學生（J生），其地位慾也最強，因為他在兩個變數中的等級都是12。但權威主義和地位慾之評定等級是不是真的有緊密關係，還須以相關分析的統計方法來檢驗。

操作 步驟

　　由於等級評定的資料屬順序型資料，故將使用Spearman等級相關分析，以探究權威主義和地位慾之評定等級間的相關程度。

　　步驟1：首先將資料輸入【資料視圖】視窗中（或請直接開啓檔案ex8-2.sav），然後執行【分析】／【相關】／【雙變數】，以開啓【雙變量相關分析】對話框。

　　步驟2：在左邊的【待選變數】清單中，選擇變數「power」、「position」進入【變數】框中。

　　步驟3：在【相關係數】框內選取【Spearman等級相關係數】選項，以計算Spearman等級相關係數。

　　步驟4：在【顯著性檢定】框，選擇【雙尾檢定】選項。

　　步驟5：選取【標示顯著性訊號】核取方塊，如圖8-4所示。

圖8-4　設定【雙變數相關分析】對話框

步驟6：按【選項】按鈕，打開【選項】對話框，【成對方式排除】選項（此步驟可省略）。

步驟7：按【確定】鈕，即可開始進行統計分析過程。

步驟8：詳細操作過程，讀者可自行參閱影音檔「ex8-2.wmv」。

▶ **報表解說**

Spearman等級相關係數表，如表8-7所示。

表8-7　Spearman等級相關係數表

			權威主義	地位慾
Spearman的rho	權威主義	相關係數	1.000	.818**
		顯著性（雙尾）	.	.001
		N	12	12
	地位慾	相關係數	.818**	1.000
		顯著性（雙尾）	.001	.
		N	12	12

　　從表8-7中可以看出，權威主義和地位慾的相關係數為0.818，這表示權威主義越高的人，地位慾也越高。權威主義與地位慾不相關的虛無假設之顯著性為0.001（小於0.05），故否定虛無假設，即認為權威主義與地位慾是顯著相關的。亦即，權威主義與地位慾之間具有顯著的正向相關性，且其相關係數達0.818。

8-3-3　順序型變數的Kendall等級相關分析

▶ 範例8-3

本範例的內容與資料皆引自Siegel的著作《無母數統計》。基於世代變遷，某些研究者想了解在目前多元化的社會情境中，新一世代的年輕人對於權威主義和地位慾的看法。於是研究者使用了著名的F量表（權威主義的一種量表）和為測量地位慾而設計的另一種量表，而對12個大學生進行了調查。調查後，該權威主義和地位慾之評定等級如表8-6。請使用Kendall等級相關分析，分析此兩種評定等級的相關程度。（ex8-3.sav）

本小節中，仍然使用範例8-2中的順序型資料。進行Kendall等級相關分析的步驟類似於範例8-2，其差異只是須在【相關係數】框內選取【Kendall's tau-b相關係數】選項而已。其他的設定和範例8-2中的Spearman等級相關分析中之操作步驟完全一樣。詳細操作過程，讀者可自行參閱範例8-2。

▶ **報表解說**

經執行Kendall等級相關分析後，於SPSS的輸出報表中，即可顯示出Kendall等級相關係數表，如表8-8所示。從表8-8中可以看出，權威主義（power）和地位慾（position）的相關係數為0.667，這表示權威主義越高的人，地位慾也越高。權威主義與地位慾不相關的虛無假設之顯著性為0.003（小於0.05），故否定虛無假設，即認為權威主義與地位慾是顯著相關的，且其相關係數為0.667。Kendall等級相關分析所得到的結果類似於Spearman等級相關分析。

表8-8　Kenddall等級相關係數表

			權威主義	地位慾
Kendall和tau_b	權威主義	相關係數	1.000	.667**
		顯著性（雙尾）	.	.003
		N	12	12
	地位慾	相關係數	.667**	1.000
		顯著性（雙尾）	.003	.
		N	12	12

8-4　收斂效度與區別效度的檢測

　　效度代表測量工具（量表／問卷）之正確性和準確性的程度，也就是測量工具確實能測出其所欲測量的特質、特徵或功能之程度。因此，評估效度時，首重測量工具（量表／問卷）能否達到原先研究所設定的評量目標、效果和效益。常見的效度有四種類型：表面效度（face validity）、內容效度（content validity）、效標效度（criterion validity）與建構效度（construct validity）。

　　一般論文研究中，最常見的效度檢驗，即是「建構效度」的檢驗。建構效度係指測量工具的內容（即各題項內容）是否能夠測量到理論上的構念或特質的程度。建構效度包含收斂效度（convergent validity）與區別效度（discriminant validity）。收斂效度主要在檢驗以一個變數（構念）發展出的多題題項，最後是否仍會收斂於一個因素中（同一構念、不同題項間的相關性要高）；而區別效度則為判定某一題項可以與其他構念之題項區別的程度（不同構念、不同題項間的相關性要低）。

　　利用SPSS進行量表之建構效度評估時，常用探索性因素分析法進行收斂效度之評估。進行因素分析時，根據Kaiser（1958）所提出的收斂效度評估標準，若能符合下列原則，即可表示量表的收斂效度較高：

1. 所萃取出之因素的特徵值（eigenvalue）須大於1。
2. 各構念的衡量題項皆可收斂於同一個共同因素之下。
3. 各因素構面中各變數之因素負荷量大於0.5。
4. 累積解釋變異（cumulative explained variation）須達50%以上時。

　　至於區別效度，則可採用Gaski and Nevin（1985）所建議的兩個評估標準：

1. 兩兩變數間的相關係數是否小於1。
2. 任兩構面間的相關係數均小於個別構面的Cronbach's α值。

▶ 範例8-4　參考附錄一中，論文【品牌形象、知覺價值對品牌忠誠度關係之研究】之原始問卷，並開啓ex8-4.sav與ex8-4.doc，試評估原始問卷的收斂效度與區別效度，並完成表8-9與表8-10。

表8-9　原始問卷之信度、收斂效度分析表

主構面	子構面	題項內容	因素負荷	轉軸後平方負荷量		Cronbach's α
				特徵值	解釋變異量%	
品牌形象	品牌價值	bi1_1				
		bi1_2				
		bi1_3				
	品牌特質	bi2_1				
		bi2_2				
		bi2_3				
	企業聯想	bi3_1				
		bi3_2				
		bi3_3				
知覺價值	品質價值	pv1_1				
		pv1_2				
	情感價值	pv2_1				
		pv2_2				
	價格價值	pv3_1				
		pv3_2				
	社會價值	pv4_1				
		pv4_2				
品牌忠誠度		ly1				
		ly2				
		ly3				
		ly4				
		ly5				
總解釋變異量：　　　　%						
整體信度：						

表8-10　原始問卷之區別效度分析表

構面	項目數	相關係數							
		A	B	C	D	E	F	G	H
A.品牌價值[1]	3	[2]							
B.品牌特質	3	*[3]							
C.企業聯想	3								
D.品質價值	2								
E.情感價值	2								
F.價格價值	2								
G.社會價值	2								
H.品牌忠誠度	5								

註1：取變數之平均數為量表中各構面之所有題項的加總平均值。
註2：對角線之值為各子構面之Cronbach's α，該值應大於非對角線之值。
註3：*在顯著水準α＝0.05時，變數間之相關係數達顯著水準。

　　在本範例中，將運用前一章所說明的因素分析與本章的相關分析來檢測原始問卷的收斂與區別效度，過程雖有點複雜，但若能先擬定操作策略的話，則將使解題邏輯更為清晰。要完成表8-9須運用探索式因素分析，而表8-10則須使用相關分析。因此，解題的操作策略大致可分為四個階段，如下：

階段一、先執行探索式因素分析，其執行與分析邏輯如下：

1. 執行策略

　(1) 確認樣本數是否已達問卷題項的5倍以上，且樣本數的總數不少於100個。

　(2) 分析方法：主成份分析法。

　(3) 只萃取出特徵值大於1的因素。

　(4) 轉軸法：最大轉軸法（varimax）。

　(5) 因素負荷要遞減排序。

　(6) 設定大於0.5的因素負荷才於報表中顯示出其數值，如此報表較簡潔外，也能符合收斂效度的原則。但若因這個設定而導致影響因素結構（即某因素該包含哪些題項）之判斷時，亦可放寬至0.3。

2. 探索式因素分析執行完成後，其分析策略如下：

　(1) KMO統計量值0.8以上且巴特利特球形檢定之結果，必須顯著（即p<0.05）。

　(2) 決定萃取出的因素個數時，應綜合運用下列原則：

　　a. 特徵值大於1。

b. 陡坡圖檢定準則。

c. 累積解釋總變異量（%）不得小於50%。

d. 共同性（communality）須大於0.5。

(3) 確認因素結構時，應遵循下列原則：

a. 兩因素負荷量絕對值差大於0.3時，排除較小者。

b. 以最大變異數轉軸法（varimax）旋轉以後，取該因素所包含之題項的因素負荷量絕對值大於0.5者。

c. 若題項橫跨兩個因素以上，且其因素負荷量差距亦不大時，則表示該題項的區別效度可能較差。此時，將導致難以判斷該題項到底應歸屬哪個因素，這時可回頭參酌所引用之原始問卷／量表的因素結構，而定奪該題項應歸入哪個因素。

階段二、求取各子構面或構面的Cronbach's α值。

階段三、由於表8-10中，要以子構面或構面（沒有子構面的話）為單位，故求取各子構面或構面間的相關係數前，須先將各子構面的平均得分求算出來，並儲存為變數。

階段四、執行相關分析，以求取各子構面或構面間的相關係數。

階段一：執行探索式因素分析

操作 步驟

步驟1：開啟檔案「ex8-4.sav」後，執行【分析】／【維度縮減】／【因素】。若讀者對於操作過程仍不熟悉，亦可回顧第7章範例7-2。

步驟2：待開啟【因素分析】對話框後，將所有變數（bi1_1～bi3_3、pv1_1～pv4_2、ly1～ly5，共22個變數）選入到【變數】框中。

步驟3：在【因素分析】對話框中，按右方的【描述性統計資料】鈕，於開啟的【描述性統計資料】對話框中，選取【單變量描述性統計資料】選項、【未轉軸之統計資料】選項、【係數】選項與【KMO與Bartlett的球形檢定】選項，然後按【繼續】鈕，回到【因素分析】對話框。

步驟4：按【擷取】鈕，於開啟的【擷取】對話框中，【方法】下拉式清單中選取【主成份】法、【分析】方框中選取【相關矩陣】、【顯示】框中選

取【未旋轉因素解】選項與【陡坡圖】選項、【擷取】框中選取【特徵值】選項，並於其後方的輸入欄中輸入「1」，意味著特徵值大於1的因素，才夠資格被萃取出來。設定好後，按【繼續】鈕，回到【因素分析】對話框，。

步驟5：按【轉軸法】鈕，於開啟的【轉軸法】對話框中，選取【最大變異法】，並於【顯示】框中選取【轉軸後的解】選項。接著，按【繼續】鈕，回到【因素分析】對話框。

步驟6：按【選項】鈕，於開啟的【選項】對話框中，在【遺漏值】框中選取【完全排除觀察值】選項，並勾選【係數顯示格式】中的【依據因素負荷排序】選項與【隱藏較小的係數】選項，並在其後方的輸入欄中輸入「0.5」，以符合收斂效度之要求。按【繼續】鈕，回到【因素分析】對話框。

步驟7：於【因素分析】對話框中，按【確定】鈕，即可完成所有的設定工作並執行因素分析。

步驟8：開啟檔案ex8-4.doc，將階段一探索式因素分析的結果，填入表8-9中。

步驟9：詳細操作過程，讀者亦可自行參閱影音檔「ex8-4-1.wmv」。

▶ **報表解說**

執行完上述步驟後，即可跑出因素分析之報表。報表相當長，在此將分階段解說。

(一) 檢定樣本資料是否適合進行因素分析

由表8-11可知，Bartlett球形檢定之卡方統計量的觀測值為4684.556，其對應的機率p值（顯著性）接近0。就檢定概念而言，顯著水準為0.05時，由於機率p值小於顯著水準，故應拒絕虛無假設，而認為相關係數矩陣與單位矩陣有顯著差異；也就是說相關係數矩陣不為單位矩陣之意，故適合進行因素分析。同時，KMO值為0.796（亦接近0.8），依據Kaiser對KMO之衡量標準可知，原始變數亦適合進行因素分析。

表8-11　KMO與Bartlett檢定表

Kaiser-Meyer-Olkin測量取樣適當性。		.796
Bartlett的球形檢定	大約卡方	4684.556
	df	231
	顯著性	.000

(二) 萃取因素

根據原始變數的相關係數矩陣，我們將應用主成份分析法並以特徵值大於1為篩選條件來萃取出因素，分析結果如表8-12所示。

表8-12　因素解釋原始變數之總變異數的情況

元件	起始特徵值			擷取平方和載入			循環平方和載入		
	總計	變異的%	累加%	總計	變異的%	累加%	總計	變異的%	累加%
1	5.597	25.443	25.443	5.597	25.443	25.443	4.148	18.856	18.856
2	2.807	12.760	38.203	2.807	12.760	38.203	2.535	11.521	30.377
3	2.166	9.847	48.050	2.166	9.847	48.050	2.523	11.469	41.847
4	2.054	9.334	57.384	2.054	9.334	57.384	2.516	11.435	53.281
5	1.803	8.195	65.579	1.803	8.195	65.579	1.828	8.357	61.638
6	1.661	7.549	73.129	1.661	7.549	73.129	1.754	7.972	69.610
7	1.359	6.179	79.308	1.359	6.179	79.308	1.663	7.561	77.171
8	1.108	5.035	84.343	1.108	5.035	(84.343)	1.578	7.173	(84.343)
9	.414	1.884	86.227						
10	.354	1.607	87.835						
11	.284	1.290	89.125						
12	.282	1.280	90.405						
13	.268	1.218	91.623						
14	.255	1.158	92.781						
15	.246	1.116	93.897						
16	.226	1.027	94.925						
17	.222	1.008	95.932						
18	.212	.963	96.895						
19	.195	.888	97.783						
20	.177	.805	98.588						
21	.167	.757	99.345						
22	.144	.655	100.00						

表8-12為因素解釋原始變數之總變異數的情況。由【循環平方和載入】欄（此即過往版本的轉軸後因素解），明顯的，可以萃取出特徵值大於1的8個因素，再參酌表8-13可得知：

第一個因素為：品牌忠誠度（ly），其特徵值為4.148，解釋變異量為18.856%。

第二個因素為：品牌價值（bi1），其特徵值為2.535，解釋變異量為11.521%。

第三個因素為：企業聯想（bi3），其特徵值為2.523，解釋變異量為11.469%。

1

第四個因素為：品牌特質（bi2），其特徵值為2.516，解釋變異量為11.435%。

第五個因素為：社會價值（pv4），其特徵值為1.838，解釋變異量為8.357%。

第六個因素為：品質價值（pv1），其特徵值為1.754，解釋變異量為7.972%。

第七個因素為：情感價值（pv2），其特徵值為1.663，解釋變異量為7.561%。

第八個因素為：價格價值（pv3），其特徵值為1.578，解釋變異量為7.173%。

其累積的解釋變異量（總解釋變異量）亦達84.343%。

表8-13　轉軸後的成份矩陣（旋轉元件矩陣）

	元件							
	1	2	3	4	5	6	7	8
ly3	.906							
ly1	.897							
ly5	.892							
ly4	.891							
ly2	.877							
bil1_1		.910						
bil1_2		.894						
bil1_3		.883						
bil3_3			.910					
bil3_1			.897					
bil3_2			.892					
bil3_3				.899				
bil2_2				.886				
bil2_1				.884				
bil4_1					.951			
bil4_2					.948			
bil1_1						.918		
bil1_2						.915		
bil2_2							.896	
bil1_1							.886	
bil3_2								.871
bil3_1								.849

(三) 因素結構的確認

由於，原始問卷之各構面題項皆為引用過往文獻，且在此進行因素分析的目的在於確認所得的因素結構是否與過往文獻的因素結構一致。因此，不用再進行因素命名，而只須檢測各構面因素內所包含的題項是否與原有的因素結構一致。

例如：原始問卷中，bi1_1～bi1_3應收斂於「品牌價值」子構面、bi2_1～bi2_3應收斂於「品牌特質」子構面、bi3_1～bi3_3應收斂於「企業聯想」子構面、pv1_1～pv1_2應收斂於「品質價值」子構面、pv2_1～pv2_2應收斂於「情感價值」子構面、pv3_1～pv3_2應收斂於「價格價值」子構面、pv4_1～pv4_2應收斂於「社會價值」子構面、ly1～ly2應收斂於「品牌忠誠度」構面。

觀察表8-13的轉軸後的成份矩陣（即旋轉元件矩陣），可明顯看出探索式因素分析的結果，其因素分析結構正好與原始問卷之因素結構完全一致，且各題項的因素負荷量皆達0.5以上。

最後，整理一下上述分析結果，然後開啟檔案ex8-4.doc，即可於空白的表8-9中，依序填入各題項的因素負荷量（填表時須注意表8-13中各題項的編號排序與表8-9不同）、各子構面的特徵值（要填轉軸後之結果，即表8-12中「循環平方和載入」之「總計」欄位中的值）、解釋變異量（要填轉軸後之結果，即表8-12中「循環平方和載入」之「變異的%」欄位中的值）與總解釋變異量，如表8-14所示。

階段二：求取各子構面或構面的Cronbach's α值

原始量表中包含三個主要構面，即品牌形象、知覺價值與品牌忠誠度。其中，品牌形象又包含3個子構面（品牌價值、品牌特質與企業聯想）、知覺價值包含4個子構面（品質價值、情感價值、價格價值與社會價值）；而品牌忠誠度則無子構面。由因素結構的樹狀圖來看，這些子構面與品牌忠誠度同屬樹狀圖的最底層（第一階），且於探索式因素分析中，也顯示出這8個構面因素各具有其特質。故在此階段中，將依子構面為單位，進行信度分析以求取各子構面或構面的Cronbach's α值。

操作步驟

步驟1：本範例中，為求取8個子構面的信度與原始問卷的整體信度，信度分析共須執行9次。首先，開啟檔案「ex8-4.sav」後，執行【分析】／【尺度】／【可靠度分析】。

步驟2：求取品牌價值的信度。待出現【可靠度分析】對話框後，先進行「品牌價值」子構面的信度分析。將bi1_1～bi1_3等題項選入右邊的【項目】清單方塊內，然後於左下方的【模型】下拉式清單中選取「Alpha值」，再按【確定】鈕，即可順利評估「品牌價值」子構面的信度。

步驟3：求取其他子構面的信度。重複執行步驟1與步驟2，依序求出「品牌特質」、「企業聯想」、「品質價值」、「情感價值」、「價格價值」、「社會價值」、與「品牌忠誠度」等7個子構面或構面的信度。

步驟4：求取整體信度。最後，再執行一次【分析】／【尺度】／【可靠度分析】，然後在【可靠度分析】對話框中，將所有題項（共22題）選入右邊的【項目】清單方塊內，接著於左下方的【模型】下拉式清單中選取「Alpha值」，再按【確定】鈕，即可求出原始問卷的整體信度。

步驟5：開啟檔案ex8-4.doc，將階段一探索式因素分析與階段二信度分析的結果，填入表8-9中。

步驟6：詳細操作過程，讀者亦可自行參閱影音檔「ex8-4-2.wmv」。

▶ **報表解說**

執行完9次的信度分析後，當可從報表中得到各子構面與整體信度值，其Cronbach's α值分別為：品牌價值0.906、品牌特質0.899、企業聯想0.904、品質價值0.859、情感價值0.795、價格價值0.740、社會價值0.903、品牌忠誠度0.945與整體信度值0.843。

開啟檔案ex8-4.doc後，即可於表8-9中，將上述信度值依序填入最右邊Cronbach's α欄與最底下之整體信度值欄中。即可完成表8-9（原始問卷之信度、收斂效度分析表）的填製工作了，完成後如表8-14所示。

階段三、求取各子構面或構面的平均得分，並儲存為變數

由於表8-10中，要以子構面或構面（沒有子構面的話）為單位，故求取各子構面或構面間的相關係數前，須先將各子構面的平均得分求算出來，並儲存為變數。

在此，我們將計算出每一個個案（受訪者）於「品牌價值（bi1）」、「品牌特質（bi2）」、「企業聯想（bi3）」、「品質價值（pv1）」、「情感價值（pv2）」、「價格價值（pv3）」、「社會價值（pv4）」與「品牌忠誠度（ly）」等8個子構面或構面的平均得分，並將這些計算出來的新資料，以新的變數來儲存。

故須執行【轉換】／【計算變數】8次。這8次【計算變數】的數學運算式，分別如下：

表8-14 原始問卷之信度、收斂效度分析表（完成）

主構面	子構面	題項內容	因素負荷	轉軸後平方負荷量		Cronbach's α
				特徵值	解釋變異量%	
品牌形象	品牌價值	bi1_1	0.910	2.535	11.521	0.906
		bi1_2	0.894			
		bi1_3	0.882			
	品牌特質	bi2_1	0.884	2.516	11.434	0.899
		bi2_2	0.886			
		bi2_3	0.899			
	企業聯想	bi3_1	0.897	2.523	11.469	0.904
		bi3_2	0.892			
		bi3_3	0.910			
知覺價值	品質價值	pv1_1	0.918	1.754	7.972	0.859
		pv1_2	0.915			
	情感價值	pv2_1	0.886	1.663	7.561	0.795
		pv2_2	0.896			
	價格價值	pv3_1	0.849	1.578	7.173	0.740
		pv3_2	0.871			
	社會價值	pv4_1	0.951	1.838	8.357	0.903
		pv4_2	0.948			
品牌忠誠度	—	ly1	0.894	4.148	18.856	0.945
		ly2	0.877			
		ly3	0.906			
		ly4	0.891			
		ly5	0.892			
總解釋變異量：84.343%						
整體信度：0.843						

bi1 = sum(bi1_1 to bi1_3)/3

bi2 = sum(bi2_1 to bi2_3)/3

bi3 = sum(bi3_1 to bi3_3)/3

pv1 = sum(pv1_1 to pv1_2)/2

pv2 = sum(pv2_1 to pv2_2)/2

pv3 = sum(pv3_1 to pv3_2)/2

pv4 = sum(pv4_1 to pv4_2)/2

ly = sum(ly1 to ly5)/5

　　由於篇幅因素，在此將只示範「品牌價值（bi1）」子構面之個案平均得分（新變數名稱取為bi1）的操作過程。若讀者尚有疑義，可回頭參看第3章第3節之講述內容。

操作步驟

步驟1：開啟ex8-4.sav，執行【轉換】／【計算變數】，開啟【計算變數】對話框。

步驟2：在【目標變數】輸入框中，請輸入新的變數名稱「bi1」，以儲放「品牌價值」子構面之個案平均得分。

步驟3：在【計算變數】對話框左邊的【數值運算式】輸入框中，輸入計算「品牌價值」子構面之個案平均得分的運算式。由於「品牌價值」子構面由bi1_1、bi1_2與bi1_3等三個題項所衡量，故「品牌價值」子構面之個案平均得分的計算方式如下：

bi1 = sum(bi1_1 to bi1_3)/3

依此計算方式，讀者可在【數值運算式】輸入框中，輸入運算式「sum(bi1_1 to bi1_3)/3」。

步驟4：輸入運算式後，按【確定】鈕後，SPSS即可開始執行計算工作。計算完成後，可發現原始資料檔將多出一個新變數名稱「bi1」，此變數即代表每一個受訪者對個案公司之「品牌價值」的認知（「品牌價值」的平均得分）。

步驟5：重複上述步驟，可繼續完成「品牌特質（bi2）」、「企業聯想（bi3）」、「品質價值（pv1）」、「情感價值（pv2）」、「價格價值（pv3）」、「社會價值（pv4）」與「品牌忠誠度（ly）」等其他7個變數之個案平均得分的計算。計算完成後，建議讀者可先行存檔，其結果如圖8-5所示。

步驟6：詳細的操作過程，讀者亦可自行參閱影音檔「ex8-4-3.wmv」。

*ex9-4.sav [資料集1] - IBM SPSS Statistics Data Editor

檔案(F) 編輯(E) 檢視(V) 資料(D) 轉換(T) 分析(A) 直效行銷 統計圖(G) 公用程式(U) 視窗(W) 說明(H)

1 : bi1 3.66666666666667 顯示：36 個變數（共有 36 個）

	月收入	bi1	bi2	bi3	pv1	pv2	pv3	pv4	ly	var
1	2	3.67	3.33	2.33	4.50	2.50	3.00	1.50	5.20	
2	3	5.33	6.00	3.67	4.50	2.50	3.50	3.50	2.80	
3	1	1.33	3.00	5.00	2.00	2.50	3.00	1.00	2.20	
4	5	3.00	5.00	5.00	4.50	1.50	3.50	1.00	3.80	
5	3	2.33	5.00	2.67	1.50	2.00	2.50	2.00	3.60	
6	4	4.33	4.33	4.67	5.00	4.00	3.50	2.00	2.40	
7	2	6.33	1.67	3.33	3.50	3.50	3.00	3.00	6.20	
8	4	6.67	3.00	2.67	3.00	3.00	2.00	1.00	4.40	
9	2	6.67	3.00	2.67	5.50	2.50	3.00	1.50	4.80	
10	6	4.33	5.67	5.00	4.00	3.00	3.00	2.50	6.20	
11	5	3.00	4.00	5.67	4.50	3.00	4.00	3.00	3.40	
12	3	5.67	4.33	6.33	5.00	3.50	4.00	4.50	6.40	
13	1	4.67	6.00	3.67	6.00	6.00	3.00	1.00	2.60	
14	2	3.00	5.00	3.67	3.50	3.00	3.00	4.00	3.40	
15	3	3.33	4.00	5.67	5.00	1.50	3.50	1.00	3.00	

資料視圖 變數視圖

IBM SPSS Statistics 處理器已就緒 Unicode:ON

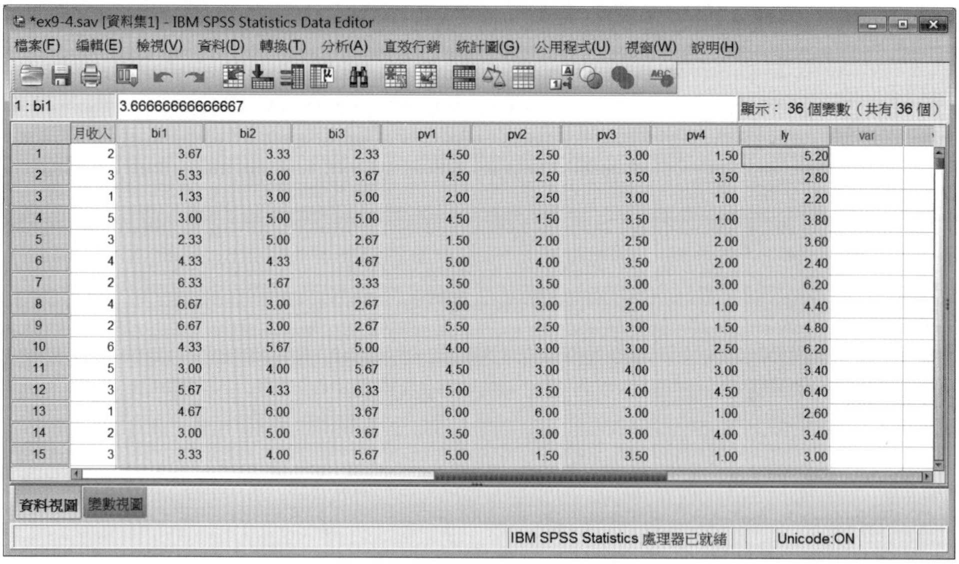

圖8-5　各子構面或構面的平均得分

階段四、求取各子構面或構面間的相關係數

接下來是最後一個階段的工作了，在已完成階段三之求取各子構面或構面的平均得分後，即可求算各子構面或構面間的相關係數，並據以完成表8-10之填製任務。

操作步驟

步驟1：接續階段三完成的檔案，然後執行【分析】/【相關】/【雙變數】，以開啓【雙變量相關分析】對話框。

步驟2：選取欲分析的變數。在左邊的【待選變數】清單中，選擇變數bi1、bi2、bi3、pv1、pv2、pv3、pv4與ly等8個變數進入【變數】框中。

步驟3：請選擇【Pearson相關係數】選項，以計算8個變數的Pearson相關係數。

步驟4：設定檢定方式。在【顯著性檢定】框內，請選擇【雙尾檢定】選項。

步驟5：按【確定】鈕，即可開始進行相關分析的計算。

步驟6：詳細操作過程，讀者可自行參閱影音檔「ex8-4-4.wmv」。

▶ **報表解說**

執行完雙變數之相關分析後，即可得到Pearson相關係數矩陣，如表8-15所示。

表8-15　Pearson相關係數矩陣

		bi1	bi2	bi3	pv1	pv2	pv3	pv4	ly
bi1	皮爾森（Pearson）相關	1	.304**	.209**	.193**	.147**	.106	-0.11	.206**
	顯著性（雙尾）		.000	.000	.000	.007	.053	.841	.000
	N	334	334	334	334	334	334	334	334
bi2	皮爾森（Pearson）相關	.304**	1	.215**	.121**	.176**	.152**	-.015	.200**
	顯著性（雙尾）	.000		.000	.027	.001	.005	.778	.000
	N	334	334	334	334	334	334	334	334
bi3	皮爾森（Pearson）相關	.209**	.215**	1	.114*	.145**	.153**	.010	.211**
	顯著性（雙尾）	.000	.000		.037	.008	.005	.852	.000
	N	334	334	334	334	334	334	334	334
pv1	皮爾森（Pearson）相關	.193**	.121*	.114*	1	.172**	.258**	.022	.177**
	顯著性（雙尾）	.000	.027	.037		.002	.000	.684	.001
	N	334	334	334	334	334	334	334	334
pv2	皮爾森（Pearson）相關	.147**	.176**	.145**	.172**	1	.246**	.098	.169**
	顯著性（雙尾）	.007	.001	.008	.002		.000	.075	.002
	N	334	334	334	334	334	334	334	334
pv3	皮爾森（Pearson）相關	.106	.152**	.153**	.258**	.246**	1	.188**	.237**
	顯著性（雙尾）	.053	.005	.005	.000	.000		.001	.000
	N	334	334	334	334	334	334	334	334
pv4	皮爾森（Pearson）相關	-.011	-0.15	.010	.022	.098	.188**	1	.040
	顯著性（雙尾）	.841	.778	.852	.684	.074	.001		.464
	N	334	334	334	334	334	334	334	334
ly	皮爾森（Pearson）相關	.206**	.200**	.211**	.177**	.169**	.237**	.040	1
	顯著性（雙尾）	.000	.000	.000	.001	.002	.000	.464	
	N	334	334	334	334	334	334	334	334

接著，開啟檔案ex8-4.doc，即可填製表8-10。填製時，只須填製對角線下的相關係數值與顯著符號即可。而表8-10中的對角線上，則請填入各子構面或構面的Cronbach's α值，完成後如表8-16所示。

表8-16　原始問卷之區別效度分析表（完成）

構面	項目數	相關係數							
		A	B	C	D	E	F	G	H
A.品牌價值[1]	3	0.906[2]							
B.品牌特質	3	0.304*[3]	0.899						
C.企業聯想	3	0.209*	0.215*	0.904					
D.品質價值	2	0.193*	0.121*	0.114*	0.859				
E.情感價值	2	0.147*	0.176*	0.145*	0.172*	0.795			
F.價格價值	2	0.106	0.152*	0.153*	0.258*	0.246*	0.740		
G.社會價值	2	-0.011	-0.015	0.010	0.022	0.098	0.188*	0.903	
H.品牌忠誠度	5	0.206*	0.200*	0.211*	0.177*	0.169*	0.237*	0.040	0.945

註1：取變數之平均數為量表中各構面之所有題項的加總平均值。
註2：對角線之值為各子構面之Cronbach's α，該值應大於非對角線之值。
註3：*在顯著水準$\alpha = 0.05$時，變數間之相關係數達顯著水準。

總結：信度、收斂與區別效度評估

一、信度評估

　　從表8-14中可以看出，各子構面與整體信度之Cronbach's α值分別為：品牌價值0.906、品牌特質0.899、企業聯想0.904、品質價值0.859、情感價值0.795、價格價值0.740、社會價值0.903、品牌忠誠度0.945與整體信度值0.843。所有子構面與整體信度之Cronbach's α值皆達0.7以上，屬高信度水準，代表原始問卷之各題項的可靠度、一致性與穩定性佳。因此，研判原始問卷中，品牌形象構面、知覺價值構面與品牌忠誠度構面之外在品質應已符合一般學術研究的要求。

二、收斂效度評估

　　觀察表8-14之「原始問卷之信度、收斂效度分析表」，不難發現，所萃取出之因素的特徵值皆大於1；各構面的衡量題項可收斂於同一個共同因素之下，且其因素結構亦符合原始問卷之設計；各題項之因素負荷量介於0.849～0.951間，皆大於0.5；累積解釋變異量（總解釋變異量）為84.343%，達50%以上。整體而言，品牌形象構面、知覺價值構面與品牌忠誠度構面皆已能符合收斂效度之要求，因此，原始問卷的內在品質亦佳。

三、區別效度評估

觀察表8-16之「原始問卷之區別效度分析表」，依據Gaski and Nevin（1985）所建議的兩個評估標準，可發現，兩兩變數間的相關係數介於-0.015～0.304間，確實皆小於1，且大部分相關係數值顯著。此外，任兩構面間的相關係數（最大值0.304）均小於個別構面的Cronbach's α值（最小值0.740），顯示量表具有區別效度。因此，再次證明測量模型的內在品質頗佳。

經過上述的信度、收斂與區別效度評估後，整體而言，原始問卷的內、外在品質頗佳，樣本資料已適合進行後續更進階的統計分析了。

8-5 偏相關分析

有時候，影響一個問題的因素很多。在這種情形下，為了純化、聚焦所關注的影響因素，我們常假設其中某些因素固定不變化（即控制該因素之意），而去考量其他一些因素（即所關注的因素）對該問題的影響，從而達到簡化研究的目的。偏相關分析正是源於此一概念而產生的，但又與此想法不盡相同。

8-5-1 偏相關分析的基本概念

相關分析可計算兩個變數之間的相互關係，並分析兩個變數間線性相關的程度。但是，在這過程中，往往會因為第三個變數的作用，而使得所計算出來的相關係數不能真實地反映該兩變數間的線性相關程度。因此，第三個變數的作用會決定雙變數相關分析的精確性，故有必要加以控制，然後才能確實釐清兩特定變數間的相關性。

例如：身高、體重與肺活量之間的關係。如果使用Pearson相關方法來計算兩兩之間的相關係數時，應該可以得出肺活量、身高和體重間，兩兩均存在著較強的線性相關性質。但實際上呢？對體重相同的人而言，是否身高值越大，其肺活量也越大呢？答案可能是否定的喔！這正是因為身高與體重間有著線性關係，肺活量與體重間亦有著線性關係，因此得出了身高與肺活量之間存在較強的線性關係的錯誤（或許）結論。也就是說，若不把體重的影響因素排除的話，那麼研究身高與肺活量的關係，將會產生極大的誤判。而偏相關分析就是「在研究兩個變數之間的線性相關關係時，

控制可能對其間關係產生影響的變數」之相關分析方法。

　　偏相關係數可衡量任何兩個變數之間的關係。但其過程中，會先控制住與這兩個變數有關聯的其他變數；也就是說，讓這些「其他變數」都能保持不變。例如：我們想研究銷售額與人口數、銷售額與個人年收入之間的關係，人口數量的多少會影響銷售額，年收入的大小亦會影響銷售額。由於人口數量會變化，年收入的多寡也會經常性變化，在這種錯綜複雜的情況下，應用簡單相關係數往往不能說明這些現象之間的相關程度。這時，必須先消除其他變數的影響後，再來研究兩特定變數之間的相互關係，這種相關分析即稱為偏相關分析，這種相關係數就稱為偏相關係數。例如：在研究銷售額和年收入的相互關係時，須在已控制人口數量不變的場合下進行；而在研究銷售額與人口數的相互關係時，則須在已控制年收入不變的場合下進行。

　　再例如：變數X、Y、Z之間彼此存在著關係，為了衡量X和Y之間的關係，就必須假定Z保持不變，才來計算X和Y的偏相關係數，我們用r_{xy}表示。r_{xy}稱為Z保持不變時，X和Y的偏相關係數。待控制Z後，偏相關係數也可以由簡單相關係數來求出。

　　但是，偏相關係數的數值和簡單相關係數的數值常常是不同的，在計算簡單相關係數時，所有其他自變數不予考慮；但在計算偏相關係數時，要考慮其他自變數對依變數的影響，只不過是把其他自變數當作常數來處理罷了。

8-5-2　偏相關分析的功能與應用

　　透過以上對偏相關分析之基本概念介紹，我們對它的基本功能應有一定程度的了解了。應用SPSS套裝軟體的偏相關分析功能可對變數進行偏相關分析。在偏相關分析中，SPSS系統將可按使用者的要求，對兩相關變數之外的某一或某些會影響相關性的其他變數進行控制，以輸出控制其他變數影響後的相關係數。偏相關分析的主要用途如下：

　　根據觀測資料，應用偏相關分析可以計算偏相關係數，也可以據以判斷哪些變數對特定變數的影響較大，進而當成是選擇重要變數的基準。至於那些對特定變數影響較小的變數，則可以捨去不顧。這樣的觀念，非常適合應用在多元迴歸分析建模過程的自變數篩選上。透過偏相關分析，只保留具有主要作用的自變數，就可以用較少的自變數去描述依變數的平均變動量，以符合建模之精簡性原則。

8-5-3 偏相關分析應用範例

在本小節中，我們將先介紹一個有關偏相關分析的簡單範例。期能使讀者對偏相關分析有一些基本認識。

▶ 範例8-5

某農場在一塊實驗農地上，進行了測定施肥量X、害蟲危害程度Y（用數值表示，數值越大表示危害越嚴重），以及畝產量Z的試驗。試驗所得資料如表8-17所示，試探討害蟲危害程度與畝產量之關係（ex8-5.sav）。

表8-17　施肥量X、害蟲危害程度Y和畝產量Z的資料表

	第一年	第二年	第三年	第四年
施肥量X	14	27	39	67
害蟲危害程度Y	43	15	9	2
畝產量Z	3	7.6	8.5	12

由本範例的題意與過去的知識、經驗，不難理解，施肥量與害蟲危害程度皆是影響畝產量的重要因素。然在此，研究者將只探討害蟲危害程度與畝產量間的關係，故必須先控制住施肥量的影響效果，才能達成目的。故明顯的，研究者必須進行偏相關分析。

操作 步驟

步驟1：首先，於SPSS套裝軟體中，輸入表8-17的資料，並存成資料檔（或直接開啟ex8-5.sav），接著執行【分析】／【相關】／【偏相關】，此時將跳出【偏相關】對話框。

步驟2：現欲在控制「施肥量X」的影響下，對變數「害蟲危害程度Y」與「畝產量Z」間進行偏相關分析，故在對話框左側的【待選變數】清單中，同時選取變數「害蟲危害程度Y」與「畝產量Z」，進入【變數】框。

步驟3：接著，選取要控制的變數「施肥量X」，進入【控制的變數】框中。

步驟4：最後核選【顯著性檢定】框中的【雙尾檢定】選項，再按【確定】鈕，送出執行即可，如圖8-6所示。

步驟5：執行所得結果如表8-18所示。詳細操作過程，讀者可自行參閱影音檔「ex8-5.wmv」。

圖8-6　設定【偏相關】對話框

▶ 報表解說

經偏相關分析操作後，SPSS套裝軟體將輸出相關報表，如表8-18。

表8-18　害蟲危害程度Y與畝產量Z的偏相關分析結果（控制變數：施肥量X）

控制變數			害蟲危害程度	畝產量
施肥量	害蟲危害程度	相關	1.000	-.960
		顯著性（雙尾）		.181
		df	0	1
	畝產量	相關	-.960	1.000
		顯著性（雙尾）	.181	
		df	1	0

由表8-18可知，偏相關係數r = -0.960，p = 0.181。雖然透過計算，在控制「施肥量」不變的情況下，「害蟲危害程度Y」與「畝產量Z」的偏相關係數的絕對值較大，接近於1，但是從虛無假設（假設相關係數等於0，即不相關之意）的機率p值來看，其值為0.181，顯然大於顯著水準0.05。因此，根據檢定理論，不能拒絕虛無假設；換句話說，雖「害蟲危害程度Y」與「畝產量Z」間的相關係數值很大，但仍得接受「害蟲危害程度Y」與「畝產量Z」並不相關的推論。這說明了影響「畝產量」的關鍵因素，或許並非「害蟲危害程度」，其他因素的影響力可能更為重要；在某種

意義上，甚至可說成「害蟲危害程度」對「畝產量」的影響並不是太顯著的。

但是，若直接對「害蟲危害程度Y」與「畝產量Z」進行簡單的雙變數相關分析時（即使用【雙變數】功能），所得到的結果就大為不同了。雙變數的相關分析輸出結果，見表8-19。

表8-19　害蟲危害程度Y與畝產量Z進行雙變數的相關分析結果

		害蟲危害程度	畝產量
害蟲危害程度	皮爾森（Pearson）相關	1	-.964*
	顯著性（雙尾）		.036
	N	4	4
畝產量	皮爾森（Pearson）相關	-.964*	1
	顯著性（雙尾）	.036	
	N	4	4

從雙變數相關分析的結果來看，相關係數為-0.964，p = 0.036（小於0.05，顯著），因此，可以認為「害蟲危害程度Y」與「畝產量Z」之間存在很緊密的關係。這個結論顯然與使用偏相關分析所得到的結論截然不同。

由偏相關分析和雙變數的相關分析所得結果的差異更可以看出，偏相關分析的重要性。因此，若欲探討多個變數中，某兩變數之間的相關性時，請讀者宜多多考慮使用偏相關分析。

▶ 範例8-6

參考附錄一中，論文【品牌形象、知覺價值對品牌忠誠度關係之研究】之原始問卷，並開啟ex8-6.sav，試求品牌形象與品牌忠誠度、品牌形象與知覺價值、知覺價值與品牌忠誠度之關係。

由過去的文獻顯示，品牌形象、知覺價值與品牌忠誠度間，可能存在複雜的相關關係。尤其，品牌形象、知覺價值皆是影響品牌忠誠度的重要因素。然在此，研究者將只探討兩兩變數間的關係，故必須先控制住第三個變數的影響效果，才能真正求出兩特定變數間的關係。故明顯的，研究者必須進行偏相關分析。

由於將求取品牌形象與品牌忠誠度、品牌形象與知覺價值、知覺價值與品牌忠誠度間的偏相關係數，故須先將各構面（品牌形象、知覺價值與品牌忠誠度）的平均得分求算出來，並儲存為變數。在此，我們將計算出每一個個案（受訪者）於「品牌

形象（bi）」、「知覺價值（pv）」與「品牌忠誠度（ly）」等3個主構面的平均得分，並將這些計算出來的新資料，以新的變數來儲存。故須執行【轉換】／【計算變數】3次。這3次【計算變數】的數學運算式分別如下：

bi = sum(bi1_1 to bi3_3)/9

pv = sum(pv1_1 to pv4_2)/8

ly = sum(ly1 to ly5)/5

由於篇幅因素，在此將只示範「品牌形象（bi）」構面之個案平均得分（新變數名稱取為bi）的操作過程。若讀者尚有疑義，可回頭參看第3章第3節之講述內容。

操作步驟

步驟1：開啓ex8-6.sav，執行【轉換】／【計算變數】，開啓【計算變數】對話框。

步驟2：在【目標變數】輸入框中，請輸入新的變數名稱「bi」，以儲放「品牌形象」構面之平均得分。

步驟3：在【計算變數】對話框左邊的【數值運算式】輸入框中，輸入計算「品牌形象」構面之平均得分的運算式。由於「品牌形象」構面由bi1_1～bi1_3、bi2_1～bi2_3、bi3_1～bi3_3等9個題項所衡量，故「品牌形象」構面之平均得分的計算方式如下：

bi = sum(bi1_1 to bi3_3)/9

依此計算方式，讀者可在【數值運算式】輸入框中，輸入運算式「sum(bi1_1 to bi3_3)/9」。

步驟4：輸入運算式後，按【確定】鈕後，SPSS即可開始執行計算工作。計算完成後，可發現原始資料檔將多出一個新變數名稱「bi」，此變數即代表每一個受訪者對個案公司之「品牌形象」的認知（「品牌形象」的平均得分）。

步驟5：重複上述步驟，可繼續完成「知覺價值（pv）」與「品牌忠誠度（ly）」等其他2個變數之平均得分的計算。計算完成後，建議讀者可先行存檔，其結果如圖8-7所示。

步驟6：接著，執行【分析】／【相關】／【偏相關】，此時將跳出【偏相關】對話框。

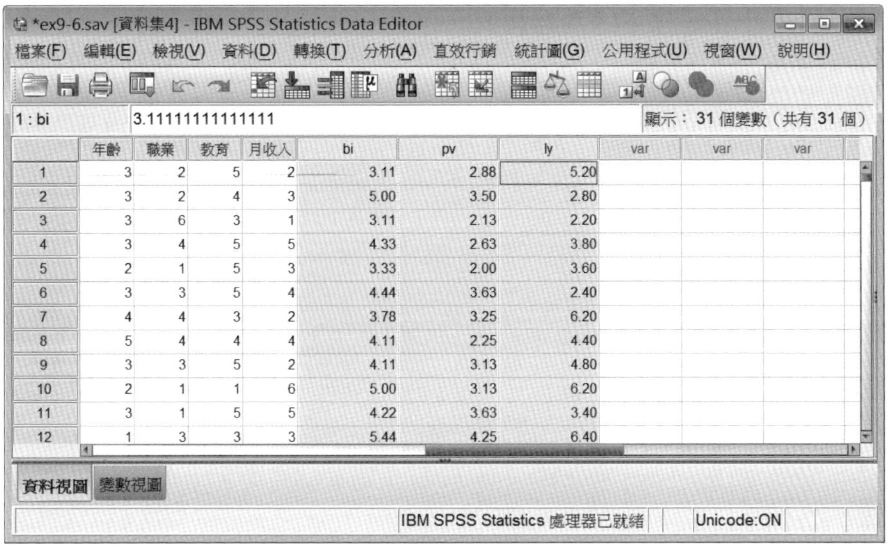

図8-7 各主構面的平均得分

步驟7：先求取品牌形象與品牌忠誠度的偏相關係數，故須控制「知覺價值」的影響力。故在對話框左側的【待選變數】清單中，同時選取變數「bi」與「ly」，進入【變數】框。然後選取要控制的變數「pv」，進入【控制的變數】框中。

步驟8：最後核選【顯著性檢定】框中的【雙尾檢定】選項，再按【確定】鈕，送出執行即可。

步驟9：重複步驟6至步驟8，依序求取品牌形象（bi）與知覺價值（pv）（控制品牌忠誠度ly）、知覺價值（pv）與品牌忠誠度（ly）（控制品牌形象bi）的偏相關係數。

步驟10：執行所得結果如表8-20、表8-21與表8-22所示。

步驟11：詳細操作過程，讀者可自行參閱影音檔「ex8-6.wmv」。

▶ **報表解說**

經偏相關分析操作後，SPSS套裝軟體將輸出相關報表，如表8-20、表8-21與表8-22。

表8-20　品牌形象（bi）與品牌忠誠度（ly）的偏相關係數（控制變數：知覺價值pv）

控制變數			bi	ly
pv	bi	相關	1.000	.248
		顯著性（雙尾）	.	.000
		df	0	331
	ly	相關	.248	1.000
		顯著性（雙尾）	.000	.
		df	331	0

表8-21　品牌形象（bi）與知覺價值（pv）的偏相關係數（控制變數：品牌忠誠度ly）

控制變數			bi	pv
ly	bi	相關	1.000	.180
		顯著性（雙尾）	.	.001
		df	0	331
	pv	相關	.180	1.000
		顯著性（雙尾）	.001	.
		df	331	0

表8-22　知覺價值（pv）與品牌忠誠度（ly）的偏相關係數（控制變數：品牌形象bi）

控制變數			pv	ly
bi	pv	相關	1.000	.190
		顯著性（雙尾）	.	.000
		df	0	331
	ly	相關	.190	1.000
		顯著性（雙尾）	.000	.
		df	331	0

　　由表8-20、表8-21、表8-22可知，品牌形象（bi）與品牌忠誠度（ly）的偏相關係數為0.248，且顯著；品牌形象（bi）與知覺價值（pv）的偏相關係數為0.180，且顯著；知覺價值（pv）與品牌忠誠度（ly）的偏相關係數為0.190，且顯著。

習題

 **練習 8-1**

已調查97名兒童的生長發育資料，其中左眼視力（X9）、右眼視力（X10），並已建立資料檔hw8-1.sav，試問左眼視力（X9）與右眼視力（X10）有無相關？

 **練習 8-2**

請開啓hw8-2.sav，這是一個銀行雇員資料。試分析起始工資、現有工資與雇員年齡、教育水準、工作經驗之間是否存在關聯性？

 **練習 8-3**

參考附錄二中，論文「遊客體驗、旅遊意象與重遊意願關係之研究」的原始問卷，並開啓hw8-3.sav，試以簡單相關分析，分析遊客體驗的各子構面與旅遊意象的各子構面之間是否存在相關性？

交叉表與卡方檢定

　　一般而言，只要透過次數分配表便能夠初步的掌握單個變數的資料分配狀況。然而，在實際的分析中，研究者不僅要了解單變數的分配特徵，而且還要去分析多個變數在不同取值之情況下的分配狀況，藉此盼能掌握多個變數的聯合分配特徵，進而可分析變數之間的相互影響關係。

　　例如：要探討消費者對某公司品牌形象的認知時，透過次數分配，基本上即能夠了解消費者的基本情況以及他們對所調查問題的整體性看法。如果研究者想進一步了解不同特徵的消費者（如年齡層、職業別、教育程度等）對品牌形象認知之差異，並希望分析消費者特性與品牌形象認知之間是否具有一定的關聯性時，由於這些問題都將涉及兩個或兩個以上的變數。因此，次數分配就顯得力不從心了。對此，研究者通常就會利用交叉分組下的次數分配表來完成，這種交叉分組下的次數分配表一般即稱為是交叉表（crosstabs）。

　　一般而言，交叉表常具有兩大基本任務：

第一：根據所蒐集到的樣本資料，產生如表9-1所示的二維或多維交叉表，以便能直觀的探索變數之間的交互作用。

第二：利用交叉表，檢定兩兩變數間是否存在一定的關聯性。

9-1　認識交叉表

　　製作交叉表是想要在多個變數（通常為類別變數）之交叉分組下，進行次數分配分析的任務（首要任務）。也就是說，交叉表是由兩個或兩個以上的變數交叉分組後所形成的次數分配表。例如：表9-1是利用【品牌形象、知覺價值對品牌忠誠度關係之研究】的原始資料所編製的交叉表。這張交叉表為涉及兩變數的二維交叉表，反映了問卷不同回收期和不同教育程度之交叉分組下，受訪者之次數分配表。

　　在SPSS中，表9-1中的「回收期」變數稱為「列變數」（row），「教育程度」則稱為「欄變數」（column）。列標題和欄標題分別是兩個變數的變數值（或分組值）。表格中間是「觀察個數」（observed counts）和各種百分比。

　　例如：由最後一列的【總和】列可知，334名消費者中，國小、國中、高中（職）、專科、大學與研究所以上的人數分別為6、8、80、97、130、13，這些數字所構成的分配稱為交叉表的「欄邊際分配」。同理，由【總和】欄可知，問卷回收前期、後期的人數分別為223、111，這些數字所構成的分配，想當然就稱為是交叉表的「列邊際分配」。

表9-1　回收期*教育程度的交叉表

<table>
<tr><th colspan="2" rowspan="2"></th><th></th><th colspan="6">教育程度</th><th rowspan="2">總和</th></tr>
<tr><th></th><th>國小</th><th>國中</th><th>高中（職）</th><th>專科</th><th>大學</th><th>研究所</th></tr>
<tr><td rowspan="20">回收期</td><td rowspan="5">前期</td><td>個數</td><td>4</td><td>6</td><td>57</td><td>60</td><td>85</td><td>11</td><td>223</td></tr>
<tr><td>期望個數</td><td>4.0</td><td>5.3</td><td>53.4</td><td>64.8</td><td>86.8</td><td>8.7</td><td>223.0</td></tr>
<tr><td>回收期內的%</td><td>1.8%</td><td>2.7%</td><td>25.6%</td><td>26.9%</td><td>38.1%</td><td>4.9%</td><td>100.0%</td></tr>
<tr><td>教育內的%</td><td>66.7%</td><td>75.0%</td><td>71.3%</td><td>61.9%</td><td>65.4%</td><td>84.6%</td><td>66.8%</td></tr>
<tr><td>總和的%</td><td>1.2%</td><td>1.8%</td><td>17.1%</td><td>18.0%</td><td>25.4%</td><td>3.3%</td><td>66.8%</td></tr>
<tr><td rowspan="5">後期</td><td>個數</td><td>2</td><td>2</td><td>23</td><td>37</td><td>45</td><td>2</td><td>111</td></tr>
<tr><td>期望個數</td><td>2.0</td><td>2.7</td><td>26.6</td><td>32.2</td><td>43.2</td><td>4.3</td><td>111.0</td></tr>
<tr><td>回收期內的%</td><td>1.8%</td><td>1.8%</td><td>20.7%</td><td>33.3%</td><td>40.5%</td><td>1.8%</td><td>100.0%</td></tr>
<tr><td>教育內的%</td><td>33.3%</td><td>25.0%</td><td>28.8%</td><td>38.1%</td><td>34.6%</td><td>15.4%</td><td>33.2%</td></tr>
<tr><td>總和的%</td><td>.6%</td><td>.6%</td><td>6.9%</td><td>11.1%</td><td>13.5%</td><td>.6%</td><td>33.2%</td></tr>
<tr><td colspan="2" rowspan="5">總和</td><td>個數</td><td>6</td><td>8</td><td>80</td><td>97</td><td>130</td><td>13</td><td>334</td></tr>
<tr><td>期望個數</td><td>6.0</td><td>8.0</td><td>80.0</td><td>97.0</td><td>130.0</td><td>13.0</td><td>334.0</td></tr>
<tr><td>回收期內的%</td><td>1.8%</td><td>2.4%</td><td>24.0%</td><td>29.0%</td><td>38.9%</td><td>3.9%</td><td>100.0%</td></tr>
<tr><td>教育內的%</td><td>100.0%</td><td>100.0%</td><td>100.0%</td><td>100.0%</td><td>100.0%</td><td>100.0%</td><td>100.0%</td></tr>
<tr><td>總和的%</td><td>1.8%</td><td>2.4%</td><td>24.0%</td><td>29.0%</td><td>38.9%</td><td>3.9%</td><td>100.0%</td></tr>
</table>

　　6個小學學歷的消費者中，前、後期的人數情況分別是4、2，這些次數所構成的分配稱爲交叉表的條件分配，即在欄變數取值（國小）條件下的列變數的分配（前、後期的次數）。由於次數並不利於交叉分組下分配的比較，因此，還尚須引進百分比的概念。例如：表中第三列【前期】—【回收期內的%】中的1.8%、2.7%、25.6%、26.9%、38.1%與4.9%。這是代表前期回收的個案（223人）中，各學歷之個案數所占的比例，由於是屬於橫列的資料，因此稱爲「列百分比」（row percentage）。當然每一列中，列百分比的總和鐵定爲100%；而在第一欄【教育程度】—【國小】中，的66.7%、33.3%則分別是小學學歷（6人）中，於各問卷回收期（前期4人、後期2人）所占的比例，由於是屬於直欄的資料，因此稱爲「欄百分比」（column percentage）。

9-2　交叉表欄、列變數之關係分析

　　交叉表的第二個任務是對交叉表中的欄變數和列變數之間的關係進行檢定。對交叉表進行檢定，可以驗證欄變數和列變數之間是否具有關聯性、其關係緊密程度如

何？等更深層次的資訊。例如：製作好表9-1所示的交叉表後，可以對問卷回收期和教育程度之間的關係做進一步的分析。如分析是否會因問卷回收期的不同而使受訪者的教育程度產生差異等。這樣的分析方式，也常常使用在探討問卷抽樣過程中是否產生了無反應偏差（non-response bias）。為理解欄、列變數間關係的涵義以及應如何分析欄、列變數間的關係，我們先來觀察表9-2和表9-3。

表9-2　年齡與月薪的交叉表(一)

		月薪		
		低	中	高
年齡層	老	0	0	1
	中	0	1	0
	青	1	0	0

表9-3　年齡與月薪收入交叉表(二)

		月薪		
		低	中	高
年齡層	老	1	0	0
	中	0	1	0
	青	0	0	1

　　表9-2和表9-3是在兩種極端情況下的年齡和月薪的交叉表。直接觀察可以發現，表9-2中，所有的觀察個數都出現在主對角線上，這意味著年齡越小月薪就越低，年齡越大月薪收入就越高，年齡和收入呈正相關之關係。而表9-3中，所有觀察個數都出現在負向的對角線上，意味著年齡越小月薪就越高，年齡越大月薪就越低，年齡和收入成負相關之關係。可見，在這麼特殊的交叉表中，欄、列變數之間的關係是較易觀察出來的。

　　但是，沒有天天都在過年的，在絕大多數的情況下，觀察個數是分散在交叉表的各個單元格中的，此時就不太容易直接觀察出來欄、列變數之間的關係和它們關係的強弱程度。為此，就需要借助無母數檢定方法和衡量變數間相關程度的統計量等手段來進行分析了。在此情況下，最常被採用的方法就是卡方檢定（chi-square test, χ^2）了。

9-3 假設檢定的基本概念

　　一般而言，統計學可區分為敘述統計與推論統計等兩大部分。敘述統計為對資料從蒐集、整理、到陳示出有意義之資訊的方法；至於推論統計部分，依據其推論的目的大致上可區分為「估計」與「假設檢定」等兩大主題，這也是統計學非常重要的理論基礎。

　　在進行統計調查的過程中，我們欲分析的母體往往相當龐大，以致於無法以普查的方式取得母體參數（母體的特徵，諸如：母體平均數、母體標準差）。因此，研究者需透過抽樣的方法，從母體中取得少量的研究樣本，進而透過這些計算出來的樣本統計量（樣本的特徵，諸如：樣本平均數、樣本標準差）來推估母體參數。而此一過程就建構出推論統計的概念了。

☞ 理論基礎

　　推論統計中的「假設檢定」（hypothesis testing），是指研究者先對母體參數做出一適當的暫時性假設，然後根據隨機抽樣的樣本，利用樣本統計量之抽樣分配，決定是否支持該假設的過程。例如：消費者懷疑某品牌的茶飲料，其平均容量不足500cc。為檢驗消費者的懷疑是否真實，於是研究者以該品牌茶飲料平均容量大於或等於500cc作為暫時性假設。建立假設後，於是研究者從市場上蒐集數瓶該品牌茶飲料以建立研究所需的樣本資料，如果樣本資料所顯示的證據越充分，那麼推翻該暫時性假設的可能性就越高。在資料蒐集後，研究者必須根據樣本統計量的抽樣分配訂定一個拒絕假設的標準。如果樣本資料之檢定統計量落在該拒絕的範圍內時，則研究者可以推翻原先建立之暫時性假設，否則必須接受暫時性假設。假設檢定的主要精神在於：除非有足夠的證據可以拒絕暫時性假設，否則就必須接受暫時性假設為真的事實。

　　上述的暫時性假設，在統計學中一般稱為虛無假設（null hypothesis），通常以H_0表示。之所以稱為「虛無」，是因為它是研究者很想去推翻的統計假設。以上述例子為例，可建立虛無假設H_0為「茶飲料的平均容量大於或等於500cc」；而虛無假設的反面敘述則稱為對立假設（alternative hypothesis），通常以H_1表示。以上述例子為例，可建立對立假設H_1為「茶飲料平均容量小於500cc」。

☞檢定程序

　　那麼研究者要如何利用樣本資料來決定拒絕或者接受虛無假設呢？這是一個科學性的程序、一種系統化的邏輯過程。因此，不僅要求決策過程嚴謹、且犯錯的機率（風險）越低越好。進行抽樣的過程後，透過樣本統計量估計母體參數時難免會有誤差，但這誤差不能太誇張，其有一定的容許範圍，這就是研究的嚴謹性。這個誤差的容許範圍取決於樣本大小與研究者所設定的信賴水準。其次，決策的風險（造成決策錯誤的機率）當然也不能太高。

　　進行假設檢定的過程中，造成決策錯誤的機率指的是下列兩種可能：一是當虛無假設H_0為真卻拒絕H_0，這種錯誤一般稱為「型I誤差」（type I error）；二是當虛無假設H_0為偽卻接受H_0，這種錯誤稱為「型II誤差」（type II error）。而容許產生「型I誤差」之最大機率α值，稱為顯著水準（level of significance），它的意義是：如果事實上虛無假設H_0是正確的，但研究者卻不當拒絕H_0時，所願意冒的最大風險。一般而言，研究者會將α值設得很小，常見的顯著水準有0.01、0.05以及0.1。

　　製作決策前，若能先控制好決策錯誤的風險，那麼決策品質當不致於太差。假設檢定的概念也是如此。因此，進行假設檢定前，研究者會先設定顯著水準α值，然後再根據此一風險控制量決定一個拒絕虛無假設的範圍，這個範圍稱為拒絕域（rejection region），拒絕域的端點稱為臨界值（critical value）。當然臨界值的大小會完全取決於顯著水準α值的大小。研究者依據事前設定好的顯著水準而決定好拒絕域後，再依所選取的樣本，計算樣本的檢定統計量（如：t值、F值、χ^2值等），並判斷該檢定統計量是否落在拒絕域中。如果落在拒絕域，則拒絕虛無假設H_0，否則只好接受H_0。

9-4　卡方檢定的原理

　　當資料變數的屬性為類別資料（名目尺度）時，我們常利用卡方檢定來做分析。為什麼呢？因為卡方檢定的本質在於檢測資料所占的「比例」或「相對次數」。也就是，在資料的各組別中，某事件發生的比例是否相同。例如：不同學校中，學生之性別比例是否有顯著差異、抽菸行為與支氣管炎之關聯性、教育程度與起薪之關聯性等。此外，由於類別資料通常會以交叉表來呈現其資料的分布狀況。因此，有關交叉表資料的檢定，通常也會使用卡方檢定。

　　對交叉表進行檢定時，一般會使用卡方檢定。在統計學中，卡方檢定屬於假設檢

定的範疇。一般而言，進行卡方統計檢定時，須依循以下四大步驟：

步驟一：建立虛無假設（H_0）

由於研究目的不同，卡方檢定可用來做以下三種檢定：

1. 適合度檢定

適合度檢定的目的在於檢驗，某個變數的實際觀察次數之分配狀況是否與某個理論分配或母體分配相符合。若檢定（卡方值）未達顯著，表示該變數的分布與某個理論分配或母體分配相同。反之，則與某個理論分配或母體分配不同，在這種情形下，就比較不適合由樣本資料對母體進行推論。因此，在適合度檢定中，其虛無假設為：觀察資料的次數分配與理論分配相配適。

2. 獨立性檢定

獨立性檢定的目的在於檢驗，「同一個樣本中的某兩個類別變數」的實際觀察值，是否具有特殊的關聯性。如果檢定（卡方值）未達顯著，表示兩個變數相互獨立；反之，如果檢定（卡方值）達到顯著，表示兩個變數不獨立，具有關聯性。因此，在獨立性檢定中，其虛無假設為：兩個變數獨立。若將資料以交叉表的方式呈現時，那麼進行卡方檢定時的虛無假設則為欄變數與列變數獨立。

3. 同質性檢定

同質性檢定的目的在於檢驗，兩個樣本在同一變數的分布情況是否一致。例如：公私立大學學生的性別分布是否一致；問卷回收過程，前、後期的受訪者之答題狀況是否一致等。如果檢定（卡方值）未達顯著，表示兩個樣本是同質的（具一致性的）；反之，如果檢定（卡方值）達到顯著，表示兩個樣本不同質。因此，在同質性檢定中，其虛無假設為：兩個樣本在同一變數的分布情況一致。

步驟二：選擇和計算檢定統計量

交叉表中，卡方檢定的檢定統計量是Pearson卡方統計量，其數學定義為：

$$\chi^2 = \sum_{i=1}^{c} \sum_{j=1}^{r} \frac{(f_{ij}^0 - f_{ij}^e)^2}{f_{ij}^e} \qquad (式9\text{-}1)$$

式9-1中，r為交叉表的列數，c為交叉表的行數（欄數）；f_{ij}^0為第i行第j列單元格的觀察次數，f_{ij}^e為第i行第j列單元格的期望個數（expected count）。為能徹底理解卡

方統計量的涵義，讀者首先應先了解「期望個數」的涵義。在表9-1中，各單元格中的第二列資料就是期望個數。例如：問卷回收前期中，具有國小學歷的消費者之期望個數為「4」。期望個數的計算方法是：

$$f_e = \frac{RT}{n} \times \frac{CT}{n} \times n = \frac{RT \times CT}{n}$$

（式9-2）

其中，RT是所指定之單元格所在列的觀察個數合計，CT是指定之單元格所在欄的觀察個數合計，n是觀察個數的總計。例如：問卷回收前期中，具有國小學歷的消費者之期望個數「4」的計算公式是223×6/334 = 4。要了解期望個數的意義與算法，也可以用以下的方式來思考。首先，看直欄的總和部分（表的最後一列），由於總共有334個消費者，這334個消費者的學歷分配是1.8%、2.4%、24.0%、29.0%、38.9%、3.9%，如果遵從這種學歷的整體比例關係，問卷回收前期223位消費者的學歷分配也應為1.8%、2.4%、24.0%、29.0%、38.9%、3.9%，於是問卷回收的前期中各學歷的期望個數就應該分別為：223×1.8%、223×2.4%、223×24.0%、223×29.0%、223×38.9%、223×3.9%，這些值計算出來後，就是所謂的期望個數。同理，也可看橫列的總和部分（表的最後一欄），總共334個消費者的問卷回收前、後期分配是：66.8%、33.2%。如果遵從這種問卷回收前、後期的整體比例關係，國小學歷6人的前、後期分配也應為66.8%、33.2%。於是期望個數就應該分別為：6×66.8%、6×33.2%，這樣也能求算出各單元格的期望個數。

由上述分析應可理解，期望個數的分配與總體分配一致。也就是說，期望個數的分配反映的是欄、列變數互不相關之情況下的分配；也就是說，反映了欄、列變數間的相互獨立關係。

由Pearson卡方統計量的數學定義（式9-1）不難看出，卡方值的大小取決於兩個因素：第一，交叉表的單元格子數；第二，觀察個數與期望個數的總差值。在交叉表已確定的情況下（即單元格子數已確定），卡方統計值的大小就僅取決於觀察個數與期望個數的總差值。當總差值越大時，卡方值也就越大，實際分配與期望分配的差距就越大，欄、列變數之間的關係就會越相關；反之，當總差值越小時，卡方值也就越小，實際分配與期望分配越接近，欄、列變數之間的關係就會越獨立。那麼，在統計上，卡方統計值究竟要大到什麼程度才足夠大，才能斷定欄、列變數不獨立呢？這就需要依據一個理論分配。由於該檢定中的Pearson卡方統計量近似服從卡方分配，因此可依據卡方理論分配找到某自由度和顯著水準下的卡方值，即卡方臨界值。根據此

卡方臨界值，就可輔助製作拒絕或接受虛無假設的決策。

步驟三：確定顯著水準（significant level）和臨界值

顯著水準α是指虛無假設為眞，卻將其拒絕的風險。通常設為0.05或0.01。在卡方檢定中，由於卡方統計量服從一個（欄數−1）×（列數−1）個自由度的卡方分配，因此，在欄、列數目和顯著水準α都已確定的情形下，卡方臨界值（查表）即可確定出來。

步驟四：結論和決策

卡方檢定將比較樣本資料之「觀察次數」與「當虛無假設為眞」的條件下之「期望次數」的接近程度，然後依據此接近程度，計算出卡方統計量來判定接受或拒絕虛無假設。當「觀察次數」與「期望次數」之差異越大（卡方值越大），檢定統計量χ^2值落在拒絕域的機率越高，越有可能拒絕虛無假設，如圖9-1所示。

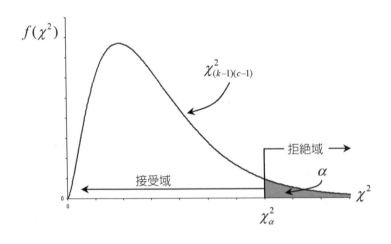

圖9-1　卡方檢定的拒絕域與接受域

由圖9-1不難發現，卡方分配並不對稱、且屬右偏（圖形尾巴往右邊延伸）的分配，其值永遠為正。根據卡方統計量對於統計推論做決策時，通常有以下兩種方式：

1.根據卡方值

根據卡方統計量的值（即卡方值，圖9-1的橫軸座標）和臨界值（χ_α^2）比較的結果進行決策。在卡方檢定中，如果卡方值大於卡方臨界值，則認為卡方值已經足夠

大，實際分配與期望分配之間的差距顯著，可以拒絕虛無假設，而斷定交叉表的欄、列變數間不獨立，存在相關關係；反之，如果卡方值不大於卡方臨界值，則認爲卡方值不足夠大，實際分配與期望分配之間的差異不顯著，不能拒絕虛無假設；也就是說，不能拒絕交叉表的欄、列變數相互獨立之假設。

2. 根據卡方值的機率p值

　　根據卡方統計量所對應的機率值（p值）和顯著水準α比較後的結果進行決策。在卡方檢定中，如果卡方值的機率p值（圖9-1中該特定卡方值右方的面積大小）小於等於α時，則可認爲若在「虛無假設成立」的前提下，該卡方值出現的機率是很小的，故「虛無假設成立」的機率是很小的，因此不得不拒絕虛無假設，而斷定交叉表的欄、列變數間不獨立，存在關聯性；反之，如果卡方值的機率p值大於α，則在虛無假設成立的前提下，卡方值出現的機率並不小，是極可能發生的，因此沒有理由拒絕虛無假設，即不能拒絕交叉表的欄、列變數相互獨立的假設。

　　這兩種決策方式本質上是完全一致的。在SPSS中，上述交叉表卡方檢定的四個步驟中，除研究者要擬定虛無假設與自行設定顯著水準和進行決策外，其餘的各步驟都是SPSS自動完成的。SPSS將自動計算卡方值以及大於等於該卡方值的機率p值（即圖9-1中該卡方值右方的面積大小）。因此，在應用中，研究者只要確立虛無假設後，於SPSS中執行卡方檢定，即可方便地按照SPSS輸出報表中，所顯示的機率p值到底是大於α或小於等於α而製作接受或拒絕虛無假設的決策了。

9-5　交叉表卡方檢定的相關問題

　　利用統計方法分析資料時，應特別注意統計方法本身的特點和前提假設，避免對統計方法的濫用甚至誤用。應用交叉表之卡方檢定時，應注意以下兩個主要問題：

(一) 交叉表各單元格中期望個數大小的問題

　　交叉表中不應有期望個數小於1的單元格，或不應有大量的期望個數小於5的單元格。如果交叉表中有20%以上的單元格之期望個數小於5，則一般不宜使用卡方檢定。從Pearson卡方統計量的數學定義中可見，如果期望個數偏小的單元格大量存在的話，Pearson卡方統計量無疑的會存在偏大的趨勢，會有利於拒絕虛無假設，造成失焦，檢定不夠精確。執行過程中，當這種現象發生時，SPSS將會顯示出相對應的

警告提示。當然，在這種情況下，應當放棄Pearson卡方統計量，建議可以採用概似比卡方檢定等方法進行修正。

(二) 樣本量大小的問題

從Pearson卡方統計量的數學定義中可見，卡方值的大小會受到樣本量的影響（成正比關係）。例如：在某交叉表中，假若各個單元格中的樣本數均同比例的擴大到10倍之多，那麼卡方值也將會隨之擴大10倍。但由於自由度和顯著水準並沒有改變，因此卡方的臨界值並不會改變，所以將使得拒絕虛無假設的可能性增高。為此，也有必要對Pearson卡方值進行必要的修正，以剔除樣本量的影響。

(三) 使用何種卡方檢定的問題

執行卡方檢定後，在一般情況下，SPSS報表會顯示出【Pearson卡方檢定】、【概似比卡方檢定】、【線性對線性的關聯】卡方檢定等檢定結果，並且會作【Fisher's精確檢定】與【連續性校正卡方檢定】。這幾種檢定的功用是不同的。

【Pearson卡方檢定】通常用在二維表中，對欄變數和列變數進行獨立性假設檢定；【概似比卡方檢定】可以用於對線性模型的檢定。【Fisher's精確檢定】與【連續性校正卡方檢定】也存在差異，當樣本數小於40或只有一個儲存格中的期望次數小於5時，應使用【Fisher's精確檢定】；當樣本數大於或等於40，且至少有一個儲存格中的期望次數大於5時，則應使用【連續性校正卡方檢定】。

9-6 卡方檢定範例

▶ 範例9-1

為了探討抽菸與患慢性支氣管炎間有無關係，調查了339人，情況如表9-4，試檢定抽菸與患慢性支氣管炎間有無相關性。（資料檔：ex9-1.sav）

表9-4 抽菸和慢性支氣管炎調查表

	未患慢性支氣管炎	患慢性支氣管炎
不抽菸	121	13
抽菸	162	43

依題意，本範例將檢定「抽菸」與「患慢性支氣管炎」這兩個變數的關聯性，且由於這兩變數都是屬於類別變數（二分變數），因此適合使用卡方檢定中的獨立性檢

定。檢定時的虛無假設如下：

H_0：抽菸與患慢性支氣管炎無關（抽菸與患慢性支氣管炎間相互獨立）

分類資料的輸入格式往往和定量資料不太相同。在定量資料中，由於一般每個觀察對象的變數值都不一樣，資料記錄的格式爲一個觀察對象（觀察值）就是一筆記錄（此格式稱爲列舉格式）。而在分類資料中，由於所有的變數值都侷限於很少的幾個類別，如果還依照定量資料的記錄格式（列舉格式）來輸入資料的話，那麼事情就會變得非常麻煩。因此，如表9-4的交叉表，於SPSS中輸入時，就會製作成如圖9-2中左圖的格式，這種格式就稱爲交叉表格式。

交叉表格式

	吸煙	患病	計數
1	0	0	121
2	0	1	13
3	1	0	162
4	1	1	43
5			
6			
7			

列舉格式

	吸煙	患病
1	0	0
2	1	0
3	1	1
4	0	1
5	1	0
6	1	0
7	0	0
8	1	0
9	1	0
10	0	0
11	0	0
12	0	0
13	0	0
14	1	1
15	1	1
16	1	1

圖9-2　列舉格式與交叉表格式

圖9-2右圖的列舉格式，是一般我們蒐集問卷資料回來後，最直接的輸入方式。若以本範例而言，研究者總共要輸入339筆記錄（因爲有339個個案）。但我們於輸入過程中可以發現，實際的變數值只有四類，這樣的輸入方式不是很累嗎？但說實在的，我們也必須根據問卷填答結果做這樣的輸入。然而爲了方便起見，我們也可以採用交叉表的格式來記錄此等資料集，即圖9-2的左圖格式，這樣只需要四筆記錄就可以了（但會多一個【計數】欄位）。但是世間事總是「有一好、沒兩好」。這樣的交叉表格式也有不盡人意之處，因爲從表中無法得知實際的個案之填答結果。

交叉表格式往往用於沒有原始資料集，需要重新輸入資料的分析時。而在問卷資料的原始資料集中，由於管理和跟蹤記錄的要求，一般仍是會以一個觀察對象一筆記錄的方式來輸入資料（列舉格式）。SPSS對這兩種輸入格式均可識別，但對交叉表

格式的資料，於分析時尚須多一道步驟，即用【觀察值加權】功能指定一下【計數】變數才可順利進行分析。

在本範例中，作者分別提供了列舉格式的資料檔（ex9-1-1.sav）和交叉表格式的資料檔（ex9-1-2.sav）。若要使用交叉表格式的資料檔進行檢定，則檢定前須先執行【資料】／【觀察值加權】以告訴SPSS，檔案中的計數變數是哪一個。而若使用列舉格式的資料檔，則可直接執行檢定。在此，將示範使用交叉表格式的資料檔進行檢定。

操 作 步驟

步驟1：依據表9-4交叉表的內容，要製作SPSS資料檔時，須設定三個變數，分別為列變數（抽菸）、欄變數（患病）與計數變數（count）。請讀者自行製作資料檔練習看看。當然，也可以直接開啓ex9-1-2.sav。在列變數中，其值為「1」時，代表「有抽菸」；其值為「0」時，代表「不抽菸」。而在欄變數中，其值為「1」時，代表「有患病」；其值為「0」時，代表「未患病」。

步驟2：由於資料是以交叉表格式輸入，所以需要先告訴SPSS哪一個變數是計數變數。故先執行【資料】／【加權觀察值】，以便能告知SPSS，「ex9-1-2.sav」檔案中的計數變數是哪一個。待出現【加權觀察值】對話框後，核取【觀察值加權依據】選項，再選變數「count」按鈕，使之進入【次數變數】輸入欄中，按【確定】鈕，即可完成變數「count」的加權過程，如圖9-3所示。

圖9-3　設定【加權觀察值】對話框

步驟3：執行交叉表卡方檢定。執行【分析】／【描述性統計資料】／【交叉表】，就可開啟【交叉表】對話框。先將【抽菸】變數選入【列】清單方塊中，作為列變數，然後將【患病】變數選入【欄】清單方塊中，作為欄變數。

步驟4：按【統計資料】鈕，開啟【統計資料】子對話框，選取【卡方】、【相關】、【列聯係數】、【Phi值與Cramer's V】、【Lambda】與【不確定性係數】等核取方塊，然後按【繼續】鈕，返回【交叉表】對話框，如圖9-4所示。

圖9-4　設定【統計資料】子對話框

步驟5：按【儲存格】鈕，開啟【儲存格顯示】子對話框，選取【觀察值】、【期望】等核取方塊後，再按【繼續】鈕返回。

步驟6：回到【交叉表】對話框後，按【確定】鈕，即可開始執行運算。

步驟7：詳細的操作過程，讀者亦可自行參閱影音檔「ex9-1.wmv」。

▶ **報表解說**

依題意，本範例屬卡方檢定中的獨立性檢定，其虛無假設為：

H_0：抽菸與患慢性支氣管炎無關（抽菸與患慢性支氣管炎間相互獨立）

執行後，輸出報表如下：

表9-5　抽菸與患病統計摘要表

	觀察值					
	有效		遺漏		總計	
	N	百分比	N	百分比	N	百分比
抽菸*患病	339	100.0%	0	0.0%	339	100.0%

表9-5是抽菸與患病的統計摘要表，列出了觀測值之有效值個數、遺漏值個數和總個數。

表9-6　抽菸與患病交叉表

			患病		總計
			未患病	患病	
抽菸	未抽菸	個數	121	13	134
		預期計數	111.9	22.1	134.0
	抽菸	個數	162	43	205
		預期計數	171.1	33.9	205.0
總計		個數	283	56	339
		預期計數	283.0	56.0	339.0

從表9-6的抽菸與患病的交叉表中可以看出，抽菸人口中患病者有43人，比期望值33.9大；而不抽菸人口中患病者只有13人，比期望值22.1小很多。

表9-7　卡方檢定表

	數值	df	漸近顯著性（2端）	精確顯著性（2端）	精確顯著性（1端）
皮爾森（Pearson）卡方	7.469[a]	1	.006		
持續更正[b]	6.674	1	.010		
概似比	7.925	1	.005		
費雪（Fisher）確切檢定				.007	.004
線性對線性關聯	7.447	1	.006		
有效觀察值個數	339				

從表9-7的【卡方檢定表】中可以看出，Pearson卡方值為7.469，顯著值為0.006 < 0.05，故不可接受虛無假設，即可認為抽菸與患慢性支氣管炎間是具有顯著相關性的。

此外，由於卡方檢定要求每個儲存格次數不得少於5，因此，當此條件不滿足時，建議讀者使用Fisher精確檢定來進行檢定。此外，對於兩行、兩列的表格，交叉表分析也會自動顯示出Fisher精確檢定的結果。以本範例而言，Fisher精確檢定之雙尾檢定顯著值為0.007，這和Pearson卡方檢定的結果一樣，都是顯著的。因此應拒絕虛無假設，而認為抽菸與患慢性支氣管炎是具有顯著相關性的。

最後，在卡方檢定已達顯著的情形下，代表著抽菸與患慢性支氣管炎間具有顯著相關性。若欲查看兩變數間的關聯強度時，尚須先考量欄、列兩變數的對稱性。一般而言該對稱性，可分為對稱與不對稱等兩種結果，茲說明如下：

1. 對稱形式：無法區別兩變數中，何者為自變數，何者為依變數。

2. 不對稱形式：於兩變數中，可以區分出自變數與依變數。

若為不對稱性量數（具有自變、依變關係），則欲查看變數間的關聯強度時，應要看【有方向性的測量】報表（如表9-8）；若為對稱性量數（不具有自變、依變關係），則須看【對稱的測量】報表（如表9-9）。

在本範例中，「抽菸」與「患病」兩變數具有自變、依變關係，屬不對稱性形式，且其為2×2交叉表，因此，可從表9-8中的【不確定係數】來表達預測能力。由表9-8可知【不確定係數】的【患病相依項】值為0.026。意指以抽菸否來預測是否患病時，可以減少2.6%的錯誤，且達顯著。

表9-8　有方向性的測量

			數值	漸近標準誤[a]	近似T分配[b]	顯著性近似值
名義變數對名義變數	Lambda(λ)	對稱	.000	.000	[c]	[c]
		抽菸相依項	.000	.000	[c]	[c]
		患病相依項	.000	.000	[c]	[c]
	Goodman及Kruskal tau	抽菸相依項	.022	.014		.006[d]
		患病相依項	.022	.014		.006[d]
	不確定係數	對稱	.021	.014	1.464	.005[e]
		抽菸相依項	.017	.012	1.464	.005[e]
		患病相依項	.026	018	1.464	.005[e]

應用統計分析：SPSS的運用

表9-9　對稱的測量

		數值	漸近標準錯誤[a]	大約T[b]	大約顯著性
名義變數對名義變數	Phi	1.48			.006
	克瑞瑪V（Cramer's V）	.148			.006
	列聯係數	.147			.006
間隔對間隔	皮爾森R	.148	.049	2.755	.006[c]
序數對序數	Spearman相關性	.148	.049	2.755	.006[c]
有效觀察值的個數		339			

9-7　無反應偏差

研究人員進行抽樣調查時，常無法完全避免無反應偏差（non-response bias）的現象產生，尤其是採用郵寄問卷調查時，因為缺乏調查人員與受訪者面對面互動，更增加了無反應偏差產生的機會。所謂無反應偏差是指因抽樣設計或實際執行調查時，遭遇到某些問題，這些問題如：問卷無法於預定期間內回應（回收）、雖有回應但答覆欠完整與樣本結構太過於集中在某一個群體或階層等，導致研究人員無法從所抽樣的樣本中獲得所需足夠的資訊，或調查問卷中缺少某些類型的代表樣本，影響樣本結構的完整性，因而所產生之偏誤。這種偏誤是非抽樣誤差的一個主要來源，乃抽樣調查中最常發生的一種誤差。

▶ 範例9-2

參考附錄一中，論文【品牌形象、知覺價值對品牌忠誠度關係之研究】的原始問卷，並開啟ex9-2.sav。由於問卷經一次寄發與一次跟催後，才完成調查，共計回收有效問卷334份。為維持論文之嚴謹性，試檢驗該問卷之樣本資料是否存在無反應偏差的問題。

本範例中，問卷經一次寄發與一次跟催後，共計回收有效問卷334份。由於，問卷無法於預定期間內全部回收，經分兩次回收才完成，為確認兩次回收樣本結構有無明顯差異，以確保回收樣本的資料分析結果能推論到母體，即須檢驗無反應偏差的問題了。

由於Armstrong and Overton（1977）曾認為晚回應者的特性，基本上會非常近似於未回應者。由於本範例問卷經一次寄發與一次跟催後，才回收完成。在此情形下，

Armstrong and Overton（1977）建議應檢驗無反應偏差是否存在的問題，檢驗時可利用卡方檢定，以檢驗兩次回收樣本在基本資料之各題項的選項間，其答題比例是否具有顯著差異。

在本範例中，對無反應偏差的處理方式是將樣本以回收時間的先後分批，將正常預定回收時間內的回應者列為第一批樣本（前期樣本）；而將原本無回應，但經催收後已回應者列為第二批樣本（後期樣本）。檢定無反應偏差時，將遵循Armstrong and Overton（1977）的建議，利用卡方檢定來檢驗兩次回收的樣本資料，在基本資料題項（性別、婚姻狀況、年齡、職業、教育程度與平均月收入）的回答上，在比例上是否具有一致性。如果檢定結果顯示這些題項的得分狀況具有一致性的話，那麼即可推論：無反應偏差的問題不存在，且將不致影響研究結果，因此以目前所回收之樣本資料的研究結果可以推論到母體。

很明顯的，在此我們將進行卡方檢定中的同質性檢定，以檢驗問卷回收過程中，前、後期的受訪者對於基本資料題項的答題狀況是否一致。檢定時的虛無假設如下：

H_0：前、後期的受訪者對於基本資料之各題項的答題狀況（比例）具有一致性

操作 步驟

步驟1：進行卡方檢定時，若資料的格式屬次數表或交叉表的話，那麼SPSS將無法分辨哪個變數屬計數資料，因此須先進行【加權觀察值】的功能。但是，若原始資料的格式不屬次數表或交叉表，而屬於列舉式格式時，那麼就可針對原始資料直接作卡方檢定，而不用再作加權動作。

步驟2：開啟ex9-2.sav，由於其資料格式屬列舉式格式，因此不用再進行加權，可直接執行【分析】／【描述性統計資料】／【交叉表】，以進行卡方檢定之同質性檢定。待開啟【交叉表】對話框後，將「回收期」變數選入【列】清單方塊中，作為列變數，接著將「性別」、「婚姻」、「年齡」、「職業」、「教育程度」與「平均月收入」等變數選入【直欄】清單方塊中，作為欄變數。

步驟3：按【統計資料】鈕，開啟【統計資料】子對話框，選取【卡方】、【相關】、【列聯係數】、【Phi值與Cramer's V】、【Lambda】與【不確定性係數】等核取方塊。然後按【繼續】鈕，返回【交叉表】對話框。

步驟4：按【儲存格】鈕，開啓【儲存格顯示】子對話框，選取【觀察值】、
【期望】等核取方塊後，再按【繼續】鈕，返回【交叉表】對話框。

步驟5：回到【交叉表】對話框後，按【確定】鈕，即可開始執行運算並輸出各
式報表。

步驟6：詳細的操作過程，讀者亦可自行參閱影音檔「ex9-2.wmv」。

▶ **報表解說**

本範例的虛無假設爲：

H_0：前、後期的受訪者對於基本資料之各題項的答題狀況（比例）具有一致性

執行交叉表卡方檢定後，將會於報表中顯示出「回收期」變數對「性別」、
「婚姻狀況」、「年齡」、「職業」、「教育程度」與「平均月收入」等變數的卡方
檢定結果（共六個表），可將這些檢定結果彙整於一個表中，如表9-10所示。

表9-10　無反應偏差—卡方檢定

衡量項目	Pearson卡方值	自由度	p值
性別	0.813	1	0.367
婚姻狀況	1.552	1	0.213
年齡	3.843	5	0.572
職業	6.116	7	0.526
教育程度	4.002	5	0.549
平均月收入	5.503	7	0.599

由表9-10的檢定結果可知，所有卡方檢定的機率p值皆大於0.05。因此，將接受
虛無假設，即認爲問卷回收前、後期，受訪者於各基本資料的回答上並無顯著差異
（即具同質性）。因此，本研究中的無反應偏差並不顯著，故回收樣本的分析結果應
可以推論到母體。

習 題

練習 9-1

參考附錄二中,論文「遊客體驗、旅遊意象與重遊意願關係之研究」的原始問卷,並開啓hw9-1.sav,由於問卷經前、後期才回收完成,請完成表9-11,並檢驗該問卷資料是否具有無反應偏差。

表9-11 無反應偏差—卡方檢定

衡量項目	Pearson卡方值	自由度	p值
性別			
婚姻狀況			
年齡			
職業			
教育程度			
平均月收入			

第10章
平均數的差異性比較
—t檢定

在敘述統計學中，母體的統計特徵一般稱為參數（如母體平均數、母體標準差），而樣本的統計特徵則稱之為統計量（如樣本平均數、樣本標準差）。一般而言，母體參數通常為未知數（因母體太大，無法探究其確實數據），而樣本統計量只要經抽樣完成，通常就可以求算出其值。

推論統計學的核心價值在於：藉由以低成本方式取得的樣本資料之統計量（已知）來推論母體參數（未知）。也就是說，推論統計學是根據樣本資料之特徵（統計量）而推論母體特徵（參數）的方法。更精準的論述為：推論統計學能在對樣本資料進行描述性分析的基礎上，以機率的方式對統計母體的未知特徵（如母體平均數、母體標準差）進行推論，如圖10-1所示。

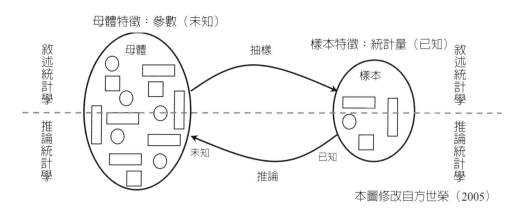

圖10-1　敘述統計學與推論統計學

10-1　推論統計與參數檢定

研究者為何需要透過對樣本資料的描述，然後去推論母體特徵呢？其原因不外有二：

第一個原因為：無法全部蒐集到所有的母體資料。例如：水質或空氣品質的檢測問題，當研究者想要評估高雄地區的空氣品質，或者要檢定南化水庫水中某成分的含量等。對於此類問題的研究，研究者根本無法對所有研究對象（空氣或水庫水）做實驗，而只能採取抽樣技術，從母體中隨機抽取一部分樣本進行檢測，進而推論母體特徵。

第二個原因爲：在某些特殊情況下，雖然母體資料能夠蒐集到，但其過程將會耗費大量的人力、物力和財力。例如：研究全國大學生每天上網的平均時間、或小家庭每年旅遊的平均花費等。對這類問題的研究，雖然只要研究者願意，理論上是可以獲得全部的母體資料。但大規模的調查（普查）和資料蒐集工作，必然需要投入大量的成本。因此，在實際研究中，爲節省開銷往往會採用抽樣技術，對小部分的研究對象進行調查以獲取資料，並藉此推論母體的特徵。

研究者利用樣本資料的特徵（樣本統計量）對母體特徵（母體參數）進行推論時，會因母體分配型態的已知或未知狀況，而有不同的處理方式，其處理方式如下：

第一：當母體分配為已知的情況下（通常為假設已知）

由於母體分配爲已知（例如：爲常態分配），此時，根據樣本資料對母體的推論，其目的將著重在估計參數的信賴區間，或對其進行某種統計檢定。例如：檢定常態母體的平均值是否與某個值存在顯著性差異、兩個母體的平均值是否有顯著性差異等。諸如此類的統計推論問題通常可採用參數檢定的方法。它不僅能夠對母體特徵參數進行推論，而且也能對兩個或多個母體的參數進行比較。

第二：當母體分配未知的情況下

在現實生活的大多數情況下，研究者事前其實很難對母體的分配做出較爲準確的假設，或者根本無法保證樣本資料是來自其所假設的母體，或者由於資料類型的限制，使其不符合所假定之分配的要求等。儘管如此，研究者仍然希望探索出資料中所隱含的特質，此時通常採用的統計推論方法即爲無母數檢定的方法。

10-2 參數之假設檢定

在推論統計學的領域中，研究者通常會採用估計（點估計和區間估計）和假設檢定等這兩類方式對母體參數進行推論。這兩類方式在SPSS的相關功能中皆有提供，然由於其基本原理類似，在此僅對假設檢定的基本概念做初步介紹。

10-2-1 參數之假設檢定簡介

進行參數之假設檢定時，其基本概念是：研究者必須先對母體參數值提出假設，然後再利用抽樣回來的樣本所提供的相關資訊去驗證先前所提出的假設是否成

立。如果樣本資料不能夠充分證明和支持假設的成立時，則在一定的機率條件下，應該拒絕該假設；相反的，如果樣本資料不能夠充分證明和支持假設是不能成立的，那麼就不能推翻假設成立的合理性和真實性。上述假設檢定之推論過程所依據的基本觀念即是所謂的「小機率原理」，即發生機率很小的隨機事件，在某一次特定的實驗中是幾乎不可能發生的。但如果發生了，那肯定是先前的某些假設有誤，所以應該推翻該假設。統計學中，一般認為某事件發生的機率小於0.05時，就算是小機率事件。

例如：若研究者想對每位墾丁遊客的平均花費額，進行假設檢定。首先研究者會提出一個假設，此假設為「墾丁遊客的平均花費額是5,000元」。此時，研究者將充分利用樣本資料以驗證該假設是否成立。如果樣本資料中，遊客平均花費額為5,900元，顯然與5,000元間存在著不小的差距，此時能否立即拒絕先前的假設呢？答案是不能的。因為在抽樣過程中也有可能存在著誤差。即樣本（5,900元）與假設（5,000元）之間的差距，有可能是因為系統誤差或抽樣誤差所造成的，而不是真正平均花費額的差距。抽樣誤差的存在將造成某批樣本（遊客）的平均花費額為3,900元，而另一批樣本（遊客）的平均花費額為4,800元或是5,100元或是其他值，都有可能。因此，此時就有必要去確認樣本資料所提供的資訊與假設之間的差距，究竟是哪種原因所造成的。

依據小機率原理，首先計算在假設成立的條件下，觀察樣本值或更極端值發生的機率。也就是說如果遊客的平均花費額確實為5,000元，那麼5,900元（或更極端值）發生的機率有多大。如果5,900元（或更極端值）發生的機率極小，依據小機率事件在一次實驗中是幾乎不會發生的原理，它應是件不該發生的事件。但事實卻是，這件原本不應發生的事件（5,900元或更極端值）卻恰恰在這一次抽樣中發生了。由於該樣本的存在是種事實，對此我們只好認為5,000元的假設是不成立的。

由上述的說明不難看出，進行假設檢定的過程中，研究者需要解決兩大問題，第一，如何計算在假設成立的條件下，樣本值或更極端值發生的機率？第二，如何定義小機率事件（即設定顯著水準之意）？對於這兩大問題，現今的推論統計學理論都已經能成功地解決這兩個問題。

10-2-2　參數之假設檢定的基本步驟

一般而言，假設檢定的進行可分成以下五大基本步驟：

(一) 提出虛無假設（H_0）

即根據研究目的，對欲推論的母體參數或分配提出一個基本假設。一般即稱之為虛無假設（null hypothesis），通常也代表著這個假設其實是研究者內心裡面很想把它推翻掉的假設。

(二) 確認檢定統計量之理論分配

在假設檢定中，樣本值（或更極端值）發生的機率並不是直接由樣本資料得到的，而是透過計算檢定統計量之觀測值在某個理論分配下的發生機率而間接得到的。這些統計量所該服從或近似服從的理論分配中，常見的有t分配、F分配或χ^2分配。對於不同的假設檢定問題以及不同的母體條件，會有不同的理論分配、檢定方法和策略，但這是統計學家所該研究的課題。平凡的我們，在實際應用中只需要依據實際狀況與問題，遵循理論套用即可。例如：檢定兩個近似常態之母體平均數差異時，就會套用t分配來進行檢定決策；而檢定三個近似常態之母體平均數差異時，則須選用F分配輔助檢定決策之製作。

(三) 計算檢定統計量之觀測值的發生機率

確認檢定統計量之理論分配後，在認為虛無假設成立的條件下（H_0為真），利用樣本資料便可計算出檢定統計量之觀測值在該理論分配下的發生機率，此機率一般稱為機率p值（又稱為顯著性，即當H_0成立時，該檢定統計量值所發生的機率）。也就是說，該機率p值間接地表現出統計量值在虛無假設成立的條件下所發生的機率。針對此機率p值，研究者即可依據一定的標準（例如：研究者所設定的顯著水準）來判定其發生的機率是否為小機率，是否是一個小機率事件。

(四) 設定顯著水準α

所謂顯著水準α，是指當虛無假設為真，但卻被錯誤地拒絕時，所發生的機率或風險（即型I誤差的機率）。一般α值會定為0.05或0.01等。而這就意味著，當虛無假設正確，同時也正確地接受虛無假設的可能性（機率）為95%或99%。事實上，雖然小機率原理告訴我們，小機率事件在一次實驗中是幾乎不會發生的，但這並不意味著小機率事件就一定不發生。由於抽樣的隨機性，在一次實驗中觀察到小機率事件的可能性是存在的，如果遵循小機率原理而拒絕了原本正確的虛無假設，該錯誤發生的機率便是α。因此，顯著水準α類似一個門檻值，當機率p值小於顯著水準α時，這就是一個小機率事件，且此小機率事件是不該發生的，但卻在這次的抽樣中發生了，因此

我們就會認為這種現象，應該是虛無假設錯誤所致吧！所以，決策上就會推翻先前所設定的虛無假設。

(五) 作出統計決策

得到檢定統計量的機率p值後，接著，研究者就須判定應該要拒絕虛無假設，還是不應拒絕虛無假設。如果檢定統計量的機率p值小於顯著水準α，則認為如果此時拒絕虛無假設，那麼犯錯的可能性會小於顯著水準α；也就是說，其機率低於我們原先所設定的控制水準（我們所能承擔的風險），所以不太可能會犯錯，因此可以拒絕虛無假設；反之，如果檢定統計量的機率p值大於顯著水準α，則認為如果此時拒絕虛無假設，那麼犯錯的可能性大於顯著水準α，其機率高於我們原先所設定的控制水準，所以很有可能犯錯，因此不應拒絕虛無假設。

從另一個角度來看，得到檢定統計量的機率p值後，就是要判定，這個事件是否為小機率事件。由於顯著水準α是在虛無假設成立時，檢定統計量的值落在某個極端區域內的機率值。因此如果設定α等於0.05，那麼就是認為，如果虛無假設是成立的，則檢定統計量的值落在某極端區域內的機率是0.05，它就是我們所設定的所謂小機率事件的標準。當檢定統計量的機率p值小於顯著水準α時，它的意義就是如果虛無假設是成立的，則檢定統計量的觀測值（或更極端值）發生的機率是一個比標準小機率事件更小機率的事件，由小機率原理它本是不可能發生的，但它卻發生了，所以它的發生是因為虛無假設不成立所導致的，因此應拒絕虛無假設；反之，當檢定統計量的機率p值大於α時，它的意義就是如果虛無假設是成立的，檢定統計量的觀測值（或更極端值）發生的機率較標準小機率事件來說，並不是一個小機率的事件，它的發生是極有可能的，所以我們沒有充足的理由說明虛無假設是不成立的，因此不應該拒絕虛無假設。

上述五步驟確實容易令人頭昏腦脹、邏輯錯亂。但總而言之，透過上述五步驟便可完成假設檢定之所有過程。雖是如此，讀者也不用太過於擔心，因為統計套裝軟體的運用可以輔助解決大部分的問題。在運用SPSS進行假設檢定時，首先應清楚定義第一個步驟中的虛無假設即可，接著第二個步驟和第三個步驟是SPSS自動完成的，第四、五個步驟所須下的決策，則須研究者依SPSS所跑出的報表，進行人工判定，即先設定好顯著水準α，然後與檢定統計量的機率p值相比較，就可作出到底是拒絕（機率p值小於等於顯著水準α）或接受（機率p值大於顯著水準α）虛無假設的決策了。

10-3　兩個樣本之平均值比較—t檢定

　　一般統計學分析過程中，都會採用透過樣本資料來分析母體的方法。也就是說，從樣本的觀察值或實驗結果的特徵來對母體的特徵進行估計和推論。由抽取樣本來對母體作出估計和推論時，從母體中所抽取的樣本必須是隨機的，即每一個體被抽到的機率都是相同的。但這樣往往會由於抽到一些數值較大或較小的個體，致使樣本統計量與母體參數之間有所不同，那麼便產生一個問題：平均值不相等的兩個樣本不一定來自平均值不同的母體。

　　怎樣判斷「兩個樣本」是否來自平均值不同的母體呢？常用的方法是t檢定。t檢定是比較「兩組」平均值之差異最常用的方法，例如：t檢定可用於比較新教學法與舊教學法之學生的成績差異。理論上，即使樣本量很小時，也可以進行t檢定（如樣本量為10），只要每組中變數呈常態分配，兩組變異數不會明顯不同就可以了。也就是說，利用t分配檢定平均值差異時，有兩個前提必須先予以確認，其一為母體的分配是否為常態分配；另一為兩組樣本的變異數是否相等（又稱同質）。針對上述兩前提，實務上可以透過觀察資料的分配或進行常態性檢定，以確認資料是否具有常態性；而檢定變異數的同質性則可使用F檢定來進行，或進行更有效的Levene's檢定。如果不滿足這些條件，那麼也可以使用無母數檢定來代替t檢定以進行兩組間平均值的比較。

　　運用t檢定以評估兩組平均值差異時，會因樣本來源或樣本取得的方式，而有不同型式的t檢定方法，大致上可分為三種，分別為「單一樣本t檢定」、「獨立樣本t檢定」與「成對（相依）樣本t檢定」。在本章後續節次中，將依序介紹這三種不同型式的t檢定方法。

10-4　單一樣本t檢定

　　單一樣本t檢定的目的在於：利用抽取自某母體的樣本資料，以推論該母體的平均值是否與指定的檢定值（已知常數）之間存在顯著差異。這是一種對母體平均值的假設檢定。例如：研究某地區高中生數學平均分數與去年分數（已知常數值）的差異。

　　在已知母體平均值的情形下，進行樣本平均值與母體平均值（已知）之間差異的顯著性檢定也屬於單一樣本的t檢定。例如：研究某地區高中生數學平均分數與全省

高中學生數學平均分數（已知常數值）的差異，這樣的問題就須依靠「進行樣本平均值與母體平均值之間的差異顯著性檢定」來完成了。即進行單一樣本t檢定就可解決此類問題。

SPSS中的【單一樣本t檢定】功能，除對每個檢定變數提供包括觀察值個數、平均值、標準差和平均值的標準誤差（標準誤）等統計量外，它還提供了每個資料值與假設檢定值之間差異的平均值以及進行該差值為「0」的t檢定和該差值的信賴區間估計，並且可由使用者自行指定檢定過程的顯著水準。

單一樣本t檢定的前提假設為樣本所屬的母體應服從或近似服從常態分配。在上述兩個例子中，全省高中生或去年高中生的數學成績，一般都可以認為是服從常態分配的，因此可利用單一樣本t檢定以進行母體平均值的推論。

10-4-1　單一樣本t檢定的基本步驟

單一樣本t檢定其檢定基本步驟與一般的假設檢定過程一致，並無特殊之處。

(一) 提出虛無假設（H_0）

單一樣本t檢定的虛無假設H_0為：母體平均值與檢定值（常數）之間不存在顯著差異，記為：

$$H_0 : \mu = \mu_0$$

μ為母體平均值，μ_0為檢定值。

例如：假設墾丁遊客平均花費額為5,000元，即$\mu = \mu_0 = 5,000$。

(二) 選擇檢定統計量

推論統計學最基本的概念，就是對母體平均值的推論是建立在樣本平均值的基礎上。也就是說，研究者總是希望利用樣本平均值去估計母體平均值。然而，由於可能存在抽樣誤差，導致各次抽樣的樣本平均值間會存在差異性。不過這些樣本平均值的差異性，卻也恰可根據抽樣理論而藉由樣本平均值的抽樣分配來加以描述。理論之建立過程如下：

根據抽樣理論，當母體分配爲常態分配N（μ, σ^2）時，樣本平均值的抽樣分配仍爲常態分配，但該常態分配的平均值雖仍爲μ，但變異數會變爲σ^2/n，即：

$$\bar{X} \sim N(\mu, \frac{\sigma^2}{n})$$ （式10-1）

式10-1中，$\bar{X}$爲樣本平均值、μ爲母體平均值、σ^2爲母體變異數、n爲樣本數。根據中央極限定理，母體分配近似服從常態分配時，且樣本數n較大時，樣本平均值$\bar{X}$也會近似服從常態分配。因此，可運用Z檢定統計量（Z爲服從標準常態分配的統計量），其定義爲：

$$Z = \frac{\bar{X} - \mu}{\sqrt{\frac{\sigma^2}{n}}}$$ （式10-2）

然由於母體的變異數通常是未知的，此時雖可以用樣本變異數S^2來代替。但在此情況下，根據抽樣理論，分配也將從原本的常態分配轉變爲t分配。因此，重新修改檢定統計量爲t統計量，定義爲：

$$t = \frac{\bar{X} - \mu}{\sqrt{\frac{S^2}{n}}}$$ （式10-3）

檢定時，μ可用檢定值μ_0（虛無假設中的檢定值）代入，t統計量爲服從$n-1$個自由度的t分配。t檢定常運用在兩組資料進行平均數比較時，在單一樣本t檢定中，不難發現，只有一組樣本而已，其實只要把檢定值（已知常數值）看成是另一組資料的平均值，這樣不就有兩組資料了。也就是說，在這種只有一樣本情形下，只要把虛無假設中等號右邊的檢定值視爲另一組資料的平均值，就可符合t檢定中須有兩組資料的基本原則，針對這種特殊（檢定值爲常數）的情況，所能運用檢定方法即爲單一樣本t檢定。

(三) 計算檢定統計量觀測值和機率p值

此步驟將計算檢定統計量觀測值和機率p值，SPSS將自動把樣本平均值$\bar{X}$、檢定值μ_0、樣本變異數S^2與樣本數n代入t統計量，計算出t統計量的觀測值和該值所對應的機率p值。

(四) 設定顯著水準α，並作出統計決策

　　最後，將所訂的顯著水準α與檢定統計量的機率p值作比較。如果機率p值小於顯著水準α，則應拒絕虛無假設，即認為母體平均值與檢定值之間存在著顯著差異；反之，如果機率p值大於顯著水準α，則不應拒絕虛無假設，即認為母體平均值與檢定值之間無顯著差異。

10-4-2　單一樣本t檢定範例

▶ 範例10-1

開啓範例ex10-1.sav，該檔案為論文【品牌形象、知覺價值對品牌忠誠度關係之研究】之原始問卷的資料檔，試檢定受訪者對個案公司之「品牌形象」的整體認知程度是否良好（平均值大於4）？

　　範例問卷之受訪者共有334人，論文【品牌形象、知覺價值對品牌忠誠度關係之研究】的原始問卷中，衡量「品牌形象」的問項共9題（bi1_1～bi3_3）。因此，「品牌形象」之整體認知程度的值，即是bi1_1～bi3_3等這9題問項的平均得分之意。故檢定前，須先針對這9題問項，進行橫向平均以求算出每位受訪者對個案公司之「品牌形象」的整體認知程度（變數bi）。由於原始問卷運用李克特七點量表，得分為「4」時，表示認同程度「普通」，故若變數「bi」值大於「4」時，即代表受訪者對個案公司之「品牌形象」的整體認知程度「良好」。由此，不難理解本範例只須針對變數「bi」進行「單一樣本t檢定」，以檢定變數「bi」是否大於固定常數4即可。故其虛無假設為：

$$H_0 : bi = 4$$

　　或

$$H_0 : 受訪者對個案公司之「品牌形象」的整體認知程度普通$$

　　雖然，我們真正的目的是想證明「bi > 4」，但在此，我們仍假設「bi = 4」。因此，我們期盼此虛無假設將被拒絕，當真的被拒絕後，我們也只能認定「bi ≠ 4」。因此，尚須藉助「單一樣本t檢定」報表中的【95%差異數的信賴區間】之上、下限，來輔助判斷到底變數「bi」值是大於4，還是小於4。

操作步驟

步驟1：由於原始問卷中有關「品牌形象」的問項共有9題，因此，欲求「品牌形象」的整體認知程度時，須先針對這9題問項，進行橫向平均以求算出每位受訪者對「品牌形象」的整體認知。首先開啓ex10-1.sav，執行【轉換】／【計算】，開啓【計算變數】對話框。

步驟2：待出現【計算變數】對話框後，在目標變數輸入框中，請輸入新的變數名稱「bi」，以儲放「品牌形象」之平均分數（即品牌形象的整體認知）。

步驟3：在【計算變數】對話框右邊的【數值表示式】輸入框中，輸入計算「品牌形象」之平均分數的運算式。由於「品牌形象」構面由bi1_1、bi1_2、bi1_3、bi2_1、bi2_2、bi2_3、bi3_1、bi3_2與bi3_3等九個題項所衡量，故品牌形象之平均分數的計算方式如下：

bi = sum(bi1_1 to bi3_3)/9

因此，在【數值表示式】輸入框中，輸入「sum(bi1_1 to bi3_3)/9」。完成後按【確定】鈕，即可在檔案中產生一個代表品牌形象的整體認知程度的變數「bi」。

步驟4：接著，執行【分析】／【比較平均數法】／【單一樣本t檢定】，開啓【單一樣本t檢定】對話框。

步驟5：待出現【單一樣本t檢定】對話框後，將變數「bi」選入【檢定變數】清單方塊內。

步驟6：接著，在【檢定值】輸入欄中輸入「4」，如圖10-2所示。

圖10-2　設定【單一樣本t檢定】對話框

步驟7：按【確定】結束。

步驟8：詳細操作過程解說，讀者亦可自行參閱影音檔「ex10-1.wmv」。

▶ **報表解說**

本範例經執行單一樣本t檢定後，所得之檢定表，如表10-1。

表10-1　單一樣本t檢定報表

	檢定值＝4					
	T	df	顯著性（雙尾）	平均差異	95%差異數的信賴區間	
					下界	上界
bi	22.876	333	.000	1.12675	1.0299	1.2236

由表10-1，不難觀察出t值為22.876，顯著性為0.000 < 0.05，故不接受虛無假設，即認為變數「bi」值和「4」間具有顯著差異（bi ≠ 4）。在已證明「bi ≠ 4」的情形下，繼續觀察表10-1的最後一欄【95%差異數的信賴區間】之上、下限。在此所謂的【95%差異數的信賴區間】，意指「bi - 4」的95%信賴區間，由於1.0299≦bi − 4≦1.2236，上、下限皆屬正的範圍。因此，由簡單的數學概念即可推論出「bi > 4」，故可認為受訪者對個案公司之「品牌形象」的整體認知程度「良好」。

▶ **結論**

由表10-1的單一樣本t檢定表可知，t值為22.876，顯著性為0.000 < 0.05，故拒絕虛無假設，因此可認為bi ≠ 4。再由【95%差異數的信賴區間】發現，1.0299≦bi − 4≦1.2236，上、下限皆屬正的範圍。因此，可推論出「bi > 4」，故受訪者對個案公司之「品牌形象」的整體認知程度應屬「良好」。

◆ 10-5　獨立樣本t檢定 ◆

獨立樣本t檢定的目的在於：檢定抽樣自某兩個母體的獨立樣本，經計算兩獨立樣本的平均值後，推論原本的兩個母體之平均值是否存在顯著性差異。例如：利用對遊客的抽樣調查資料，推論北部民眾和南部民眾於墾丁旅遊之平均花費額是否具有顯著差異。再例如：利用銀行從業人員的基本資料，分析本國銀行與外資銀行之從業人員中，具高學歷的員工比例或年輕人的比例等是否存在顯著差異。由於這些推論過程

中，都涉及了兩個母體須採用t統計量，同時兩組樣本必須獨立（即從一母體中抽取的樣本對從另一母體中所抽取的另一組樣本沒有任何影響），且兩組樣本的個案數目也可以不相等，因此稱為獨立樣本t檢定。

　　獨立樣本t檢定的前提假設條件是：樣本來自的母體應服從或近似服從常態分配，且兩樣本必須相互獨立。在上述的兩個例子中，遊客的平均花費額和從業人員構成比例都可認為是近似服從常態分配。另外，在遊客的平均花費額中，北部民眾和南部民眾的抽樣是相互獨立、互不影響的，故可認為是兩獨立樣本。同理，本國銀行基本資料的抽樣與外資銀行基本資料的抽樣也是獨立的。因此，這些問題都滿足獨立樣本t檢定的前提假設條件。

10-5-1　獨立樣本t檢定的基本步驟

　　獨立樣本t檢定的基本檢定步驟與一般的假設檢定過程一致，並無特殊之處。

(一) 提出虛無假設（H_0）

　　獨立樣本t檢定的虛無假設H_0為：兩母體之平均值並無顯著差異，記為：

$H_0：\mu_1 - \mu_2 = 0$或$\mu_1 = \mu_2$

μ_1、μ_2分別為第一個母體與第二個母體的平均值。

　　例如：可假設北部民眾於墾丁旅遊之平均花費額（μ_1）和南部民眾於墾丁旅遊之平均花費額（μ_2）沒有顯著差異，即「$\mu_1 - \mu_2 = 0$」。

(二) 選擇檢定統計量

　　獨立樣本t檢定的基本概念是：利用來自兩個母體之獨立樣本的平均值差，以推論兩母體之平均值差異。也就是希望利用兩組樣本平均值的差，去估計兩母體平均值的差。因此，研究者所應關注的是兩樣本平均值差的抽樣分配。

　　根據抽樣理論，當兩母體的分配分別為$N(\mu_1, \sigma_1^2)$和$N(\mu_2, \sigma_2^2)$時，兩樣本平均值差的抽樣分配仍為常態分配，且該常態分配的平均值為「$\mu_1 - \mu_2$」，變異數為「σ_{12}^2」。該特別注意的是，在不同的情況下，「σ_{12}^2」有不同的估計方式。

☞第一種情況：當兩母體變異數未知但相等時

　　當兩母體變異數未知但相等時，即「$\sigma_1^2 = \sigma_2^2$」時，則採用合併的變異數Sp^2作為兩母體變異數的估計，其計算方式為：

$$Sp^2 = \frac{(n_1-1)S_1^2 + (n_2-1)S_2^2}{n_1 + n_2 - 2} \tag{式10-4}$$

　　其中，S_1^2、S_2^2分別代表第一組樣本和第二組樣本的樣本變異數，n_1、n_2分別代表第一組樣本與第二組樣本的樣本數。此時兩樣本平均值差之抽樣分配的變異數「σ_{12}^2」為：

$$\sigma_{12}^2 = \frac{Sp^2}{n_1} + \frac{Sp^2}{n_2} \tag{式10-5}$$

☞第二種情況，當兩母體變異數未知且不相等

　　當兩母體變異數未知且不相等時，即「$\sigma_1^2 \neq \sigma_2^2$」時，則分別採用各自的變異數來計算新的變異數「$\sigma_{12}^2$」，此時兩樣本平均值差之抽樣分配的變異數「$\sigma_{12}^2$」為：

$$\sigma_{12}^2 = \frac{S_1^2}{n_1} + \frac{S_2^2}{n_2} \tag{式10-6}$$

　　由於無論在第一種情況或第二種情況下，兩母體平均值差之檢定的檢定統計量為t統計量，其定義為：

$$t = \frac{(\overline{X}_1 - \overline{X}_2) - (\mu_1 - \mu_2)}{\sqrt{\sigma_{12}^2}} \tag{式10-7}$$

　　式10-7中，由於根據虛無假設：「$\mu_1 - \mu_2 = 0$」，因此可略去$(\mu_1 - \mu_2)$項。在上述的第一種情況下，t統計量服從「$n_1 + n_2 - 2$」個自由度的t分配；在第二種情況下，則將服從修正自由度後的t分配，修正後的自由度，其定義為：

$$df = \frac{(\dfrac{S_1^2}{n_1} + \dfrac{S_2^2}{n_2})^2}{\dfrac{(\dfrac{S_1^2}{n_1})^2}{n_1} + \dfrac{(\dfrac{S_2^2}{n_2})^2}{n_2}} \tag{式10-8}$$

由上述說明可清楚認知，兩母體變異數是否相等是決定如何計算「平均值差之抽樣分配」的變異數之重要前提與關鍵。因此，有必要透過嚴謹的方式對「兩母體變異數是否相等」進行統計檢定。【兩母體變異數是否相等】之檢定的虛無假設H_0，可假設為：兩母體變異數無顯著差異，記為：

$$H_0 : \sigma_1^2 = \sigma_2^2$$

在SPSS中，此兩母體變異數是否相等之檢定，又稱為變異數同質性檢定，將透過Levene檢定法，並採用F統計量進行檢定。

Levene檢定法主要將使用單因子變異數分析，針對「變異數是否具有同質性」進行檢定，其主要概念為：

➤ 對來自兩個不同母體的兩組樣本，分別計算樣本變異數。
➤ 計算各樣本與本組樣本變異數差的絕對值，得到兩組絕對差值資料。
➤ 利用單因子變異數分析判斷這兩組絕對差值的平均值是否存在顯著差異。

可見，Levene檢定法即是透過判斷兩組樣本變異數是否相等，進而間接推論兩母體變異數是否有顯著差異的檢定方式。待確認「兩母體變異數是否相等」後，即可計算出正確的t檢定值。

(三) 計算檢定統計量觀測值和機率p值

此步驟將分別計算F統計量和t統計量的觀測值以及其相對應的機率p值。SPSS將自動依據單因子變異數分析計算F統計量、t統計量和機率p值，並自動將兩組樣本平均值、樣本變異數與樣本數代入t統計量，計算出t統計量的觀測值和該值所對應的機率p值。

(四) 設定顯著水準α，並作出統計決策

當研究者訂定了顯著性水準α後，在SPSS中，獨立樣本t檢定的統計決策較複雜，將分成三階段檢定才能完成，詳如10-5-2節之說明。

10-5-2　獨立樣本t檢定的報表解析

一般而言，SPSS所輸出的獨立樣本t檢定表的外觀，如圖10-3。圖10-3是「男、女生血液中血紅蛋白含量的平均值是否具有顯著差異」的獨立樣本t檢定表。分析時，其過程算是有點複雜，需要一些邏輯概念。大致上，可將獨立樣本t檢定表的分析過程畫分為三個階段，只要循序漸進，當可駕輕就熟。

圖10-3【獨立樣本t檢定】報表解析示意圖

☞ 第一階段：變異數同質檢定

這個階段將進行獨立樣本t檢定的前提條件檢測—兩母體變異數是否相等。由於兩母體變異數的異同會影響到t統計量之自由度的計算方法和t值的計算結果。因此，在實際進行t檢定之前，須先進行【變異數相等的Levene檢定】，Levene檢定中將使用F統計量判斷兩母體的變異數是否相等，並據此決定抽樣分配之變異數和自由度的計算方法和結果。如果F檢定統計量的機率p值小於顯著性水準α（0.05），則應拒絕虛無假設，而認為兩母體變異數有顯著差異的，此時須修正t檢定的自由度與t值；反之，如果機率p值大於顯著性水準α，則不應拒絕虛無假設，因此可認為兩母體變異數是相等的。

在圖10-3的獨立樣本t檢定表中，第一階段即屬於變異數同質檢定，其虛無假設H_0為：「兩母體變異數無顯著差異」。由圖10-3之第一階段的「Levene的變異數相等測試」欄中，可發現Levene檢定的F統計量之顯著性為「0.431」大於顯著水準「0.05」。因此，不可拒絕「兩母體變異數無顯著差異」的虛無假設，而應認為「兩母體的變異數是相等的」。

☞第二階段：t檢定

在第二階段將眞正利用獨立樣本t檢定，以判斷兩母體的平均值是否存在顯著差異。如果t檢定統計量的機率p值小於顯著性水準α（0.05），則應拒絕虛無假設，而認爲兩母體的平均值具有顯著差異；反之，如果機率p值大於顯著性水準α，則不應拒絕虛無假設，而應認爲兩母體平均值並無顯著差異。

在圖10-3的獨立樣本t檢定表中，第二階段才是獨立樣本t檢定的主體。其虛無假設H_0爲：「男、女生血液中血紅蛋白含量的平均值並無顯著差異」。然而，不難發現，於第二階段的t檢定中，卻有兩個t值，即「第一列的t值」與「第二列的t值」。這兩列t值的選用，必須視第一階段的變異數同質檢定之結果而定，其決策情形如下：

第一列的t值：當第一階段之Levene檢定的顯著性大於顯著水準（即兩母體的變異數相等）時，必須採用「第一列的t值」。

第二列的t值：當第一階段之Levene檢定的顯著性小於顯著水準（即兩母體的變異數不相等）時，則必須採用「第二列的t值」。

在圖10-3的檢定表中，由於第一階段的變異數同質檢定中，【Levene檢定】的顯著性爲「0.431」大於顯著水準「0.05」，因此，可認爲「兩母體的變異數是相等的」。故第二階段的t檢定中，要看「第一列的t值」（第二列的t值可完全不用理會）。第一列的t值爲「3.792」，其機率p值（即顯著性）爲「0.001」小於顯著水準「0.05」。因此，可拒絕「男、女生血液中血紅蛋白含量的平均值並無顯著差異」的虛無假設，而可認爲「男、女生血液中血紅蛋白含量的平均值是具有顯著差異的」。

☞第三階段：事後比較

第三階段的事後比較並非每次進行獨立樣本t檢定都會用到。只有在t檢定值顯著（顯著性小於0.05）時，才須進行事後比較。因爲事後比較的主要目的在於比較兩組樣本之平均值大小，所以當接受虛無假設（不顯著）時，兩組樣本平均值是相等的，因此就無須進行事後比較。但若拒絕虛無假設（顯著）時，代表兩組樣本的平均值是具有顯著差異的，此時進行事後比較以比較平均值大小才有意義。進行事後比較時，我們會使用到獨立樣本t檢定表的最後一欄【95%差異數的信賴區間】，其判斷方式如下：

【95%差異數的信賴區間】的上、下限皆爲正數：前一組別的平均值（μ_1）大於後一組別（μ_2）。

【95%差異數的信賴區間】的上、下限皆為負數：前一組別的平均值（μ_1）小於後一組別（μ_2）。

在圖10-3的獨立樣本t檢定表中，由於第二階段已確認「男、女生血液中血紅蛋白含量的平均值是具有顯著差異的」。故必須進行事後比較，以比較男、女生之血液中的血紅蛋白含量之平均值大小。由於第三階段主要將比較男、女生血液中血紅蛋白的含量，而且男生在前、女生在後。又因第一列中【95%差異數的信賴區間】的上、下限皆為正數。故可得知：「男生血液中的血紅蛋白含量之平均值大於女生」。至此即可完成獨立樣本t檢定之所有分析過程了。

10-5-3　獨立樣本t檢定的範例

▶ 範例10-2

開啟範例ex10-2.sav，ex10-2.sav中包含四個變數，分別為：no（個案編號）、gender（個案性別，1為男性、2為女性）、age（個案年齡）與hb（個案的血液中，血紅蛋白質含量）。試檢定男、女性血液中之血紅蛋白質含量的平均值是否具有顯著差異？

由於本範例將檢定男、女性血液中之血紅蛋白質含量的平均值是否具有顯著差異。因此，很明顯的，以性別為分組變數，且將樣本分成男、女兩組，且兩樣本是獨立的。在這種情形下，獨立樣本t檢定正符合本研究的需求。進行檢定前，依題意先下虛無假設：

H_0：男、女性血液中之血紅蛋白質含量的平均值並無顯著差異

H_0：$\mu_男 = \mu_女$；μ表血液中之血紅蛋白質含量的平均值

操 作 步驟

步驟1：執行【分析】／【比較平均數法】／【獨立樣本t檢定】，即可開啟【獨立樣本t檢定】對話框。

步驟2：待開啟【獨立樣本t檢定】對話框後，將變數「hb」（血紅蛋白質含量）選入【檢定變數】清單方塊中作為檢定變數。

步驟3：接著，將變數「gender」選入【分組變數】輸入欄中作為分組變數，如圖10-4所示。

圖10-4　設定【獨立樣本t檢定】對話框

步驟4：選好分組變數後，按【定義組別】鈕，打開【定義組別】子對話框，在【組別1】後的輸入欄中輸入「1」（代表男性）；並在【組別2】後的輸入欄中輸入「2」（代表女性），這樣的設定即代表了檢定的「差異」是指「男性的平均值減去女性的平均值」。按【繼續】鈕，回到【獨立樣本t檢定】對話框。

步驟5：按【確定】，開始執行獨立樣本t檢定。

步驟6：詳細操作過程，讀者亦可自行參閱影音檔「ex10-2.wmv」。

▶ **報表解說**

執行獨立樣本t檢定後，其輸出結果見表10-2和10-3。首先讀者應理解，在獨立樣本t檢定中應包含兩種假設檢定，第一種是變異數的同質檢定，而第二種才是本範例的目的：獨立樣本t檢定。這兩種檢定的虛無假設分別敘述如下：

變異數的同質檢定的虛無假設（第一階段的檢定）

　　H_0：男、女性血液中之血紅蛋白質含量的變異數並無顯著差異

獨立樣本t檢定的虛無假設（第二階段的檢定）

　　H_0：男、女性血液中之血紅蛋白質含量的平均值並無顯著差異

表10-2是分組統計量表，列出的統計量包括觀察值個數（N）、平均數、標準偏差（標準差）和標準錯誤平均值（即標準誤）。從平均數來觀察，男、女性血液中之

血紅蛋白質的平均值之差距達到2.2343 （12.8943 − 10.6600），然此差距是否顯著仍有待科學性檢定才能確認其差距的真實性。若檢定結果是不顯著的話，研究者還是得認為男、女性血液中之血紅蛋白質的平均值是相等的。至於這差距怎麼形成的，就很有可能是抽樣誤差或系統性誤差所造成的。

表10-2　分組統計量

	性別	N	平均數	標準偏差	標準錯誤平均值
血紅蛋白質	男	21	12.8943	2.05340	.44809
	女	19	10.6600	1.61986	.37162

表10-3是獨立樣本t檢定的結果，第一列的【採用相等變異數】列是兩母體變異數相等時，進行檢定所須應用的數據，所以當Levene檢定是不顯著時，將檢視第一列的數據。而第二列的【不採用相等變異數】列是兩母體變異數不相等時，進行檢定所須應用的數據，所以當Levene檢定顯著時，將檢視第二列的數據。

表10-3　獨立樣本t檢定結果

		Levene的變異數相等測試		針對平均值是否相等的t測試						
		F	顯著性	T	df	顯著性（雙尾）	平均差異	標準誤差	95%差異數的信賴區間	
									下限	上限
血紅蛋白質	採用相等變異數	.634	.431	3.792	38	.001	2.23429	.58913	1.04165	3.42692
	不採用相等變異數			3.838	37.344	.000	2.23429	.58214	1.05513	3.41344

解析表10-3時，可分為三個階段。在第一階段的變異數同質檢定中，由於【Levene的變異數相等測試】欄之F統計量的顯著值為0.431 > 0.05。因此，接受【男、女性血液中之血紅蛋白質含量的變異數並無顯著差異】的虛無假設，故可以認為「男、女性血液中之血紅蛋白質含量的變異數」是相等的。

接著，進入到第二階段獨立樣本t檢定時，應檢視表10-3的第一列的結果。觀察第一列的檢定結果可發現，t檢定值為3.792、自由度為38，顯著值為0.001 < 0.05，所以不能接受「男、女性血液中之血紅蛋白質含量的平均值並無顯著差異」的虛無假設，而應認為男、女性血液中之血紅蛋白質含量的平均值是不相等的。也就是說，男、女性血液中之血紅蛋白質含量的平均值是具有顯著差異的。

　　最後，進入到第三階段進行事後檢定以比較大小。在第二階段已證明「男、女性血液中之血紅蛋白質含量的平均值是具有顯著差異」的情形下，研究者尚須探討到底是男性血液中之血紅蛋白質含量高，還是女性血液中之血紅蛋白質含量高。這個問題可從表10-3的最後一欄【95%差異數的信賴區間】得到答案。

　　在表10-3中，所謂的【95%差異數的信賴區間】是指男性和女性之差值（相減的結果）的95%信賴區間。由表10-3的最後一欄【95%差異數的信賴區間】可發現，「男性血液中之血紅蛋白質含量平均值」減去「女性血液中之血紅蛋白質含量平均值」之差值的95%信賴區間介於1.04165至3.42692之間。顯然上、下限都屬正的範圍，代表「男性血液中之血紅蛋白質含量平均值」減「女性血液中之血紅蛋白質含量平均值」後，其差值有95%的可能性會是正的。因此，由簡單的數學概念，即可推論：「男性血液中之血紅蛋白質含量平均值」大於「女性血液中之血紅蛋白質含量平均值」。

▶ 結論

　　經上述三個階段的分析後，綜合結論可以描述如下：

　　經進行獨立樣本t檢定後，檢定結果如表10-3。觀察表10-3，由Levene變異數同質檢定的結果可知，男、女性血液中之血紅蛋白質含量的變異數是沒有顯著差異的。再由t檢定表來看，t值為3.792、顯著性為0.001（< 0.05），故拒絕虛無假設，意即男、女性血液中之血紅蛋白質含量的平均值是具有顯著差異的。另經事後檢定後，亦可發現「男性血液中之血紅蛋白質含量平均值」大於「女性血液中之血紅蛋白質含量平均值」。

　　然而在專題、博碩士論文、或期刊論文等學術性論文中，關於假設檢定的敘述與分析結果，一般會與本節的敘述有所差異。例如：在虛無假設的描述上，學術性論文皆會強調某種現象或所關注議題「顯著」的重要性，因此描述假設時，不會使用「虛無假設」，而是使用「對立假設」。以範例10-2而言，學術性論文中會假設成：

　　　　H_1：男、女性血液中之血紅蛋白質含量的平均值具有顯著差異

　　而結論的部分，則敘述如下：

　　經進行獨立樣本t檢定後，檢定結果如表10-3。觀察表10-3，由Levene變異數同質檢定的結果可知，男、女性血液中之血紅蛋白質含量的變異數是沒有顯著差異的。再由t檢定表來看，t值為3.792、顯著性為0.001（< 0.05），故本研究之假設H_1獲得支

持。另經事後檢定後，亦可發現「男性血液中之血紅蛋白質含量平均值」大於「女性血液中之血紅蛋白質含量平均值」。

▶ 範例10-3

> 開啓ex10-3.sav，該檔案為論文【品牌形象、知覺價值對品牌忠誠度關係之研究】之原始問卷的資料檔，試檢定30歲以下的個案（含30歲）與30歲以上的個案對於品牌形象之整體性認知是否具有顯著差異？

　　練習本範例前，希望讀者能先參閱附錄一論文【品牌形象、知覺價值對品牌忠誠度關係之研究】的原始問卷，問卷中有關品牌形象的問項共9題。因此，讀者須先針對這9題問項，進行橫向平均以求算出每位受訪者對品牌形象的整體性認知。而分組變數「年齡」問項的內容如下：

| 3. 年齡： | □ 20歲以下 | □ 21～30歲 | □ 31～40歲 |
| | □ 41～50歲 | □ 51～60歲 | □ 61歲以上 |

　　依題意，須將所有個案依年齡分組，而分組條件是以30歲為切割點。因此，於SPSS中執行獨立樣本t檢定，於【定義組別】子對話框中定義組別時，須選取【分割點】選項，然後在【分割點】後方的輸入欄中輸入分割點值「3」（31～40歲的得分為3），就可把樣本以30歲為分割點而分成了30歲（含）以下與30歲以上兩組了。

⑩⑭ 步驟

　　步驟1：進行檢定前，依題意先下虛無假設。

　　　　　$H_0：\mu_{30歲以下} = \mu_{30歲以上}$；$\mu$表受訪者對品牌形象之整體性認知的平均值

　　步驟2：由於問卷中有關品牌形象的問項共9題（bi1_1～bi3_3）。因此，須先針對這9題問項，進行橫向平均以求算出每位受訪者對品牌形象的整體性認知。由於此計算過程已計算過多次（可參閱範例10-1），為節省時間，每位受訪者對品牌形象的整體性認知，已計算完成，並已儲存在「ex10-3.sav」檔案中，其變數名稱為「bi」。

　　步驟3：執行【分析】／【比較平均數法】／【獨立樣本t檢定】，即可開啓【獨立樣本t檢定】對話框。

步驟4：待開啓【獨立樣本t檢定】對話框後，將變數「bi」選入【檢定變數】清單方塊中作爲檢定變數。

步驟5：接著，將變數「年齡」選入【分組變數】輸入欄中作爲分組變數。

步驟6：選好分組變數後，按【定義組別】鈕，打開【定義組別】子對話框，選取【分割點】選項，然後在其後方的輸入欄中輸入「3」，如圖10-5所示。如此即可將所有個案分成30歲（含）以下與30歲以上等兩組樣本了，按【繼續】回到【獨立樣本t檢定】對話框。

圖10-5　定義組別

步驟7：按【確定】，即可開始執行獨立樣本t檢定。

步驟8：詳細操作過程，讀者亦可自行參閱影音檔「ex10-3.wmv」。

▶ **報表解說**

執行獨立樣本t檢定後，其輸出結果見表10-4和10-5。首先讀者應理解，在獨立樣本t檢定中應包含兩種假設檢定，第一種是變異數的同質檢定，而第二種才是本範例的目的：獨立樣本t檢定。這兩種檢定的虛無假設分別敘述如下：

變異數的同質檢定的虛無假設（第一階段的檢定）

H_0：30歲（含）以下與30歲以上的個案，對於品牌形象之整體性認知的變異數並無顯著差異。

獨立樣本t檢定的虛無假設（第二階段的檢定）

H_0：30歲（含）以下與30歲以上的個案，對於品牌形象之整體性認知的平均值並無顯著差異。

表10-4是分組統計量表，列出的統計量包括觀察值個數（N）、平均數、標準偏差（標準差）和標準錯誤平均值（即標準誤）。從平均數觀察，30歲（含）以下與30歲以上等兩組樣本有關品牌形象的認知差距只有0.0186，然此差距是否顯著仍有待檢驗。另外由自動分組的情況可知，在本檢定中30歲以上的樣本屬第一組；而30歲（含）以下的樣本則屬第二組。這個前、後關係（第一組減第二組）要特別注意，未來若須進行事後檢定時，才不致於誤判大小關係。

表10-4　分組統計量

	年齡	N	平均數	標準偏差	標準錯誤平均值
品牌形象得分	>=3	214	5.1334	.89960	.06150
	<3	120	5.1148	.90484	.08260

表10-5是獨立樣本t檢定的結果，在【Levene的變異數相等測試】欄中，F統計量的顯著值為0.905 > 0.05，故可以認為30歲（含）以下與30歲以上等兩組樣本的變異數是相等的。所以，應檢視第一列的檢定結果。觀察第一列可以發現，t檢定的顯著值為0.856 > 0.05，所以不能拒絕虛無假設，而可認為30歲（含）以下與30歲以上等兩組樣本，有關品牌形象的整體認知之平均值是相等的。也就是說，30歲（含）以下與30歲以上等兩組樣本有關品牌形象的整體性認知是沒有顯著差異的。

表10-5　獨立樣本t檢定結果

		Levene的變異數相等測試		針對平均值是否相等的t測試						
		F	顯著性	T	df	顯著性（雙尾）	平均差異	標準誤差	95%差異數的信賴區間	
									下限	上限
品牌形象得分	採用相等變異數	.014	.905	.181	332	.856	.01862	.10281	-.18362	.22086
	不採用相等變異數			.181	245.360	.857	.01862	.10298	-.18421	.22146

檢定的結果不顯著，對許多研究者來說或許是個「打擊」。因此，也就有人會「想空想縫」，企圖擅改「t值」或「顯著性」。要注意丫！獨立樣本t檢定表中的欄位，如「t值」、「自由度df」、「顯著性」、「平均差異」、「標準誤差」、【95%差異數的信賴區間】等都是連動的喔！擅自修改是很容易被抓包的。抓包方式，例如：

➤ t值 = 平均差異 / 標準誤差。

➤ 特定的t值和自由度，透過查表就可找出其顯著性。

➤ 在顯著水準爲0.05時，t值大約要大於1.96才會顯著。也就是說，t值大約要大於1.96時，顯著性才會小於0.05。

➤ 當t值顯著時，【95%差異數的信賴區間】的上、下限，不是同爲正，就是同爲負。

➤ 當t值不顯著時，【95%差異數的信賴區間】的上、下限，肯定會一正一負，包含「0」點。

　　「因爲行過你的路，知影你的苦！」但是，根據以上的介紹，讀者應不難理解，要改的天衣無縫，難啊！還是老實點好，免的被抓包就難看了。

▶ 結論

　　經上述分析後，範例10-3的綜合結論可以描述如下：

　　經進行獨立樣本t檢定後，檢定結果如表10-5。觀察表10-5，由Levene變異數同質檢定的結果可知，30歲（含）以下與30歲以上的個案對於品牌形象之整體性認知的變異數是沒有顯著差異的。再由t檢定表來看，t值爲0.181、顯著性爲0.856（＞0.05），故不能拒絕虛無假設，意即30歲（含）以下與30歲以上的個案對於品牌形象之整體性認知的平均值並無顯著差異。

▶ 範例10-4

開啓ex10-4.sav，該檔案爲論文【品牌形象、知覺價值對品牌忠誠度關係之研究】之原始問卷的資料檔，試檢定高分組（量表總分大於第75百分位數的個案）與低分組（量表總分小於第25百分位數的個案）之個案，對個案公司之品牌形象的整體認知（品牌形象構面之平均得分）是否具有顯著差異？

　　論文【品牌形象、知覺價值對品牌忠誠度關係之研究】的原始問卷中，扣除掉「第四部分：基本資料」的題項後，剩餘題項爲可用以衡量「品牌形象」（9題）、「知覺價值」（8題）與「品牌忠誠度」（5題）等三個構面的題項，共22題。現針對每個個案所塡答的這22個題項的得分進行加總，加總後的結果將存入變數「量表總分」中。不難理解，此「量表總分」即代表個案對「品牌形象」、「知覺價值」與「品牌忠誠度」的整體性評估。變數「量表總分」的加總過程在先前的範例中已有所

示範（第3章的範例3-6），為節省時間，在本範例中已計算完成，並已儲存在ex10-4.sav中了。

依題意，我們需要根據變數「量表總分」的第25百分位數與第75百分位數，將所有個案依題目所設定的規則，分成「低分組」與「高分組」。詳細的分組過程，讀者可參閱第3章的範例3-6。在本範例中，將不再贅述。分組結果，已儲存在ex10-4.sav檔案中的變數「分組」裡。

此外，問卷中有關品牌形象的問項共9題（bi1_1～bi3_3）。因此，須先針對這9題問項，進行橫向平均以求算出每位受訪者對品牌形象的整體性認知。為減少本範例之複雜度，每位受訪者對個案公司之品牌形象的整體性認知，已計算完成，並已儲存在「ex10-4.sav」檔案中，其變數名稱為「bi」。

由於本範例將檢定低、高分組之受訪者，對個案公司之品牌形象的整體性認知是否具有顯著差異。因此，很明顯的，將以變數「分組」為分組變數，而將所有受訪者依「量表總分」分成低、高分兩組，且此兩組樣本是獨立的，不會互相影響。在這種情形下，獨立樣本t檢定正符合本範例的檢定需求。進行獨立樣本t檢定前，依題意先設定虛無假設：

H_0：低、高分組之受訪者，對品牌形象之整體性認知的平均值並無不同
H_0：$\mu_{低分組} = \mu_{高分組}$；μ表品牌形象之整體性認知的平均值

(操)(作) 步驟

步驟1：執行【分析】/【比較平均數法】/【獨立樣本t檢定】，即可開啟【獨立樣本t檢定】對話框。

步驟2：待開啟【獨立樣本t檢定】對話框後，將變數「bi」選入【檢定變數】清單方塊中作為檢定變數。

步驟3：接著，將變數「分組」選入【分組變數】輸入欄中作為分組變數。

步驟4：選好分組變數後，按【定義組別】鈕，打開【定義組別】子對話框，在【組別1】後的輸入欄中輸入「1」代表低分組；並在【組別2】後的輸入欄中輸入「2」代表高分組。因而欲檢定的「差異」，意指「低分組的平均值減高分組的平均值」。按【繼續】鈕，回到【獨立樣本t檢定】對話框。

步驟5：按【確定】，即可開始執行獨立樣本t檢定。

步驟6：詳細操作過程，讀者亦可自行參閱影音檔「ex10-4.wmv」。

▶ 報表解說

執行獨立樣本t檢定後，其輸出結果見表10-6和10-7。首先讀者應理解，在獨立樣本t檢定中應包含兩種假設檢定，第一種是變異數的同質檢定，而第二種才是本範例的目的：獨立樣本t檢定。這兩種檢定的虛無假設分別敘述如下：

變異數的同質檢定的虛無假設（第一階段的檢定）

H_0：低、高分組之受訪者對品牌形象之整體性認知的變異數並無顯著差異

獨立樣本t檢定的虛無假設（第二階段的檢定）

H_0：低、高分組之受訪者對品牌形象之整體性認知的平均數並無顯著差異

表10-6是分組統計量表，列出的統計量包括觀察值個數（N）、平均數、標準偏差（標準差）和標準錯誤平均值（即標準誤）。從平均數觀察，低、高分組之受訪者，對品牌形象之整體性認知的平均值差距達到-1.6516，雖然此差異頗大，但此差距是否顯著仍有待檢定。

表10-6　分組統計量

	分組	N	平均數	標準偏差	標準錯誤平均值
品牌形象得分	低分組	84	4.2526	.71435	.07794
	高分組	87	5.9042	.59212	.06348

表10-7　獨立樣本t檢定結果

		Levene的變異數相等測試		針對平均值是否相等的t測試						
		F	顯著性	T	df	顯著性（雙尾）	平均差異	標準誤差	95%差異數的信賴區間 下限	上限
品牌形象得分	採用相等變異數	2.969	.087	-16.484	169	.000	-1.65157	.10019	-1.84936	-1.45377
	不採用相等變異數			-16.430	161.187	.000	-1.65157	.10052	-1.85008	-1.45306

表10-7是獨立樣本t檢定的結果，在第一階段的【Levene的變異數相等測試】欄中，F統計量的顯著值為0.087 > 0.05。因此，接受【低、高分組之受訪者對品牌形象之整體性認知的變異數並無顯著差異】的假設，故可以認為變異數是相等的。所以，第二階段中應檢視表10-7之第一列的檢定結果。觀察第一列的檢定結果可發現，t檢定值為「-16.484」、自由度為169、顯著值為0.000 < 0.05，所以應拒絕「低、高分組

之受訪者對品牌形象之整體性認知的平均數並無顯著差異」的虛無假設,而應認為「低、高分組之受訪者對品牌形象之整體性認知的平均數是具有顯著差異的」。

在「整體性認知平均值」具有顯著差異的情形下,研究者尚須探討到底是低分組之受訪者,對個案公司之品牌形象的整體性認知較高,還是高分組?這個問題可從表10-7第一列最後一欄的【95%差異數的信賴區間】得到答案。

在本範例中,所謂的【95%差異數的信賴區間】是指低分組和高分組之差值(相減的結果)的95%信賴區間,由表10-7第一列的最後一欄【95%差異數的信賴區間】可發現,「低分組對品牌形象的整體性認知平均值減高分組對品牌形象的整體性認知平均值」的95%信賴區間介於-1.85至-1.45之間,可見上、下限都屬負的範圍,代表「低分組減高分組」後,其差值有95%的可能性會是負的。因此,由簡單的數學概念,即可推論:高分組對品牌形象的整體性認知平均值大於低分組對品牌形象的整體性認知平均值。

▶ **結論**

經上述分析後,綜合結論可以描述如下:

經進行獨立樣本t檢定後,檢定結果如表10-7。觀察表10-7,由Levene變異數同質檢定的結果可知,低、高分組之受訪者對品牌形象之整體性認知的變異數並無顯著差異。再由t檢定表來看,t值為-16.484、顯著性為0.000(< 0.05),故拒絕虛無假設,意即低、高分組之受訪者對品牌形象之整體性認知的平均數是具有顯著差異的。另經事後檢定後,亦可發現高分組對品牌形象的整體性認知平均值大於低分組。

◆ 10-6 成對(相依)樣本t檢定 ◆

成對(相依)樣本t檢定的主要目的在於,檢定兩成對(相依)樣本的平均值是否存在顯著差異。成對樣本t檢定與獨立樣本t檢定的主要差異在於樣本必須成對的或相依的。所謂成對(相依)樣本的意義在於兩組樣本資料間具有關聯性或會互相影響。在這樣的概念下,這兩組樣本可以是對同一個案在「前」、「後」兩個時間點下某屬性的兩種狀態,也可以是對某事件兩個不同側面或方向的描述。一般而言,成對(相依)樣本最大的特徵是對受訪者進行了重複測量。

例如:研究者想研究某種減肥藥是否具有顯著的減肥效果,那麼則需要對特定肥胖人群的吃藥前與吃藥後的體重進行分析。如果我們資料蒐集時是採用獨立抽樣方式的話,由於這種抽樣方式並沒有將肥胖者本身或其環境等其他影響因素排除掉,所以

分析的結果很有可能是不準確的。因此，通常要採用成對的抽樣方式，即首先從肥胖人群中隨機抽取部分志願者（實際受測者）並記錄下他們吃藥前的體重。吃藥一段時間以後，重新測量同一群肥胖志願者（同一群受測者）吃藥後的體重，這樣獲得的兩組樣本就是成對（相依）樣本。再例如：研究者想分析兩種不同促銷型態對商品銷售額是否產生顯著影響，這時即需要分別蒐集任意幾種商品在不同促銷型態下銷售額的資料。為保證研究結果的準確性，也應採用成對的抽樣方式。也就是說，需要針對同一批商品，並分別記錄它們在兩種不同促銷型態下的銷售額。

由上述兩個例子，可發現成對樣本通常具有兩個主要特徵：第一，兩組樣本的構造（受訪者、樣本數）相同；第二，兩組樣本觀察值的先後順序相互對應，不能隨意更改。例如：在上述的減肥藥研究中，吃藥前與吃藥後的樣本是成對抽取的。也就是說，蒐集到的兩組資料都是針對同一批肥胖人群的，吃藥前、後兩樣本的樣本數相同。而且每對個案資料都是唯一對應一個肥胖者，不能隨意改變其先後次序。

成對樣本t檢定就是利用兩組成對樣本的資料，對母體平均值有無顯著差異作出推論。另外，前提假設和獨立樣本t檢定相同，即樣本的母體應服從或近似服從常態分配。

▶ 範例10-5

某單位欲研究，飼料中「維生素E」與肝中「維生素A含量」的關係。於是將大白鼠按性別、體重等指標的相似度配為8對，同一對中的兩隻大白鼠其各指標之相似度極高。每對中，兩隻大白鼠分別餵給「正常飼料」和「缺乏維生素E飼料」。一段期間後，測定其肝中維生素A含量（gmol/L），如表10-8。現在研究人員想探究：飼料中「維生素E」對老鼠肝中「維生素A含量」有無顯著影響。（ex10-5.sav）

表10-8　老鼠肝中維生素A含量表

大白鼠	肝中維生素A含量（gmol/L）	
配對編號	正常飼料組	缺乏維生素E組
1	37.2	25.7
2	20.9	25.1
3	31.4	18.8
4	41.4	33.5
5	39.8	34.0
6	39.3	28.3
7	36.1	26.2
8	31.9	18.3

　　本範例中，其實也隱約的說明了白鼠在研究中的重要性。試想，某些實驗爲了取得兩組樣本，必須針對同一組受測者進行重複測量時，兩次的測量過程中一定需要時間間隔，因此研究的時程就會拉長，這對研究人員來說是種「不可承受之重」啊！而若能在相同的物理環境下，培養出各項生理指標都非常相似之白鼠的話，那麼就可將兩隻白鼠看成是同一個受測者。兩隻可同時進行各自的實驗，然後取得兩種實驗的資料，這過程中並沒有時間間隔，故可有效縮短研究時程。另外，由於兩隻白鼠生理狀況近似，幾可看成是對同一個受測者重複測量，因此所取得的樣本即屬成對（相依）樣本。本範例的實驗設計就是在這樣的概念下產生的。

　　成對樣本t檢定於分析前，其資料的輸入方式和獨立樣本t檢定相異甚多。基本上，進行獨立樣本t檢定時，資料檔至少須包含兩個變數，即檢定變數與分組變數。然而在成對樣本t檢定時，資料檔雖然也至少必須包含兩個變數，然這兩個變數爲「實驗前」與「實驗後」或「狀態前」與「狀態後」或「層次A」與「層次B」等。以本例而言，此兩個變數即爲「正常飼料組」與「缺E飼料組」，如資料檔：ex10-5.sav。當然進行檢定前，也須先設定虛無假設，本範例的虛無假設爲：

$H_0：\mu_{正常飼料組} = \mu_{缺乏維生素E組}；\mu$爲肝中維生素A含量的平均值

或

$H_0：$大白鼠肝中維生素A含量不會因飼料不同而產生差異

操作 步驟

　　步驟1：開啓ex10-5.sav後，執行【分析】／【比較平均數法】／【成對樣本T檢定】，即可開啓【成對樣本T檢定】對話框。

　　步驟2：從【成對樣本T檢定】對話框左側的待選變數清單中，先點選第一個變數「正常組」後，左手按住鍵盤的「Ctrl」鍵，然後再點選第二個變數「缺E組」。確認已選取兩個變數後，按 鈕，即可將兩變數「正常飼料組」、「缺E飼料組」於【配對變數】清單方塊中配對成功，如圖10-6所示。

　　步驟3：按【確定】鈕，即可執行成對樣本t檢定。

　　步驟4：詳細操作過程，讀者亦可自行參閱影音檔「ex10-5.wmv」。

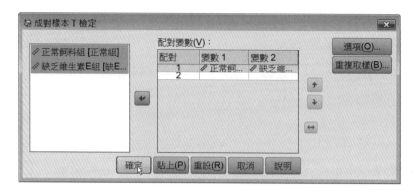

圖10-6　設定【成對樣本t檢定】對話框

▶ **報表解說**

　　表10-9說明了一些基本的描述性統計量，從中可以看出，變數「正常飼料組」的平均數、標準差、標準誤平均值分別為34.750、6.6485、2.3506，而變數「缺E飼料組」的平均數、標準差、標準誤平均值則分別為26.238、5.8206、2.0579。兩種不同的飼料，所造成的肝中維生素A含量的平均數差距達8.512。差距頗大，但是否顯著，仍須待進一步檢驗而加以確認。

表10-9　配對t檢定描述統計量

		平均數	N	標準偏差	標準錯誤平均值
成對1	正常飼料組	34.750	8	6.6485	2.3506
	缺乏維生素E組	26.238	8	5.8206	2.0579

　　表10-10，是成對樣本t檢定最重要的輸出報表，它說明了變數「正常飼料組」、「缺E飼料組」兩兩成對相減之差值的【平均數】、【標準差】（標準偏差）、【平均值的標準誤】（標準錯誤平均值）分別為8.5125、5.7193、2.0221，而【95%差異數的信賴區間】的上、下限分別為13.2939、3.7311。成對樣本t檢定之結果表明了t值為4.210、自由度為7、顯著性為0.004（小於0.05。因此，拒絕H_0），表示「正常飼料組」與「缺E飼料組」間的差異具有高度顯著的統計意義。即飼料中，有無含「維生素E」，確實會對老鼠肝中的「維生素A含量」產生顯著性的影響。而且從【95%差異數的信賴區間】一欄中可看出，由於其上、下限皆屬正。因此，可推論當飼料中「缺乏維生素E」時，老鼠肝中「維生素A含量」將比「正常飼料組」低。

表10-10　成對樣本t檢定結果

| | 成對差異數 | | | | | T | df | 顯著性（雙尾） |
| | 平均數 | 標準偏差 | 標準錯誤平均值 | 95%差異數的信賴區間 | | | | |
				下限	上限			
成對1　正常飼料組－缺乏維生素E組	8.5125	5.7193	2.0221	3.7311	13.2939	4.210	7	.004

▶ **結論**

　　經上述分析後，綜合結論可以描述如下：

　　經進行成對樣本t檢定後，檢定結果如表10-10。觀察表10-10，t值為4.210、顯著性為0.004（< 0.05），故拒絕虛無假設，意即大白鼠肝中維生素A含量會因飼料不同而產生顯著差異。另經事後檢定後，亦可發現當飼料中「缺乏維生素E」時，老鼠肝中「維生素A含量」將比餵食「正常飼料」時低。

▶ 範例10-6

　開啟ex10-6.sav，該檔案為論文【品牌形象、知覺價值對品牌忠誠度關係之研究】之原始問卷的資料檔，試檢驗受訪者對品牌形象與知覺價值的整體性認知，是否具有顯著差異。

　　一般而言，大部分的學術性論文研究都是屬於橫斷面的研究。例如：研究者針對某一些隨機樣本進行問卷調查，以嘗試了解消費者對個案公司之品牌形象與知覺價值的認知。由於對品牌形象與知覺價值的測量，都是針對同一批受訪者，因此，在這樣的抽樣過程中，對於品牌形象與知覺價值的測量而言，其樣本資料應是屬於相依樣本資料。因此，如果研究者想要探討受訪者對於品牌形象與知覺價值的整體性認知是否具有顯著差異時，那麼就須使用相依樣本t檢定了。

　　論文【品牌形象、知覺價值對品牌忠誠度關係之研究】的原始問卷中，衡量「品牌形象」的題項有9題、衡量「知覺價值」的題項有8題。因此，須先針對「品牌形象」的9題問項與「知覺價值」的8題問項進行橫向平均，以求算出每位受訪者對個案公司之「品牌形象」與「知覺價值」的整體性認知。為減少本範例之複雜度，每位受訪者對個案公司之「品牌形象」與「知覺價值」的整體性認知，已計算完成，並已儲存在「ex10-6.sav」檔案中，其變數名稱分別為「bi」與「pv」。

進行檢定前，須先設定虛無假設，本範例的虛無假設為：

H_0：$\mu_{品牌形象} = \mu_{知覺價值}$；μ為整體性認知的平均值

或

H_0：受訪者對於「品牌形象」與「知覺價值」的整體性認知並無差異

操作 步驟

步驟1：開啓ex10-6.sav後，執行【分析】／【比較平均數法】／【成對樣本t檢定】，即可開啓【成對樣本t檢定】對話框。

步驟2：從【成對樣本t檢定】左側的待選變數清單中，先點選第一個變數「bi」後，左手按住鍵盤的「Ctrl」鍵，然後再點選第二個變數「pv」。確認已選取兩個變數後，按 ➡ 鈕，即可將兩變數「bi」、「pv」於【配對變數】清單方塊中配對成功。

步驟3：按【確定】鈕，即可執行成對樣本t檢定。

步驟4：詳細操作過程，讀者亦可自行參閱影音檔「ex10-6.wmv」。

▶ 報表解說

表10-11是成對樣本t檢定表，檢定結果中說明t值為6.729、自由度為333、顯著性為0.000（小於0.05。因此，拒絕H_0），表示受訪者對於「品牌形象」與「知覺價值」的整體性認知具有顯著性的差異。而且從【95%差異數的信賴區間】一欄中可看出，由於其上、下限皆屬正，因此，可推論受訪者對於「品牌形象」的整體性認知顯著高於對「知覺價值」的整體性認知。

表10-11　成對樣本t檢定之結果

	成對差異數					T	df	顯著性（雙尾）
	平均數	標準偏差	標準錯誤平均值	95%差異數的信賴區間				
				下界	上界			
成對1　品牌形象－知覺價值	.39059	1.06082	.05805	.27641	.50478	6.729	333	.000

▶ 結論

由表10-11的成對樣本t檢定表，顯見t值為6.729、自由度為333、顯著性為0.000，小於0.05。因此，拒絕虛無假設，表示受訪者對於「品牌形象」與「知覺價值」的整體性認知具有顯著性的差異。而且從【95%差異數的信賴區間】一欄中可看出，由於其上、下限皆屬正。因此，可推論受訪者對於「品牌形象」的整體性認知顯著高於對「知覺價值」的整體性認知。

10-7　資料合併決定分析

在進行問卷調查的過程中，研究者可能會因調查基地、回收期、問卷內容的不同，而將回收之問卷資料以不同的檔案來儲存。但是，最後仍不免要進行整體性分析時，就須將這些檔案予以合併，才能得到綜合性的結果或比較。

在這種情況下，產生了一個問題。即不同回收狀況下的資料可以任意合併嗎？因此，資料分析的第一步驟就是資料合併決定分析（data pooling decision analysis）。「資料合併決定分析」的目的在於決定：從不同狀況下所蒐集的資料是否可以合併。以地點為例，由於地點不同的受訪者對每一題項所回答的得分狀況或許不同，但各地點間所獲得之樣本的變異數必須要相等，那麼資料才可以合併。因為這代表著各地點所獲得的樣本資料具有相似性。也就是說，在每個單一題項中，相等變異數之假設沒有被拒絕的情形下，才可考慮進行合併作業。但如果說，有些題項沒有相等之變異數的話，顯見這些題項會因地點的因素而導致不同程度的變異，那麼就說明了這些題項存在著概化（generalization，又稱一般化）的問題，因此，就應該要被刪除掉。而這意謂著不同地點的受訪者，在評估某些測量的題目上有顯著的變異。在本範例中，我們將採用檢驗變異數同質性的Levene檢定，來決定這些不同地點所蒐集的資料是否可合併。

Bonferroni不相等檢驗（test of inequality）技術常應用於檢定時選擇適當的顯著水準，Bonferroni不相等檢驗認為顯著水準應隨檢定的次數而做校正，而其校正的方式是將「顯著水準」修正為「原始的顯著水準」除以「檢定的次數」（Hair, Anderson, Tatham, & Black, 1998; Vogt, 1999）。

▶ 範例10-7

開啟ex10-7-1.sav與ex10-7-2.sav，這兩個檔案為【品牌形象、知覺價值對品牌忠誠度關係之研究】之原始問卷的資料檔，但是收集問卷資料的地點不同，ex10-7-1.sav中的資料，其蒐集問卷資料的地點為高雄市；ex10-7-2.sav中的資料，其蒐集問卷資料的地點為臺南市，試完成表10-12，並判定這兩筆資料是否可以合併？

ex10-7-1.sav與ex10-7-2.sav分別為原始問卷在高雄市與臺南市所蒐集來的資料（各100筆），研究者在合併這兩筆資料前，應先針對每一題項的變異數進行變異數同質性檢定，以確認兩筆資料的變異數是否相等，相等時才能合併。若有題項的變異數不相等時，那麼代誌就大條了，只好忍痛將變異數不相等的題項刪除了。

進行變異數同質性檢定時，由於樣本只來自兩個地點，所以可利用獨立樣本

表10-12　變異數同質性的Levene檢定

構面	問項	Levene檢定	
		F值	顯著值
品牌價值	1.個案公司的產品風味很特殊。		
	2.個案公司的產品很多樣化。		
	3.個案公司和別的品牌有明顯不同。		
品牌特質	4.個案公司很有特色。		
	5.個案公司很受歡迎。		
	6.我對個案公司有清楚的印象。		
企業聯想	7.個案公司的經營者正派經營。		
	8.個案公司形象清新。		
	9.個案公司讓人聯想到品牌值得信任。		
品質價值	1.我認為個案公司的產品，其品質是可以接受的。		
	2.我不會對個案公司之產品的品質，感到懷疑。		
情感價值	3.我會想使用個案公司的產品。		
	4.使用個案公司的產品後，會讓我感覺很好。		
價格價值	5.我認為個案公司的產品價格合理。		
	6.我認為以此價格購買個案公司的產品是值得的。		
社會價值	7.我認為個案公司的產品，能符合大部分人的需求。		
	8.使用個案公司的產品後，能讓其他人對我有好印象。		
品牌忠誠度	1.購買個案公司的產品對我來說是最好的選擇。		
	2.我是個案公司的忠實顧客。		
	3.當我有需求時，我會優先選擇個案公司。		
	4.我願意繼續購買個案公司的產品。		
	5.我會向親朋好友推薦個案公司的產品。		

t檢定中的Levene檢定，以檢驗變異數的同質性。但是檢定時一般常用的顯著水準（0.05）須做修正。我們將依據Bonferroni不相等檢驗來對原始的顯著水準做校正。因此，校正的方式為原始的顯著水準除以題項數。由於，【品牌形象、知覺價值對品牌忠誠度關係之研究】的原始問卷之題項共有22題（扣除基本資料項），故修正後，新的顯著水準為$\alpha = 0.05/22 = 0.0023$。

有上述的認知後就可進行變異數同質性檢定了，由於目前檔案有兩個，所以無法直接進行獨立樣本t檢定，因此仍須先將兩個檔案予以「假設性的合併」，以利獨立樣本t檢定的進行。

操作步驟

步驟1：分別於ex10-7-1.sav與ex10-7-2.sav中，各新增一個變數「地點」，ex10-7-1.sav中的變數「地點」，其值全部設為1（代表高雄）；而ex10-7-2.sav中的變數「地點」，其值全部則設為2（代表臺南）。這個變數「地點」，在ex10-7-1.sav與ex10-7-2.sav中，其實都已設定完成，讀者不用多費心。

步驟2：先假設可以合併，再來檢驗變異數同質性。開啓ex10-7-1.sav，執行【資料】／【合併檔案】／【新增觀察值】，然後於【外部SPSS Statistics資料檔】欄，選取ex10-7-2.sav，即可在原有的ex10-7-1.sav中加入ex10-7-2.sav的資料了。合併後，請另存新檔為「ex10-7_merge.sav」。接著轉換至【變數視圖】視窗，設定變數「地點」的【值】標記，「1」設為「高雄」、「2」設為「臺南」。

步驟3：執行【分析】／【比較平均數法】／【獨立樣本t檢定】，將22個變數選入【檢定變數】清單方塊中作為檢定變數。

步驟4：將變數「地點」選入【分組變數】輸入欄中，作為分組變數。

步驟5：按【定義組別】鈕，打開【定義組別】子對話框，在【組別1】後的輸入欄中輸入「1」；並在【組別2】後的輸入欄中輸入「2」，按【繼續】回到【獨立樣本t檢定】對話框。

步驟6：按【確定】，開始執行獨立樣本t檢定。

步驟7：詳細操作過程，讀者亦可自行參閱影音檔「ex10-7.wmv」。

▶ 報表解說

本範例中，將根據Bonferroni不相等檢驗技術來選擇適當的（合理的）顯著水

準。Bonferroni不相等檢驗技術認為顯著水準應隨檢定的次數而做校正，此校正後的顯著性水準是把原始的顯著水準（0.05）除以檢定的次數。利用獨立樣本t檢定所輸出之檢定表中的Levene檢定，可協助判斷研究結果有無變異數同質性。如果Levene檢定中F統計量的機率p值大於校正後的顯著水準（$\alpha = 0.05/22 = 0.0023$），此表示「不拒絕」虛無假設，即代表兩地點所蒐集的樣本資料，其變異數沒有顯著差異（相等、同質之意），因此可以合併。此外，Bonferroni不相等檢驗技術也可協助研究者避免「型I誤差」隨檢定次數增加而膨脹的風險。

執行獨立樣本t檢定後，由於是針對22個題項、且以地點為分組變數進行檢定，故報表相當長。此時，只要將獨立樣本t檢定表中，有關Levene檢定的F值與顯著性，逐題抄錄到空白的表10-12即可，完成後的報表，如表10-13所示。

表10-13　變異數同質性的Levene檢定

構面	問項	Levene檢定	
		F值	顯著值
品牌價值	1.個案公司的產品風味很特殊。	0.158	0.691
	2.個案公司的產品很多樣化。	0.161	0.689
	3.個案公司和別的品牌有明顯不同。	2.342	0.128
品牌特質	4.個案公司很有特色。	5.339	0.022
	5.個案公司很受歡迎。	4.778	0.030
	6.我對個案公司有清楚的印象。	3.425	0.066
企業聯想	7.個案公司的經營者正派經營。	1.095	0.297
	8.個案公司形象清新。	0.741	0.390
	9.個案公司讓人聯想到品牌值得信任。	0.202	0.654
品質價值	1.我認為個案公司的產品，其品質是可以接受的。	0.811	0.369
	2.我不會對個案公司之產品的品質，感到懷疑。	0.381	0.538
情感價值	3.我會想使用個案公司的產品。	1.895	0.170
	4.使用個案公司的產品後，會讓我感覺很好。	2.361	0.126
價格價值	5.我認為個案公司的產品價格合理。	0.052	0.819
	6.我認為以此價格購買個案公司的產品是值得的。	0.003	0.958
社會價值	7.我認為個案公司的產品，能符合大部分人的需求。	2.061	0.153
	8.使用個案公司的產品後，能讓其他人對我有好印象。	0.839	0.361
品牌忠誠度	1.購買個案公司的產品對我來說是最好的選擇。	0.682	0.410
	2.我是個案公司的忠實顧客。	0.308	0.580
	3.當我有需求時，我會優先選擇個案公司。	0.028	0.868
	4.我願意繼續購買個案公司的產品。	0.054	0.816
	5.我會向親朋好友推薦個案公司的產品。	1.655	0.200

　　觀察表10-13的Levene檢定結果後，可以發現在兩地點中，主要的測量題項其顯著性皆大於0.0023，故接受虛無假設，即代表在兩地點中，所有題項的變異數都是相等的，皆符合變異數同質性的條件。故將可進行兩地點中，22題主要測量題項之樣本資料的合併作業。

習 題

 **練習 10-1**

已知2016年高雄市籍12歲男孩平均身高為142.3，2017年測量120名12歲高雄市籍男孩之身高資料，如hw10-1.sav，試問高雄市籍的12歲男孩的平均身高，是否顯著的長高了？

 **練習 10-2**

請開啟hw10-2.sav，這是一個有關於銀行男、女雇員之現有工資的資料表，試檢定男、女雇員現有工資是否具有顯著差異？

 **練習 10-3**

有29名13歲男生的身高、體重、肺活量資料（hw10-3.sav），試分析身高大於等於155cm與身高小於155cm的兩組男生的體重與肺活量平均值是否有顯著性差異。

 **練習 10-4**

10例矽肺部患者經克矽平治療前、後的血紅蛋白量（g/dl）如表10-14，試問該治療過程對血紅蛋白量有無作用？（hw10-4.sav）

表10-14　矽肺患者經克矽平治療前後的血紅蛋白量

治療前	11.3	15.0	15.0	13.5	12.8	10.0	11.0	12.0	13.0	12.3
治療後	14.0	13.8	14.0	13.5	13.5	12.0	14.7	11.4	13.8	12.0

 **練習 10-5**

參考附錄二中，論文「遊客體驗、旅遊意象與重遊意願關係之研究」之原始問卷，並開啟hw10-5.sav，試檢定下列項目，並於表10-15與表10-16的空格中填入t值（填入白色網底的細格中，並註明顯著否）與事後比較結果（填入白色網底的細格中）。

1.對遊客體驗構面之子構面（感官體驗、情感體驗、思考體驗、行動體驗與關聯

體驗）的看法，是否因性別或婚姻狀況而產生差異？

2. 對旅遊意象構面之子構面（產品、品質、服務與價格）的看法，是否因性別或
婚姻狀況而產生差異？

表10-15　性別、婚姻對遊客體驗之差異性分析表—t值

構面	性別	婚姻
感官體驗		
事後檢定		
情感體驗		
事後檢定		
思考體驗		
事後檢定		
行動體驗		
事後檢定		
關聯體驗		
事後檢定		

* p≦0.05　** p≦0.01　*** p≦0.001

表10-16　性別、婚姻對旅遊意象之差異性分析表—t值

構面	性別	婚姻
產　品		
事後檢定		
品　質		
事後檢定		
服　務		
事後檢定		
價　格		
事後檢定		

* p≦0.05　** p≦0.01　*** p≦0.001

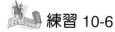 練習 10-6

參考附錄二中，論文「遊客體驗、旅遊意象與重遊意願關係之研究」的原始問
卷，並開啟「hw10-6.sav」，請依照每位受訪者的量表總分（共41題），進行分組。
分組的原則如下：

量表總分小於第25百分位者：改稱為低分組，其數值代碼為1。

量表總分大於第75百分位者：改稱為高分組，其數值代碼為2。

試檢定高、低分組的受訪者對於遊客體驗、旅遊意象與重遊意願等構面的看法是否具有顯著差異？請於表10-17的空格中填入t值（註明顯著否）與事後比較結果。

表10-17　高、低分組的受訪者對各構面之差異性分析表—t值

	遊客體驗（21題）		旅遊意象（15題）		重遊意願（5題）	
	t值	事後比較	t值	事後比較	t值	事後比較
低分組 VS. 高分組						

* p≦0.05　** p≦0.01　*** p≦0.001

練習 10-7

開啓hw10-7.sav，該檔案為論文【遊客體驗、旅遊意象與重遊意願關係之研究】的原始問卷之資料檔，試檢驗消費者對遊客體驗與旅遊意象的整體性認知，是否具有顯著差異。

變異數分析

變異數分析（analysis of variance，簡稱ANOVA）是一套透過實驗獲取資料並進行分析的統計方法。透過對實驗的精心設計，使得能在有限的物質條件下（時間、金錢、人力等），所得到的實驗資料能夠在盡可能少的成本中獲取最大的有用資訊；而變異數分析就是從這些盡可能少的實驗資料中提取決策資訊的統計分析方法。

在論文研究或科學實驗中，常常要探討在不同的環境條件或處理方法下，對研究結果的影響。其結論通常都是藉由比較不同環境條件下，樣本資料的平均數差異而得到的。對於平均數之差異性檢定的方法選用上，若樣本資料為兩組時，一般我們會使用t檢定；但是，若我們要檢定多個（3個以上）樣本平均數間的差異是否具有統計意義時，就得使用變異數分析了。

◆ 11-1　變異數分析簡介 ◆

11-1-1　從t檢定到單因子變異數分析

在統計分析中，需要比較兩個樣本，其平均值是否具有顯著差異時，我們通常會應用t檢定。例如：欲比較男性和女性的平均年薪有無差異時，t檢定的虛無假設通常為兩個母體各自的平均值之間無顯著差異。於是，我們會從母體中，抽出隨機樣本，然後計算隨機樣本的平均值以作為對母體的估計，然後再考慮抽樣誤差的條件下進行比較，以決定接受或拒絕無顯著差異之假設。

但如果在研究中，同時具有多個樣本時（3個以上），那麼如果還是應用t檢定時，則需要兩兩加以比較，如此將顯得十分繁瑣，而且其誤差也會逐次擴大。例如：若某個實驗有四組獨立樣本平均數，那麼如果要使用t檢定來進行兩兩比較時，則必須作六次平均數的假設檢定（$C_4^2 = 6$）。若每個檢定的顯著水準α為0.05，則正確的機率為0.95。因此六次檢定全部正確的機率為0.735（0.95^6）；反過來說，則整個實驗的錯誤率提高到0.265（1 − 0.735）。由此不難發現，誤差會擴大到約有五倍（0.265/0.05）之多。因此，在這種多組別之平均數比較的情形下，我們往往應用解析能力更強大的變異數分析方法取而代之。

變異數分析將提出問題的方式進行了改變，其統計假設為：多個母體的平均值中，至少有一個與其他母體的平均值間存在著顯著差異。因此，其虛無假設為：

H_0：$\mu_1 = \mu_2 = \cdots = \mu_k$

H_1：μ_1、μ_2、$\cdots\mu_k$不全相等（即至少有一個平均值與其他母體的平均值間不相等）

假設中，μ代表母體平均數，其下標k表示分組數。

11-1-2 變異數分析簡介

通常，一件事務會被認為是複雜的話，其內在往往有許多的因素互相排斥，而又互相依存。例如：某農作物的產量會受到選種、施肥、水利等條件的影響；橡膠的配方中，不同的促進劑、不同分量的氧化鋅和不同的硫化時間都會影響橡膠製品的品質。針對這些特定問題，研究者會透過反覆的實驗或觀察，從而得到一筆資料之後，總是希望以這筆資料為基礎來分析一下：哪些因素對該特定問題有顯著影響？有顯著影響的因素，何者效果最好？影響因素間有沒有交互作用？或從這些分析中找出特定問題的主要矛盾。變異數分析就是提供解決這類問題的一個有效的統計方法。

1923年，費雪（Fisher, R. A.）在一篇文章中，首先提出了「變異數分析」的概念。所以，學者們通常會認為：他是這一方法的創始人。之後，變異數分析成了一種非常有用的統計分析方法，應用相當廣泛。例如：最早是應用在生物學和農業實驗上，其後又使用在許多的科學研究中。

然而，嚴格來講，「變異數分析」所分析的並不是變異數，而是在研究、拆解資料間的「變異」。它是在可比較的群組中，把總變異按各指定的變異來源進行分解的一種技巧。由於，通常我們會使用「離差平方和」的概念來度量變異。因此，「變異數分析」方法就是從總離差平方和中，分解出數個可追溯到指定來源的部分離差平方和。這是一個很重要的基本觀念。

例如：在農作物種植、成長的過程中，人們往往會積極追求低投入、高產出的生產目標。為了達成此一目標，研究人員需要對影響農作物產量的各種因素進行定量或定性的研究，並在此基礎上尋找最佳的種植組合方案。基於此，研究人員首先應廣泛分析影響農作物產量的各種因素，如品種、施肥量、地區特性等因素。不同的影響因素對不同的農作物之影響效果顯然是不相同的。因此，對某種特定的農產品來說，有些影響因素的作用是明顯的，而另一些則不顯著。故如何於眾多影響因素中，找到重要的且具關鍵性的影響因素是非常重要的課題。在進一步掌握了關鍵因素（如品種、施肥量等因素）後，還需要對不同等級的品種、不同水準的施肥量等進行對比分析，以探究到底是哪些品種的產量高、施肥量究竟要多少最合適、哪些品種與哪種施肥量搭配起來的效果最佳等。在這些分析研究的基礎上，人們就可以計算出各個組合種植方案的成本和收益，並選擇最合適的種植方案。且在農作物種植、成長過程中對各種影響因素加以精準控制，進而最終獲得最佳的生產效果。

又如，在制定某商品之廣告宣傳策略時，通常不同組合方案所獲得的廣告效果是

不一樣的。一般而言，廣告效果會受到廣告形式、地區規模、選擇檔期、播放時段、播放頻率等因素的影響。行銷部門應該要去研究，在影響廣告效果的眾多因素中，哪些因素才是主要的，它們產生的影響程度有多大，哪些因素的組合搭配是最具效果的等種種議題。上述問題的研究，都可以利用變異數分析來達成。

為能充分了解變異數分析的基本概念，應先了解於進行變異數分析時所涉及的相關名詞：

1. 觀測變量（依變量）：在變異數分析裡，上述例子中的農作物產量、廣告效果等研究目的所要測量的目標值或具有「結果」性質的變量，稱為「觀測變量」（或稱依變量、觀測值、反應值，一般為連續型變量）。

2. 控制變量（自變量）：品種、施肥量、廣告型態、地區規模、選擇檔期等會影響「觀測變量」或觀測值的因素，則稱為「控制變量」（或稱自變量、因子、因素，一般為類別變量）。

3. 水準：控制變量（因子）的各種不同類別、水準、層次或取值，則稱為控制變量的不同「水準」（level）（如甲品種、乙品種；10公斤、20公斤、30公斤化學肥料；售價10元、20元、30元；容量200毫升、500毫升；電視廣告、廣播廣告等）。

4. 處理：各種因子水準的組合則稱為「處理」（treatments），如容量200毫升、售價10元的飲料，「容量200毫升、售價10元」涉及兩因子之水準值的組合，這就是一種處理。

變異數分析正是從拆解「觀測變量」（依變量）的變異著手，研究諸多「控制變量」（因子）中，哪些「控制變量」是對「觀測變量」有顯著影響的。且這些對「觀測變量」有顯著影響的各個「控制變量」，其不同「水準」以及各「水準」的交互搭配（處理）又是如何影響「觀測變量」的科學方法。

◆ 11-2 變異數分析的基本原理 ◆

ANOVA認為，導致觀測變量值（依變數值）產生變化的原因有兩類：第一類是控制變量之不同水準所產生的影響；第二類是隨機因素所產生的影響。在此，所謂隨機因素是指那些人為很難控制的因素，主要是指實驗過程中所產生的抽樣誤差。因此，ANOVA的基本原理中，即認為：如果控制變量的不同水準對觀測變量產生了顯著的影響，那麼，它和隨機因素的共同作用必然使得觀測變量值有顯著變動；反之，

如果控制變量的不同水準沒有對觀測變量產生顯著的影響，那麼，觀測變量值的變動就不明顯。若有變動則可以歸因於隨機因素影響所造成。

換句話說，如果觀測變量值在某控制變量的各個水準中出現了明顯的變化，則認為該控制變量是影響觀測變量的主要因子。反之，如果觀測變量值在某控制變量的各個水準中沒有出現明顯的變化，則認為該控制變量沒有對觀測變量產生重要的影響力，其資料的變化則可歸因於是抽樣誤差所造成的。對於抽樣因素所造成的變異，一般稱為隨機變異或組內變異；而不同水準間，所造成的變異則稱為是組間變異。

組內變異：因為測量因素所造成的變異（抽樣誤差），或稱為隨機變異。記作 $SS_{組內}$。

組間變異：因為控制變量的不同水準所造成的變異，或稱為檢驗變異。記作 $SS_{組間}$。

這些變異，都可以使用變數在各組的平均值與總平均值間的離差平方和（sum of squares of deviations，簡稱SS）來加以衡量。將 $SS_{組內}$、$SS_{組間}$ 除以各自的自由度後，就可以得到其均方和（sum of mean squares，簡稱MS），即組間均方和 $MS_{組間}$ 與組內均方和 $MS_{組內}$。

ANOVA的基本概念是：比較組間均方和（$MS_{組間}$）與組內均方和（$MS_{組內}$）的大小，如果控制變量的不同水準沒有任何作用的話，那麼 $MS_{組間}$ 和 $MS_{組內}$ 會相等（即 $MS_{組間} / MS_{組內} = 1$）；但若考慮到存在抽樣誤差時，則 $MS_{組間} / MS_{組內}$ 會幾乎等於1。此外，如果控制變量的不同水準確實有顯著作用的話，$MS_{組間}$ 會遠遠大於 $MS_{組內}$（即 $MS_{組間} \gg MS_{組內}$，即 $MS_{組間} / MS_{組內} \gg 1$）。此外，根據統計理論，$MS_{組間} / MS_{組內}$ 的比值可構成F分配，於是就可用F統計量值與代表顯著與否的臨界值做比較，並據以推斷各控制變量對觀測變量的影響力。所以，ANOVA也有人簡稱為「F檢定」。

11-3 單因子變異數分析的基本概念

單因子變異數分析（one way ANOVA）是種只存在一個控制變量（因子）的變異數分析。單因子變異數分析將檢定在「單一」控制變量的「各種」不同水準影響下，某觀測變量的平均值是否產生顯著性的差異。如果「各種」不同的水準間具有顯著差異，則表示這個控制變量對觀測變量是有顯著影響的；也就是說，控制變量的不同水準會影響到觀測變量的取值。

例如：欲比較若干種品牌的球鞋，其腳底板的耐磨情況。變數「Brand」代表樣

品的品牌（控制變量），變數「Wcnt」為樣品的磨損量（觀測變量）。假設共有五種品牌的腳底板（五個水準），每種實驗了4個樣品。我們希望知道這五種品牌腳底板的磨損量有無顯著差異。如果無顯著差異，那麼我們在選購時就不必考慮哪一個更耐磨，而只須考慮價格等因素就可以了。但如果結果是有顯著差異時，則當然應考慮使用耐磨性較好的品牌。在此，控制變量是球鞋的品牌（Brand），而觀測變量為磨損量（Wcnt）。當各種品牌球鞋磨損量有顯著差異時，就表示控制變量的取值（水準）對觀測變量有顯著的影響。所以，變異數分析的結論是控制變量（品牌）對觀測變量（磨損量）具有顯著的影響力。在這個例子中，因為控制變量只有一個，所以這種變異數分析就稱為單因子變異數分析。

需要注意的是，傳統的單因子變異數分析只判斷控制變量的各水準間有無顯著差異，而不管某兩個水準之間是否有差異。比如說，我們的五個品牌即使有四個品牌沒有顯著差異，只有一個品牌的球鞋比這四個品牌的都好，作結論時，也必須說成：控制變量的影響效果是顯著的，或控制變量的各水準間有顯著差異。再例如：研究者欲分析不同施肥量是否導致農作物產量產生顯著的影響；調查學歷對年收入的影響；促銷型態是否會影響銷售額等。明顯的，這些問題都是探討一個控制變量（施肥量、學歷、促銷型態）對觀測變量（產量、年收入、銷售額）的影響。因此，只要這個控制變量的水準數大於等於3的情形下，都是屬於單因子變異數分析的相關問題。

在單因子變異數分析中，會把觀測變量的變異數分解為由控制變量的不同取值所能夠解釋的部分和剩餘的不能解釋的部分，然後比較兩部分。當能用控制變量解釋的部分明顯大於剩餘不能解釋的部分時，則認為控制變量的影響效果是顯著的。

進行單因子變異數分析時，也有一些前提假設，這些前提假設諸如：各水準下的觀測變量是彼此獨立的、觀測變量應服從或近似於常態分配、由控制變量各水準所分成的各分組間，其變異數必須相等。唯有在這些前提假設都滿足時，才可以進行本節中所論及的單因子變異數分析。

一般而言，進行單因子變異數分析時，研究者須先具備以下的概念：

一、確認觀測變量和控制變量

進行單因子變異數分析時，首先研究者必須清楚的確認出「觀測變量」（依變量，連續變量）和「控制變量」（自變量，類別變量）。例如：上述各問題中的控制變量分別為施肥量、學歷、促銷型態；而觀測變量則分別為農作物產量、年收入、銷售額。

二、分解觀測變量的變異數

進行單因子變異數分析時的第二個步驟是：分解觀測變量的變異數。變異數分析的基本概念爲，觀測變量的值之所以會產生變動主要有兩個原因，一爲控制變量的變化，另一爲隨機因素的影響。基於此，如11-2節所述，可將觀測變量之總離差平方和分解爲組間離差平方和與組內離差平方和等兩個部分，一般數學的表達方式如下：

$$SST = SSA + SSE \tag{式11-1}$$

其中，SST 爲觀測變量的總離差平方和；SSA 爲組間離差平方和，這是由控制變量之不同水準所造成的離差（觀測變量值和其平均數間的差異）；SSE 爲組內離差平方和，是由抽樣誤差引起的離差（隨機誤差）。觀測變量的總離差平方和（SST）的數學定義爲：

$$SST = \sum_{i=1}^{k} \sum_{j=1}^{n_i} (x_{ij} - \overline{x})^2 \tag{式11-2}$$

式11-2中，k 爲控制變量的水準數；x_{ij} 爲控制變量的第 i 個水準下之第 j 個觀察值；n_i 爲控制變量的第 i 個水準下之觀測變量值的個數，$\overline{x}$ 爲觀測變量值的平均值。而組間離差平方和（SSA）的數學定義爲：

$$SSA = \sum_{i=1}^{k} n_i (\overline{x}_i - \overline{x})^2 \tag{式11-3}$$

式11-3中，$\overline{x}_i$ 爲控制變量第 i 個水準下所產生之觀測變量的樣本平均值。明顯可以看出，組間離差平方和的意義爲各水準組下觀測變量的平均值與觀測變量總平均值之離差的平方和，這代表了控制變量的不同水準對觀測變量的影響。最後，組內離差平方和（SSE）的數學定義爲：

$$SSE = \sum_{i=1}^{k} \sum_{j=1}^{n_i} (x_{ij} - \overline{x}_i)^2 \tag{式11-4}$$

式11-4說明了，所謂組內離差平方和的意義，即代表著每個觀察值資料與其所屬之水準組的平均值離差的平方和，而這也代表了抽樣上的誤差。

三、比較組間離差平方和、組內離差平方和分別占總離差平方和之比例

單因子變異數分析的最後一個步驟是比較組間離差平方和、組內離差平方和分別

占總離差平方和之比例，進而推論控制變量是否確實導致觀測變量產生顯著的變化。在觀測變量的總離差平方和中，如果組間離差平方和所占的比例較大，則可推論觀測變量的變動主要是由控制變量所引起的；也就是說，觀測變量的變化主要可以由控制變量來解釋，且控制變量為觀測變量帶來了顯著的影響；反之，如果組間離差平方所占的比例較小時，則說明觀測變量的變化主要不是由控制變量所引起的，因此不可以由控制變量來解釋觀測變量的變化，也就是說，控制變量沒有為觀測變量帶來顯著的影響。因此，觀測變量值的變動是由隨機抽樣因素所引起的。

11-4 單因子變異數分析的基本步驟

單因子變異數分析問題也屬於推論統計中的假設檢定問題，其基本步驟與先前的卡方檢定或t檢定之過程完全一致，只是使用的檢定統計量（F統計量）不同罷了。

步驟1：設定虛無假設

單因子變異數分析的虛無假設H_0為：在控制變量的不同水準下，觀測變量之平均值沒有顯著差異，記為：

$H_0：\mu_1 = \mu_2 = \cdots = \mu_k$

$H_1：\mu_1、\mu_2、\cdots\mu_k$不全相等 （式11-5）

式11-5中，μ代表母體平均數，其下標k表示控制變量的水準數。

此虛無假設即意味著：控制變量之不同水準並沒有對觀測變量產生顯著的影響。

步驟2：選擇檢定統計量

變異數分析所使用的檢定統計量是F統計量，其數學定義為：

$$F = \frac{SSA/(k-1)}{SSE/(n-k)} = \frac{MSA}{MSE}$$ （式11-6）

其中，n為總樣本數，k為控制變量之水準數，$k-1$和$n-k$是分別為SSA和SSE的自由度；MSA是組間均方和，MSE是組內均方和。求算組間、組內均方和的目的在於消除水準數和樣本數對分析所帶來的影響。由此定義可明顯的看出，F統計量其實就是

在分解觀測變量之變異的概念下，衡量組間離差平方和與組內離差平方和所占的相對比例，且F統計量為服從 $(k-1, n-k)$ 個自由度的F分配。

步驟3：計算檢定統計量的值和機率 p 值

此步驟的目的在於：計算檢定統計量的值和其所相對應的機率 p 值（顯著性）。執行單因子變異數分析時，SPSS會自動將相關資料代入F統計量中，以計算出F統計量的值和其所相對應的機率 p 值。讀者應該可以很容易的理解，如果控制變量對觀測變量造成了顯著影響，那麼觀測變量的總離差中，控制變量影響所占的比例相對於隨機因素必然較大，所以F值會顯著大於1；反之，如果控制變量沒有對觀測變量造成顯著影響的話，則觀測變量的離差應可歸因於隨機因素所造成的，故F值會接近於1。

步驟4：制定顯著水準 α，並作出決策

根據研究者所制定的顯著水準 α，然後與檢定統計量的機率 p 值作比較。如果機率 p 值小於顯著水準 α，則應拒絕虛無假設，所以將認為在控制變量的各個不同水準下，觀測變量各母體的平均值會存在顯著差異。意即，控制變量的不同水準確實會對觀測變量產生了顯著影響；反之，如果機率 p 值大於顯著性水準 α 時，則不應拒絕虛無假設，而應認為在控制變量之各個不同水準下，觀測變量各母體的平均值無顯著差異。意即，控制變量的不同水準對觀測變量沒有產生顯著影響。

◆ 11-5　單因子變異數分析範例 ◆

▶ 範例11-1

某燈泡廠使用了四種不同材質的燈絲，而生產了四批燈泡。現於每批燈泡中，隨機地抽取了若干個，以測其使用壽命（單位：小時），所得資料列於表11-1中。現在想知道，對於這四種燈絲所生產的燈泡，其使用壽命有無顯著差異。（ex11-1.sav）

表11-1　燈泡使用壽命

燈絲 ＼ 燈泡	1	2	3	4	5	6	7	8
甲	1600	1610	1650	1680	1700	1700	1780	
乙	1500	1540	1400	1600	1550			
丙	1640	1550	1600	1620	1640	1600	1740	1800
丁	1510	1520	1530	1570	1640	1680		

　　在本範例中，明顯的，會影響燈泡之使用壽命的因素只有一個，即燈絲的材質。而欲比較平均數的組別有4組（超過3組），故未來分析時可使用單因子變異數分析。在此情形下，可設燈泡的使用壽命為觀測變量（依變數），燈絲的材質為控制變量（因子），四種材質即為四個水準。

　　進行檢定的目的在於，如果這四種材質的燈絲，其所製成的燈泡之使用壽命沒有顯著差異的話，則燈泡廠未來可以從中挑選一種既經濟又取用方便的燈絲來生產燈泡即可；但如果這四種材質的燈絲，其所製成的燈泡之使用壽命存在顯著差異時，則希望能從中挑選出使用壽命較長的燈絲，以提高燈泡品質。

　　此檢定的虛無假設為：四種不同材質的燈絲，其所製成的燈泡之使用壽命沒有顯著差異。

　　記為：

$H_0：\mu_{甲}=\mu_{乙}=\mu_{丙}=\mu_{丁}；\mu$代表燈泡使用壽命的平均值

或

$H_0：$燈絲材質不會影響燈泡的平均使用壽命

操作步驟

步驟1：首先建立資料檔。為單因子變異數分析建立資料檔時，基本上須至少包含兩個欄位，一為控制變數、另一為觀測變數。控制變數的值即為其各水準的代表值，故控制變數亦常被當作是分組變數；而觀測變數的值即為實驗過程所獲得的觀察值。開啟SPSS後，先建立一個空白資料檔。然後在其【變數視圖】視窗中定義兩個變數名稱。這兩個變數是：

「燈絲」變數：數值型，尺度為【名義】。取值1、2、3、4分別代表

甲、乙、丙、丁四種材質，同時於【值】欄中，定義各
數值的標記，此變數屬控制變量（因子）。

「使用壽命」變數：數值型，尺度為【尺度】。其值為燈泡的使用壽
命，單位是小時，此變數屬觀測變量（依變數）。

步驟2：定義好變數後，就可依照表11-1的內容，直接輸入資料。或者讀者也可
從範例檔案中直接開啟檔案ex11-1.sav。

步驟3：執行【分析】／【比較平均數法】／【單向ANOVA】，開啟【單向
ANOVA】對話框。在SPSS 22中，將單因子變異數分析（One-way
ANOVA）直接翻成「單向ANOVA」了。

步驟4：將變數「使用壽命」選入【因變數清單】方塊中，再將變數「燈絲」選
入【因素】輸入欄中，如圖11-1所示。

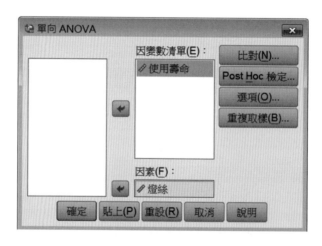

圖11-1　設定【單向ANOVA】對話框

步驟5：若這四種燈絲所生產的燈泡，其使用壽命具有顯著差異時，尚須進行事
後檢定，以確認四種燈絲所生產的燈泡其使用壽命的大小關係，進而可
挑選出最佳的燈絲。故接著按【Post Hoc檢定】鈕，開啟【事後多重比
較】對話框。在該對話框中可以選擇進行事後檢定的各種方法。

步驟6：請在【事後多重比較】對話框中的【假設相同變異數】框內，挑選
較常用的【Scheffe法】。而在【未假設相同變異數】框內，挑選
【Tamhane's T2檢定】，如圖11-2所示。

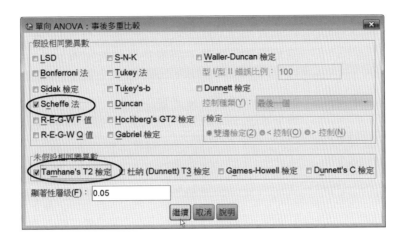

圖11-2　選擇事後檢定之方法

步驟7：由於，變異數的相等與否將涉及到事後檢定方法的挑選。因此，有必要
進行變異數同質檢定，故請再按【選項】鈕，以開啓【選項】對話框，
並從中核取【變異數同質性檢定】核取方塊，以要求用Levene檢定進行
變異數同質性檢定。

步驟8：上述設定皆完成後，於【單向ANOVA】對話框中按【確定】鈕，即可
開始進行單因子變異數分析。

步驟9：詳細操作過程與報表解說，讀者亦可自行參閱影音檔「ex11-1.wmv」

▶ 報表解說

　　執行【單向ANOVA】功能後，所產生的報表相當長。但讀者可針對較重要的三
個表格來進行解釋，這三個報表為「變異數分析表」、「變異數同質性測試表」與
「事後測試表」。而檢視這些表格時有一定的邏輯，首先須觀察「變異數分析表」，
若由「變異數分析表」顯示不顯著，則無須進行事後檢定（即事後測試），因此就不
用再看「變異數同質性測試表」與「事後測試表」了。但是，若「變異數分析表」顯
示顯著，這時就須進行事後檢定，但檢定前須觀察「變異數同質性測試表」，因為
若「變異數同質性測試表」顯示不顯著時（顯著性大於0.05），則研究者只能使用屬
於【假設相同變異數】的檢定方法進行事後比較（本例題中，使用Scheffe法），否
則就應該使用屬於【未假設相同變異數】的檢定方法進行事後比較（本例題中，使用
Tamhane's T2檢定）。

(一) 變異數分析表

表11-2就是輸出報表中的變異數分析表，該表各部分說明如下：

表11-2　單因子變異數分析表

	平方和	df	平均值平方	F	顯著性
群組之間	90299.533	3	30099.844	5.685	.005
在群組內	116488.929	22	5294.951		
總計	206788.462	25			

第一欄：指出了變異來源，包含組間變異（群組之間）、組內變異（在群組內）與總變異（總計）。

第二欄【平方和】：代表離差平方和。因此，組間離差平方和為90299.533，組內離差平方和為116488.929，總離差平方和為206788.462，它是組間離差平方和與組內離差平方和相加而得。

第三欄【df】：代表自由度（degree of freedom），組間自由度為3（水準數-1），總自由度為25（總樣本數-1），組內自由度為22（25-3），它是總自由度和組間自由度之差。

第四欄【平均值平方】：代表均方和（Sum of mean squares，簡稱MS），即離差平方和除以自由度，組間均方和是30099.844，組內均方和是5294.951。

第五欄【F】：代表F統計量，這是F統計量的值，其計算公式為組間均方和除以組內均方和，用來檢定控制變量對觀測變量影響程度之顯著性，如果不顯著則表示控制變量對觀測變量的變化沒有解釋能力，在此F值為5.685。

第六欄【顯著性】：代表機率p值，這是F統計量的機率p值，即當F值為5.685，自由度為（3, 22）時的機率p值，其值為0.005。

由於顯著性0.005小於0.05，所以在信賴水準0.95下，不能接受虛無假設。因此，可認為四種燈絲所生產的燈泡，其平均使用壽命具有顯著差異。也就是說，燈泡的平均使用壽命確實會受到燈絲材質的影響。

(二) 變異數同質性測試表（變異數同質性檢定表）

由上述變異數分析表的結論可知，燈絲的材質會顯著影響燈泡的平均使用壽

命。也就是說，由四種燈絲所做成的燈泡，其平均使用壽命不全相等。在這種情形下，研究者應進行事後檢定，以確認各種燈絲之平均使用壽命差異的狀況。由於事後檢定的方法依照「有、無假設相同的變異數」而分成兩類，因此，研究者必先釐清到底各燈泡樣本之使用壽命的變異數是否同質（相等），故須先進行變異數同質性檢定。變異數同質性檢定的虛無假設為：各燈泡之使用壽命的變異數相等，記為：

$$H_0 : \sigma_{甲}^2 = \sigma_{乙}^2 = \sigma_{丙}^2 = \sigma_{丁}^2 ; \sigma^2 代表燈泡使用壽命的變異數$$

表11-3　變異數同質性測試表

Levene統計資料	df1	df2	顯著性
.149	3	22	.929

表11-3為變異數同質性檢定之結果，Levene統計量為0.149，顯著性0.929大於0.05，因此須接受虛無假設，即確認各燈泡之平均使用壽命的變異數是相等的。

(三) 事後測試（事後檢定）

進行變異數同質性檢定後，即可開始進行事後比較。由於各燈泡之平均使用壽命的變異數相等，因此我們只須看【假設相同變異數】中的【Scheffe法】的檢定結果就可。事後檢定中，Scheffe法的檢定結果以兩個報表呈現，一為「多重比較表」，另一為「同質子集」。

1. 多重比較表

首先觀察多重比較表，如表11-4。這個表格很長，分成兩部分，上半部屬Scheffe法，下半部則屬Tamhane's T2檢定。由於已確認變異數具同質性，故事後檢定時將採用Scheffe法，至於下半部的Tamhane's T2檢定在此可以完全不予理會。

在Scheffe法中，四種燈泡輪流兩兩比較並檢定，因此共進行了12次（$C_2^4 \times 2 = 12$）比較並檢定。研究者須逐次觀察，才能比較出四種燈泡之使用壽命的大小關係。首先，不顯著的部分可認為沒有差異（即相等），可跳過不理，讀者只須看表11-4的第二欄【平均差異】具顯著差異（有*號）的部分即可，具顯著差異的狀況彙整如下：

「甲－乙」屬正且顯著，因此可推論「甲＞乙」；

「乙－甲」屬負且顯著，因此可推論「乙＜甲」；與前一結論一致。

「乙－丙」屬負且顯著，因此可推論「乙＜丙」；

「丙－乙」屬正且顯著，因此可推論「丙＞乙」；與前一結論一致。

表11-4　多重比較表

	(I)燈絲	(J)燈絲	平均差異（I-J）	標準錯誤	顯著性	95%的信賴區間 下限	上限
Scheffe法	甲	乙	156.286*	42.608	.013	27.42	285.15
		丙	25.536	37.660	.926	−88.37	139.44
		丁	99.286	40.483	.413	−23.16	221.73
	乙	甲	−156.286*	42.608	.013	−285.15	−27.42
		丙	−130.750*	41.483	.039	−256.21	−5.29
		丁	−57.000	44.062	.648	−190.26	76.26
	丙	甲	−25.536	37.660	.926	−139.44	88.37
		乙	130.750*	41.483	.039	5.29	256.21
		丁	73.750	39.298	.342	−45.11	192.61
	丁	甲	−99.286	40.483	.143	−221.73	23.16
		乙	57.000	44.062	.648	−76.26	190.26
		丙	−73.750	39.298	.342	−192.61	45.11
Tamhane	甲	乙	156.286*	40.819	.033	12.64	299.93
		丙	25.536	37.093	.985	−89.67	140.74
		丁	99.286	36.885	.127	−20.79	219.36
	乙	甲	−156.286*	40.819	.033	−299.93	−12.64
		丙	−130.750	44.246	.090	−278.03	16.53
		丁	−57.000	44.072	.792	−207.57	93.57
	丙	甲	−25.536	37.093	.985	−140.74	89.67
		乙	130.750	44.246	.090	−16.53	287.03
		丁	73.750	40.645	.452	−54.55	202.05
	丁	甲	−99.286	36.885	.127	−219.36	20.79
		乙	57.000	44.072	.792	−93.57	207.57
		丙	−73.750	40.645	.452	−202.05	54.55

可以完全不予理會

　　由上述四條不等式可歸納出，「甲 > 乙」且「丙 > 乙」，又因甲與丙之差異不顯著，因此可認為「甲 = 丙」，故最後的總結為「甲 = 丙 > 乙」，或記為「甲、丙 > 乙」。而丁則因資訊不足、地位模糊，不予比較。

2. 同質子集

　　利用多重比較表的方式進行事後檢定，真是苦差事。其實有更簡單的方法，那就是使用同質子集，如表11-5。同質子集中，會將不同水準下的觀測變量平均值分成數個新組別，根據新分組狀況，就可判斷各水準的差異狀況。

表11-5　同質子集

Scheffe法[a,b]	燈絲	N	alpha = 0.05的子集 1	alpha = 0.05的子集 2
	乙	5	1518.00	
	丁	6	1575.00	1575.00
	丙	8		1648.75
	甲	7		1674.29
	顯著性		.595	.150

新組別編號

同質子集表怎麼看呢？方法很簡單，掌握三個原則：

一、新組別中，屬同組的話，則差異不顯著，不同組別則差異顯著。

二、新組別中，組別編號越大，其平均值越大。

三、新組別中，橫跨兩組以上的項目不予比較。

只要能掌握此三個原則，那麼當可輕而易舉的完成事後檢定工作。

　　觀察表11-5，丁橫跨兩組，地位模糊，因此不納入比較。第2組中，去掉丁後，有甲和丙，因此可認為甲、丙無差異，即甲、丙相等。第1組丁不考慮後，只剩乙。又因第2組的平均值大於第1組。因此，可以容易的得出結論「甲 = 丙 > 乙」，或記為「甲、丙 > 乙」。此結論與使用多重比較表的結果一致，但比較過程較為簡捷。

▶ **結論**

　　經單因子變異數分析（單向ANOVA）後，由於F值為5.685、顯著性0.005小於0.05，所以在信賴水準0.95下，不能接受虛無假設。也就是說，由四種燈絲所生產的燈泡，其平均使用壽命具有顯著差異。因此，燈泡的平均使用壽命會受到燈絲材質的影響。在這種有顯著差異的情形下，進行事後比較後可發現，使用甲與丙燈絲所生產的燈泡，其平均使用壽命顯著的大於乙燈絲所生產的燈泡。因此，建議生產廠商可考慮使用甲或丙燈絲生產燈泡（注意！甲燈絲、丙燈絲沒有顯著差異喔！），以提高燈泡的平均使用壽命。至於選用甲或丙燈絲何者為佳，則須再視其取用成本、方便性或供貨穩定性等其他因素來進行決策。

▶ 範例11-2

參考附錄一中，論文【品牌形象、知覺價值對品牌忠誠度關係之研究】之原始問卷，並開啓ex11-2.sav，由於研究的需要，須將「年齡」欄位依下列規則，重新編碼成新變數「年齡層」。

30歲以下：改稱為青年，其數值代碼為1

31～50歲：改稱為壯年，其數值代碼為2

51歲以上：改稱為老年，其數值代碼為3

試問各年齡層的受訪者對品牌形象之整體性認知是否具有差異性？

　　親愛的讀者，當你看到本範例時，心中若覺得本題不難但是煩的話，那恭喜你！因爲這代表你對SPSS的操作已具相當實力且你的邏輯應該很清楚。沒錯，本題一點也不難，只是過程比較繁雜而已。

　　明顯的，本範例也是屬於平均數差異性檢定的範疇。依題意，「品牌形象之整體性認知」爲觀測變量（依變數）；「年齡層」則爲控制變量（因子）。由於「年齡層」有三個水準（青年、壯年與老年），因此檢定時，須使用單因子變異數分析。此檢定的虛無假設爲：

$H_0 : \mu_1 = \mu_2 = \mu_3$；$\mu$代表「品牌形象之整體性認知」的平均值

或

$H_0 :$ 消費者對「品牌形象之整體性認知」並不會因「年齡層」而有所差異

(操)(作) 步驟

步驟1：先建立控制變量（因子）「年齡層」。請開啓「ex11-2.sav」，然後參閱第3章範例3-5，依題意將變數「年齡」重新編碼成爲新變數「年齡層」。爲簡化本範例，變數「年齡層」已在「ex11-2.sav」中建立完成，讀者可自行運用。

步驟2：再建立觀測變量「品牌形象之整體性認知」。「品牌形象之整體性認知」所代表的意義，爲每位受訪者對品牌形象之9題問項得分之平均值。相信這個平均過程，讀者應已相當熟悉，故不再贅述，因此變數「品牌形象之整體性認知」亦已在「ex11-2.sav」中建立完成，其變數名稱爲「bi」，讀者可自行運用。

步驟3：執行【分析】／【比較平均數法】／【單向ANOVA】，開啓【單向ANOVA】對話框。

步驟4：選取代表「品牌形象之整體性認知」的變數「bi」進入【因變數清單】方塊中。

步驟5：再選取變數「年齡層」進入【因素】輸入欄中。

步驟6：由於，檢定結果若具有顯著差異時，尚須進行事後檢定，以確認三種年齡層的消費者中，對「品牌形象之整體性認知」的大小分布狀況。故接著按【Post Hoc檢定】鈕，開啓【事後多重比較】對話框。在該對話框中，可以選擇進行事後檢定的各種方法。

步驟7：請在【事後多重比較】對話框中的【假設相同變異數】框內，挑選較常用的【Scheffe法】。而在【未假設相同變異數】框內，挑選【Tamhane's T2檢定】。

步驟8：由於，「變異數的相等與否」將涉及到事後檢定的方法挑選。因此有必要進行變異數同質檢定，故請再按【選項】鈕，以開啓【選項】對話框，並從中核取【變異數同質性檢定】，以要求用Levene檢定進行變異數的同質性檢定。

步驟9：上述設定皆完成後，於【單向ANOVA】對話框中按【確定】鈕，即可開始進行單因子變異數分析。

步驟10：詳細操作過程與報表解說，讀者亦可自行參閱影音檔「ex11-2.wmv」

▶ 報表解說

一般而言，解析單因子變異數分析時，只須看三個表格即可。這三個報表分別為「變異數分析表」、「變異數同質性測試表」與「事後測試表」。而檢視這些表格時有一定的邏輯，首先須觀察「變異數分析表」。若「變異數分析表」顯示不顯著，則無須進行事後檢定（即事後測試），因此就不用再看「變異數同質性測試表」與「事後測試表」了。但是，若「變異數分析表」顯示顯著，這時就須進行事後檢定，但檢定前須觀察「變異數同質性測試表」，因為若「變異數同質性測試表」顯示不顯著時（顯著性大於0.05），則研究者只能使用屬於【假設相同變異數】的檢定方法進行事後比較（本例題中，使用Scheffe法），否則就應該使用屬於【未假設相同變異數】的檢定方法進行事後比較（本例題中，使用Tamhane's T2檢定）。

表11-6就是輸出報表中的「變異數分析表」，該表各部分說明如下：

表11-6　單因子變異數分析表

	平方和	df	平均值平方	F	顯著性
群組之間	.030	2	.015	.018	.982
在群組內	269.802	331	.815		
總計	269.832	333			

第一欄：指出了變異來源，包含組間變異（群組之間）、組內變異（在群組內）與總變異（總計）。

第二欄【平方和】：代表離差平方和。因此，組間離差平方和為0.03，組內離差平方和為269.802，總離差平方和為269.832，它是組間離差平方和與組內離差平方和相加而得。

第三欄【df】：代表自由度，組間自由度為2（水準數-1），總自由度為333（總樣本數-1），組內自由度為331，它是總自由度和組間自由度之差。

第四欄【平均值平方】：代表均方和，即離差平方和除以自由度，組間均方和是0.015，組內均方和是0.815。

第五欄【F】：代表F統計量，這是F統計量的值，其計算公式為組間均方和除以組內均方和，用來檢定控制變量對觀測變量影響程度之顯著性，如果不顯著則表示控制變量對觀測變量的變化沒有解釋能力，在此F值為0.018。

第六欄【顯著性】：代表機率p值，這是F統計量的機率p值，即當F值為0.018，自由度為（2, 331）時的機率p值，其值為0.982。

由於顯著值0.982大於0.05，所以在信賴水準0.95下，須接受虛無假設。因此，可認為消費者對「品牌形象之整體性認知」並不會因「年齡層」而有所差異。至於事後檢定，也因「接受虛無假設」，代表各水準間並無差異，因此也就不用進行事後檢定了。

▶ 結論

經單因子變異數分析後，由於F值為0.018、顯著性0.982大於0.05，所以在信賴水準0.95下，須接受虛無假設。也就是說，消費者對「品牌形象之整體性認知」並不會因「年齡層」而有所差異。

▶ 範例11-3

參考附錄一中，論文【品牌形象、知覺價值對品牌忠誠度關係之研究】之原始問卷，並開啓ex11-3.sav與ex11-3.doc，試利用獨立樣本t檢定與單因子變異數分析，完成表11-7（亦可於ex11-3.doc中填製），以探討人口統計變數對「品牌形象之各子構面認知」的差異性。

表11-7　人口統計變數對「品牌形象各子構面認知」的差異性分析表－T/F值

構面	性別	婚姻	年齡	職業	教育	月收入
品牌價值						
事後檢定						
品牌特質						
事後檢定						
企業聯想						
事後檢定						

* p≦0.05；** p≦0.01；*** p≦0.001

　　表11-7在一般的碩士論文或期刊論文中很常見，表中沒有灰色網底的儲存格須填入t值或F值，若顯著的話則須要在t值或F值後，依顯著性的大小打上「*」號，「*」的多寡依表格下方的機率p值（顯著性）來決定。而具灰色網底的儲存格則須填入事後比較的結果，當然若不顯著就不需要填。

　　本題應算簡單，只是檢定的次數較多罷了！特別再提示一點，由於原始問卷中，性別與婚姻屬二分變數（水準數爲2），故應使用獨立樣本t檢定；而年齡、職業、教育與月收入等變數都屬於多分組變數（水準數大於等於3），故應使用單因子變異數分析。

　　其次，論文【品牌形象、知覺價值對品牌忠誠度關係之研究】中，品牌形象這個變數，包含「品牌價值」、「品牌特質」與「企業聯想」等三個子構面，測量時，「品牌價值」子構面有三題問項（bi1_1～bi1_3）、「品牌特質」子構面有三題問項（bi2_1～bi2_3）、「企業聯想」子構面有三題問項（bi3_1～bi3_3）。因此，檢定前須先分別求出每一個受訪者於「品牌價值」、「品牌特質」與「企業聯想」的平均得分。

　　此範例的操作過程，基本上與先前的範例類似，詳細的操作過程與報表解說，請讀者自行參閱影音檔「ex11-3.wmv」。

11-6　一般線性模型簡介

　　平均數的差異性檢定為常見的統計分析方法，在本書的第10章與本章的第11-1節至第11-5節，都曾利用SPSS的【比較平均數法】功能所提供的【t檢定】與【單向ANOVA】來檢定2組或多組樣本的平均數差異。在本小節中，我們將介紹SPSS的另一個功能─【一般線性模型】。

　　一般線性模型（general linear model, GLM）具有非常強大的統計分析功能，它包含了單因子、多因子變異數分析（ANOVA）、多變量變異數分析（multivariate analysis of variance, MANOVA）、共變數分析（analysis of covariance, ANCOVA）、重複測量變異數分析（repeated measure, ANOVA）、迴歸分析（regression analysis）、相關分析等統計分析技術。一般線性模型可以使用下列的數學模型加以表達：

$$Y_i = b_0 + b_1 X_{i1} + b_2 X_{i2} + \cdots\cdots + b_p X_{ip} + e_i, \qquad e_i \sim N(0, \sigma^2) \qquad （式11-7）$$

　　在一般線性模型中，觀測變量Y（依變量）一定只有一個，而且必須是區間尺度的變數，但是控制變量X（自變量）則可以有好幾個。且隨著控制變量的狀況不同，可以衍生出許多統計模型，諸如：

➢ 如果自變量（控制變量）為區間尺度、只有一個，而且是一次方（線性）的話，稱為簡單線性迴歸。
➢ 如果自變量為區間尺度、有好幾個，而且都是一次方，就稱為多元迴歸。
➢ 如果自變量為區間尺度，但自變量是多次方的，則稱為多項式迴歸。
➢ 如果自變量全都是名義尺度的變量，就稱為變異數分析。
➢ 如果自變量中有的是名義尺度的變量、有的是區間尺度的變量，就稱為共變數分析（analysis of covariance）

　　在SPSS中的【一般線性模型】功能中，包含四個子功能，分別為：【單變量】、【多變量】、【重複量數】與【變異成份】。這些功能中，以【單變量】功能最為常用。【單變量】功能可以對「一個」依變數進行迴歸分析與變異數分析，並檢定單一依變數受其他一個或多個因子、一個或多個變數的影響，且可探討因子間的交互作用及個別因子的主效用（林震岩，2006）。

◆ 11-7　關聯強度（strength of association）分析 ◆

在範例11-1中，我們使用【比較平均數法】中的【單向ANOVA】功能來進行檢定。對於這種屬單因子的簡單變異數分析，也可以使用較複雜的【一般線性模型】來進行檢定。利用【一般線性模型】進行檢定的好處是：可以得到一些檢定時的額外資訊，如檢定力、關聯強度等。

在變異數分析中，我們使用F統計量，從機率理論的觀點來進行檢定，以說明因子變數的統計顯著性（statistical significance）。也就是說，使用機率理論來檢驗因子效果相對於隨機效果（抽樣誤差）的統計意義。然而，在這嚴謹的分析過程中，縱使因子效果具有顯著的統計意義。但是我們仍不免會質疑，在真實的世界中，這些因子效果在實務上是否仍具意義與價值。而這就屬於所謂實務顯著性（practical significance）或稱臨床顯著性（clinical significance）所關注的問題了。

舉個例子：醫學研究上，某研究者想比較兩種療法的效果，於是開始進行抽樣設計，經整理回收的樣本資料後，得到：

A法：$\mu_A = 0.55$　　　　B法：$\mu_B = 0.51$

同時，在樣本夠大、顯著水準為0.05的情況下，經檢定發現這兩種療法確實「具有顯著差異」。雖然這是一個令人滿意的檢定結果，但是這個顯著差異，即使研究者未加以說明，在一般情況下，我們大概也不會認為「這個顯著差異」確實具有實質的意義。因為A法只比B法高出4個百分點（0.04）。但是，上述問題如果是0.01對0.05的效果比較（雖然也是差距4個百分點，但後者是前者的五倍），或許這就是一個值得重視的差距了。從這樣的觀點來看的話，0.55 vs. 0.51，可能就沒什麼意義了！而這現象就說明了：「雖然這兩種療法的效果差異已達統計顯著性，但或許並不具有實務的顯著性」。

在變異數分析中，我們常用一些關聯強度統計量來評估因子效果的實務顯著性，這些關聯強度統計量諸如ω^2（omaga squared）、η^2（eta squared）、檢定力（power）等。在SPSS的【一般線性模型】功能中，都有提供這些統計量的相關資訊。

(一) ω^2統計量

ω^2的角色類似於迴歸分析中的判定係數R^2，它可用來說明因子效果的實務意義。

ω^2值的計算公式爲組間變異／總變異。因此其所蘊含的意義爲：依變數的變異量可以由因子變數所解釋的百分比，而此百分比亦代表著因子變數與依變數間的關聯強度（邱晧政，2005）。

在ω^2的解釋與運用上，Cohen（1988）提出了如表11-8的判斷準則。執行SPSS的【一般線性模型】後，在ANOVA報表的下方，可以顯示「調過後的R平方值」，此即ω^2值。若$0.01 \leqq \omega^2 < 0.059$，則表示因子（自）變數與依變數間的關聯強度低，因此因子效果的實務意義也就較低。而若$\omega^2 \geqq 0.138$，則表示因子（自）變數與依變數間的關聯強度高，因此因子效果的實務意義也就較高。

表11-8　關聯性判斷準則

ω^2值	關聯性
$0.01 \leqq \omega^2 < 0.059$	低度關聯性
$0.059 \leqq \omega^2 < 0.138$	中度關聯性
$0.138 \leqq \omega^2$	高度關聯性

(二) η^2統計量

η^2統計量也是一種常用來表示因子變數對依變數之解釋能力的統計量。η^2值計算公式爲組間離差平方和／總離差平方和。所以從計算公式來看，η^2就是迴歸分析中的判定係數R^2。執行SPSS的【一般線性模型】後，在ANOVA報表中可以顯示出「淨η^2」（partial η^2）值，此值即代表著因子變數與依變數間的關聯強度。根據Cohen（1988）對「淨η^2」值的判斷準則（與ω^2相同，如表11-8），即可評估因子變數與依變數間的關聯強度。

(三) 檢定力

簡單來說，檢定力是指當因子變數確實有顯著效果的時候，檢定過程中能確實偵測到這個效果的機率。換言之，檢定力的意義是指當事實上是要拒絕虛無假設的，而檢定後眞的拒絕虛無假設的機率。再換個方式說，檢定力是代表能正確拒絕「錯誤的虛無假設」之能力。因此，檢定力通常可用來評估統計檢定的敏銳度，太低的檢定力表示研究的數據之參考價值性就較低（邱晧政，2005）。

範例11-4

承範例11-1，某燈泡廠使用了四種不同的材質來製成燈絲，進而生產了四批燈泡。現於每批燈泡中，隨機地抽取了若干個燈泡，以測其使用壽命（單位：小時），資料列於表11-1中。現在想知道，對於這四種燈絲所生產的燈泡，其使用壽命有無顯著差異，並探討此檢定結果的實務顯著性。（ex11-4.sav）

在範例11-1中，我們曾使用【比較平均數法】中的【單向ANOVA】功能來進行檢定。檢定結果說明了「燈絲材質確實會顯著影響燈泡的平均使用壽命」。但是，這樣的檢定結果，只能說明「燈絲材質」效果的統計顯著性，卻無法說明其實務顯著性。

因此，在本範例中，我們將使用較複雜的【一般線性模型】來進行檢定，以便能輸出ω^2、η^2與檢定力等統計量，進而藉以評估「燈絲材質」效果的實務顯著性。

如同範例11-1的介紹，本範例中，可設燈泡的使用壽命為觀測變量（依變數），燈絲的材質為控制變量（因子），四種材質即為四個水準，這是單因子四個水準的變異數分析問題。此檢定的虛無假設為：四種不同材質的燈絲，其生產的燈泡之使用壽命沒有顯著差異。記為：

H_0：$\mu_{甲} = \mu_{乙} = \mu_{丙} = \mu_{丁}$；$\mu$代表燈泡使用壽命的平均值

或

H_0：燈絲材質不會影響燈泡的平均使用壽命

操作步驟

步驟1：開啓「ex11-4.sav」後，執行【分析】／【一般線性模型】／【單變量】。

步驟2：待開啓【單變量】對話框後，將變數「使用壽命」選入【因變數】清單；變數「燈絲」則選入【固定因素】清單。

步驟3：於【單變量】對話框右上方，按【Post Hoc檢定】鈕，開啓【Post Hoc多重比較】對話框，在該對話框中可以選擇多重比較的方法。首先於【因素】清單方塊中選取變數「燈絲」，然後按 鈕，將變數「燈絲」選入【事後檢定】清單方塊中。

步驟4：接著在【Post Hoc多重比較】對話框中的【假設相同變異數】框內，挑選較常用的【Scheffe法】。而在【未假設相同變異數】框內，挑選【Tamhane's T2檢定】。設定好後，按【繼續】鈕，回到【單變量】對話框，如圖11-3所示。

步驟5：於【單變量】對話框右上方，按【選項】鈕，開啓【選項】對話框，以設定能於報表中顯示用以評估關聯強度的相關統計量。在此請選取【顯示】框內的【效果大小估計值】、【觀察的檢定能力】與【同質性檢定】。設定好後，按【繼續】鈕，回到【單變量】對話框。

步驟6：於【單變量】對話框中，按【確定】鈕，即可開始執行單因子變異數分析。

步驟7：詳細操作過程與報表解說，讀者亦可自行參閱影音檔「ex11-4.wmv」

圖11-3　設定【Post Hoc多重比較】對話框

▶ 報表解說

(一) 統計顯著性

　　執行【一般線性模型】／【單變量】功能後，即可產生冗長的分析報表。在此將只檢視ANOVA表，其餘表格之說明，請讀者自行參閱範例11-1。

　　表11-9就是輸出報表中的ANOVA表，這個報表在SPSS的輸出中稱爲【主旨間效果檢定】表（舊版SPSS稱爲：受試者間效應項的檢定表）。該表各部分說明如下：

表11-9　主旨間效果檢定表

來源	第III類平方和	df	平均值平方	F	顯著性	局部Eta方形	非中心參數	觀察的檢定能力[b]
修正的模型	90299.533[a]	3	30099.844	5.685	.005	.437	17.054	.901
截距	64876232.647	1	64876232.647	12252.470	.000	.998	12252.470	1.000
燈絲	90299.533	3	30099.844	5.685	.005	.437	17.054	.901
錯誤	116488.929	22	5294.951					
總計	67891500.000	26						
校正後總數	206788.462	25						

a.R平方 = .437（調整的R平方 = .360）
b.使用alpha計算 = .05

第一欄：指出了變異來源，這些來源包含修正後的模型、截距、燈絲、錯誤（誤差）、總計與校正後總數，在此我們所要關注的是燈絲與錯誤（誤差項）這兩個來源的變異即可。

第二欄【第III類平方和】：第III類平方和（型III平方和）是計算某特定變異來源（效應）之平方和的方法，此乃其他效應（不包含該效應）和與任何包含它的效應（如果有的話）正交調整後的平方和。它是SPSS計算平方和時的預設方法，主要優點在於：它能嚴謹控制樣本數不同時所產生的干擾，排除效果也最徹底，因此適合對於各組人數不等時的不平衡ANOVA分析。從表11-9可看出，因子（燈絲）的型III平方和為90299.533，誤差項的型III平方和為116488.929。

第三欄【df】：代表自由度，因子（燈絲）自由度為3（水準數 − 1），總計自由度為26（總樣本數 − 1），誤差項自由度為22，它是總計自由度和因子自由度之差。

第四欄【平均值平方】：代表均方和，即離差平方和除以自由度，因子（燈絲）均方和是30099.844，誤差項均方和是5294.951。

第五欄【F】：代表F統計量，這是F統計量的值，其計算公式為因子（燈絲）均方和除以誤差項均方和，用來檢定控制變量對觀測變量影響程度之顯著性。如果不顯著，則表示控制變量對觀測變量的變化沒有解釋能力，在此F值為5.685。

第六欄【顯著性】：代表機率p值，這是F統計量的機率p值，即當F值為5.685，
自由度為（3, 22）時的機率p值，其值為0.005。

由於顯著值0.005小於0.05，所以在信賴水準0.95下，不能接受虛無假設。因此，可認為燈絲材質確實會顯著影響燈泡的平均使用壽命。至於後續的事後檢定，請讀者自行參考範例11-1的說明。

(二) 實務顯著性

接下來探討關聯強度與檢定力等有關實務顯著性的問題：

1. 淨相關eta平方（淨η^2）

由表11-9的第七欄【局部Eta方形】（即舊版SPSS的淨相關eta平方）中，得知因子（燈絲）的淨η^2為0.437，此值就是表格最下方的R平方值。由於淨η^2值達到0.437，表示控制變量（燈絲材質）解釋了觀測變量（使用壽命）43.7%的變異量。依據Cohen（1988）的判斷標準（如表11-8）得知，控制變量（燈絲材質）與觀測變量（使用壽命）的關聯強度相當高，意味著燈絲材質之效果非常具有實務性的顯著意義。

2. ω^2值

在表11-9的最下方，可以顯示出「調整的R平方值」，此即ω^2值。由表11-9的最下方所顯示的「調整的R平方」值為0.360，表示控制變量（燈絲材質）與觀測變量（使用壽命）的關聯強度達36%。依據Cohen（1988）的判斷標準，ω^2值大於0.138即屬高度關聯性。因此，研判控制變量（燈絲材質）與觀測變量（使用壽命）的關聯性相當高。此結論與淨η^2相同。

3. 檢定力

由表11-9的第九欄【觀察的檢定能力】中得知，檢定力達0.901，顯示錯誤接受虛無假設的機率（犯型II誤差的機率）為9.9%，決策正確的機率達90.1%。亦即，本範例中的單因子變異數分析相當具有檢定力。

▶ 結論

經單因子變異數分析後，由於F值為5.685、顯著值0.005小於0.05，所以在信賴水準0.95下，不能接受虛無假設。也就是說，由四種燈絲所生產的燈泡，其平均使用壽命具有顯著差異。因此，燈泡的平均使用壽命會受到燈絲材質的影響。在這種有顯著

差異的情形下，進行事後比較後可發現，使用甲與丙燈絲所生產的燈泡，其平均使用壽命顯著的大於乙燈絲所生產的燈泡。因此，建議生產廠商可考慮使用甲或丙燈絲生產燈泡，以提高燈泡的平均使用壽命。

此外，由淨η^2值（0.437）與ω^2值（0.360）可發現，燈絲材質與燈泡使用壽命的關聯性相當高，且決策正確的機率達90.1%。因此，燈絲材質對燈泡使用壽命所產生的效應，除具有統計顯著性外，亦具有實務上的顯著性。

◆ 11-8　單因子相依樣本變異數分析 ◆

在第10章中講解t檢定時，曾將所涉及的樣本分為獨立樣本與相依樣本而分開討論。而在本章中所探討的變異數分析，也應是如此。在第11-1節至11-5節所介紹的單因子變異數分析，都是屬於獨立樣本。在本小節中，我們將介紹單因子相依樣本的變異數分析。

相依樣本的變異數分析又稱為重複量數變異數分析（repeated measurements anova）。重複測量試驗大致上可分為兩類，一類是指針對同一批受試者（或觀察對象）於相同的觀測變數，在不同時間點上進行多次的測量（呂秀英，2003）。另一類則為受試者重複的參與了某一因子（factor）內每一水準（level）的試驗。對於前者，由於這些在不同時間點上的觀測資料都是取自於同一批受試者，彼此間自然就缺乏獨立性。因此，如何分析我們所關注的變數在時間過程中的變化，以及這些變化與其他影響因素之間的相關性是分析的重點。而對於後者，由於重複測量試驗後所得到的樣本資料，已違反了一般變異數分析中，對於個案資料的獨立性要求。所以，需要一些新的統計檢定方法，才能解決這種個案資料非獨立的問題，因此重複量數變異數分析技術乃孕育而生，且被廣泛運用。

一般而言，大部分的專題、碩士論文或期刊論文都是屬於橫斷面的研究（cross-sectional study）。因此，重複測量的形式也大都是屬於上述中的後者。例如：研究者針對某一些隨機樣本進行問卷調查，以嘗試了解消費者對個案公司知覺價值的認知。由於知覺價值包含品質價值、情感價值、價格價值與社會價值等四個子構面，但它無法直接測量。因此我們透過同一批受訪者，間接的以品質價值、情感價值、價格價值與社會價值等四個層次分別來預測知覺價值。因此，在這個過程中，對於四個子構面的衡量而言，所得到的樣本資料，已違反了一般變異數分析中，對於個案資料的獨立性要求，所以是屬於相依樣本資料。因此，如果研究者想要探討受訪者對於品質

價值、情感價值、價格價值與社會價值等四個子構面的認知是否具有顯著差異時，那麼就須使用單因子相依樣本變異數分析（重複量數變異數分析）了。

　　雖然，對於重複測量的問題也可以使用其他的統計方法來檢測各水準間的差異性。但是，若能使用重複量數變異數分析，將具有所需的受試者人數較少，且由於殘差的變異數降低，使得F檢定值較大，所以統計檢定力會較大等優點。但其過程中，仍須注意重複量數變異數分析不適合有練習效應（practice effect）或持續效應（carryover effect）的情況。運用重複量數變異數分析時，下列這些概念宜多注意：

(一) 資料的排列方式

　　進行重複量數變異數分析前，須先將資料輸入至SPSS中。為便於分析，輸入資料時，資料必須依照特定的格式排列。若同一受訪者重複參與一因子內每一水準的測量時，那麼此因子便稱為受試者內因子（within factor），受試者內因子（相依因子）通常是研究者可操控的因子，如時間。而受訪者若沒有參與因子內每一水準之衡量的話，則此因子就稱為是受試者間因子（between factor）。受訪者間因子通常是研究者不可操控的因子，如受試者的性別、年齡。

　　若A為受試者內因子（相依因子），有4個水準。若有n個受試者，同一受試者會在A1、A2、A3與A4等四個水準上重複測量Y（依變數），則資料的排列方式，將如表11-10。即一個水準值須占用一個欄位，中間的細格（cell）則為各水準處理下，Y的觀測值。

表11-10　資料排列方式

受試者	A1	A2	A3	A4
1				
2				
3				
.				
.				
.				
n				

(二) 變異數須符合球形假設

在探討重複測量問題時，若欲探討所蒐集到的某因子各水準下之平均數是否有顯著差異時，適當的統計分析方法除了採單因子重複測量變異數分析外，也可採用多變量方法。重複量數變異數分析的前提假設為相同受試者內因子之不同水準間，其差異的變異數必須相等，此前提假設即稱為球形假設（assumption of sphericity）。例如：受試者內因子A有3個層次的話，分別為A1、A2、A3、A4，那麼球形假設是指A1-A2、A1-A3、A1-A4、A2-A3、A2-A4、A3-A4的變異數皆相等之意。

在重複量數變異數分析中，欲檢定資料是否符合球形假設時，可採用Mauchly球形檢定法。如果符合球形檢定，則F檢定值就不需要作校正。如果不符合，則F檢定值須先進行校正動作。當球形假設不符合時，主要將以epsilon參數值（Greenhouse-Geisser及Huynh-Feldt值）來校正F檢定值。一般建議採用Huynh-Feldt值來校正F檢定值，效果最好。此外，由於多變量方法並不要求資料符合球形假設。因此，當欲進行重複量數變異數分析，但資料卻違反球形假設時，我們的因應策略除了採用上述的F校正值外，也可以逕行採用多變量方法來替代。

(三) F檢定值的計算

進行單因子相依樣本（重複量數）變異數分析時，對於F檢定值的計算方式與單因子變異數分析時，所採用的演算法則很類似。首先，將總平方和（sum of square of total, SST）拆解為組間平方和（sum of square of between, SSB）及組內平方和（sum of square of within, SSW）。然後將組間及組內平方和分別除以其各自所對應的自由度，便可得到組間及組內的均方和（mean square, MS）。要注意的是執行重複量數變異數分析時，將使用殘差均方和（mean square of error, MSE）來作為F檢定值的分母，以檢測特定的虛無假設。單因子相依樣本變異數分析的虛無假設，可設定為：

H_0：因子各水準的平均數無顯著差異

或者

H_0：$\mu_{A1} = \mu_{A2} = \mu_{A3} = \cdots = \mu_{Ak}$，在此$\mu_{Ak}$代表A因子的第k個水準的平均數

當F檢定值達統計顯著時，還可以接著採用各式的多重比較方法，以找出到底是哪些水準的平均數間具有顯著的差異性。

▶ 範例11-5

參考附錄一中，【品牌形象、知覺價值對品牌忠誠度關係之研究】的原始問卷，並開啟ex11-5.sav與ex11-5.doc，試完成表11-17（於ex11-5.doc中填製），並檢驗50位消費者對知覺價值之四個子構面（品質價值、情感價值、價格價值與社會價值）的認知是否具有顯著差異。

知覺價值為顧客期望自產品所獲得的利益高於其長期所付出之成本的一種認知。本範例採用Sweeney and Soutar（2001）所提出的四個面向來衡量知覺價值。也就是說，知覺價值將以「品質」價值、「情感」價值、「價格」價值及「社會」價值等四個面向（子構面）作為衡量知覺價值的基準。各子構面的衡量題項如表11-11所示。衡量題項中「價格價值」子構面的兩個題項皆屬反向題，將來進行分析前，資料須先進行反向計分。

表11-11　知覺價值的操作型定義與衡量題項

構面	操作型定義	衡量題項（變數名稱）
品質價值 pv1	來自對產品的知覺品質或期望效果	1.我認為個案公司的產品，其品質是可以接受的。（pv1_1） 2.我不會對個案公司之產品的品質，感到懷疑。（pv1_2）
情感價值 pv2	來自於產品的感覺或感動	3.我會想使用個案公司的產品。（pv2_1） 4.使用個案公司的產品後，會讓我感覺很好。（pv2_2）
價格價值 pv3	來自長期或短期的投入金錢成本	5.我認為個案公司的產品價格不甚合理。（pv3_1） 6.我認為以此價格購買個案公司的產品是不值得的。（pv3_2）
社會價值 pv4	來自產品對社會自我認知的影響力	7.我認為個案公司的產品，能符合大部分人的需求。（pv4_1） 8.使用個案公司的產品後，能讓其他人對我有好印象。（pv4_2）

由表11-11可知，我們想透過同一批受訪者，間接的以品質價值、情感價值、價格價值與社會價值等四個層次分別來預測知覺價值。因此，在這個過程中，對於四個子構面的衡量都是透過同一批受訪者（50位）而得到，因此，所蒐集的樣本資料，已違反了一般變異數分析中，對於資料的獨立性要求，所以是屬於相依樣本資料。再者，我們的研究目的是想要探討受訪者對於品質價值、情感價值、價格價值與社會價值等四個知覺價值子構面的認知是否具有顯著差異。因此，須使用單因子相依樣本變異數分析（重複量數變異數分析）來進行檢定。其虛無假設可設定如下：

虛無假設：消費者對品質價值、情感價值、價格價值與社會價值的認知並無顯著差異。

$H_0 : \mu_{pv1} = \mu_{pv2} = \mu_{pv3} = \mu_{pv4}$，在此$\mu_{pvi}$代表知覺價值因子的第i個層面的平均數

操作步驟

步驟1：資料預處理。首先開啓範例檔案ex11-5.sav，在ex11-5.sav中，「價格」
價值子構面的兩個題項皆屬反向題，已進行反向計分。此外，由於品質
價值、情感價值、價格價值與社會價值等變數都是由2個題項所衡量，
因此須先算出每位受訪者於各變數上的平均得分：

品質價值的平均得分（pv1）之計算方式爲(pv1_1+pv1_2)/2；

情感價值的平均得分（pv2）之計算方式爲(pv2_1+pv2_2)/2；

價格價值的平均得分（pv3）之計算方式爲(pv3_1+pv3_2)/2；

社會價值的平均得分（pv4）之計算方式爲(pv4_1+pv4_2)/2。

pv1、pv2、pv3與pv4的值，爲節省時間。範例檔案ex11-5.sav中也已計算
完成，分別存放在範例檔案ex11-5.sav的pv1、pv2、pv3與pv4等欄位中。

步驟2：執行單因子重複量數變異數分析。接著，執行【分析】／【一般線性模
型】／【重複測量】後，即可開啓【重複測量定義因素】對話框。

步驟3：設定受試者內因素的名稱與水準個數（即層級個數）。待【重複測量
定義因素】對話框開啓後，【受試者內因素的名稱】欄採用系統預設值
（factor1）即可。但請於【層級個數】輸入欄中，輸入「4」，代表四
個層次。接著按【新增】鈕，最後再按【定義】鈕，以開啓【重複測
量】對話框，如圖11-4所示。

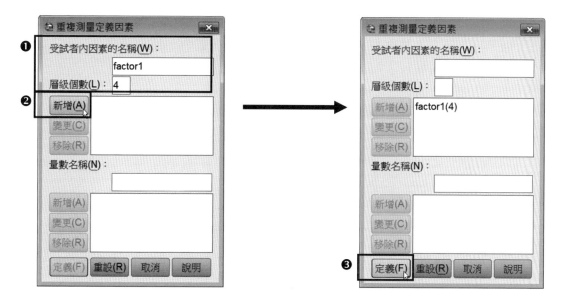

圖11-4　設定受試者內因素的名稱與層級個數

步驟4：將已設定之受試者內變數與已鍵入之變數作連結。在【重複測量】對話框中左邊的【待選變數】框內，一起選取變數pv1、pv2、pv3與pv4，然後按 ➡ 鈕，使pv1、pv2、pv3與pv4移到【受試者內變數】方框內，如圖11-5所示。

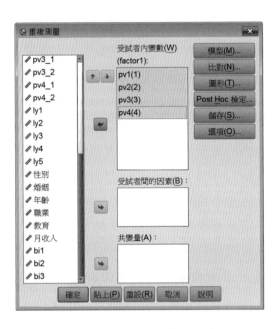

圖11-5　設定受試者內變數

步驟5：製作剖面圖。接著，於【重複測量】對話框中，按【圖形】鈕。待開啟【剖面圖】對話框後，將【因素】框中的「factor1」選入【水平軸】輸入欄中，然後按【新增】鈕，再按【繼續】鈕，回到【重複測量】對話框，如圖11-6所示。

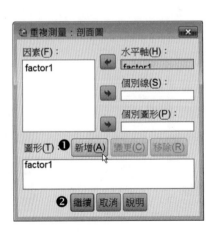

圖11-6　製作剖面圖

步驟6：列出敘述統計量及進行多重比較。於【重複測量】對話框中，按【選項】鈕。待開啟【選項】對話框後，選取在【因素與因素交互作用】框內的「（OVERALL）」與「factor1」等兩個變數進入到【顯示平均數】框內。再核取【比較主效應】與【描述性統計資料】後，按【繼續】鈕，回到【重複測量】對話框，如圖11-7所示。

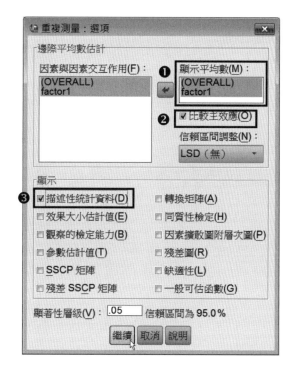

圖11-7　列出描述性統計資料及進行多重比較

步驟7：完成設定工作，開始執行。於【重複測量】對話框中，按【確定】鈕。即可完成設定工作，並開始執行單因子重複量數變異數分析。

步驟8：詳細操作過程與報表解說，讀者亦可自行參閱影音檔「ex11-5.wmv」。

▶ **報表解說**

執行單因子重複量數變異數分析後，SPSS當可跑出相關的輸出報表。在此，將分段予以說明：

(一) 描述性統計資料表及剖面圖

描述性統計資料表與剖面圖，分別如表11-12與圖11-8所示。

表11-12　描述性統計資料表

	平均數	標準偏差	N
pv1	3.3800	.87808	50
pv2	3.0200	1.10176	50
pv3	2.8200	.92450	50
pv4	3.0100	1.14949	50

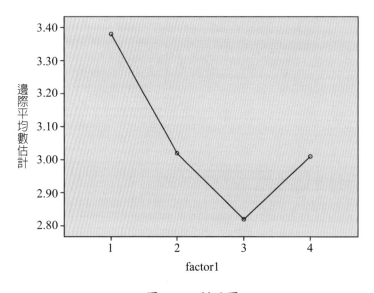

圖11-8　剖面圖

　　由描述性統計資料表（表11-12）與剖面圖（圖11-8）可以粗略研判，消費者所感知的品質價值（pv1）最大，其次依序為社會價值（pv4）、情感價值（pv2），而以價格價值（pv3）最小，但其間差異並不算大。至於此差異是否顯著，仍須視F檢定之結果才能加以確定。

(二) 球形檢定

　　球形檢定的虛無假設是：相同受試者內因子之不同水準間，其差異的變異數無顯著差異或樣本資料未違反變異數分析之球形假設。Mauchly球形檢定表，如表11-13所示。球形檢定將檢定四個層次中，兩兩成對相減而得到之差異值的變異數是否相等。在表11-13的右邊會出現三個Epsilon值（Greenhouse-Geisser、Huynh-Feldt與下限），Epsilon是違反球形假設程度的指標。如果它等於1就代表是完美的球形；如果小於1代表可能違反球形假設，值越小越嚴重。一般而言，可使用0.75為判斷是否違反球形

假設的門檻值。Epsilon值若大於0.75，則可視為不違反球形假設。當然我們所分析的資料是屬於樣本資料，因此是否違反球形假設，仍然需要進行顯著性檢定會比較嚴謹，而檢定時，就須看表11-13前面的Mauchly's W值及大約卡方值（即近似卡方值）所對應的顯著性來判斷。當Mauchly's W的近似卡方值之顯著性大於0.05（不顯著）時，即表示資料符合球形假設。雖然有Epsilon值與Mauchly's W的近似卡方值兩種判斷方式，但是由於卡方值很容易受到樣本數的影響，樣本數若很大時卡方值亦隨之增大，球形假設的檢定會失真。因此，也有學者建議只要看Epsilon值就可以了（郭易之，2011）。

由表11-13的Mauchly球形檢定結果不難發現，Greenhouse-Geisser值（0.885）大於0.75、Huynh-Feldt值（0.940）也大於0.75，且Mauchly's W值為0.819，其近似卡方值為9.528。在自由度為5時，顯著性為0.09大於0.05未達顯著水準，表示應接受虛無假設，即樣本資料未違反變異數分析之球形假設，因此，不需要對F統計量值作修正。

表11-13　Mauchly球形檢定表

主旨內效果	Mauchly's W	大約卡方	df	顯著性	Epsilon[b]		
					Greenhouse-Geisser	Huynh-Feldt	下限
factor1	.819	9.528	5	.090	.885	.940	.333

(三) 受試者內效應項的檢定表（主旨內效果檢定表）

單因子重複量數變異數分析中，總變異量將被拆解成受試者間變異量與受試者內變異量兩大部分，而受試者內變異量又會被拆解成受試者內層面間變異量與受試者內誤差變異量。在此由於我們將檢定受試者內各層面間的差異，因此F統計量值的算法應該是受試者內層面間變異量（受試者內均方和）除以受試者內誤差變異量（誤差均方和）。

在表11-14中，如果在違反變異數分析之球形假設的情形下時，因為須對F統計量值作校正，因此就須看Greenhouse-Geisser、Huynh-Feldt值或下限等列的相關資料，其中下限是最嚴苛的，非到必要時不採用。但由於先前球形檢定的結果，說明了並未違反球形假定，所以可以直接看「假設的球形」之橫列資料。由於F統計量值為受試者內均方和（2.735）除以誤差均方和（0.460）的結果，所以等於5.946，且顯著性為

0.001小於0.05，故顯著，表示自變量的效果顯著。也就是說，不能接受「消費者對品質價值、情感價值、價格價值與社會價值的認知並無顯著差異」的虛無假設，而可認為，消費者對品質價值、情感價值、價格價值與社會價值的認知是具有顯著差異的。

表11-14　主旨內效果檢定表（受試者內效應項的檢定表）

來源		第III類平方和	df	平均值平方	F	顯著性
factor1	假設的球形	8.204	3	2.735	5.946	.001
	Greenhouse-Geisser	8.204	2.654	3.092	5.946	.001
	Huynh-Feldt	8.204	2.820	2.909	5.946	.001
	下限	8.204	1.000	8.204	5.946	.018
Error（factorl）	假設的球形	67.609	147	.460		
	Greenhouse-Geisser	67.609	130.027	.520		
	Huynn-Feldt	67.609	138.163	.489		
	下限	67.609	49.000	1.380		

(四) 受試者間效應項的檢定表（主旨間效果檢定）

　　受試者間效應項的檢定表（主旨間效果檢定表），如表11-15所示。這是填答問卷者（受試者）間效果的檢定值（tests of between-subjects effects），即相依樣本中，受訪者間的差異，包括誤差型第III類平方和 = 136.276、自由度 = 49、均方和 = 2.781。由於此部分是受訪者間的差異所造成，在單因子相依樣本的分析中並不是重點，因此在此僅了解其基本意義就夠了。但這些資料將來製作彙整表時會使用到。

表11-15　主旨間效果檢定表（受試者間效應項的檢定表）

來源	第III類平方和	df	平均值平方	F	顯著性
截距	1869.661	1	1869.661	672.262	.000
錯誤	136.276	49	2.781		

(五) 事後比較

　　在「消費者對品質價值、情感價值、價格價值與社會價值的認知是具有顯著差異」的情形下，我們可以再繼續進行事後比較，以確認消費者對這四個知覺價值層面的認知程度之高低。要進行事後比較須使用到如表11-16的成對比較表。表11-16中

【平均差異（I-J）】欄位，即代表著相依樣本事後比較之結果，平均差異值若達到顯著水準，則會在差異值右邊加上星號（*）。所以，表11-16中不顯著的部分可認為沒有差異（即相等），可跳過不理，而具顯著差異的狀況彙整如下：

「pv1- pv2」屬正且顯著，因此可推論「pv1 > pv2」；

「pv1- pv3」屬正且顯著，因此可推論「pv1 > pv3」；

「pv1- pv4」屬正且顯著，因此可推論「pv1 > pv4」；

「pv2- pv1」屬負且顯著，因此可推論「pv2< pv1」；與前一結論一致。

「pv3- pv1」屬負且顯著，因此可推論「pv3< pv1」；與前一結論一致。

「pv4- pv1」屬負且顯著，因此可推論「pv4< pv1」；與前一結論一致。

故綜合上述的比較結果可知，品質價值（pv1）最大，其餘三個層面（情感價值、價格價值與社會價值）間的差異則不顯著。

表11-16　成對比較表

(I)factor1	(J)factor1	平均差異（I-J）	標準錯誤	顯著性[b]	95%差異的信賴區間[b]	
					下限	上限
1	2	.360*	.157	.026	.044	.676
	3	.560*	.137	.000	.284	.836
	4	.370*	.147	.015	.075	.665
2	1	−.360*	.157	.026	.676	−.044
	3	.200	.125	.117	−.052	.452
	4	.010	.109	.927	−.210	.230
3	1	−.560*	.137	.000	−8.36	−.284
	2	−.200	.125	.117	−.452	.052
	4	−.190	.132	.158	−.456	.076
4	1	−.371*	.147	.015	−.665	−.075
	2	−.010	.109	.927	.230	.210
	3	.190	.132	.158	−.076	.456

▶ 結論

經由上述分析後，可以彙整各項資料製作成如表11-17的變異數分析摘要表，以方便研究者對分析內容做總結。

表11-17　變異數分析摘要表

層面	平均數	標準差	個數
品質價值	3.380	0.878	50
情感價值	3.020	1.102	50
價格價值	2.820	0.925	50
社會價值	3.010	1.149	50

變異來源	離差平方和（SS）	自由度（DF）	均方和（MS）	F值	事後比較
受試者間	136.276	49			
受試者內	75.813	150			p v1 > pv2
受試者內水準間	8.204	3	2.735	5.946**	pv1 > pv3
殘差	67.609	147	0.460		pv1 > pv4
全體	212.089	199			

表格格式修改自：林煌（2001）

　　從表11-17的變異數分析摘要表得知，F值為5.946，顯著性為0.001小於0.05，達到顯著水準。因此，不能接受「消費者對品質價值、情感價值、價格價值與社會價值的認知並無顯著差異」的虛無假設，而可認為50位消費者對品質價值、情感價值、價格價值與社會價值的認知是具有顯著差異的。再從事後比較亦可發現，品質價值（pv1）的認知最高，其餘三個層面（情感價值、價格價值與社會價值）間的差異則不顯著。

習 題

 練習 11-1

試對資料檔hw11-1.sav，用獨立樣本t檢定，做分析。並再使用one-way ANOVA方法進行分析，請讀者將這兩種輸出的結果做一比較，並指出它們的異同點、優缺點？

練習 11-2

表11-18為某職業病防治院對31名石棉礦工中的石棉肺患者、可疑患者和非患者進行了用力肺活量（L）測定的資料，問三組石棉礦工的用力肺活量有無顯著差異？若有顯著差異，請進行事後檢定，並評論結果？（請自行建檔，然後另存新檔為「hw11-2.sav」）

表11-18　三組石棉礦工的用力肺活量

石棉肺患者	1.8	1.4	1.5	2.1	1.9	1.7	1.8	1.9	1.8	1.8	2.0
可疑患者	2.3	2.1	2.1	2.1	2.6	2.5	2.3	2.4	2.4		
非患者	2.9	3.2	2.7	2.8	2.7	3.0	3.4	3.0	3.4	3.3	3.5

練習 11-3

參考附錄二中，論文「遊客體驗、旅遊意象與重遊意願關係之研究」的原始問卷，並開啟「hw11-3.sav」，由於研究的需要，須將「年齡」欄位依下列規則，重新編碼成新變數「年齡層」。試檢定各「年齡層」的受訪者對於遊客體驗、旅遊意象與重遊意願等構面的看法，是否具有顯著差異？請於表11-19的空格中填入F值（須以「*」號註明顯著否）與事後比較結果。

30歲以下：改稱為青年，其數值代碼為1。

31～50歲：改稱為壯年，其數值代碼為2。

51歲以上：改稱為老年，其數值代碼為3。

表11-19　「年齡層」對各構面之差異性分析表－F值

遊客體驗（21題）		旅遊意象（15題）		重遊意願（5題）	
F值	事後比較	F值	事後比較	F值	事後比較

* p≦0.05；** p≦0.01；*** p≦0.001

練習 11-4

參考附錄二中，論文「遊客體驗、旅遊意象與重遊意願關係之研究」之原始問卷，並開啓hw11-4.sav，試檢定下列項目，並於表11-20與表11-21的空格中填入T值或F值（註明顯著否）與事後比較結果。

1. 對遊客體驗構面之子構面（感官體驗、情感體驗、思考體驗、行動體驗與關聯體驗）的看法，是否因人口統計變數而產生差異？
2. 對旅遊意象構面之子構面（產品、品質、服務與價格）的看法，是否因人口統計變數而產生差異？

表11-20　人口統計變數對遊客體驗之差異性分析表－T/F值

構面	性別	婚姻	年齡	職業	教育	月收入
感官體驗						
事後檢定						
情感體驗						
事後檢定						
思考體驗						
事後檢定						
行動體驗						
事後檢定						
關聯體驗						
事後檢定						

* p≦0.05；** p≦0.01；*** p≦0.001

表11-21 人口統計變數對旅遊意象之差異性分析表－T/F值

構面	性別	婚姻	年齡	職業	教育	月收入
產　　品						
事後檢定						
品　　質						
事後檢定						
服　　務						
事後檢定						
價　　格						
事後檢定						

* $p \leqq 0.05$；** $p \leqq 0.01$；*** $p \leqq 0.001$

練習 11-5

參考附錄二中，論文「遊客體驗、旅遊意象與重遊意願關係之研究」之原始問卷，並開啟hw11-5.sav，試檢定30位遊客對遊客體驗之五個子構面（感官體驗、情感體驗、思考體驗、行動體驗與關聯體驗）的認知是否具有顯著差異。

練習 11-6

參考附錄二中，論文「遊客體驗、旅遊意象與重遊意願關係之研究」之原始問卷，並開啟hw11-6.sav，試檢定30位遊客對旅遊意象之四個子構面（產品、品質、服務與價格）的認知是否具有顯著差異。

練習 11-7

參考附錄二中，論文「遊客體驗、旅遊意象與重遊意願關係之研究」之原始問卷，並開啟hw11-7.sav，請先執行因素分析，以求得各子構面的因素得分。然後試檢定下列項目，並於表11-22與表11-23的空格中填入T值或F值（註明顯著否）與事後比較結果。

1. 對遊客體驗構面之子構面（感官體驗、情感體驗、思考體驗、行動體驗與關聯體驗）的看法，是否因人口統計變數而產生差異？各子構面的得分請使用因素得分。

2. 對旅遊意象構面之子構面（產品、品質、服務與價格）的看法，是否因人口統

計變數而產生差異？各子構面的得分請使用因素得分。

3. 上述檢定結果試與練習 11-4的結果比較看看，檢定結果是否會因得分之計算方式（因素得分與平均得分）有所不同。

表11-22　人口統計變數對遊客體驗之差異性分析表－T/F值

構面	性別	婚姻	年齡	職業	教育	月收入
感官體驗						
事後檢定						
情感體驗						
事後檢定						
思考體驗						
事後檢定						
行動體驗						
事後檢定						
關聯體驗						
事後檢定						

* $p \leqq 0.05$；** $p \leqq 0.01$；*** $p \leqq 0.001$

表11-23　人口統計變數對旅遊意象之差異性分析表－T/F值

構面	性別	婚姻	年齡	職業	教育	月收入
產　品						
事後檢定						
品　質						
事後檢定						
服　務						
事後檢定						
價　格						
事後檢定						

* $p \leqq 0.05$；** $p \leqq 0.01$；*** $p \leqq 0.001$

第12章

迴歸分析

　　變數之間的關係可以分為兩類：一類是確定性的，另一類是不確定性的。確定性的關係是指某一個或某幾個現象的變動必然會引起另一個現象之確定性變動，他們之間的關係可以使用數學函數或公式明確地表達出來，即如y = f(x)。在這種情形下，當已知x的數值時，就可以計算出確切的y值來。在自然科學中許多公式都是屬於這一類型，如自由落體的距離公式：s = 1/2gt^2（s表距離；g表重力加速度；t表時間）；圓的周長與半徑的關係：周長 = 2πr（r表半徑；π為圓周率）；在社會經濟現象中，如某種產品的銷售額 = 銷售數量×單價等。

　　另一類則是不確定性的關係，即兩個或多個現象之間雖然存在著某種關係，但這種關係具有不確定性或者說其函數關係並不明確。造成不確定性現象的原因除了各現象間存在主要的關係外，還會受到其他許多次要的微小因素所影響，因而使變數之間會遵循著某些特定的函數關係而上下波動，而造成不確定性現象。例如：施肥與產量的關係、身高與體重的關係，就是屬於這一類型。在數理統計學中把這種具不確定性的關係稱為統計關係或相關關係。因此，在迴歸與相關分析中所關注的議題，主要就是這一類的不確定性關係。

　　迴歸分析和相關分析，雖然都是研究兩個或兩個以上變數之間的關係，但兩者既有差異又有相關。其差異點主要是聚焦於模型的假設以及研究的目的有所不同。在模型的假設方面，如果把研究的變數及其關係的型態作進一步的分析，就會發現這種關係具有不同性質，大致可分為兩類：第一類以農作物的施肥量和產量之間的關係為例，施肥量是一個可以控制的變數，而農作物的產量則具有不確定性。在探索兩者之間的關係時，可以把施肥的數量控制在某一個數值上，而農作物的產量卻是不固定的，它圍繞某個數值而變動，並服從一定的機率分配。在這樣的兩個變數中，顯見一個變數屬非隨機變數（施肥量），而另一個則是隨機變數（產量）。第二類則以某個大學的學生身高和體重之間的關係為例，這兩個變數都是不能控制的。如在觀察學生的身高時，由於身高各不相同，會形成一個分配；再觀察學生的體重時，其體重也不相同並形成另一個分配。因此，兩個變數均為隨機變數，聯合形成一個二維分配。數理統計學中把前一類的分析稱為迴歸分析，而把後一類的分析稱為相關分析。

　　而從分析的目的來看，迴歸分析是想描述一個依變數（y）對一個自變數（x）的倚賴情形。在這裡，x可以利用各種試驗設計的方法來自由操控。我們利用迴歸方程式以嘗試支持「x的改變會導致y的改變」之假設，並可用來預估某一x下的y值（迴歸分析具預測功能），以及將x當作是控制項而來解釋y的某些變異等（迴歸分析具解釋功能）。相反地，相關分析是探究兩個變數間的相互倚賴之程度，即共同一起變異的程度。所以並不會把一個變數表示成另一個變數的函數，因此也就沒有自變數和依變數之分。雖然也有可能一個變數是另一個變數的因，但相關分析並不會去假設有這種關係存在。一般而言，這兩個變數是同時受到某一共同原因的影響（但未必一定是如此）。因此，當想測定成對變數間之互相關聯程度時，則適合採用相關

分析（呂秀英，2000）。

簡單來講，迴歸分析可用來分析一個或一個以上自變數與依變數間的數量關係，以了解當自變數為某一水準或數量時，依變數所將反應的數量或水準。而相關分析所關注的，則是分析變數間關係的方向與程度大小的統計方法。

12-1　簡單線性迴歸

一、簡單線性迴歸模型及其假設

簡單線性迴歸模型（（simple linear regression model，亦稱簡單迴歸模型）是指「兩個」變數之間的關係，可以透過某些參數的應用，而直接用直線關係式表達出來的模型，其模型數學式如：

$$Y_i = a + b \times X_i + \varepsilon_i \qquad\qquad （式12\text{-}1）$$

Y_i表示變數Y在母體中的某一個實際的觀察值，它是隨機的，一般稱之為依變數（dependent variable）；X_i則表示在研究母體中相對應的另一個變數X的實際觀察數值，它不是隨機的，一般稱之為自變數（independent variable）；a與b是參數，分別稱為迴歸常數和迴歸係數；ε_i為殘差項，是一個隨機變數，其平均值為0，變異數為σ^2。

為了能根據樣本資料X來推斷Y，以做出可靠、準確的估計。因此，需要對簡單迴歸模型做出以下的幾點假設：

(1)X_i是一個自變數，是一個可以事前就能確定的變數。因而，它是一個非隨機變數。它沒有誤差，儘管在實際觀測中，也可能產生觀測誤差，但假設這種誤差是可以忽略不計的。

(2)依變數和自變數之間的關係是線性的。

(3)當確定某一個X_i時，相對應的變數Y就有許多個Y_i與之對應。Y_i是一個隨機變數，這些Y_i構成一個當X取值為X_i之條件下的條件機率分配，並假設此條件機率分配服從常態分配。

(4)所有的殘差項ε_i的平均值為0，且變異數（σ^2）都是相等的。

(5)ε_i與ε_j之間（$i \neq j$）是相互獨立的。

總而言之，線性、常態性、殘差等變異性、殘差獨立性等特性是簡單線性迴歸模型的四個前提條件。

二、簡單線性迴歸模型的評價

當使用數學公式或SPSS求出了迴歸直線的方程式（迴歸模型）之後，評價這一直線方程式是否能有效地反映了自變數與依變數之間的關係，是迴歸分析的重點工作。檢查和評價迴歸模型的方法可以從兩方面著手。

(一) 殘差圖的評價

殘差圖有許多種型態，最常用的為，以迴歸方程式的自變數為橫座標，而以殘差ε_i為縱座標，將每一個自變數所對應的殘差ε_i都畫在直角座標平面上所形成的圖形。如果迴歸直線對原始資料的擬合程度相當良好時，那麼殘差的絕對值應該會很小，因此，所描繪的點應會在$\varepsilon_i = 0$的直線上、下隨機散佈，而這就可反映出殘差是服從平均值為0，變異數為σ^2的常態分配了，故也就符合了簡單迴歸模型的前提基本假設之要求了。若殘差資料點不是在$\varepsilon_i = 0$的直線上、下呈隨機散佈，而是出現了漸增或漸減的系統性變動趨勢（代表殘差間會互相干擾），那麼就說明了所擬合的迴歸方程式與原始的前提假設有一定的差距（違反殘差獨立性假設）。

利用殘差圖可以直觀的判斷迴歸模型的擬合效果。在殘差圖中，如果各點呈隨機狀，並絕大部分落在$\pm 2\sigma$範圍內（因為依據鐘形分配的經驗法則，約有68%的點落在$\pm\sigma$之中，96%的點落在$\pm 2\sigma$之中），則代表模型對於資料的擬合效果較好，如圖12-1(a)所示。如果大部分的點落在$\pm 2\sigma$範圍之外，則說明了模型對於資料的擬合效果不好，如圖12-1(b)所示。

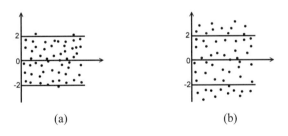

(a)　　　　　　　　　　(b)

圖12-1　殘差散佈圖

(二) 檢查技術指標

1. 變異數分析（檢定有、無線性關係）

變異數分析可用來檢定線性關係是否顯著，它把依變數Y的變異數分為兩部分，

一部分是可以用自變數X來解釋的變異數，另一部分則爲不能用自變數X來解釋的變異數。這兩部分的變異數分別除以各自的自由度後，就可運用F統計量來進行檢定。若F統計量值在特定的顯著水準下，顯示兩者無顯著差異時，則說明了線性關係不顯著。若有顯著差異，則說明了自變數與依變數間確實具有線性關係。

2. 對迴歸係數b的檢定（檢定自變數是否有意義）

兩個變數之間是否存在線性關係的一個主要特徵是依變數Y是否隨著自變數X的變動而變動，它可以由迴歸係數來反映。若依變數Y會隨著自變數X而變動，則式12-1中的迴歸係數b，不應等於0（b≠0）；而當不存在線性關係時，則b＝0。因而，可以透過檢定迴歸係數b是否等於零，來確定兩個變數之間的線性關係是否有意義。這種檢定的虛無假設H_0爲：b＝0。如果在進行迴歸係數的顯著性檢定後，結論是拒絕假設，那麼就說明了自變數對依變數有顯著影響，迴歸係數的效果顯著，因此該自變數對依變數具有顯著影響力、有其存在的意義。反之，如果結論是不能拒絕假設，即迴歸係數的效果並不顯著。這種現象可能是來自於兩種原因：第一、自變數對依變數Y無顯著性影響，此時應捨棄這個模型；第二、自變數對依變數Y可能有顯著影響，但無法用線型關係來表達出來，此時可以考慮採用其他非線性類的迴歸建模方法。

3. R^2判定係數（檢定迴歸模型的擬合能力）

在迴歸分析中，判定係數（coefficient of determination） R^2的意義爲迴歸模型（迴歸方程式）可以解釋的變異占總變異的比例。換句話說，是指總離差平方和中有多大的比例是可以用迴歸模型來解釋的。因而，它是反映迴歸模型擬合程度的一個指標。它的數值大小也反映了樣本資料和迴歸方程式的緊密程度。如果各資料點越接近迴歸直線，R^2就趨近於1，代表擬合程度很好。否則，如果R^2遠離1的話，就說明了擬合程度是令人不滿意的。

4. Durbin-Watson檢定

除了以上的一些檢定方法之外，SPSS還提供了Durbin-Watson檢定。這個檢定的目的是爲了檢定「迴歸模型中的殘差項是否獨立」。這種檢定的參數爲D-W指標，其取值範圍爲區間（0, 4），詳細的意義爲：

☞ D-W的數值在2的附近（可認爲是1.5～2.5）時，則表示殘差之間是獨立的。

☞ D-W遠小於2，則表示殘差之間是正相關的，因此違反殘差獨立性的前提假設。

☞ D-W遠大於2，則表示殘差之間是負相關的，故亦違反殘差獨立性的前提假設。

12-2　多元迴歸分析

　　簡單線性迴歸模型主要是研究兩個變數之間的關係，然而實際的客觀現象可能會比較複雜，社會經濟現象尤是如此，它們往往是多種因素綜合作用的結果。例如：某種商品的銷售量可能受人口、收入水準、消費習慣、產品品質、價格、宣傳廣告等多種因素的影響。某種化工產品的品質可能受原材料品質、配方比例、生產時的溫度、溼度以及壓力等因素的影響。一般來說，在進行迴歸預測時，如果能盡可能的全面性考量到各種因素的影響，那麼預測的效果將會更好一些，故而我們有時也會遇到要研究兩個以上之自變數的迴歸問題，這種迴歸問題一般即稱為多元迴歸分析（multiple regression analysis，亦稱複迴歸模型）。

12-2-1　多元迴歸模型及其假設

　　多元迴歸模型的一般模型為：

$$Y_i = a + b_i \times x_{1i} + b_2 \times x_{2i} + \cdots\cdots + b_k x_{ki} + \varepsilon_i \qquad （式12-2）$$

　　Y_i表示變數Y在母體中的某一個實際的觀察值，它是隨機的，一般稱之為依變數（dependent variable）；x_{ki}則表示在研究母體中相對應的另一個變數X的實際觀察數值，它不是隨機的，一般稱之為自變數（independent variable）；a與b_k是參數，分別稱為迴歸常數和偏迴歸係數（partial regression coefficient）；ε_i為殘差項，是一個隨機變數，其平均值為0，變異數為σ^2。

　　為了能根據樣本資料X來推斷Y，以做出可靠、準確的估計。因此，應用多元迴歸模型必須滿足以下前提假設：

(1) x_i可以是任意已確定的變數，也可以是故意挑選的變數。它將作為自變數來解釋依變數Y變動的原因，因此，也稱作是解釋變數。

(2) 依變數和自變數之間的關係是線性的。

(3) 對於每一個i，ε_i的分配屬常態分配，其平均值為0，變異數為σ^2。

(4) 所有的殘差項ε_i的平均值和變異數都是相等的。

(5) 每個ε_i之間是相互獨立的。

　　由以上的說明不難發現，這些假設都脫離不了線性、常態性、殘差等變異性、殘差獨立性等的基本原則。

12-2-2　多元迴歸模型的評價

在找出並確定了多元迴歸方程式之後，便需要去評價看看迴歸方程式是否真的能有效地反映變數之間的關係。評價多元迴歸模型也可從兩方面著手。

(一) 殘差圖的評價

關於多元線性迴歸模型之殘差圖的評價方式，類似於簡單線性迴歸模型中的殘差圖評價方式。如果殘差圖上的點，散佈在0線上、下兩側且並沒有表現出一定的規律性（如圖12-2(f)），那麼迴歸結果從殘差的角度來考量的話，將是令人滿意的。如果殘差圖上的點散佈，出現了漸增或漸減的系統性變動**趨勢**（代表殘差間會互相影響），則說明了多元迴歸模型的某些前提假設已經被違反了（即違反殘差獨立性），如圖12-2(a)至圖12-2(e)所示。

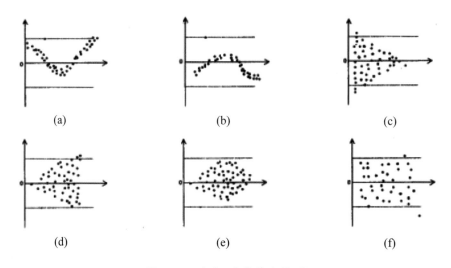

圖12-2　各類型殘差散佈圖

類似圖12-2(a)至圖12-2(e)這樣的圖形，通常需要對資料的依變數或自變數進行轉換，以使迴歸分析後，其殘差的散佈圖能呈現如圖12-2(f)樣貌。也就是說，殘差散佈圖中，如果散佈點能呈現隨機分配，且沒有一定的**趨勢**或型態，則可認為殘差間自相關存在的可能性不大。因此，殘差獨立性假設會成立，如圖12-2(f)所示。

(二) 技術指標的檢查

1. 變異數分析（檢定有、無線性關係）

　　多元迴歸模型的變異數分析與簡單迴歸模型的變異數檢定之原理是相同的。它也使用F統計量來對整個迴歸模型進行顯著性檢定，其虛無假設為「所有的迴歸係數等於0」。若檢定的結果是顯著的話，那麼就代表著迴歸係數不全為0，因此自變數與依變數間確實存在線性關係。

2. 偏迴歸係數的顯著性檢定（檢定自變數是否有統計意義）

　　多元迴歸模型中的迴歸係數，一般稱為偏迴歸係數。因為該參數主要在反應所對應的預測變數，在固定其他的預測變數之情形下，於模型中的部分效應或是偏效應。偏迴歸係數的顯著性檢定是為了查明是否每一個自變數對依變數的影響力都是重要的。因為每增加一個自變數就會增加許多計算工作量，而且自變數之間也會存在線性關係（共線）而影響整個迴歸模型的預測效果；也就是說，自變數不是越多越好之意。在偏迴歸係數的檢定中，會假設個別的迴歸係數等於0。當迴歸檢定的結果顯示某個自變數的係數不顯著時，那麼也就表示該自變數在迴歸模型中的影響力不大，應從迴歸模型中剔除，從而須重新建立一個較為簡單的迴歸模型。偏迴歸係數檢定將使用的統計量為t統計量。

3. R^2判定係數（檢定迴歸模型的擬合能力）

　　在迴歸分析中，判定係數R^2的意義為迴歸模型可以解釋的變異占總變異的比例。換句話說，是指總離差平方和中有多大的比例是可以用迴歸模型來解釋的。因而，它是反映迴歸模型擬合程度的一個指標。它的數值大小也反映了樣本資料和迴歸模型的緊密程度。如果各資料點越接近迴歸直線，R^2就趨近於1，代表擬合程度很好。否則，如果R^2遠離1的話，就說明了擬合程度是令人不滿意的。

4. 殘差分析

　　殘差分析所探討的議題是迴歸模型中的殘差項，是否符合下列三個性質：常態性、恆等性與獨立性，以評估所採用之迴歸模型是否恰當。當確定所採用之模型為恰當後，則所有的估計、檢定及預測行為始能稱為有效。檢定殘差的常態性對於模型具有非常重要的意義，因為線性模型的基礎就是建立在殘差是常態分配的假設之上的。如果透過檢定發現殘差為非常態，那麼迴歸分析工作就沒有必要再進行下去了。只有殘差是常態分配時或接近常態分配時，才可以進行下一步的分析工作。恆等性若

成立，則殘差變異數就不會隨著x的改變而改變，故殘差圖就會呈帶狀型態的隨機分布，如圖12-2(f)。而獨立性若成立的話，則不同兩個樣本之殘差值間就不會存在正相關或負相關。

5. 共線性診斷

　　在多元迴歸模型中，可能會存在共線性（collinarity）問題。共線性就是指在自變數中，有兩個或兩個以上的自變數存在完全線性或幾乎完全線性的關係。因為使用最小平方法估計迴歸係數的一個基本條件，是要求「自變數間不是完全線性相關」。如果自變數之間具有完全線性相關的現象，那麼其迴歸係數就不屬唯一解了，從而不可能求得每個迴歸係數的數值，也就不可能使用最小平方法了。解決多元迴歸模型中的共線性問題，可以嘗試使用剔除相關程度較高之自變數的策略來達成。在SPSS之中，解決共線性問題時，主要就是採用剔除變數的方法，其詳細步驟為：首先採用技術指標確定引起共線性問題的變數，然後剔除和此變數相關程度較高的其他變數。可以使用的技術指標有允差值（tolerance）、變異數膨脹係數（variance inflation factor; VIF）與條件指數（condition index, CI）。

12-3　SPSS中建立迴歸模型的方法

　　要分析一些資料間的關係時，通常一開始使用者並不清楚這些資料之間將呈現何種關係，因此需要選擇分析方法來加以探索，以解釋資料之間的內在關係。使用者在採用迴歸分析之前，應大致觀察一下，資料之間是否有著一致的變動性，如果呈線性關係，那麼就可以採用迴歸方法。否則，應採用其他的分析方法以發現變數之間的內在關係。

　　在SPSS中，建立迴歸模型的方法有五種，分別為：Enter（強迫進入變數法）、逐步迴歸（逐步迴歸分析法）、移除（移除法）、之前（向後法）與向前轉（向前法）等五種方法可選擇。

☞ Enter（強迫進入變數法）

　　這是SPSS的預設選項，表示強迫讓所有已選取的自變數一次全都能夠進入到迴歸模型中，而不考慮個別變數是否顯著。

☞ 逐步迴歸（逐步迴歸分析法）

　　逐步迴歸的目的在使整體迴歸模型之F統計量的顯著性（機率p值）能盡可能的小（即F統計量值盡可能的大）。因此在建模過程中，SPSS會考察目前不在迴歸模型內的自變數，若某自變數單獨和依變數所建構的迴歸模型之F統計量的機率p值小於0.05（此值可由研究者自由設定）的話，那麼這個自變數就可加入到迴歸模型中。而若某自變數加入迴歸模型後，卻使整體迴歸模型之F統計量的機率p值大於0.1（此值亦可由研究者自由設定）的話，則須將整體迴歸模型中剛加入的這個自變數刪除。按照這樣的方法操作，直到迴歸模型中沒有變數可以被刪除且迴歸模型之外也沒有變數可以新增進來為止。

☞ 移除（移除法）

　　在建立迴歸模型之前，先設定一定的條件，建立迴歸模型時就根據這個條件來移除自變數。

☞ 之前（向後法）

　　這也是一種針對自變數的選擇方法，首先讓所有的自變數進入到迴歸模型之中，然後逐一來剔除它們。剔除變數的判斷標準是由研究者自由設定的（【選項】對話框中的【步進條件】中所設定的p值或F值）。在剔除過程，滿足步進條件的自變數中，和依變數之間有最小偏相關係數的自變數，將首先會被剔除。在剔除了第一個變數之後，線性迴歸模型所剩下的自變數中，滿足步進條件且具有最小偏相關係數的自變數就成為了下一個被剔除的目標。剔除過程將進行到迴歸模型中，再也沒有滿足上述剔除條件的自變數時為止。

☞ 向前轉（向前法）

　　這種變數選擇方法恰好與向後法相反，它逐一地讓自變數進入到迴歸模型中。變數進入迴歸模型的判斷標準，也是【選項】對話框中的【步進條件】中所設定的p值或F值。首先在所有的自變數中，讓和依變數之間具有正最大或負最小相關係數的自變數進入迴歸模型，當然，這個自變數應滿足進入標準（即步進條件）。然後，使用同樣的方法，逐一地讓其他自變數進入迴歸模型，直到沒有滿足進入標準的自變數時為止。

12-4　殘差分析

　　殘差（residuals）是迴歸方程式之預測值與實際樣本的觀測值之差。對於每一個樣本，只要研究者願意，都可以輕易的計算出其相對應的殘差值。在實務應用中，常見的殘差有2種型態，即標準化殘差和Student化殘差。與原始的殘差值比較，標準化殘差和Student化殘差更有利於進行殘差分析。

(一) 標準化殘差（standardized residuals）

　　原始的殘差值有大、有小，但僅就一個樣本的殘差值而言，我們實在很難去判斷這個殘差值是算很大、還是算很小，因為我們根本並不知道其他樣本的殘差值狀況。而假如我們知道了所有樣本的殘差之平均值和變異數（可以直接從樣本殘差計算而得），那麼就可以利用這兩個統計量，對原始的殘差值進行標準化的動作了。和一般統計量進行標準化的過程一樣（樣本資料減去平均數後，除以標準差），用同樣的方法也就可以得到標準化殘差值了。當然，這個標準化殘差值的平均值是0，而標準差是1。

　　標準常態分配的平均值是0，標準差是1。如果標準化殘差服從標準常態分配，那麼就會有95%的樣本之標準化殘差落在正負2個標準差的區間之內，而有99%會落在正負2.58個標準差的區間之內。所以，任何超出這個區間的標準化殘差值都是不正常的。如果大多數樣本的標準化殘差都在這個區間之外的話，就說明了這個迴歸模型並沒有很好地擬合現有的資料，並且極有可能嚴重地違反了迴歸分析的基本假設。

(二) Student化殘差（studentized residuals）

　　Student化殘差是對標準化殘差的一種改進。透過迴歸方程式，我們可以輕易的得到一個依變數的預測值。也就是說，這個依變數的預測值會依賴於自變數的取值。此外，根據最小平方法得到的迴歸方程式在進行預測時，可能會遇到這樣的問題：如果自變數的值很接近其本身的平均值，那麼透過這個值所得到的依變數的預測值就會有相對較小的誤差，而用那些遠離平均值的自變數所得到的依變數預測值就會有較大的誤差。

　　前述的標準化殘差就是對每個樣本的原始殘差值進行了標準化動作。在這個過程中，所有的原始殘差值會先與原始殘差值的平均數相減，然後再除以原始殘差值的標準差。但問題是，這樣的做法，似乎忽略了自變數的值與預測值的誤差之間的內在關

聯性。Student化殘差就是針對這個問題來進行改進的。

　　Student化殘差在對原始殘差值進行轉換的過程中，會將每個原始殘差值與其平均值相減後，再除以一個依賴於這個樣本的自變數取值所算出來的標準差，這樣就考慮到了自變數的作用。改進後得到的Student化殘差不再服從標準常態分配，而是服從於t分配，而t分配需要考慮到自由度的問題，自由度的值是樣本規模與迴歸方程式中所有自變數的個數之差再減1。例如：樣本規模為25，迴歸方程式中有2個自變數，那麼，它的Student化殘差將服從於自由度為25－2－1＝22的t分配。

　　即然Student化殘差服從於t分配，那麼在得到了每個樣本的Student化殘差的數值以後，對其取平均值，然後透過查單尾t分配表或者利用SPSS中的【計算】功能就可以得到這個Student化殘差的機率p值（顯著性）。如果這個機率p值小於0.05，那麼就可以以95%的正確機率說這個殘差值是不正常的。也就是說，如果大多數樣本的Student化殘差所對應的t分配的機率p值都小於0.05的話，那麼，這個迴歸模型就是不好的。

(三) 為何要進行殘差分析

　　迴歸分析的基本假設都是針對母體迴歸線的誤差項而來的。一般而言，研究者很難得到母體誤差項的真實值，而是用樣本迴歸線的殘差項（ε）來近似地估計母體誤差值（E），這等價於把ε看作是對E進行一次抽樣的結果。這種對ε進行的分析就叫做殘差分析（residual analysis）。如果能對ε的一些情況進行假設檢定，就能對E的情況進行推論。講的白話一點，就是透過分析ε的性質，來推論它是不是在母體水準上很好地滿足了迴歸分析的基本假設。

　　殘差分析所探討的是迴歸模型中的殘差項，是否能符合下列三個性質：常態性、恆等性與獨立性，以確定所採用之迴歸模型是否具有合理性。確定所建立之模型具合理性後，所有之估計、檢定及預測始能稱為有效。

　　檢定殘差的常態性對於模型具有非常重要的意義，因為線性模型的基礎是建立在殘差是常態分配的假設之上的。如果透過檢定發現殘差為非常態，那麼迴歸分析工作就沒有必要再進行下去了。只有殘差是常態分配時或接近常態分配時，才可以進行下一步的分析工作。而恆等性若成立，則殘差變異數就不會隨著x的改變而改變，故殘差圖會呈帶狀分配。而獨立性若成立，則連續的兩個樣本之殘差值就不應存在正相關或負相關。

12-4-1 檢查殘差的常態性

迴歸模型的幾個基本假設中曾提到，如果迴歸分析的基本假設成立，那麼原始殘差和標準化殘差都應該服從於常態分配。而且，根據中央極限定理，如果自由度超過30，Student化殘差的抽樣分配也應服從於常態分配（當自由度小於30時，Student化殘差服從於t分配）。因此，可以透過圖形化的方法觀察、或用統計方法來檢定殘差的常態性，從而判斷一條迴歸方程式是否符合「殘差項是常態分配」這一個基本假設。

(一) 用圖形來觀察殘差的常態性

一般來說，可以透過繪製殘差的直方圖來直觀地判斷殘差之分配是否為常態分配。圖12-3就是標準化殘差的直方圖。原始殘差和標準化殘差的直方圖在形狀上應該是完全一樣的，因為後者只不過對前者進行了簡單的標準化動作而已。所以，只選用標準化殘差（變數名稱為ZRE_1）來作圖就可以了。標準化殘差直方圖的繪製方式如下：

操 作 步驟

步驟1：開啓「應用統計\example\chap12\residual analysis.sav」，「residual analysis.sav」是利用SPSS建立迴歸模型過程中，於【儲存】對話框中設定儲存標準化殘差值（ZRE_1）而來的，檔案中的ZRE_1變數即為標準化殘差值。

步驟2：執行【統計圖】/【歷史對話紀錄】/【直方圖】，開啓【直方圖】對話框。

步驟3：將由迴歸分析過程中所產生的新變數ZRE_1，加入到右邊的【變數】輸入欄中，再勾選下方的【顯示常態曲線】核取方塊，最後再按【確定】鈕，即可產生如圖12-3中的標準化殘差的直方圖。

步驟4：詳細操作步驟，讀者可參閱影音檔「ch12-1.wmv」。

▶ 報表解說

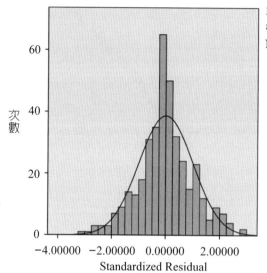

平均值 = −2.23E-15
標準差 = 0.99479
N = 386

圖12-3　標準化殘差的直方圖

　　從圖12-3中可以看到，這個標準化的殘差與標準的常態分配曲線非常相似，這說明了殘差具有不錯的常態性。由於用以產生圖12-3的資料之樣本數較大，所以圖形是個很不錯看的單峰圖形，並且此單峰正巧位於圖形的正中位置。但是如果樣本數不夠大時，標準化殘差直方圖看起來就會比較不像標準常態曲線，因而也就很難利用這種直方圖來評價殘差的常態性了。

　　因此，除了直方圖之外，還有一種圖形也可以用來判斷殘差的常態性，那就是Q-Q圖，它在樣本數較小時比一般的直方圖更容易判斷。使用相同的資料，可以繪製如圖12-4所示的Q-Q圖和圖12-5所示的去除趨勢Q-Q圖。

　　圖12-4的常態Q-Q圖中，對角線即代表著標準常態分配。顯見，標準化的殘差基本上都落在「標準常態分配」的對角線上或附近，因此可判定標準化殘差具有常態性。而在圖12-5的去除趨勢常態Q-Q圖中，水平橫線所代表的意義也是標準常態分配。觀察圖12-5，標準化殘差也分配在0的附近，只有幾個殘差的值較大些（在圖12-5中被圈起來的部分）。這個結果與直方圖所顯示的結果是一致的，只是利用Q-Q圖可以更容易地幫我們找到殘差中的異常值。

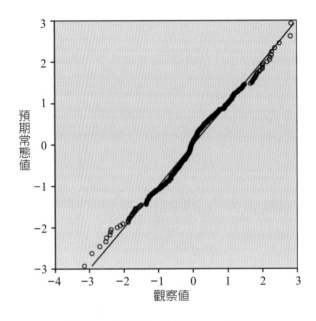

圖12-4　標準化殘差的Q-Q圖

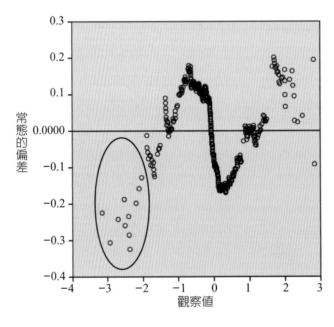

圖12-5　標準化殘差的去除趨勢Q-Q圖

Q-Q圖的繪製方式，可依下列步驟執行：

操作步驟

步驟1：開啟「residual analysis.sav」，在此將利用標準化殘差值（ZRE_1變數），畫出如圖12-4和圖12-5中的常態Q-Q圖與去除趨勢Q-Q圖。

步驟2：執行【分析】／【敘述性統計資料】／【Q-Q圖】，開啟【Q-Q圖】對話框。

步驟3：將由迴歸分析過程中所產生的新變數ZRE_1，加入到右邊的【變數】輸入欄中，【檢定分配】輸入欄請選擇【常態分配】，最後再按【確定】鈕，即可產生如圖12-4和圖12-5中的常態Q-Q圖與去除趨勢Q-Q圖。

步驟4：詳細操作步驟，讀者可參閱影音檔「ch12-2.wmv」。

(二) 利用科學性檢定來判斷殘差的常態性

圖形雖然可直觀的協助我們判斷常態性，但是絕對無法取代以精確的數學計算和推理為基礎的假設檢定。在SPSS中，也可以進行殘差的常態性檢定，這個檢定就是Kolmogorov-Smirnov檢定（簡稱K-S檢定）。這個檢定的虛無假設是：殘差服從於常態分配。如果檢定結果中的顯著值小於0.05，那麼就可以拒絕虛無假設，而有理由認為殘差的分配並不是常態的。

若利用先前畫殘差直方圖的相同資料進行K-S檢定，則可以得到如表12-1所示的檢定結果。

表12-1　K-S檢定表

		Standardized Residual
N		386
常態參數[a,b]	平均數	.0000000
	標準偏差	.99479163
最極端差異	絕對	.065
	正	.065
	負	−.055
測試統計資料		.065
漸近顯著性（雙尾）		.000[c]
精確顯著性（雙尾）		.071
點機率		.000

a.檢定分配為常態。

　　從表12-1中可以看到「精確顯著性」是0.071大於0.05，所以不能拒絕虛無假設，亦即沒有足夠的證據顯示可以否定殘差分配的常態性。

　　K-S檢定的操作過程，可依下列步驟執行：

操作步驟

步驟1：開啓「residual analysis.sav」，在此將利用標準化殘差值（ZRE_1變數），即可進行殘差分配的常態性檢定。

步驟2：執行【分析】／【無母數檢定】／【歷史對話紀錄】／【單一樣本K-S檢定】後，即可開啓【單一樣本K-S檢定】對話框。

步驟3：將由迴歸分析過程中所產生的新變數ZRE_1，加入到右邊的【檢定變數清單】輸入欄中。

步驟4：然後，按【精確】鈕，開啓【精確檢定】對話框，點選【精確】選項後，按【繼續】鈕，回到【單一樣本K-S檢定】對話框。

步驟5：最後，於下方的【檢定分配】框中選擇【常態分配】，最後再按【確定】鈕，即可產生表12-1的K-S檢定表。

步驟6：詳細操作步驟，讀者可參閱影音檔「ch12-3.wmv」。

12-4-2　檢定殘差的恆等性

　　所謂恆等性就是殘差的等變異性，線性迴歸的前提假設之一為：若進行多次的重複抽樣，雖在自變數的不同取值下，各依變數依然都具有相同的變異數。它的另一種說明方式為：迴歸模型的殘差項具有恆定的變異數，且不受自變數取值的影響。透過繪製如圖12-6所示的標準化預測值與Student化殘差的散佈圖，可以直觀地判斷這個假設是否成立。

　　從圖12-6中，並沒有發現殘差分布在圖形上所構成的明顯型態（pattern）或趨勢。這就說明了殘差的變異數是一個恆定的數值，不受自變數取值的影響。相反的，如果從這個圖中觀察到殘差分布有某種明顯的型態或趨勢，那麼殘差的恆等性假設很可能就被違反了。

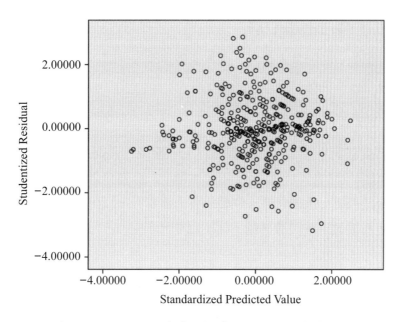

圖12-6　Student化殘差和標準化預測值之散佈圖

繪製Student化殘差和標準化預測值之散佈圖的操作過程，如下所示：

操作步驟

步驟1：開啓「residual analysis.sav」，SPSS建立迴歸模型過程中，於【儲
　　　　存】對話框中設定儲存標準化殘差預測值（ZPR_1）和Student化殘差
　　　　值（SRE_1），即可將標準化殘差預測值（ZPR_1）和Student化殘差
　　　　值（SRE_1）存入檔案中。在此將利用標準化殘差預測值（ZPR_1變
　　　　數）爲X軸和Student化殘差值（SRE_1變數）爲Y軸，畫出如圖12-6的
　　　　Student化殘差和標準化預測值之散佈圖。

步驟2：執行【統計圖】／【歷史對話紀錄】／【散佈圖】，待開啓【散佈圖】
　　　　對話框後，選擇【簡單散佈】，然後按【定義】鈕。

步驟3：待開啓【簡單散佈圖】對話框後，將SRE_1變數設爲【Y軸】、ZPR_1
　　　　變數設爲【X軸】，最後再按【確定】鈕，即可輸出如圖12-6的Student
　　　　化殘差和標準化預測值之散佈圖。

步驟4：詳細操作步驟，讀者可參閱影音檔「ch12-4.wmv」。

12-4-3　檢定殘差的獨立性

　　根據線性迴歸分析的基本假設，任意兩個誤差項之間是相互獨立的。這一點在一般的抽樣調查中往往很容易可以得到滿足。

(一) 用圖形來觀察殘差的獨立性

　　在一個時間序列中，下一期的數值與上一期或上幾期的數值若是相關的，這就會嚴重違反迴歸分析的獨立性假設。依此原則，一般資料仍可以透過圖形的方式來直觀地檢驗殘差是否違反了獨立性。例如：有一組資料，以這組資料的序號為橫軸、以Student化殘差為縱軸，繪製散佈圖，如圖12-7所示。

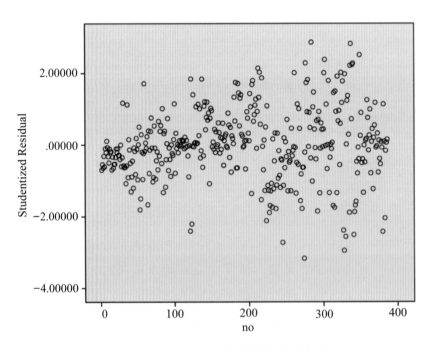

圖12-7　Student化殘差與序號的散佈圖

　　從圖12-7中可以觀察到，Student化殘差隨機的散佈在圖形中，沒有明顯的趨勢型態。這說明了Student化殘差具有獨立性，即下一期的值和上一期的值之間，並不具有關聯性。

Student化殘差與序號之散佈圖的繪製方式如下：

(操)(作) 步驟

步驟1：開啓「residual analysis.sav」，利用Student化殘差值（SRE_1變數）為Y
軸、觀測個案的序號值為X軸，畫出如圖12-7的Student化殘差與序號之
散佈圖。檔案「residual analysis.sav」中的「SRE_1」變數即為Student化
殘差值；而「no」變數則為資料的序號。

步驟2：執行【統計圖】／【歷史對話紀錄】／【散佈圖】，待開啓【散佈圖】
對話框後，選擇【簡單】，然後按【定義】鈕。

步驟3：待開啓【簡單散佈圖】對話框後，將SRE_1變數設為【Y軸】、「no」
變數設為【X軸】，最後再按【確定】鈕，即可輸出圖12-7的Student化
殘差與序號的散佈圖。

步驟4：詳細操作步驟，讀者可參閱影音檔「ch12-5.wmv」。

(二) 利用假設檢定來判斷殘差的獨立性

除了用圖形來說明獨立性的存在外，還可以用更精確的統計檢定方法來判斷殘差
的獨立性，這種檢驗的方法就是Durbin-Watson檢驗。在設定迴歸分析的過程中，按
【統計資料】鈕後，可開啓【統計資料】對話框，如果於該【統計資料】對話框中勾
選了【Durbin-Watson】核取方塊，那麼就可以於輸出報表中顯示出Durbin-Watson係
數的值。這個值會介於0-4之間，如果殘差沒有序列相關，也就是下一期的殘差值和
上一期的殘差值沒有相關（或相關性不強），這個值會非常接近2。只要這個值離2太
遠，就可以說迴歸方程式的獨立性假設被嚴重地違反了。表12-2顯示了某迴歸建模過
程中，Durbin-Watson檢定值為1.769，相當接近2，因此可認為殘差是具有獨立性的。

表12-2　Durbin-Watson檢定值

模式	R	R平方	調整後R平方	標準偏斜度錯誤	Durbin-Watson
1	.607[a]	.369	.361	.99573	1.769

12-5 共線性問題和異常值問題

在線性迴歸分析中尚有兩個問題是使用者需要注意的，它們是共線性問題和異常值問題。

(一) 共線性診斷（collinarity diagnosis）

在多元迴歸模型中常會存在著共線性（collinarity）問題。多元共線性就是指在自變數中，有兩個或兩個以上的自變數存在完全線性或幾乎完全線性相關的關係。因為用最小平方法估計迴歸係數的基本要求是「自變數不是完全線性相關」。如果自變數之間完全線性相關，那麼其迴歸係數就不屬唯一解了，從而也就不可能求得每個迴歸係數的數值了。但是也不可能要求自變數之間完全不相關，即相關係數為0。若自變數之間的相關係數為0，那麼這些變數就稱為是正交變數。

事實上，以上的兩種情況都是很少遇到的。在大多數的情況下，自變數之間會存在一定程度的關聯性，即相關係數在0和1之間。尤其在研究社會經濟現象的領域中，有一些變數有共同變動的趨勢是常見的。如在經濟狀況景氣時，收入、消費、儲蓄等可能同時增長，這時這些變數將存在較高的相關係數，故迴歸建模時，會在一定程度上削弱參數估計值的準確性和穩定性。這是在進行多元迴歸模型中應該注意的問題。

解決多元迴歸模型中的共線性問題時，可利用剔除那些「相關性較強」的變數為方向。在SPSS之中解決共線性問題時，主要是採用剔除相關性較強的變數為方法，其方法如下：

首先採用技術指標確定引起共線性問題的變數，然後剔除一些相關性較強的變數。可以使用的技術指標有：

1. 允差值

自變數之間的共線性問題反映在數值指標上的為相關係數，若相關係數值為1或接近於1，則自變數間會存在共線性。允差值（tolerance）的定義為1減去相關係數的平方。故而，當允差值越接近於0時，則代表變數之間有線性關係的可能性就越大，共線性問題存在的可能性就越高。允差值離0越遠，則變數之間越不可能有線性關係，則共線性問題較不易產生。

2. 變異數膨脹係數

變異數膨脹係數（variance inflation factor; VIF）為允差值的倒數。故它的值越大，則變數之間有線性關係的可能性就越大，共線性問題存在的可能性就越高。它的值越小，則變數之間越不可能有線性關係，則共線性問題較不易產生。

3. 條件指數（conditional index, CI）

條件指數越高，表示共線性越嚴重。若小於30，表示共線性問題緩和；30～100表示中度共線性問題，大於100表示共線性問題嚴重。

綜合上述，一般而言，當變異數膨脹係數 < 10、允差值 > 0.1及條件指數 < 30時，可宣稱迴歸模型的共線性不顯著。

(二) 異常值問題

異常值是指具有很大的標準化殘差之觀測值。但若一個觀測值具有很大的標準化殘差時，一般來說，可能觀察有誤，因此應考慮在迴歸分析中剔除掉這些具有很大的標準化殘差之觀測值。當然，並不一定是具有很大的標準化殘差的觀測值，都屬於是錯誤的觀測值。

12-6　迴歸建模範例一

本節所使用的範例是一個經典的範例，它在迴歸分析的相關書籍中曾被廣泛地引用，眾多機率統計專家也常使用這個實例。在這個迴歸分析過程中，我們將儘量使用SPSS的預設建模過程，也不討論共線性的問題，純粹只是示範簡單的迴歸分析方法而已。而我們的重點將聚焦於原始輸出報表的解釋。

▶ 範例12-1

某種水泥在凝固時所釋放的熱量Y（單位為：卡／克）與水泥中的下列四種化學成分所占的比例有關：

$x1：3CaO \cdot Al_2O_3$

$x2：3CaO \cdot SiO_2$

$x3：4CaO \cdot Al_2O_3 \cdot Fe_2O_3$

$x4：2CaO \cdot SiO_2$

現在測得了十三組資料，如表12-3所示。試利用表12-3的資料，建立迴歸模型（資料檔為：ex12-1.sav）。

表12-3　測得的資料

i	x_{i1}	x_{i2}	x_{i3}	x_{i4}	y_i
1	7	26	6	60	78.5
2	1	29	15	52	74.3
3	11	56	8	20	104.3
4	11	31	8	47	87.06
5	7	52	6	33	95.9
6	11	55	9	22	109.2
7	3	71	17	6	102.7
8	1	31	22	44	72.6
9	2	54	18	22	93.1
10	21	47	4	22	115.9
11	1	40	23	34	83.8
12	11	66	9	12	113.3
13	10	68	8	12	109.4

12-6-1　觀察自變數和依變數之間是否具有線性關係

透過描繪自變數和依變數間的散佈圖，可以先直觀的觀察自變數和依變數之間是否真的具有線性相關性，繪製散佈圖的詳細步驟如下：

操作 步驟

步驟1：將表12-3的資料輸入SPSS套裝軟體中，並將之另存新檔爲ex12-1.sav，或直接開啓範例檔案中的「ex12-1.sav」。建立迴歸模型時，資料檔的欄位主要將由自變數的名稱和依變數的名稱所構成，本範例中共有四個自變數與一個依變數，故共需建立五個變數名稱，分別爲x1、x2、x3、x4（表四個自變數）與y（表依變數）。

步驟2：執行【統計圖】／【歷史對話紀錄】／【散佈圖】，在【散佈圖】對話框中選擇【簡單散佈】，然後按【定義】鈕後，就會出現【簡單散佈圖】對話框。

步驟3：在【簡單散佈圖】對話框中，將變數「y」選入【Y軸】輸入欄中，將變數「x1」選入【X軸】輸入欄中，然後按【確定】鈕。此時就會產生如圖12-8a所示的散佈圖。這個散佈圖的X軸爲第一種化學成分含量

「x1」，而Y軸代表水泥凝固時所釋放的熱量。依照類似的方法，可以逐一分析Y與x2、x3、x4（圖12-8b、12-8c與12-8d）的散佈狀況。

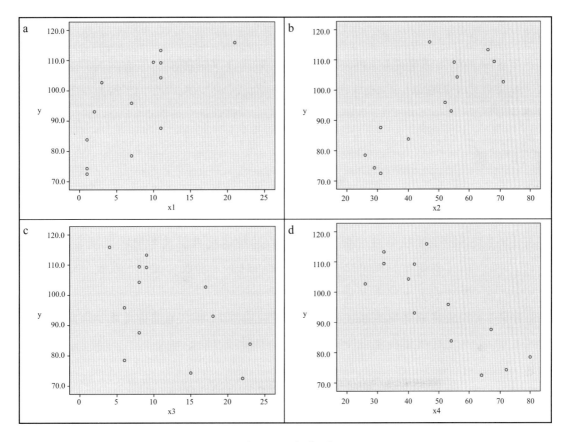

圖12-8　散佈圖

▶ 報表解說

從產生的散佈圖（圖12-8a）中可以看出，水泥凝固時的散熱量（y）與第一種化學成分（x1）有明顯的正向線性關係。當化學成分x1的含量增加時，水泥凝固時所散發的熱量y亦增加；當化學成分x1的含量減少時，水泥凝固時的散熱量y也相對應減少。若讀者再繼續逐一分析Y與x2、x3、x4之散佈狀況的話（圖12-8b、圖12-8c與圖12-8d），最後應該會發現，透過散佈圖可以直觀的察覺化學成分x1、x2與水泥凝固時的散熱量y是呈現正相關的，而x3、x4與水泥凝固時的散熱量y則是呈現負相關的。

12-6-2　建立迴歸模型

在12-6-1節中，我們透過散佈圖，大致上可以理解化學成分x1、x2與水泥凝固時的散熱量y是呈正相關的，而x3、x4與水泥凝固時的散熱量y則是呈負相關關係。若想將這些關係，使用數學方程式來明確表達出來的話，那麼就須建立迴歸模型了。

在此，我們將儘量使用SPSS的預設方法來建立迴歸模型，也不討論共線性的問題，純粹只是示範簡單的迴歸分析方法而已。而我們的重點將聚焦於原始輸出報表的解釋。

操作步驟

步驟1：執行迴歸分析。執行【分析】／【迴歸】／【線性】，就會打開【線性迴歸】對話框。

步驟2：選擇依變數和自變數。在左邊的【待選變數】清單中，將變數「y」選入【因變數】欄位中，而將變數「x1」、變數「x2」、變數「x3」、變數「x4」一起選入【自變數】欄位中。

步驟3：設定變數選取方法。在【方法】下拉式清單中，選擇【逐步迴歸法】作為迴歸模型篩選自變數的方法，如圖12-9所示。

圖12-9　設定【線性迴歸】對話框

步驟4：設定欲顯示的各類統計資料。按【統計資料】鈕，然後在【統計資料】
對話框中，選取【估計值】核取方塊、【模型適合度】核取方塊、【R
平方改變量】核取方塊、【共線性診斷】核取方塊和【Durbin-Watson】
核取方塊，以便能進行共線性診斷與殘差獨立性檢定，如圖12-10所示。

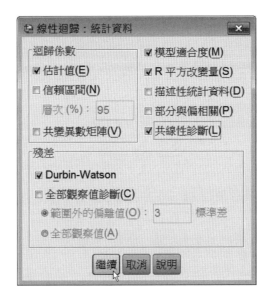

圖12-10　設定【統計資料】對話框

步驟5：按【圖形】鈕，然後在【圖形】對話框中選取變數ZPRED（表標準化的
預測值，請設為Y軸）和ZRESID（表標準化的殘差值，請設為X軸）來
製作散佈圖，並勾選【直方圖】核取方塊與【常態機率圖】核取方塊，
以便未來能進行殘差分析，進而可檢驗殘差的常態性與恆等性，如圖
12-11所示。

步驟6：按【儲存】鈕，然後在【儲存】對話框中選取【未標準化】核取方塊、
【標準化】核取方塊、【Studentized】核取方塊等各式殘差值，以便能
將這些殘差值儲存成檔案中的變數。

步驟7：按【選項】鈕，出現【選項】對話框，在此可設定自變數輸入迴歸模型
與移除迴歸模型的條件，如圖12-12。在圖12-12中，可見預設輸入、移
除迴歸模型的條件，分別為F機率值為0.05與0.1時。

步驟8：按【確定】鈕，即可進行迴歸分析。

步驟9：詳細操作步驟，讀者可參閱影音檔「ex12-1.wmv」。

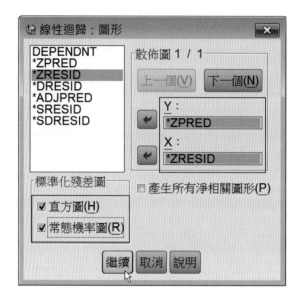

圖12-11　設定【圖形】對話框

圖12-12　設定【選項】對話框

12-6-3　迴歸結果分析

　　執行迴歸分析後，若無錯誤訊息出現，SPSS應當會輸出許多報表。當然，這些輸出報表所顯示的內容，會依使用者對【統計資料】鈕、【圖形】鈕與【選項】鈕的設定內容而改變。以下，我們將針對迴歸結果進行分析。

(一) 變數移除與輸入迴歸模型的步驟表（表12-4）

表12-4　變數移除與輸入迴歸模型步驟表（變數已輸入／已移除表）

模型	變數已輸入	變數已移除	方法
1	x4	.	逐步（準則：F-to-enter）的機率<=.050，F-to-remove的機率>=.100。
2	x1	.	逐步（準則：F-to-enter）的機率<=.050，F-to-remove的機率>=.100。

首先我們介紹表12-4（變數移除與輸入迴歸模型步驟表）的結構：這個表共有四個欄位：

☞ 第一個欄位為「模型」：在此欄位中列出了建模過程中，變數依序進入模型的詳細步驟。其實每一個步驟，都可視其為該階段所建立的迴歸模型。故從表12-4可知，SPSS根據資料現況，總共建立了兩種迴歸模型。

☞ 第二個欄位為「變數已輸入」：這一欄位顯示出那些變數在哪一個步驟中進入了迴歸模型；從表12-4可知，第一個迴歸模型中，只有一個自變數x4被選入模型。而第二個迴歸模型中，則包含了兩個自變數x4與x1。至於其他的變數x2、x3，則均沒有能力進入迴歸模型中。

☞ 第三個欄位為「變數已移除」：這一欄位顯示出那些變數在哪一個步驟中，被從模型中刪除了。

☞ 第四個欄位為「方法」：這一欄位顯示變數進入模型和從模型中被移除時，採用了何種準則。以表12-4為例，自變數進入的標準為其與依變數單獨建立迴歸模型時之F統計量的機率p值是小於或等於0.05時；而變數從模型中被移除的標準為整體迴歸模型F統計量的機率p值是大於或等於0.1時。

(二) 模型摘要表（表12-5）

表12-5　模型摘要表

模型	R	R平方	調整後R平方	標準偏斜度錯誤	變更統計資料					Durbin-Watsom
					R平方變更	F值變更	df1	df2	顯著性F值變更	
1	.812[a]	.675	.645	8.9639	.675	22.799	1	11	.001	
2	.986[b]	.972	.967	2.7343	.298	108.227	1	10	.000	1.788

a.預測值：（常數），x4
b.預測值：（常數），x4，x1

首先我們介紹【模型摘要表】的結構，【模型摘要表】共有五個欄位：

☞ 第一個欄位為「模型」：在此欄位中列出了所建立之迴歸模型的編號，共有兩個
迴歸模型，第一個迴歸模型只包含一個自變數x1；第二
個迴歸模型則包含了兩個自變數x1、x4。

☞ 第二個欄位為「R」：表示迴歸模型的相關係數。

☞ 第三個欄位為「R平方」：R^2表示迴歸模型的判定係數，其值代表自變數對依變數
的解釋能力。R^2值越接近1，即表示自變數的解釋能力
越佳，迴歸模型擬合能力越好。

☞ 第四個欄位為「調整後的R平方」：表示為了能更清楚地反映模型的迴歸情況，故
調整了判定係數。

☞ 第五個欄位為「標準偏斜度錯誤」（估計的標準誤）：即預測值的標準差。

隨著進入模型之自變數個數的增加，相關係數及判定係數（R^2）也會相對應的增
加，這表示迴歸效果是越來越好了。從表12-5中還可看到，預測值的標準差（標準偏
斜度錯誤）也越來越小了，這也正表示著迴歸模型，隨著自變數個數的增加，越來越
符合觀測情況了。迴歸模型「1」中的判定係數為0.675，迴歸模型「2」的判定係數
為0.972，皆相當高，代表迴歸模型「1」與迴歸模型「2」的解釋能力頗佳，都是屬
不錯的迴歸模型。

(三) 變異數分析表（表12-6）

變異數分析主要是用來檢定自變數與依變數間的線性關係是否顯著，因此其虛無
假設為：

H_0：x1、x2、x3、x4與y間沒有顯著的線性關係存在（即偏迴歸係數全為0）

表12-6　變異數分析表

模型		平方和	df	平均值平方	F	顯著性
1	迴歸	1831.896	1	1831.896	22.799	.001[a]
	殘差	883.867	11	80.352		
	總計	2715.763	12			
2	迴歸	2641.001	2	1320.500	176.627	.000[b]
	殘差	74.762	10	7.476		
	總計	2715.763	12			

首先介紹【變異數分析表】的結構，【變異數分析表】共有6個欄位：

☞ 第一個欄位為「模型」：在此欄位中列出了迴歸模型的編號與各變異來源的名
稱，變異來源主要有迴歸、殘差與總計。

☞ 第二個欄位為「平方和」：在此欄位中列出了各變異來源的離差平方和。

☞ 第三個欄位為「自由度」：迴歸模型中各變異來源的自由度。

☞ 第四個欄位為「平均值平方」：此欄位列出了各變異來源的均方和。

☞ 第五個欄位為「F檢定」：此欄位列出了迴歸模型之F統計量的值。

☞ 第六個欄位為「顯著性」：此欄位列出了F統計量值的機率p值。

　　觀察表12-6，從顯著性這欄可以看出，當只有變數x4進入迴歸模型時，自變數與
依變數之間完全無線性關係的顯著性為0.001，故應拒絕「自變數與依變數間沒有顯
著的線性關係存在」的虛無假設，而須認為「x1與y間是具有顯著線性關係的」。而
當x1也進入了迴歸模型後，自變數與依變數之間完全無線性關係的顯著性為0.000，
這亦表示應拒絕虛無假設，代表變數x1、x4與變數y之間也是具有線性關係存在的，
故未來將可建立兩個迴歸模型。

(四) 迴歸係數分析表（表12-7）

表12-7　迴歸係數分析表（係數表）

模型		非標準化係數		標準化係數	T	顯著性	共線性統計資料	
		B	標準錯誤	Beta			允差	VIF
1	（常數）	117.568	5.262		22.342	.000		
	x4	−.738	.155	−.821	−4.775	.001	1.000	1.000
2	（常數）	103.097	2.124		48.540	.000		
	x4	−.614	.049	−.683	−12.621	.000	.940	1.064
	x1	1.440	.138	.563	10.403	.000	.940	1.064

　　表12-7中，詳細的顯示了各種係數的統計情況。

☞ 第一個欄位為「模型」：在此欄位中列出了迴歸模型的編號與已進入該模型的自
變數名稱。

☞ 第二個欄位為「非標準化係數」：

　　在此欄位下共有兩個子欄位，第一個子欄位為「B」，B表偏迴歸係數，故在此

子欄位下，將顯示偏迴歸係數之估計值。在多元迴歸模型中，表12-6的變異數分析表，只能說明Y與x1、x4這2個自變數間是否具有顯著的線性關係存在。當檢定結果為顯著時，表示Y與x1、x4間確實具有線性關係，但並不意味著2個自變數x1、x4中每一個自變數對依變數Y的影響力（即偏迴歸係數）都是重要的。因此，有必要再對各個自變數的迴歸係數一一再做檢定，以確認其值是否為0。若自變數的偏迴歸係數為顯著不為0時，則代表該自變數對依變數的影響力是顯著的。

此外，讀者也須了解，增加一個自變數後，將會增加許多的計算工作量，而且自變數之間也可能會存在共線性關係，因此自變數不是越多越好。為了去掉次要的、可有可無的變數，因而需要導入了偏迴歸係數的檢定。

第二個子欄位是偏迴歸係數的「標準錯誤」（即標準誤）。偏迴歸係數檢定的虛無假設為：

H_0：偏迴歸係數為0

需要注意的是，表12-6的變異數分析表之顯著性與表12-7之偏迴歸係數表的顯著性之間並不完全一致。變異數分析的假設是「所有的偏迴歸係數全為0」（即不存在線性關係），所以，當變異數分析表顯著時，表示偏迴歸係數不全為0，其意義就代表著依變數Y與某些自變數間（如x1、x4）確實是可以建立線性迴歸模型的。至於到底是哪幾個自變數可以真正的拿來建立線性迴歸模型，或哪個自變數的影響力較大（偏迴歸係數較大），則還須利用t檢定來個別的檢定每個自變數的偏迴歸係數後，才能確定。

因此，變異數分析表顯著，並不意味著所有的偏迴歸係數都是顯著的，有時是部分不顯著，有時甚至所有的偏迴歸係數都不顯著。當某個偏迴歸係數在檢定（t檢定）時被認為是不顯著時，相對應的自變數就會被認為在迴歸模型中將不起作用，應從迴歸模型中刪除，以建立起較為簡單（較少自變數）的線性迴歸模型。

☞ 第三個欄位為「標準化係數」：在此欄位下將顯示標準化的偏迴歸係數值，它能夠更真實地反映出哪個自變數較具有影響力。

☞ 第四個欄位為「T」：在此欄位中，列出了假設「偏迴歸係數為0」時的t統計量值，t統計量值的算法為「B之估計值」（B欄位）除以「標準誤」（標準錯誤欄位）。

☞ 第五個欄位為「顯著性」：在此欄位中，列出了假設「偏迴歸係數為0」時的檢定顯著性，當顯著性小於0.05時，則表示該自變數對依變數的影響力顯著，應納入迴歸模型中。

表12-7說明了，可以建立兩組迴歸模型：

第一組迴歸模型，模型一： $y = 117.568 - 0.738x4$

表示水泥凝固時的散熱量與第四種化學成分是呈負線性相關的。即當第四種化學成分的含量越高，則水泥的散熱量越小。這個迴歸模型中，常數項為0的假設檢定之顯著性為0.000，而自變數x4之「偏迴歸係數為0」的假設檢定之顯著性為0.001，都是顯著的，因此可認定常數項、自變數x4之迴歸係數都不為0，代表這條迴歸模型是合理且有意義的。且迴歸模型大約能解釋64.5%的總變異（表12-5），擬合能力佳。

第二組迴歸模型，模型二： $y = 103.097 + 1.440x1 - 0.614x4$

表示水泥凝固時的散熱量與第一種化學成分是呈正線性相關的，而與第四種化學成分是呈負線性相關的。這個迴歸模型中，「常數項為0」的假設檢定之顯著值為0.000，而「x1的偏迴歸係數為0」的假設檢定之顯著值為0.000，「x4的偏迴歸係數為0」的假設檢定之顯著值也為0.000。由此可見，所有檢定都是顯著的，因此可認定常數項、自變數x1、x4之迴歸係數都不為0，故模型二也是合理且有意義的。再從表12-5代表解釋能力之 R^2 觀之，其調整後 R^2 為0.967，相當具有解釋能力且擬合能力頗高，故模型二將為迴歸模型的最終結果。

從上述分析中可以看出，當進入迴歸模型的自變數增加時，導致影響依變數變動的因素也增加了，因此，來自於某一個自變數的影響將會變小。例如：在模型一中自變數x4的標準化迴歸係數比迴歸模型二時的標準化迴歸係數大（絕對值）。這表示依變數變動的原因可歸溯到了更多的因素，而這將更符合實際現象。偏迴歸係數的標準誤也隨著進入模型的自變數的增加而變小。例如：在迴歸模型一中的偏迴歸係數的標準誤比迴歸模型二中的偏迴歸係數的標準誤要大，這也表示了迴歸模型越來越接近真實的情況了。

(五) 排除的變數表（表12-8）

表12-8 排除的變數表

模型		Beta入	T	顯著性	偏相關	共線性統計量		允差下限
						允差	VIF	
1	x1	.563[b]	10.403	.000	.957	.940	1.064	.940
	x2	.322[b]	.415	.687	.130	.053	18.741	.053
	x3	-.511[b]	-6.348	.000	-.895	.999	1.001	.999
2	x2	.430[c]	2.242	.052	.599	.053	18.780	.053
	x3	-.175[c]	-2.058	.070	-.566	.289	3.460	.272

表12-8排除的變數表中顯示了自變數被排除於迴歸模型的原因。首先我們將介紹「排除的變數表」的結構，「排除的變數表」中共有6個欄位，第一個欄位是「模型編號」，第二個欄位列出沒進入迴歸模型之自變數的「偏迴歸係數」，第三個欄位是假設「偏迴歸係數為0」時的「t統計量值」，而第四個欄位是檢定「偏迴歸係數為0」時，檢定的顯著性，第五個欄位是「偏相關係數的值」，最後一個欄位是共線性診斷的「允差值」、「VIF」與「允差下限」。

從表12-8中可以看出，在模型2中，被迴歸模型排除的變數x2，是因為它存在著共線性問題，它的共線性允差值的值為0.053，且偏迴歸係數的顯著值0.052大於0.05，不顯著，意味著其相對影響力較小，可忽略，故而排除了此變數。而變數x3，其「偏迴歸係數為0」的假設檢定之顯著值為0.070大於0.05，也是不顯著，亦意味著其相對影響力也較小，可忽略，故也排除了此變數。

(六) 共線性診斷表（表12-9）

表12-9　共線性診斷表

模型	維度	特徵值	條件指數	變異數比例		
				（常數）	x4	x1
1	1	1.881	1.000	.06	.06	
	2	.119	3.982	.94	.94	
2	1	2.545	1.000	.02	.03	.04
	2	.375	2.607	.00	.21	.55
	3	.080	5.633	.98	.76	.41

欲進行共線性診斷時，可觀察允差值（在表12-7中）、VIF（在表12-7中）與條件指數等三個值。表12-9中即顯示了各模型的條件指數。由表12-7中顯示，所有允差值皆大於0.1，VIF皆小於10，且表12-9中各模型的條件指數也都小於30，因此可判斷共線性問題並不存在。

(七) 殘差統計表（表12-10）

表12-10的殘差統計表中描述了關於殘差的一些基本統計量的情況。在此表中，除了各類的預測值、殘差值外，還存在著Mahalanobis距離、Cook's距離等統計量值。基本上，從這些值中都可以判斷觀察資料中是否有極端點存在。然而，在實際建模過程中，本表僅供參考。

表12-10　殘差統計表

	最小值	最大值	平均數	標準偏差	N
預測值	72.612	117.374	95.423	14.8352	13
標準預測值	−1.538	1.480	.000	1.000	13
預測值的標準誤	.772	1.986	1.275	.329	13
調整後預測值	71.974	119.021	95.545	15.1195	13
殘差	-5.0234	3.7701	.0000	2.4960	13
標準殘差	−1.837	1.379	.000	.913	13
Stud.殘差	−2.062	1.467	−.018	1.024	13
刪除的殘差	−6.3264	4.2684	−.1221	3.1758	13
Stud.去除殘差	−2.580	1.571	−.049	1.126	13
馬氏（Mahal.）距離	.033	5.410	1.846	1.466	13
庫克距離	.000	.368	.093	.107	13
置中的槓桿值	.003	.451	.154	.122	13

(八) 殘差散佈圖（圖12-13）

　　從圖12-13的殘差散佈圖中可以看出，預測值、標準化殘差值皆分配在-2與2之間，且預測值與標準化殘差值間不存在明顯關係（隨機散佈，沒有特殊的型態或趨勢），因此，我們可以初步研判迴歸模型滿足線性與恆等性的假設。

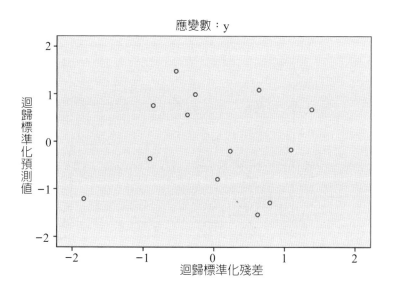

圖12-13　殘差散佈圖

(九) 殘差直方圖與常態P-P圖（圖12-14、12-15）

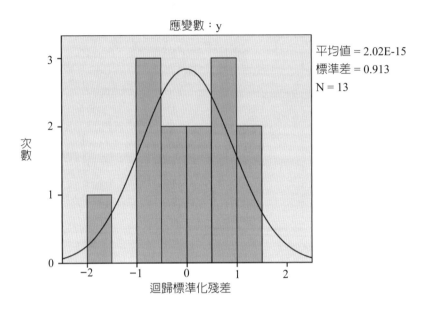

圖12-14　殘差直方圖

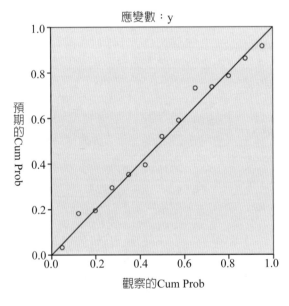

圖12-15　常態P-P圖

　　欲進行殘差的常態檢定時，可用直觀的圖形方式如直方圖（圖12-14）與常態P-P圖（圖12-15）。從圖12-14中可以看到，這個標準化的殘差與標準的常態分配曲線近似，這說明了殘差已具有不錯的常態性。此外再觀察圖12-15的常態P-P圖，常態P-P圖中，對角線即代表著標準常態分配。顯見，標準化的殘差基本上都落在代表「標準常態分配」的對角線上或附近，因此可判定標準化殘差具有常態性。

(十) 總結

　　綜合整理上述之分析，獲致以下結論：

　　由表12-6得知自變數與依變數之間具有顯著的線性關係。在此情形下，迴歸分析結果建立了兩個模型（表12-5），其中模型二的調整後的R平方值為0.972，明顯較模型一（0.645）高。再由表12-7的迴歸係數分析表中，可發現模型二的兩個自變數x1與x4的偏迴歸係數值分別為1.440與-0.614，且皆顯著，故建立迴歸模型為：

y（凝固時所釋放的熱量）= 117.568 + 1.440×x1 − 0.614×x4（$2CaO \cdot SiO_2$的比例）

　　此模型的解釋能力達0.972，已達一般學術論文所要求的水準值，因此迴歸模型擬合效果良好。此外，x4（$2CaO \cdot SiO_2$的比例）的標準化偏迴歸係數之絕對值為0.683較x1（$3CaO \cdot Al_2O_3$的比例）高，故相較於「$3CaO \cdot Al_2O_3$」的比例，「$2CaO \cdot SiO_2$的比例」對水泥凝固時所釋放的熱量具有更重要的影響力。

　　最後，進行殘差分析與進行共線性診斷，以確認迴歸模型的品質。由圖12-14的殘差直方圖、圖12-15的常態P-P圖、圖12-13的殘差散佈圖與表12-5模型摘要表的Durbin-Watson值（1.788，非常接近2），不難看出，迴歸模型之殘差符合常態性、恆等性與獨立性等之前提假設。再觀察表12-7所有允差值皆大於0.1，VIF皆小於10，且表12-9中各模型的條件指數也都小於30，因此可判斷共線性問題並不存在。由此觀之，在此所建立的迴歸模型除解釋能力高外，亦值得信賴。

12-7　迴歸建模範例二

前一小節中的迴歸建模範例一，只是一個簡單的多元迴歸分析範例，目的在於讓讀者能熟悉迴歸分析的建模過程與報表解說。在這一節的範例中，我們將比照一般碩士論文進行迴歸分析的規格，來示範建立迴歸模型的過程。稍後，讀者將發現，這個範例中的所有變數都是屬於不可直接測量的潛在變數（帶有測量誤差），這與迴歸分析的基本假設（自變數須爲沒有誤差的觀測變數）有所違背，原則上其建模過程是有爭議的。但在社會科學的研究領域中，這也是沒有辦法避免的事。

因此，建議讀者，爲減少爭議與質疑，像這種探討潛在變數間關係的問題，還是以結構方程模型（structural equation modelling）來探討較爲適宜。或者也可先對各潛在變數的信度、建構效度先行驗證，若各構面的組合信度、收斂效度及區別效度均可達一般學術研究可接受之水準值的話，那麼以單一衡量指標取代多重衡量指標應是可行的。也就是說，我們就可使用各構面的衡量題項（觀察變數）得分之平均值作爲該構面的得分，然後再以這些構面的平均得分來進行迴歸分析。

▶ 範例12-2

參考附錄二，論文「遊客體驗、旅遊意象與重遊意願關係之研究」的原始問卷，試問遊客體驗的五個子構面是否可有效預測遊客的重遊意願？其預測力如何？請建立迴歸模型？（ex12-2.sav）

在附錄二，論文「遊客體驗、旅遊意象與重遊意願關係之研究」的原始問卷中，遊客體驗構面共包含五個子構面，分別爲感官體驗（1〜4題）、情感體驗（5〜9題）、思考體驗（10〜13題）、行動體驗（14〜17題）與關聯體驗（18〜21題）。依題意，將使用這五個子構面來預測遊客的重遊意願（共5題）。由於每個變數都包含數個問項，因此，建模前須先求出每個受訪者於這五個子構面與重遊意願的平均得分。這個計算工作相信讀者都已能駕輕就熟了。爲節省時間，故在資料檔「ex12-2. sav」中已計算完成，「感官體驗」子構面的平均得分其變數名稱爲「ex1」、「情感體驗」子構面的平均得分其變數名稱爲「ex2」、「思考體驗」子構面的平均得分其變數名稱爲「ex3」、「行動體驗」子構面的平均得分其變數名稱爲「ex4」、「關聯體驗」子構面的平均得分其變數名稱爲「ex5」與「重遊意願」構面的平均得分其變數名稱爲「ri」。

在這個範例中，我們將比照一般碩士論文進行迴歸分析的規格，來示範建立迴歸

模型的過程，我們的策略與步驟，是將進行下列事項的評估。前三項工作主要的重點在於建立迴歸模型；而後二項主要的目的則在於評估所建模型的合理性。

1. 變異數分析：檢驗自變數與依變數間，是否具有顯著的線性關係。

2. 偏迴歸係數的顯著性檢定：檢定各模型中，各自變數的偏迴歸係數是否顯著，並可比較偏迴歸係數的大小，以確定各自變數對依變數的影響力。

3. 迴歸線的解釋能力R^2：評估各模型對重遊意願的預測能力或解釋能力。

4. 殘差的常態檢定、恆等性檢定與獨立性檢定：以評估所建模型的合理性。

　常態性檢定：欲進行殘差的常態檢定，則須於SPSS建模過程中，設定選取【圖形】對話框中的【直方圖】選項與【常態機率圖】選項。此外，也可在【儲存】對話框中的【殘差】框內，選取【標準化】選項，以便能於資料檔中將標準化殘差儲存起來，進而再執行【無母數檢定】／【單一樣本K-S檢定】，以能更精確的對標準化殘差進行常態性檢定。

　恆等性檢定：欲進行殘差的恆等性檢定，須於SPSS建模過程中，繪製Student化殘差（SRESID）對標準化預測值（ZPRED）的散佈圖。做法是於【圖形】對話框中，將【SRESID】設為Y軸、【ZPRED】設為X軸。如果沒有發現這兩種殘差在圖形上所構成的明顯型態或趨勢，則可認為殘差是具有恆等性的。

　獨立性檢定：欲進行殘差的獨立性檢定，則須於SPSS建模過程中，選取【統計資料】對話框中的【Durbin-Watson】核取方塊，若這個值相當接近2，則可認為殘差是具有獨立性的。

5. 共線性診斷：欲進行共線性診斷時，須選取【統計資料】對話框中的【共線性診斷】選項，如此才能得到允差值、VIF與條件指數等三個技術指標，進而可輔助判斷共線性問題是否存在。

12-7-1　操作步驟

對於迴歸分析過程的完整作戰策略有所認知後，接下來，就可嘗試使用SPSS套裝軟體輔助完成整個建模工程了。

操作步驟

步驟1：執行【分析】／【迴歸】／【線性】，就可打開【線性迴歸】對話框。

步驟2：接著，選擇依變數和自變數，在左邊的【待選變數】清單中，將變數「ri」選入【因變數】框中，而將變數「ex1」、「ex2」、「ex3」、「ex4」與「ex5」選入【自變數】框中。

步驟3：設定篩選自變數的方法。在【方法】下拉式清單中選擇【逐步迴歸法】作為迴歸建模過程中，篩選自變數的方法。

步驟4：設定欲顯示的各類統計資料。按【統計資料】鈕，然後在【統計資料】對話框中，選取【估計值】、【模型適合度】、【R平方改變量】、【共線性診斷】與【Durbin-Watson】核取方塊，以便能進行共線性診斷與殘差獨立性檢定。

步驟5：按【圖形】鈕，然後在【圖形】對話框中，選擇將【SRESID】設為Y軸，【ZPRED】設為X軸，繪製散佈圖，以進行殘差恆等性的檢定。接著選取【直方圖】選項與【常態機率圖】選項，以進行殘差常態性檢定。

步驟6：按【儲存】鈕，然後在【儲存】對話框中，於【殘差】框內，選取【非標準化】、【標準化】與【Studentized】等核取方塊，以便能於資料檔中將非標準化殘差（RES_1）、標準化殘差（ZRE_1）與學生化殘差（SRE_1）等資料儲存為新變數。將來可再運用這些新變數進行單一樣本K-S檢定，以能更精確的殘差常態性檢定。

步驟7：執行迴歸分析。至此，迴歸分析執行前的所有設定工作已完成，按【確定】鈕，即可開始執行迴歸分析並產生相關報表。

步驟8：進行殘差常態性檢定。進行完迴歸分析後，於資料檔中將可產生新變數「ZRE_1」（標準化殘差），接下來，將利用「ZRE_1」變數來進行殘差常態性檢定。請接著再執行【無母數檢定】／【歷史對話紀錄】／【單一樣本K-S檢定】，即可開啓【單一樣本Kolmogorov-Smirnov檢定】對話框，在此對話框中將【待選變數】清單中的變數「ZRE_1」（標準化殘差）選至【檢定變數清單】中。

步驟9：然後，按【精確】鈕，開啓【精確檢定】對話框，點選【精確】選項後，按【繼續】鈕，回到【單一樣本K-S檢定】對話框。

步驟10：最後，於下方的【檢定分配】框中選擇【常態分配】，最後再按【確定】鈕，即可完成所有的操作。

步驟11：詳細的操作過程與報表解說，讀者亦可自行參考影音檔「ex12-2.wmv」。

12-7-2 　報表解說

執行迴歸分析後，若無錯誤訊息出現，SPSS應當會輸出許多報表。當然，這些輸出報表所顯示的內容，會依使用者對【統計資料】鈕、【圖形】鈕與【選項】鈕的設定內容而略有差異。不過在本小節中，我們將不再對輸出報表一一解說，而是根據前述的建模作戰策略與步驟，來循序漸進的完成迴歸模型的分析工作。

1. 變異數分析：檢驗自變數與依變數間是否具有線性關係

變異數分析的假設是所有投入之自變數的迴歸係數全為0（即自變數與依變數間，不具線性關係）。因此，當變異數分析表的F值顯著時，則表示偏迴歸係數不全為0。其意義就代表著依變數與所有或某些自變數間確實是可以建立線性迴歸模型的；也就是說，依變數與所有或某些自變數間確實具有線性關係。至於到底是哪幾個自變數可以真正的拿來建立線性迴歸模型，還須利用後續的t檢定來個別的檢定每個自變數的偏迴歸係數後，才能確定。

首先檢視變異數分析表，如表12-11。由表12-11可發現，迴歸分析後，共可得到四個模型，且四個模型的顯著性皆小於0.05，因此都顯著，代表各模型的線性關係確實都是存在的。

表12-11　變異數分析表

模型		平方和	df	平均值平方	F	顯著性
1	迴歸	148.204	1	148.204	126.801	.000[b]
	殘差	448.814	384	1.169		
	總計	597.018	385			
2	迴歸	190.386	2	95.193	89.661	.000[c]
	殘差	406.631	383	1.062		
	總計	597.018	385			
3	迴歸	211.773	3	70.591	69.996	.000[d]
	殘差	385.245	382	1.008		
	總計	597.018	385			
4	迴歸	217.110	4	54.278	54.434	.000[e]
	殘差	379.907	381	.997		
	總計	597.018	385			

a.應變數：ri
b.預測值：（常數），ex2
c.預測值：（常數），ex2、ex3
d.預測值：（常數），ex2、ex3、ex1
e.預測值：（常數），ex2、ex3、ex1、ex4

2. 偏迴歸係數的顯著性檢定：檢定各模型中，各自變數的偏迴歸係數是否顯著

接著檢視偏迴歸係數表，如表12-12。由表12-12可發現，四個模型的所有自變數之偏迴歸係數都是顯著的，而這也顯示出大部分的自變數，如感官體驗（ex1）、情感體驗（ex2）、思考體驗（ex3）與行動體驗（ex4）等四個變數對重遊意願「ri」都是具有顯著影響力的。然而卻也可發現關聯體驗（ex5）的影響力不顯著，無法進入到迴歸模型中。以模型四而言，思考體驗（ex3）的影響力最大（標準化係數0.242）；行動體驗（ex4）的影響力最小（標準化係數0.115）。

表12-12　偏迴歸係數表

模型		非標準化係數		標準化係數	T	顯著性	共線性統計量	
		B	標準錯誤	Beta			允差	VIF
1	（常數）	2.107	.207		10.204	.000		
	ex2	.519	.046	.498	11.261	.000	1.000	1.000
2	（常數）	1.338	.232		5.780	.000		
	ex2	.392	.048	.377	8.128	.000	.827	1.209
	ex3	.309	.049	.292	6.303	.000	.827	1.209
3	（常數）	.821	.252		3.259	.001		
	ex2	.225	.059	.216	3.778	.000	.518	1.932
	ex3	.285	.048	.270	5.947	.000	.818	1.222
	ex1	.312	.068	.255	4.605	.000	.550	1.819
4	（常數）	.700	.256		2.733	.007		
	ex2	.218	.059	.210	3.687	.000	.516	1.936
	ex3	.255	.049	(.242)	5.158	.000	.761	1.314
	ex1	.257	.072	.210	3.587	.000	.488	2.050
	ex4	.116	.050	(.115)	2.314	.021	.673	1.486

3. 迴歸線的解釋能力R^2：評估各模型對重遊意願的預測能力

觀察表12-13的模型摘要表，可發現，模型四的判定係數R^2最大，達0.364（調整後R^2為0.357），是所有模型最高者。因此，以感官體驗（ex1）、情感體驗（ex2）、思考體驗（ex3）與行動體驗（ex4）等四個自變數來建立迴歸模型，以預測重遊意願「ri」時，模型四的擬合效果最好、解釋能力最強。故參考表12-12中的非標準化偏迴歸係數值，將迴歸模型建立為：

$$重遊意願（ri）＝0.700＋0.257×感官體驗（ex1）＋0.218×情感體驗（ex2）$$
$$＋0.255×思考體驗（ex3）＋0.116×行動體驗（ex4）$$

此外，也可建立標準化的迴歸模型：

$$重遊意願（ri）＝0.210×感官體驗（ex1）＋0.210×情感體驗（ex2）$$
$$＋0.242×思考體驗（ex3）＋0.115×行動體驗（ex4）$$

表12-13　模式摘要表

模型	R	R平方	調整後的R平方	標準偏斜度錯誤	變更統計資料					Durbin-Watson
					R平方變更	F值變更	df1	df2	顯著性F值變更	
1	.498[a]	.248	.246	1.08110	.248	126.801	1	384	.000	
2	.565[b]	.319	.315	1.03039	.071	39.731	1	383	.000	
3	.596[c]	.355	.350	1.00424	.036	21.206	1	382	.000	
4	.603[d]	.364	.357	.99856	.009	5.353	1	381	.001	1.755

a. 預測值（常數），ex2
b. 預測值（常數），ex2、ex3
c. 預測值（常數），ex2、ex3、ex1
d. 預測值（常數），ex2、ex3、ex1、ex4

4. 殘差的常態性檢定、恆等性檢定、獨立性檢定

☞常態性檢定

　　欲進行殘差的常態性檢定時，可用直觀的圖形方式如直方圖（圖12-16）與P-P圖（圖12-17），亦可使用精確的Kolmogorov-Smirnov檢定（表12-14）。

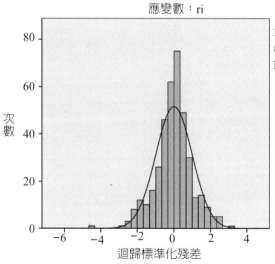

圖12-16　標準化殘差直方圖

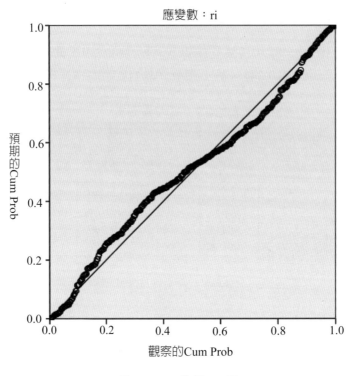

圖12-17　常態P-P圖

表12-14　Kolmogorov-Smirnov檢定表

		Standardized Residual
N		386
常態參數[a,b]	平均數	.0000000
	標準偏差	.99479163
最極端差異	絕對	.062
	正	.059
	負	−.062
測試統計資料		.062
漸近顯著性（雙尾）		.001[c]
精確顯著性（雙尾）		.098
點機率		.000

a. 檢定分配為常態。

　　觀察圖12-16的直方圖，可發現標準殘差的直方圖與標準常態圖相近。此外，再觀察圖12-17的P-P圖，標準化殘差基本上都落在代表「標準常態分配」的對角線上或

附近,因此可判定標準化殘差應具有常態性。亦可使用精確的Kolmogorov-Smirnov檢定殘差的常態性,由表12-14中顯見,Kolmogorov-Smirnov檢定的顯著性為0.098大於0.05,因此可接受殘差具常態性的假設。故無論從圖形直觀或科學性的檢定過程,皆可證明所建模型的殘差具有常態性。

☞ 恆等性檢定

欲進行殘差的恆等性檢定時,須觀察Student化殘差(SRESID)對標準化預測值(ZPRED)的散佈圖,如圖12-18。

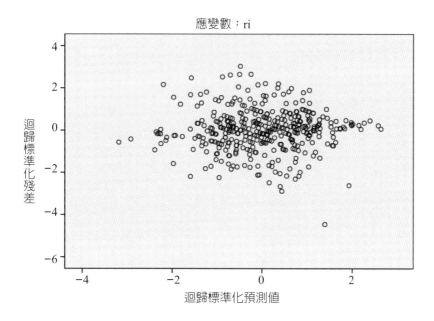

圖12-18　Student化殘差對標準化預測值之散佈圖

觀察圖12-18,由於沒有發現Student化殘差在圖形上所構成的明顯型態或趨勢,因此可認為殘差具有恆等性。

☞ 獨立性檢定

欲進行殘差的獨立性檢定時,可觀察模式摘要表(表12-13)中的Durbin-Watson檢定值。由表12-13的最後一欄,可發現Durbin-Watson檢定值為1.755,相當接近2,因此可認為殘差具有獨立性。

由以上的殘差分析中,可明顯發現殘差分析的結果相當好,殘差具有常態性、恆等性與獨立性,皆符合迴歸模型的基本假設。

5. 共線性診斷

欲進行共線性診斷時，可觀察允差值（表12-12）、VIF（表12-12）與條件指數（表12-15）等三個值。表12-12中，模型四之各自變數的允差值介於0.488～0.761間，故皆大於0.1，且VIF介於1.314～2.050間，皆小於10。此外，表12-15中模型四的條件指數介於1.000～16.455間，也都小於30。因此，可判斷所建立的迴歸模型之共線性問題並不存在。

表12-15　共線性診斷表

模型	維度	特徵值	條件指數	變異數比例				
				（常數）	ex2	ex3	ex1	ex4
1	1	1.964	1.000	.02	.02			
	2	.036	7.370	.98	.98			
2	1	2.924	1.000	.01	.01	.01		
	2	.041	8.394	.00	.71	.71		
	3	.034	9.225	.99	.28	.29		
3	1	3.899	1.000	.00	.00	.00	.00	
	2	.048	9.022	.01	.16	.74	.10	
	3	.034	10.638	.76	.25	.22	.00	
	4	.019	14.351	.23	.58	.04	.90	
4	1	4.859	1.000	.00	.00	.00	.00	.00
	2	.048	10.071	.01	.17	.67	.09	.00
	3	.042	10.773	.00	.18	.14	.00	.79
	4	.034	12.034	.86	.12	.12	.00	.12
	5	.018	16.455	.13	.52	.06	.91	.09

6. 總結

綜合整理上述迴歸建模之過程，獲致以下結論：

由表12-11得知五個自變數與依變數之間確實具有顯著的線性關係。在此情形下，迴歸分析結果共建立了四個模型（表12-13），其中模型四的判定係數R^2最大，達0.364（調整後R^2為0.357）。此外，由表12-12的偏迴歸係數表中，可發現模型四的所有自變數之偏迴歸係數都是顯著的，而這也顯示出感官體驗（ex1）、情感體驗（ex2）、思考體驗（ex3）與行動體驗（ex4）等四個變數對重遊意願「ri」都是具有顯著影響力的，其中以思考體驗（ex3）的影響力最大（標準化係數0.242）、行動體驗（ex4）的影響力最小（標準化係數0.115），故建立迴歸模型為：

重遊意願（ri）＝ 0.700 ＋ 0.257×感官體驗（ex1）＋ 0.218×情感體驗（ex2）

＋ 0.255×思考體驗（ex3）＋ 0.116×行動體驗（ex4）

此外，也可建立標準化的迴歸模型：

重遊意願（ri）＝ 0.210×感官體驗（ex1）＋ 0.210×情感體驗（ex2）

＋ 0.242×思考體驗（ex3）＋ 0.115×行動體驗（ex4）

此模型的解釋能力達0.364，已達一般學術論文所要求的水準值（標準為0.3），因此迴歸模型擬合效果良好。

最後，進行殘差分析與進行共線性診斷，以確認迴歸模型的品質與合理性。由圖12-16的殘差直方圖、圖12-17的常態P-P圖、表12-14的Kolmogorov-Smirnov的常態檢定性、圖12-18的殘差散佈圖與表12-13模型摘要表中的Durbin-Watson值（1.755，非常接近2），不難看出，迴歸模型之殘差符合常態性、恆等性與獨立性等之前提假設。

再觀察表12-12中，模型四之各自變數的允差值皆大於0.1、VIF皆小於10。此外，表12-15中模型四的條件指數也都小於30。因此，可判斷共線性問題並不存在。

由上述內容不難理解，在此所建立的迴歸模型除解釋能力高外，亦具合理性，相當值得信賴。此外，亦能由迴歸模型中，各自變數的標準化偏迴歸係數得知，遊客所能感知的「感官體驗」、「情感體驗」、「思考體驗」與「行動體驗」對其重遊意願皆具有顯著的影響力，且其影響力以「思考體驗」最大、「感官體驗」與「情感體驗」次之、「行動體驗」最小。

習 題

練習 12-1

29例兒童的血液中，血紅蛋白（y，g）與鈣（X1）、鎂（X2）、鐵（X3）、錳（X4）、銅（X5）的含量資料，已輸入至hw12-1.sav中。

1. 試使用逐步迴歸方法篩選對血蛋白有顯著作用的元素。
2. 試探討是否存在共線問題？
3. 試探討迴歸模型的擬合度是否良好？

練習 12-2

合金鋼的強度Y與鋼材中碳的含量X有密切關係，為了冶煉出符合要求強度的鋼，常常透過控制鋼材中碳的含量來達到目的，下面是10組不同碳含量X（%）所對應的鋼強度的資料（hw12-2.sav）：

表12-16　不同碳含量X（%）所對應的鋼強度的資料

X	0.03	0.04	0.05	0.07	0.09	0.10	0.12	0.15	0.17	0.20
y	40.5	39.5	41.0	41.5	43.0	42.0	45.0	47.5	53.0	56.0

1. 試探討Y和X的關係。
2. 試探討迴歸模型的擬合度是否良好？

練習 12-3

試使用hw12-3.sav

1. 建立一個使用初始工資、工作經驗、受教育年限等自變數的迴歸模型來預測目前的工資？
2. 該迴歸模型是否滿足線性與變異數一致性？
3. 是否具有共線性問題？
4. 該迴歸模型的擬合度如何？

 練習 12-4

參考附錄一中【品牌形象、知覺價值對品牌忠誠度關係之研究】之原始問卷,並開啟hw12-4.sav,試問品牌形象的三個子構面是否可有效預測消費者的品牌忠誠度?其預測力如何?請建立最佳預測模型?

 練習 12-5

參考附錄一中【品牌形象、知覺價值對品牌忠誠度關係之研究】之原始問卷,並開啟hw12-4.sav,試問知覺價值的四個子構面是否可有效預測消費者的品牌忠誠度?其預測力如何?請建立最佳預測模型?

練習 12-6

參考附錄一中【品牌形象、知覺價值對品牌忠誠度關係之研究】之原始問卷,並開啟hw12-4.sav,試問品牌形象的三個子構面與知覺價值的四個子構面是否可有效預測消費者的品牌忠誠度?其預測力如何?請建立最佳預測模型?

附錄一　品牌形象、知覺價值對品牌忠誠度關係之研究

一、問卷內容

問卷編號：＿＿＿＿＿＿＿＿

> 　　親愛的先生、小姐您好：
>
> 　　這是一份學術性的研究問卷，目的在了解品牌形象、知覺價值對品牌忠誠度的影響程度，您的寶貴意見，將是本研究成功的最大關鍵。問卷採不記名方式，全部資料僅作統計分析之用，絕不對外公開，請安心填寫。懇請您撥幾分鐘協助填答問卷，謝謝您的熱心參與。
>
> 　　敬祝您　順心如意
>
> 　　　　　　　　　　　　　　　　　　　　　　　　　　　　　研究所
>
> 　　　　　　　　　　　　　　　　指導教授：　　　　　博士
> 　　　　　　　　　　　　　　　　研　究　生：　　　　　敬上

※請針對您的消費經驗，回答下列相關問項，請於□中打「✓」，謝謝！

第一部分：品牌形象	極不同意	很不同意	不同意	普通	同意	很同意	極為同意
1.85度C的產品風味很特殊。	□	□	□	□	□	□	□
2.85度C的產品很多樣化。	□	□	□	□	□	□	□
3.85度C和別的品牌有明顯不同。	□	□	□	□	□	□	□
4.85度C很有特色。	□	□	□	□	□	□	□
5.85度C很受歡迎。	□	□	□	□	□	□	□
6.我對85度C有清楚的印象。	□	□	□	□	□	□	□
7.85度C的經營者正派經營。	□	□	□	□	□	□	□
8.85度C形象清新。	□	□	□	□	□	□	□
9.85度C讓人聯想到品牌值得信任。	□	□	□	□	□	□	□
第二部分：知覺價值	極不同意	很不同意	不同意	普通	同意	很同意	極為同意
1.我認為85度C的產品，其品質是可以接受的。	□	□	□	□	□	□	□

第二部分：知覺價值	極不同意	很不同意	不同意	普通	同意	很同意	極為同意
2.我喜歡購買85度C的產品。	☐	☐	☐	☐	☐	☐	☐
3.我會想使用85度C的產品。	☐	☐	☐	☐	☐	☐	☐
4.使用85度C的產品後，會讓我感覺很好。	☐	☐	☐	☐	☐	☐	☐
5.我認為85度C的產品價格不甚合理。	☐	☐	☐	☐	☐	☐	☐
6.我認為以此價格購買85度C的產品是不值得的。	☐	☐	☐	☐	☐	☐	☐
7.我認為85度C的產品，能符合大部分人的需求。	☐	☐	☐	☐	☐	☐	☐
8.使用85度C的產品後，能讓其他人對我有好印象。	☐	☐	☐	☐	☐	☐	☐
第三部分：品牌忠誠度	極不同意	很不同意	不同意	普通	同意	很同意	極為同意
1.購買85度C的產品對我來說是最好的選擇。	☐	☐	☐	☐	☐	☐	☐
2.我是85度C的忠實顧客。	☐	☐	☐	☐	☐	☐	☐
3.當我有需求時，我會優先選擇85度C。	☐	☐	☐	☐	☐	☐	☐
4.我願意繼續購買85度C的產品。	☐	☐	☐	☐	☐	☐	☐
5.我會向親朋好友推薦85度C的產品。	☐	☐	☐	☐	☐	☐	☐

第四部分：基本資料，請於☐中打「✓」。

1. 性別： ☐女 ☐男
2. 婚姻狀況： ☐未婚 ☐已婚
3. 年齡： ☐ 20歲以下 ☐ 21～30歲 ☐ 31～40歲 ☐ 41～50歲 ☐ 51～60歲 ☐ 61歲以上
4. 目前職業： ☐軍公教 ☐服務業 ☐製造業 ☐買賣業 ☐自由業 ☐家庭主婦 ☐學生 ☐其他（請註明_____）
5. 教育程度： ☐國小（含）以下 ☐國中 ☐高中（職） ☐專科 ☐大學 ☐研究所（含）以上
6. 平均月收入： ☐ 15,000元以下 ☐ 15,001～30,000元 ☐ 30,001～45,000元 ☐ 45,001～60,000元 ☐ 60,001～75,000元 ☐ 75,001～90,000元 ☐ 90,001～120,000元 ☐ 120,001元以上
7. 您認為85度C的哪些特色很吸引您？ ☐咖啡 ☐糕點 ☐服務 ☐氣氛
8. 請在下列的連鎖咖啡店中，指出三家您最常去的商店？並依頻率高低標出1、2、3的次序（1為最常去）。 ☐星巴克 ☐85度C ☐ 7-11 city café ☐麥當勞 ☐三皇三家 ☐伯朗 ☐怡客

本問卷到此結束，非常感謝您的耐心填答，謝謝！！

二、概念性模型

本附錄所將介紹的範例模型是一份實際的碩士論文之概念性模型（conceptual model），題名爲「品牌形象、知覺價值對品牌忠誠度關係之研究」。基本上，這是一篇還算簡單，但結構完整的碩士論文，非常適合初學者模擬。一般而言，研究的初學者往往都是從模擬前輩的研究方法（methodology）開始，所該重視的是過程的嚴謹性，而不是其成果。再深入點，學會基本功後，那麼研究者所該重視的即是創意了。

該研究透過相關文獻整理、分析、推論與建立假說，引導出品牌形象正向影響知覺價值、品牌忠誠度；知覺價值正向影響品牌忠誠度；品牌形象透過知覺價值間接顯著正向影響品牌忠誠度等假設。研究中所使用的變數分別爲自變數、依變數以及中介變數等三項。自變數爲消費者所認知的品牌形象，其包含三個子構面分別爲品牌價值、品牌特質與企業聯想。此外，依變數則爲消費者對品牌的忠誠度。而處於自變數與依變數之間的中介變數則是消費者所知覺的價值感，其包含四個子構面分別爲品質價值、情感價值、價格價值與社會價值等。由此，該研究所建構的消費者品牌忠誠度之概念性模型，其架構將如圖附1-1所示。

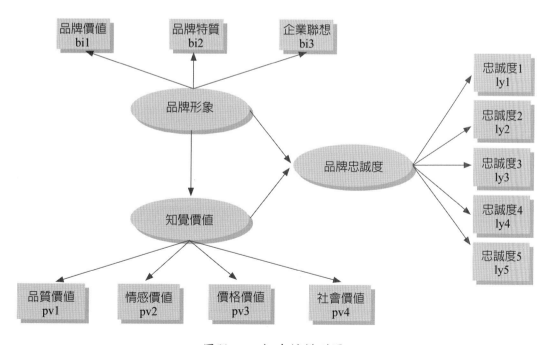

圖附1-1　概念性模型圖

三、研究假設

根據圖附1-1所建立之概念性模型圖，該研究將提出下列研究假設，盼能透過市場調查所蒐集的資料，運用驗證性因素分析、結構方程模型，驗證這些假設的成立與否，並釐清品牌形象、知覺價值、品牌忠誠度之間關係，這些研究假設分述如下：

假設一：品牌形象對知覺價值有正向影響。

假設二：品牌形象對品牌忠誠度有正向影響。

假設三：知覺價值對品牌忠誠度有正向影響。

假設四：品牌形象透過知覺價值間接的顯著正向影響品牌忠誠度。

四、潛在變數之操作型定義與衡量

為了檢驗上述之研究假說，本研究試圖將概念性架構予以操作化，並建構相對應的問項。根據圖附1-1的概念性模型，本研究之觀察變數包含品牌知名度、品牌形象與品牌忠誠度等。以下為本研究之研究變數的操作型定義之陳述，至於原始問卷請讀者自行參閱附錄一。

（一）品牌形象

Aaker（1996）曾以消費者對獨特產品類別或品牌聯想來闡釋品牌形象。認為品牌形象係建構在三種知覺層面上，即品牌對應產品價值、品牌對應個人特質及品牌對應組織（企業）聯想，由於此論點較契合本研究之衡量標的與推論，因此本研究將應用Aaker（1996）所主張的品牌形象之構成三要素，即品牌價值、品牌特質與企業聯想等，作為衡量品牌形象構面的指標，表附1-1顯示為品牌形象構面之操作型定義與衡量題項。

表附1-1　品牌形象的操作型定義與衡量題項

構面	操作型定義	衡量題項
品牌價值 bi1	消費者對此一品牌的功能性利益與品質之知覺	1. 85度C的產品風味很特殊（bi1_1）。 2. 85度C的產品很多樣化（bi1_2）。 3. 85度C和別的品牌有明顯不同（bi1_3）。
品牌特質 bi2	消費者對此一品牌的情感連結與自我表現聯想	4. 85度C很有特色（bi2_1）。 5. 85度C很受歡迎（bi2_2）。 6. 我對85度C有清楚的印象（bi2_3）。
企業聯想 bi3	消費者對此一品牌的提供者或製造者的情感連結	7. 85度C的經營者正派經營（bi3_1）。 8. 85度C形象清新（bi3_2）。 9. 85度C讓人聯想到品牌值得信任（bi3_3）。

（二）知覺價值

　　知覺價值是來自於讓顧客期望自產品所獲得的利益，高於消費者長期付出的成本。本研究採用Sweeney and Soutar（2001）所提出的四類知覺價值，即品質價值、情感價值、價格價值與社會價值等作為知覺價值的衡量基準，並以此發展知覺價值構面的評量問項，表附1-2詳列知覺價值構面之操作型定義與衡量題項。

表附1-2　知覺價值的操作型定義與衡量題項

構面	操作型定義	衡量題項
品質價值 pv1	來自對產品的知覺品質或期望效果	1.我認為85度C的產品，其品質是可以接受的（pv1_1）。 2.我不會對85度C之產品的品質，感到懷疑（pv1_2）。
情感價值 pv2	來自對於產品的感覺或感動	3.我會想使用85度C的產品（pv2_1）。 4.使用85度C的產品後，會讓我感覺很好（pv2_2）。
價格價值 pv3	來自長期或短期的投入金錢成本	5.我認為85度C的產品價格合理（pv3_1）。 6.我認為以此價格購買85度C的產品是值得的（pv3_2）。
社會價值 pv4	來自產品對社會自我認知的影響	7.我認為85度C的產品，能符合大部分人的需求（pv4_1）。 8.使用85度C的產品後，能讓其他人對我有好印象（pv4_2）。

（三）品牌忠誠度

　　依據文獻分析，在本研究中，品牌忠誠度主要將探討顧客受品牌知名度與品牌形象之影響，對品牌之忠誠行為的產出結果，研究目的偏重於實務運用性質，因此參考Chaudhuri and Holbrook（2001）、Odin, Odin and Valette-Florence（1999）、Yoo and Donthu（2001）之主張，以單構面之題項衡量品牌之忠誠行為，題項內容則包含：品牌忠誠行為、再購意願及衍生行為等。表附1-3顯示品牌忠誠度的操作型定義與衡量題項。

表附1-3　品牌忠誠度的操作型定義與衡量題項

構面	操作型定義	衡量題項
品牌 忠誠度 ly	消費者對同一品牌的購買經驗與行為承諾	1.購買個案公司的產品對我來說是最好的選擇（ly1）。 2.我是個案公司的忠實顧客（ly2）。 3.當我有需求時，我會優先選擇個案公司的產品（ly3）。 4.我願意繼續購買個案公司的產品（ly4）。 5.我會向親朋好友推薦個案公司的產品（ly5）。

附錄二 遊客體驗、旅遊意象與重遊意願關係之研究

一、問卷內容

問卷編號： _____

> 親愛的先生、小姐您好：
>
> 這是一份學術性的研究問卷，目的在了解遊客體驗、旅遊意象對重遊意願的影響程度，您的寶貴意見，將是本研究成功的最大關鍵。問卷採不記名方式，全部資料僅作統計分析之用，絕不對外公開，請安心填寫。懇請您撥幾分鐘協助填答問卷，謝謝您的熱心參與。
>
> 敬祝您　順心如意
>
> 研究所
>
> 指導教授：　　　博士
>
> 研究生：　　　敬上

※請針對您的旅遊經驗，回答下列相關問項，請於□中打「✓」，謝謝！

第一部分：遊客體驗	極不同意	很不同意	不同意	普通	同意	很同意	極為同意
1.秀麗的山水風景，非常吸引我。	□	□	□	□	□	□	□
2.豐富的歷史文物，非常吸引我。	□	□	□	□	□	□	□
3.我覺得這次旅遊，非常富有趣味。	□	□	□	□	□	□	□
4.我覺得這次旅遊，行程豐富精彩。	□	□	□	□	□	□	□
5.看到美麗的景緻，令我心情放鬆。	□	□	□	□	□	□	□
6.看到豐富的文物，能激發我思古之情。	□	□	□	□	□	□	□
7.看到美麗的景緻，讓我感到歡樂愉快。	□	□	□	□	□	□	□
8.當地的景色，令我感動。	□	□	□	□	□	□	□
9.當地歷史文物，令我感動。	□	□	□	□	□	□	□
10.透過這次旅遊，頗發人省思，令我有所思考。	□	□	□	□	□	□	□
11.透過這次旅遊，引發我的好奇心。	□	□	□	□	□	□	□
12.透過這次旅遊，引發我去做一些聯想或靈感的啟發。	□	□	□	□	□	□	□
13.透過這次旅遊，能激發我創意思考。	□	□	□	□	□	□	□

第一部分：遊客體驗	極不同意	很不同意	不同意	普通	同意	很同意	極為同意
14.看到美景，我很想分享觀賞的心得。	☐	☐	☐	☐	☐	☐	☐
15.看到歷史文物，我很想分享觀賞的心得。	☐	☐	☐	☐	☐	☐	☐
16.看到美景，我很想拍照、錄影留念。	☐	☐	☐	☐	☐	☐	☐
17.看到歷史建物，我很想拍照、錄影留念。	☐	☐	☐	☐	☐	☐	☐
18.我會想購買與當地相關的紀念品。	☐	☐	☐	☐	☐	☐	☐
19.透過這次旅遊，讓我產生環境維護的認同感。	☐	☐	☐	☐	☐	☐	☐
20.會因美麗的景緻，而聯想到西拉雅國家風景區。	☐	☐	☐	☐	☐	☐	☐
21.透過這次旅遊，西拉雅會成為我平常談論的話題。	☐	☐	☐	☐	☐	☐	☐
第二部分：旅遊意象	極不同意	很不同意	不同意	普通	同意	很同意	極為同意
1.自然風景優美。	☐	☐	☐	☐	☐	☐	☐
2.平埔族文化保存良好。	☐	☐	☐	☐	☐	☐	☐
3.知名度高。	☐	☐	☐	☐	☐	☐	☐
4.開車環湖賞景令人愉悅。	☐	☐	☐	☐	☐	☐	☐
5.整體氣氛令人心情放鬆。	☐	☐	☐	☐	☐	☐	☐
6.通往本風景區交通便利。	☐	☐	☐	☐	☐	☐	☐
7.遊憩安全設施良好。	☐	☐	☐	☐	☐	☐	☐
8.地方公共服務設施完善。	☐	☐	☐	☐	☐	☐	☐
9.整體旅遊環境乾淨。	☐	☐	☐	☐	☐	☐	☐
10.旅遊資訊充足。	☐	☐	☐	☐	☐	☐	☐
11.相關服務人員能提供遊客迅速且即時的服務。	☐	☐	☐	☐	☐	☐	☐
12.區內相關服務人員的服務態度良好。	☐	☐	☐	☐	☐	☐	☐
13.旅遊活動的各項安排均能提供遊客便利。	☐	☐	☐	☐	☐	☐	☐
14.個人平均旅遊花費價格合理。	☐	☐	☐	☐	☐	☐	☐
15.收費合理。	☐	☐	☐	☐	☐	☐	☐
第三部分：重遊意願	極不同意	很不同意	不同意	普通	同意	很同意	極為同意
1.到西拉雅風景區旅遊，對我來說是最好的選擇。	☐	☐	☐	☐	☐	☐	☐
2.我將會是西拉雅風景區的忠實遊客。	☐	☐	☐	☐	☐	☐	☐
3.當我有旅遊需求時，我會優先選擇西拉雅風景區。	☐	☐	☐	☐	☐	☐	☐
4.我願意繼續到西拉雅風景區旅遊。	☐	☐	☐	☐	☐	☐	☐
5.我會向親朋好友推薦到西拉雅風景區。	☐	☐	☐	☐	☐	☐	☐

第四部分：基本資料，請於□中打「✓」。

1. 性別：　　　　　□女　　□男
2. 婚姻狀況：　　　□未婚　　□已婚
3. 年齡：　　　　　□20歲以下　　□21～30歲　　□31～40歲　　□41～50歲　　□51～60歲　　□61歲以上
4. 目前職業：　　　□軍公教　　□服務業　　□製造業　　□買賣業　　□自由業　　□家庭主婦　　□學生
　　　　　　　　　□其他（請註明＿＿＿＿＿＿）
5. 教育程度：　　　□國小（含）以下　　□國中　　□高中（職）　　□專科　　□大學
　　　　　　　　　□研究所（含）以上
6. 平均月收入：　　□15,000元以下　　　　□15,001～30,000元　　　□30,001～45,000元
　　　　　　　　　□45,001～60,000元　　　□60,001～75,000元　　　□75,001～90,000元
　　　　　　　　　□90,001～120,000元　　　□120,001元以上
7. 請問你認為西拉雅風景區有哪些特色？（可複選）
　　　　　　　　　□平埔族文化　　□風景優美　　□交通便利　　□旅遊資訊充足
8. 請在下列的國家風景區中，指出三個您最常去的風景區？並請依到訪頻率的高低，標示出1、2、3的次序（1為最常去）。
　　　　　　　　　□大鵬灣　　□日月潭　　□西拉雅　　□阿里山　　□北海岸　　□參山　　□嘉南濱海

本問卷到此結束，非常感謝您的耐心填答，謝謝！！

二、概念性模型

　　該研究透過相關文獻整理、分析、推論與建立假說，引導出遊客體驗對旅遊意象、重遊意願具有正向顯著影響；旅遊意象對重遊意願具有正向顯著影響等假設。研究中所使用的變數分別為自變數、依變數以及中介變數等三項。自變數為遊客所感受的旅遊體驗，其包含五個子構面，分別為感官體驗、情感體驗、思考體驗、行動體驗與關聯體驗。此外，依變數則為遊客的重遊意願。而處於自變數與依變數之間的中介變數則是遊客所知覺的旅遊意象，其包含四個子構面分別為產品意象、品質意象、服務意象與價格意象等。由此，該研究所建構的遊客重遊意願之概念性模型，其架構將如圖附2-1所示。

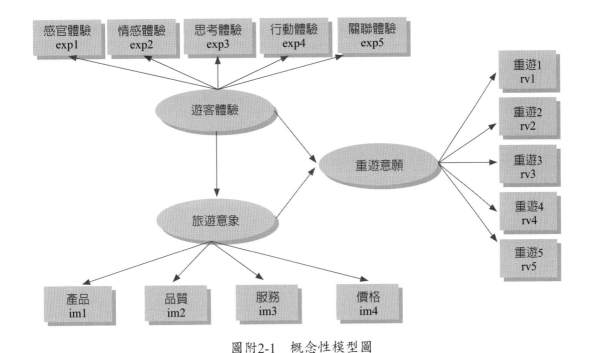

圖附2-1　概念性模型圖

三、研究假設

　　根據圖附2-1所建立之概念性模型圖，該研究將提出下列研究假設，盼能透過市場調查所蒐集的資料，運用驗證性因素分析、結構方程模型，驗證這些假設的成立與否，並釐清遊客體驗、旅遊意象與重遊意願間的關係，這些研究假設分述如下：

　　假設一：遊客體驗對旅遊意象有正向影響。

　　假設二：遊客體驗對重遊意願有正向影響。

　　假設三：旅遊意象對重遊意願有正向影響。

　　假設四：遊客體驗透過旅遊意象間接的顯著正向影響重遊意願。

四、潛在變數之操作型定義與衡量

　　為了檢驗上述之研究假說，本研究試圖將概念性架構予以操作化，並建構相對應的問項。根據圖附2-1的概念性模型，本研究之觀察變數包含遊客體驗、旅遊意象與重遊意願等。以下為本研究之研究變數的操作型定義之陳述。

（一）遊客體驗

　　Pine and Gilmore（1998）體驗是無法觸摸的，但可以分享與流傳，雖然感受體

驗的剎那，時空已成為往事，但是烙印在體驗者心中的感受卻是可以長久流傳的（夏業良、魯煒，2003）。體驗本身是一種內化的感受，很難導出具體的假設，故本研究利用Schmitt（1999）所提出的五項體驗形式：感官體驗、情感體驗、思考體驗、行動體驗以及關聯體驗，給予操作型定義運用定量的方法，衡量遊客體驗之感受程度，表附2-1顯示為遊客體驗構面之操作型定義與衡量題項。

（二）旅遊意象

本研究所稱之旅遊意象，主要是參考多位學者之研究整理出產品意象、品質意象、服務意象與價格意象等四個構面作為探討旅遊意象的基礎，表附2-2顯示為旅遊意象構面之操作型定義與衡量題項。

（三）重遊意願

重遊意願意指凡曾到過個案風景區從事體驗活動之遊客，有意願再重遊或推薦他人之機率。主要是根據Jones and Sasser（1995）將遊客重遊意願定義為顧客對特定風景區的依戀或好感。遊客重遊意願之衡量方式，將以任何時點詢問遊客未來是否再度重遊特定風景區的意願，以及重遊行為是指遊客願意再次旅遊某一目的地或同一國家內之其他景點（Kozak, 2001）的概念為依據，定義重遊意願之操作型定義與衡量題項，如表附2-3。

表附2-1　遊客體驗的操作型定義與衡量題項

構面	操作型定義	衡量題項
感官體驗 exp1	遊客於感官上所體驗到的感受。	1.秀麗的山水風景，非常吸引我（exp1_1）。 2.豐富的歷史文物，非常吸引我（exp1_2）。 3.我覺得這次旅遊，非常富有趣味（exp1_3）。 4.我覺得這次旅遊，行程豐富精彩（exp1_4）。
情感體驗 exp2	遊客於情感連結上所體驗到的感受。	5.看到美麗的景緻，令我心情放鬆（exp2_1）。 6.看到豐富的文物，能激發我思古之情（exp2_2）。 7.看到美麗的景緻，讓我感到歡樂愉快（exp2_3）。 8.當地的景色，令我感動（exp2_4）。 9.當地歷史文物，令我感動（exp2_5）。
思考體驗 exp3	旅遊後，所引發的思考、聯想或靈感的啟發。	10.透過這次旅遊，頗發人省思，令我有所思考（exp3_1）。 11.透過這次旅遊，引發我的好奇心（exp3_2）。 12.透過這次旅遊，引發我做一些聯想與靈感啟發（exp3_3）。 13.透過這次旅遊，能激發我創意思考（exp3_4）。

表附2-1 遊客體驗的操作型定義與衡量題項（續）

構面	操作型定義	衡量題項
行動體驗 exp4	透過旅遊活動，所引發的具體行動。	14.看到美景，我很想分享觀賞的心得（exp4_1）。 15.看到歷史文物，我很想分享觀賞的心得（exp4_2）。 16.看到美景，我很想拍照、錄影留念（(exp4_3）。 17.看到歷史建物，我很想拍照、錄影留念（exp4_4）。
關聯體驗 exp5	透過旅遊活動，所引發的認同感。	18.我會想購買與當地相關的紀念品（exp5_1）。 19.透過這次旅遊，讓我產生環境維護的認同感（exp5_2）。 20.會因美麗的景緻，而聯想到西拉雅國家風景區（exp5_3）。 21.透過這次旅遊，西拉雅會成為我平常談論的話題（exp5_4）。

表附2-2 旅遊意象的操作型定義與衡量題項

構面	操作型定義	衡量題項
產品 im1	遊客對旅遊地點的印象。	1.自然風景優美（im1_1）。 2.平埔族文化保存良好（im1_2）。 3.知名度高（im1_3）。
品質 im2	遊客對旅遊地點之相關設施品質的印象。	4.開車賞景令人愉悅（im2_1）。 5.整體氣氛令人心情放鬆（im2_2）。 6.通往本風景區交通便利（im2_3）。 7.遊憩安全設施良好（im2_4）。 8.地方公共服務設施完善（im2_5）。
服務 im3	遊客對旅遊地點之服務品質印象。	9.整體旅遊環境乾淨（im3_1）。 10.旅遊資訊充足（im3_2）。 11.相關服務人員能提供遊客迅速且即時的服務（im3_3）。 12.區內相關服務人員的服務態度良好（im3_4）。 13.旅遊活動的各項安排均能提供遊客便利（im3_5）。
價格 im4	遊客對旅遊地點之相關花費的印象。	14.個人平均旅遊花費價格合理（im4_1）。 15.收費合理（im4_2）。

表附2-3 重遊意願的操作型定義與衡量題項

構面	操作型定義	衡量題項
重遊意願 rv	遊客對同一旅遊地點的體驗與行為承諾	1.到西拉雅風景區旅遊，對我來說是最好的選擇（rv1）。 2.我將會是西拉雅風景區的忠實遊客（rv2）。 3.有旅遊需求時，我會優先選擇西拉雅風景區（rv3）。 4.我願意繼續到西拉雅風景區旅遊（rv4）。 5.我會向親朋好友推薦到西拉雅風景區（rv5）。

附錄三 景觀咖啡廳商店意象、知覺價值、忠誠度與轉換成本的關係

一、問卷內容

問卷編號： _____

親愛的先生、小姐您好：

　　這是一份學術性的研究問卷，目的在了解景觀咖啡廳商店意象、知覺價值、忠誠度與轉換成本的關係，您的寶貴意見，將是本研究成功的最大關鍵。問卷採不記名方式，全部資料僅作統計分析之用，絕不對外公開，請安心填寫。懇請您撥冗協助填答問卷，謝謝您的熱心參與。

　　敬祝您　順心如意

研究所

指導教授：　　　　博士
研　究　生：　　　　敬上

※請針對您的消費經驗，回答下列相關問項，請於□中打「✓」，謝謝！

第一部分：景觀咖啡廳商店意象	極不同意	很不同意	不同意	普通	同意	很同意	極為同意
1. 餐飲品質好，新鮮度佳。	□	□	□	□	□	□	□
2. 餐飲商品種類多，選擇性高。	□	□	□	□	□	□	□
3. 餐飲價格合理。	□	□	□	□	□	□	□
4. 菜單內容會不定時更換。	□	□	□	□	□	□	□
5. 服務人員親切有禮，服裝整齊。	□	□	□	□	□	□	□
6. 服務人員會主動提供餐點之訊息。	□	□	□	□	□	□	□
7. 服務人員結帳時，快速準確。	□	□	□	□	□	□	□
8. 服務人員出餐快速，等待食物時間短。	□	□	□	□	□	□	□
9. 營業時間滿足需要。	□	□	□	□	□	□	□
10.週邊交通便利，地點易達。	□	□	□	□	□	□	□
11.停車空間足夠。	□	□	□	□	□	□	□
12.店內裝潢高雅舒適，氣氛良好。	□	□	□	□	□	□	□

第一部分：景觀咖啡廳商店意象	極不同意	很不同意	不同意	普通	同意	很同意	極為同意
13.燈光音樂宜人。	☐	☐	☐	☐	☐	☐	☐
14.店內環境舒適整潔。	☐	☐	☐	☐	☐	☐	☐
15.走道空間寬敞，不會影響鄰座客人的交談。	☐	☐	☐	☐	☐	☐	☐
16.配合節慶主題性有促銷活動。	☐	☐	☐	☐	☐	☐	☐
17.發行貴賓卡成立會員俱樂部。	☐	☐	☐	☐	☐	☐	☐
18.提供商品折價券。	☐	☐	☐	☐	☐	☐	☐
19.店內提供無線上網。	☐	☐	☐	☐	☐	☐	☐
20.可使用信用卡付款。	☐	☐	☐	☐	☐	☐	☐
21.提供書報雜誌閱讀。	☐	☐	☐	☐	☐	☐	☐
第二部分：知覺價值	極不同意	很不同意	不同意	普通	同意	很同意	極為同意
1.和其他同業相較，本餐廳服務或商品非常吸引我。	☐	☐	☐	☐	☐	☐	☐
2.和其他同業相較，本餐廳物超所值。	☐	☐	☐	☐	☐	☐	☐
3.和其他同業相較，本餐廳提供了較多的免費服務。	☐	☐	☐	☐	☐	☐	☐
4.和其他同業相較，本餐廳提供比我預期更高的價值。	☐	☐	☐	☐	☐	☐	☐
第三部分：忠誠度	極不同意	很不同意	不同意	普通	同意	很同意	極為同意
1.本餐廳會是我優先的選擇。	☐	☐	☐	☐	☐	☐	☐
2.我願意再來本餐廳消費。	☐	☐	☐	☐	☐	☐	☐
3.我認為我是本餐廳的忠實顧客。	☐	☐	☐	☐	☐	☐	☐
4.我會向本餐廳申請貴賓卡。	☐	☐	☐	☐	☐	☐	☐
5.我會主動向親朋好友介紹本餐廳。	☐	☐	☐	☐	☐	☐	☐
第四部分：轉換成本	極不同意	很不同意	不同意	普通	同意	很同意	極為同意
1.我覺得轉換到另一間餐廳是費時費力的。	☐	☐	☐	☐	☐	☐	☐
2.轉換到另一間餐廳需花費較高的成本。	☐	☐	☐	☐	☐	☐	☐
3.我覺得要轉換到其他餐廳消費是一件麻煩的事。	☐	☐	☐	☐	☐	☐	☐

第五部分：基本資料，請於□中打「✓」。

1. 性別： □女 □男
2. 婚姻狀況： □未婚 □已婚
3. 年齡： □20歲以下 □21～30歲 □31～40歲 □41～50歲
□51～60歲 □61歲以上
4. 目前職業： □軍公教 □服務業 □製造業 □零售業 □自由業 □家庭主婦 □學生
□其他（請註明_____）
5. 教育程度： □國小（含）以下 □國中 □高中（職） □專科 □大學
□研究所（含）以上
6. 平均月收入： □15,000元以下 □15,001～30,000元 □30,001～45,000元
□45,001～60,000元 □60,001～75,000元 □75,001～90,000元
□90,001～120,000元 □120,001元以上
7. 消費次數： □1次 □2次 □3次 □4次 □5次（含）以上

本問卷到此結束，非常感謝您的耐心填答，謝謝！！

二、概念性模型

本研究透過相關文獻整理、分析、推論與建立假說後，引導出景觀咖啡廳意象對知覺價值及忠誠度皆具有正向直接顯著影響；知覺價值對忠誠度亦具有正向直接顯著影響等假設。自變數為消費者於景觀咖啡廳中所感受到的商店意象（image），其包含六個子構面，分別為商品、服務、便利、商店環境、促銷及附加服務。此外，依變數則為消費者的忠誠度；而處於自變數與依變數之間的中介變數則是消費者所認知的知覺價值。最後，本研究亦將檢驗轉換成本的干擾效果。由此，本研究所建構的消費者忠誠度之概念性模型，其架構將如圖附3-1所示。

三、研究假設

根據圖附3-1所建立之概念性模型圖，本研究將提出下列研究假設，盼能透過市場調查所蒐集的資料，運用驗證性因素分析、結構方程模型，驗證這些假設的成立與否，以探討景觀咖啡廳意象、知覺價值與忠誠度間的關係，並釐清轉換成本於其間關係的干擾效果，這些研究假設分述如下：

假設一（H1）：景觀咖啡廳意象對知覺價值具有正向直接顯著影響。
假設二（H2）：景觀咖啡廳意象對忠誠度具有正向直接顯著影響。
假設三（H3）：知覺價值對忠誠度具有正向直接顯著影響。

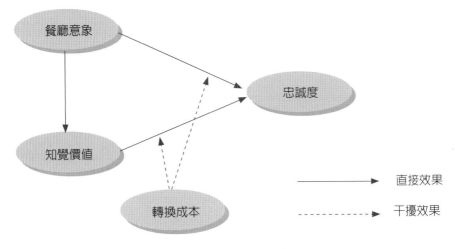

圖附3-1　概念性架構圖

假設四（H4）：轉換成本會干擾景觀咖啡廳意象與消費者忠誠度間的關係。

假設五（H5）：轉換成本會干擾知覺價值與消費者忠誠度間的關係。

四、潛在變數之操作型定義與衡量

為了檢驗上述之研究假說，本研究試圖將概念性模型予以操作化，並建構相對應的問項。根據圖附3-1的概念性模型，本論文之研究變數包含景觀咖啡廳意象、知覺價值、忠誠度與轉換成本等。以下為本研究之研究變數的操作型定義之陳述。

（一）景觀咖啡廳意象

Martineau（1958）認為在消費者決策中，有一種力量在運作，使消費者傾向惠顧與自我意象一致的商店，他將這種力量稱之為商店意象。據此，本研究將景觀咖啡廳意象定義為一種包含功能性特質、心理層面屬性及長期經驗的態度，本質上是複雜而非單獨的特性，它是消費者心中對景觀咖啡廳的整體意象，透過與其他餐廳比較後所產生之知覺的主觀想法，內化為個人知覺的整體意象。衡量上，將參考陳榮芳、葉惠忠、蔡玉雯、李麗娟（2006）及Kisang、Heesup and Tae-Hee（2008）所使用之商店意象的衡量問項，再依古坑華山景觀咖啡廳現場實察做修改與刪減。因此，將採用商品、服務、便利、商店環境、促銷及附加服務等六個子構面，計二十一個問項，衡量景觀咖啡廳意象。衡量時，將以Likert的七點尺度衡量，分別以「極不同意」、「很不同意」、「不同意」、「普通」、「同意」、「很同意」與「極為同意」區分成七個等級，並給予1、2、3、4、5、6、7的分數，分數越高表示景觀咖啡廳消費者

對商店意象的感受同意程度越高。表附3-1將顯示出景觀咖啡廳意象構面之子構面與衡量題項。

（二）知覺價值

Zeithaml（1988）定義知覺價值為消費者對產品或服務衡量其「所獲得的東西」和「所付出的代價」後，對產品效用所做的整體性評估，此即指顧客對產品或服務的知覺評價結果，也就是知覺利益（perceived benefits）與知覺成本（perceived costs）之間的抵換結果。本研究所指之知覺價值為消費者在付出的知覺成本（包含貨幣與非貨幣的成本）與獲得的知覺利益之間的落差，為影響消費者購買意願的因素之一。衡量上，將參考Yang and Peterson（2004）所使用之問項作為衡量依據，再依古坑華山景觀咖啡廳現場實察做修改與刪減，並經過檢測修正問卷，結果共有四題，如表附3-2所示。

（三）忠誠度

Oliver（1997）將顧客忠誠度定義為消費者重複購買某商品或使用某特定服務的高度承諾，先產生於消費者態度層面，進而表現於外在購買行為，即使面臨情境改變或是競爭者的影響，仍不會改變對於該產品或服務未來持續性使用的意願與行為。本研究所指之忠誠度為顧客對某產品或服務維持長久關係之承諾，表現於行為或是態度兩方面，其為企業長久獲利之要素之一。衡量上，將參考簡惠珠（2006）所使用之問項作為衡量依據，再依古坑華山景觀咖啡廳現場實察做修改與刪減，並經過檢測修正問卷，共有五題，如表附3-3所示。

（四）轉換成本

Jones等人（2000）認為影響轉換意願之因素不應只有消費者對品牌的評價，也應該包含消費者在客觀條件的限制下對轉換至其他業者的成本評估。因此，定義轉換成本為能增加轉換困難度或妨礙消費者轉換行為之相關因素，如有形的貨幣成本及無形的時間、精神成本，這些概念統稱為轉換障礙（switch barriers）。本研究所指之將轉換成本定義為在產品或服務轉換過程中，所需額外花費之有形或無形成本的評估。衡量上，將參考Yang and Peterson（2004）所使用之問項作為衡量依據，再依古坑華山景觀咖啡廳現場實察做修改與刪減，並經過檢測修正問卷，共有三題，如表附3-4所示。

表附3-1　景觀咖啡廳意象構面的衡量題項

構面	衡量題項
商品 im1	1.餐飲品質好，新鮮度佳（im1_1）。 2.餐飲商品種類多，選擇性高（im1_2）。 3.餐飲價格合理（im1_3）。 4.菜單內容會不定時更換（im1_4）。
服務 im2	5.服務人員親切有禮，服裝整齊（im2_1）。 6.服務人員會主動提供餐點之訊息（im2_2）。 7.服務人員結帳時，快速準確（im2_3）。 8.服務人員出餐快速，等待食物時間短（im2_4）。
便利 im3	9.營業時間滿足需要（im3_1）。 10.週邊交通便利，地點易達（im3_2）。 11.停車空間足夠（im3_3）。
商店環境 im4	11.店內裝潢高雅舒適，氣氛良好（im4_1）。 12.燈光音樂宜人（im4_2）。 13.店內環境舒適整潔（im4_3）。 14.走道空間寬敞，不會影響鄰座客人的交談（im4_4）。
促銷 im5	16.配合節慶主題性有促銷活動（im5_1）。 17.發行貴賓卡成立會員俱樂部（im5_2）。 18.提供商品折價券（im5_3）。
附加服務 im6	19.店內提供無線上網（im6_1）。 20.可使用信用卡付款（im6_2）。 21.提供書報雜誌閱讀（im6_3）。

表附3-2　知覺價值構面衡量的題項

構面	衡量題項
知覺價值 pv	1.和其他同業相較，本餐廳服務或商品非常吸引我（pv1）。 2.和其他同業相較，本餐廳物超所值（pv2）。 3.和其他同業相較，本餐廳提供了較多的免費服務（pv3）。 4.和其他同業相較，本餐廳提供比我預期更高的價值（pv4）。

表附3-3　忠誠度構面衡量的題項

構面	衡量題項
忠誠度 ly	1.本餐廳會是我優先的選擇（ly1）。 2.我願意再來本餐廳消費（ly2）。 3.我認為我是本餐廳的忠實顧客（ly3）。 4.我會向本餐廳申請貴賓卡（ly4）。 5.我會主動向親朋好友介紹本餐廳（ly5）。

表附3-4　轉換成本構面衡量的題項

構面	衡量題項
轉換成本 sc	1.我覺得轉換到另一間餐廳是費時費力的（sc1）。 2.轉換到另一間餐廳需花費較高的成本（sc2）。 3.我覺得要轉換到其他餐廳消費是一件麻煩的事（sc3）。

附錄四 電信業服務品質問卷

第一部分：

※請針對您的消費經驗，回答下列相關問項，請於□中打「✓」，謝謝！

	非常不同意	不同意	無意見	同意	非常同意
1.服務中心附近停車很方便。	□	□	□	□	□
2.服務中心、通路點之設置具有普及性、便利性。	□	□	□	□	□
3.專人為顧客導引之服務，令人滿意。	□	□	□	□	□
4.服務人員之服裝、儀容相當整齊。	□	□	□	□	□
5.服務人員的禮儀及談吐，令人滿意。	□	□	□	□	□
6.障礙申告、維修之總修復時間，令人滿意。	□	□	□	□	□
7.營業處所已設有陳情申訴部門及免費諮詢電話。	□	□	□	□	□
8.未服務前的等候時間令人不耐煩。	□	□	□	□	□
9.營業服務的時間能符合用戶需求。	□	□	□	□	□
10.能及時完成異動作業（如費率更改、地址變動）。	□	□	□	□	□
11.備有電子佈告欄提供重要電信訊息（如促銷、新業務訊息）。	□	□	□	□	□
12.完成服務所花費的全部時間相當長。	□	□	□	□	□
13.服務人員會主動協助客戶解決問題。	□	□	□	□	□
14.服務人員的專業知識頗佳。	□	□	□	□	□
15.計費、交易資料之正確性，令人擔憂。	□	□	□	□	□
16.客戶資料之保密程度，頗受質疑。	□	□	□	□	□
17.能準時寄發繳費通知單及收據。	□	□	□	□	□
18.備有報紙、雜誌供客戶打發時間。	□	□	□	□	□
19.備有電信文宣或專業期刊提供客戶新資訊。	□	□	□	□	□
20.話費能維持合理價位。	□	□	□	□	□
21.臨櫃繳費之排隊等候時間相當短。	□	□	□	□	□
22.繳納電信費用相當方便。	□	□	□	□	□
23.能即時的處理客戶抱怨與不滿。	□	□	□	□	□
24.備有舒適空間及足夠座椅供客戶使用。	□	□	□	□	□
25.營業場所之佈置及內外環境整潔，令人滿意。	□	□	□	□	□

	非常不同意	不同意	無意見	同意	非常同意
26.櫃檯已清楚標示其服務項目。	☐	☐	☐	☐	☐
27.申請業務之手續相當繁雜。	☐	☐	☐	☐	☐
28.能提供即時的服務動態資訊。	☐	☐	☐	☐	☐
29.服務人員對於顧客有關之各項諮詢能立即給予滿意回覆。	☐	☐	☐	☐	☐
30.服務人員不因忙著服務消費者而忽略了其他的消費者。	☐	☐	☐	☐	☐

第二部分

　　以不記名方式，請問您一些個人基本資料，供統計分析之用且不公開，請安心作答。（請於適當的「☐」內打「✓」，以下所有問題皆為單選）

1. 性別：　　　　(1)☐ 男　(2)☐ 女
2. 婚姻：　　　　(1)☐ 未婚　(2)☐ 已婚
3. 年齡：　　　　(1)☐ 20歲以下　(2)☐ 21～30歲　(3)☐ 31～40歲　(4)☐ 41～50歲
　　　　　　　　(5)☐ 51～60歲
4. 學歷：　　　　(1)☐國中以下　(2)☐高中　(3)☐專科　(4)☐大學　(5)☐研究所以上
5. 職業：　　　　(1)☐軍公教　(2)☐農　(3)☐工　(4)☐商　(5)☐自由業　(6)☐學生
　　　　　　　　(7)☐家管　　(8)☐無業／待業　(9)☐其他
6. 您每月平均所得：
　　(1)☐ 10,000元以下　　(2)☐ 10,001～20,000元　(3)☐ 20,001～30,000元
　　(4)☐ 30,001～40,000元　(5)☐ 40,001～50,000元　(6)☐ 50,001元以上
7. 請問您使用的門號系統為哪一家？
　　(1)☐ 中華電信　(2)☐ 台灣大哥大　(3)☐ 遠傳　(4)☐ 和信　(5)☐ 泛亞

附錄五　澎湖休閒漁業觀光意象原始問卷

親愛的遊客，您好！

　　首先感謝您願意填寫這份問卷。此問卷的目的在於了解您對澎湖休閒漁業的態度與看法，及對構成澎湖休閒漁業意象之相關屬性的重要程度。您的回答並沒有所謂的對與錯，敬請放心填答！您的意見對我們而言非常寶貴，作答結果僅供學術研究之用，絕對保密。再次感謝您的支持與協助。

　　敬祝　身體健康 萬事如意

XXX大學旅遊事業管理研究所

指導教授：XXXX博士

研　究　生：XXXX敬上

※問卷作答方式：

本問卷並沒有標準答案，請由選項中勾選出最能代表您心中想法的答案。

◎範例：若題目為：「到澎湖旅遊花費不多」
　　　　對於這樣的說法，如果您覺得「花費」這件事對您而言「非常重要」：
　　　　則您應該在「屬性重視度」欄中的「非常重要」項做勾選，如下表❶處所示。
　　　　同時，實際上，如果您卻「不同意」，「到澎湖旅遊花費不多」的說法時：
　　　　則您應該在「屬性認同度」欄中的「不同意」項做勾選，如下表處❷所示。

	屬性重視度						屬性認同度				
	非常不重要	不重要	普通	重要	非常重要		非常不同意	不同意	普通	同意	非常同意
1.到澎湖旅遊花費不多。	□	□	□	□	Ⅴ	※	□	Ⅴ	□	□	□
					❶			❷			

427

請描述您對澎湖休閒漁業相關問題的重視程度與認同程度：

下列問項主要在探究當您參與澎湖休閒漁業旅遊行程時（以下簡稱「行程」），您對該行程之相關意象的重視度與認同度。	屬性重視度						屬性認同度				
	非常不重要	不重要	普通	重要	非常重要		非常不同意	不同意	普通	同意	非常同意
1.本行程具高知名度。	□	□	□	□	□	※	□	□	□	□	□
2.參與行程可以回味漁村往日的氛圍。	□	□	□	□	□	※	□	□	□	□	□
3.澎湖居民的態度友善且好客。	□	□	□	□	□	※	□	□	□	□	□
4.參與行程可以實際體驗漁村文化。	□	□	□	□	□	※	□	□	□	□	□
5.先民所展現的智慧（如石滬漁法），令人欽佩。	□	□	□	□	□	※	□	□	□	□	□
6.參與行程令我對澎湖漁村建築的保存狀況，感到珍惜。	□	□	□	□	□		□	□	□	□	□
7.參與行程可以了解漁村的風俗民情。	□	□	□	□	□	※	□	□	□	□	□
8.可以觀賞到獨特的地質與地形景觀。	□	□	□	□	□	※	□	□	□	□	□
9.澎湖的休閒漁業擁有豐富且未受破壞／干擾的生態環境資源。	□	□	□	□	□	※	□	□	□	□	□
10.澎湖具有海洋資源豐富、海岸線長與傳統漁作等多樣化的休閒漁業環境。	□	□	□	□	□	※	□	□	□	□	□
11.設施與天然的景點／景觀相互融合。	□	□	□	□	□	※	□	□	□	□	□
12.澎湖的海洋資源，存在一些特有種的海洋生物。	□	□	□	□	□	※	□	□	□	□	□
13.具有當地特色的漁村建築。	□	□	□	□	□	※	□	□	□	□	□
14.澎湖的漁村建築風格反映了順應環境及生活文化的特色。	□	□	□	□	□	※	□	□	□	□	□
15.澎湖的休閒漁業富有歷史性且具有先民智慧傳承的特色。	□	□	□	□	□	※	□	□	□	□	□
16.澎湖的休閒漁業環境具有傳統的漁村特色。	□	□	□	□	□	※	□	□	□	□	□
17.行程具備多樣化的活動遊程。	□	□	□	□	□	※	□	□	□	□	□
18.行程有夜間的海洋產業體驗活動。	□	□	□	□	□	※	□	□	□	□	□
19.澎湖的商店具有融合自然和地方休閒漁業的特性。	□	□	□	□	□	※	□	□	□	□	□
20.澎湖的休閒漁業環境，有完善（備）路標設置和資訊設備。	□	□	□	□	□	※	□	□	□	□	□
21.澎湖休閒漁業的旅遊資訊取得很容易。	□	□	□	□	□	※	□	□	□	□	□
22.旅遊景點基礎設施很完善。	□	□	□	□	□	※	□	□	□	□	□
23.在用餐地點得到良好的接待。	□	□	□	□	□	※	□	□	□	□	□
24.在購物地點得到良好的服務。	□	□	□	□	□	※	□	□	□	□	□
25.注重服務態度與品質。	□	□	□	□	□	※	□	□	□	□	□

下列問項主要在探究當您參與澎湖休閒漁業旅遊行程時（以下簡稱「行程」），您對該行程之相關意象的重視度與認同度。	屬性重視度						屬性認同度				
	非常不重要	不重要	普通	重要	非常重要		非常不同意	不同意	普通	同意	非常同意
26.可以發現具有當地特色的手工藝品和傳統美食。	☐	☐	☐	☐	☐	※	☐	☐	☐	☐	☐
27.澎湖的休閒漁業旅遊不會擁擠吵雜。	☐	☐	☐	☐	☐	※	☐	☐	☐	☐	☐
28.環境是乾淨衛生且經過精心規劃。	☐	☐	☐	☐	☐	※	☐	☐	☐	☐	☐
29.可以感受到當地特色民情。	☐	☐	☐	☐	☐	※	☐	☐	☐	☐	☐
30.提供安全、舒適的休閒漁業旅遊環境。	☐	☐	☐	☐	☐	※	☐	☐	☐	☐	☐
31.澎湖的休閒漁業環境空氣新鮮且整潔。	☐	☐	☐	☐	☐	※	☐	☐	☐	☐	☐
32.本行程有適合孩童玩樂的相關活動。	☐	☐	☐	☐	☐	※	☐	☐	☐	☐	☐

個人背景變項（此部分皆為單選題）

1. 性別：　　　　☐ 男　☐ 女
2. 婚姻狀況：　　☐ 已婚　☐ 未婚　☐ 其他_____
3. 年齡：　　　　☐ 18～25歲　☐ 26～35歲　☐ 36～45歲　☐ 46～55歲　☐ 56歲及以上
4. 職業：　　　　☐ 學生　☐ 軍公教　☐ 農林漁牧　☐ 商　☐ 工　☐ 自由業　☐ 退休人員
　　　　　　　　☐ 其他_____
5. 收入：　　　　☐ 20,000元以內　☐ 20,001～40,000元　☐ 40,001～60,000元　☐ 60,001～80,000元
　　　　　　　　☐ 80,001元以上
6. 教育程度：　　☐ 國中以下　☐ 國中　☐ 高中（職）　☐ 大專　☐ 研究所及以上
7. 居住地：　　　☐ 北部（基隆、宜蘭、臺北、桃園、新竹）
　　　　　　　　☐ 中部（苗栗、臺中、彰化、雲林、南投）　☐ 南部（嘉義、臺南、高雄、屏東）
　　　　　　　　☐ 東部（花蓮、臺東）
　　　　　　　　☐ 離島（澎湖、金門、馬祖）　☐大陸地區　☐其他國或地區_____
8. 旅遊花費：　　☐ 4,000元以內　　☐ 4,001～5,500元　　☐ 5,501～7,000元　☐ 7,001～8,500元
　　　　　　　　☐ 8,501～10,000元　☐ 10,000元以上　　☐ 免費（末含往返澎湖的機票及船票）
9. 交通工具：　　☐ 飛機　☐ 船　☐ 兩者皆有
10. 旅遊類型：　　☐ 套裝行程　☐ 招待旅遊　☐ 自由行　☐ 半自助（住宿含交通）　☐ 背包客
　　　　　　　　☐ 其他_____
11. 旅遊資訊來源：
　　☐ 親友　☐ 報章雜誌　☐ 電子媒體　☐ 廣告傳單　☐ 旅遊業者　☐ 網路　☐其他_____
12. 旅遊天數：　☐ 二天　☐ 三天　☐ 四天　☐ 五天　☐ 六天　☐ 七天以上
13. 曾到澎湖旅遊的次數：
　　☐ 第一次　☐ 二次　☐ 三次　☐ 四次　☐ 五次以上

本問卷到此結束，謝謝您的支持與協助！

附錄六 醫院服務品質問卷

問卷編號： _____

> 　　親愛的先生、小姐您好：
>
> 　　這是一份學術性的研究問卷，目的在了解您對醫院服務品質的感覺及看法，您的寶貴意見，將是本研究成功的最大關鍵。問卷採不記名方式，全部資料僅作統計分析之用，絕不對外公開，請安心填寫。懇請您撥幾分鐘協助填答問卷，謝謝您的熱心參與。
>
> 　　敬祝您　順心如意
>
> 　　　　　　　　　　　　　　　　　　　　　　國立xxxxxx管理研究所
> 　　　　　　　　　　　　　　　　　　　　　　指導教授：　　　博士
> 　　　　　　　　　　　　　　　　　　　　　　研　究　生：　　敬上

※請針對您的服務經驗，回答下列相關問項，請於□中打「✓」，謝謝！

第一部分：服務品質	極不同意	很不同意	不同意	普通	同意	很同意	極為同意
1.醫院擁有現代化的設備。	□	□	□	□	□	□	□
2.醫院的實體設施相當完善。	□	□	□	□	□	□	□
3.醫院服務人員的穿著整潔、清爽。	□	□	□	□	□	□	□
4.醫院有完善的業務或服務說明資料。	□	□	□	□	□	□	□
5.醫院附近停車很方便。	□	□	□	□	□	□	□
6.候診時，醫院備有舒適空間及足夠座椅。	□	□	□	□	□	□	□
7.這家醫院對病患詳盡解釋病情。	□	□	□	□	□	□	□
8.當病患遭遇問題時，醫院會盡力協助解決。	□	□	□	□	□	□	□
9.這家醫院在病患第一次就診時就能對症下藥。	□	□	□	□	□	□	□
10.這家醫院能在門診時段內準時為病患服務。	□	□	□	□	□	□	□
11.這家醫院所提供服務能保持不犯錯的記錄。	□	□	□	□	□	□	□
12.醫院對病患的個人資料能善盡保密之責。	□	□	□	□	□	□	□
13.醫院會告訴病患執行服務的正確時間。	□	□	□	□	□	□	□
14.醫院服務人員能夠提供病患立即性的服務。	□	□	□	□	□	□	□
15.醫院服務人員能以病患為尊。	□	□	□	□	□	□	□

第一部分：服務品質	極不同意	很不同意	不同意	普通	同意	很同意	極為同意
16.醫院服務人員常保高度的服務病患意願。	☐	☐	☐	☐	☐	☐	☐
17.醫院服務人員不會因為太忙碌而疏於回應顧客。	☐	☐	☐	☐	☐	☐	☐
18.繳費之排隊等候時間相當短。	☐	☐	☐	☐	☐	☐	☐
19.服務人員的行為建立了病患對醫療服務的信心。	☐	☐	☐	☐	☐	☐	☐
20.治療時讓病患覺得很安全。	☐	☐	☐	☐	☐	☐	☐
21.醫院服務人員能保持對病患的禮貌態度。	☐	☐	☐	☐	☐	☐	☐
22.醫院服務人員有足夠的專業知識因應病患的問題。	☐	☐	☐	☐	☐	☐	☐
23.計費資料之正確性，令人滿意。	☐	☐	☐	☐	☐	☐	☐
24.服務人員會主動協助病患解決問題。	☐	☐	☐	☐	☐	☐	☐
25.醫院會給予不同病患不同的關懷。	☐	☐	☐	☐	☐	☐	☐
26.醫院會因應病患的需要訂定適當的服務執行時間。	☐	☐	☐	☐	☐	☐	☐
27.醫院會給予不同病患不同的照顧。	☐	☐	☐	☐	☐	☐	☐
28.醫院的人員了解病患的特殊需要。	☐	☐	☐	☐	☐	☐	☐
29.醫院服務人員對病患能給予個別化的服務。	☐	☐	☐	☐	☐	☐	☐
30.醫院服務人員對病患的病情能感同身受。	☐	☐	☐	☐	☐	☐	☐

參考文獻

方世榮（2005）。統計學導論。臺北：華泰。

王俊明（2004）。問卷與量表的編製及分析方法。國立體育學院（http://websrv5.ncpes.edu.tw/~physical/ index-0.htm）。

林煌（2001）。我國中小學教師終身進修制度之研究。碩士論文，國立臺灣師範大學教育研究所，臺北。

林震岩（2006）。多變量分析：SPSS的操作與應用。臺北：智勝。

李秉宗（2005）。人生的歌。臺北：阿爾發。

吳忠宏、黃宗成（2001）。玉山國家公園管理處服務品質之研究：以遊客滿意度為例。國家公園學報，11（2），117-135。

吳育東（2000）。多變量統計方法應用於行動電話消費者購買行為與滿意度之研究。碩士論文，國立成功大學統計研究所，臺南。

吳明隆（2007）。結構方程模式：AMOS的操作與應用。臺北：五南。

吳明隆、涂金堂（2005）。SPSS與統計應用分析。臺北：五南。

吳明隆（2008）。SPSS操作與應用－問卷統計分析實務。臺北：五南。

吳統雄（1984）。電話調查：理論與方法。臺北：聯經出版事業公司。

吳統雄（1985）。態度與行為之研究的信度與效度：理論、應用、反省。民意學術專刊，夏季號，29-53。

周浩、龍立榮（2004）。共同方法偏差的統計檢驗與控制方法。心理科學進展，12卷，6期，942-950。

呂秀英（2000）。有關係？沒關係？－談迴歸與相關。農業試驗所技術服務季刊，11卷，1期，5-8。

呂秀英（2003）。重複測量資料分析的統計方法。科學農業，51（7,8），174-185。

余民寧（2006）。潛在變項模式：SIMPLIS的應用。臺北：高等教育。

邱皓政（2004）。結構方程模式：LISREL的理論、技術與應用。臺北：雙葉。

邱皓政（2005）。量化研究法（二）：統計原理與分析技術。臺北：雙葉。

邱皓政（2006）。量化研究與統計分析：SPSS中文視窗版資料分析範例解析。臺北：五南。

侯杰泰、溫忠麟、成子娟（2002）。結構方程模型及其應用。北京：教育科學出版社。

陳榮方、葉惠忠、蔡玉雯、李麗娟（2006）。顧客忠誠度、生活型態及商店形象之結構關係模式分析—以高雄市連鎖咖啡店為例。高雄應用科技大學學報，35，145-160。

郭易之（2011）。郭易之部落格。http://kuojsblog.pixnet.net/blog/post/22776984。

黃芳銘（2002）。結構方程模式理論與應用。臺北：五南。

黃俊英（1999）。企業研究方法。臺北：東華。

彭台光、高月慈、林鉦棽（2006）。管理研究中的共同方法變異：問題本質、影響、測試和補救。管理學報，23卷，1期，77-98。

楊國樞、文崇一、吳聰賢、李亦園（2002）。社會及行為科學研究法。臺北：東華。

楊孝濚（1991）。傳播研究與統計。臺北：臺灣商務印書。

葉重新（1999）。心理測驗。臺北：三民。

榮泰生（2008）。AMOS與研究方法。臺北：五南。

蔡佳蓉（2010）。臺中市居民對騎乘自行車之休閒動機、休閒阻礙與休閒促進之研究。碩士論文，逢甲大學土地管理學系，臺中。

簡惠珠（2006）。顧客價值、價格知覺、顧客滿意度、轉換成本對顧客忠誠度影響之研究—以量販店為例。碩士論文，成功大學高階管理碩士班，臺南。

譚克平（2008）。極端值判斷方法簡介。臺東大學教育學報，19（1），131-150。

Aaker, D. A. (1996). Building strong brand. NY: The Free Press.

Aaker, D. A. (1997). Should you take your brand to where the action is?. Harvard Business Review., 75(5), 135-144.

Aaker, D. A. & Keller, K. L. (1990). Consumer evaluations of brand extensions. Journal of Marketing, 54(1), 27-42.

Aiken, L. S., & West, S. G. (1991). Multiple regression: Testing and interpreting interactions. Newbury Park, CA: Sage.

Anderson, J. C. & Gerbing, D. G. (1988). Structural equation modeling in practice: A review and recommended two-step approach. Psychological Bulletin, 103(May), 411-423.

Armstrong, J. S. & Overton, T. (1977). Estimating Nonresponse Bias in Mail Surveys. Journal of Marketing Research, 51, 71-86.

Bagozzi, R. P., & Yi, Y. (1988). On the evaluation for structural equation models. Journal of the Academy of Marketing Science, 16, 74-94.

Baron, R. M. & Kenny, D. A. (1986). The moderator-mediator variable distinction in social psychological research: conceptual, strategic, and statistical considerations. Journal of Personality and Social Psychology, 51(6), 1173-1182.

Barsky. J. D. & Labagh. R. (1996). A strategy for customer satisfaction. Cornell Hotel and Restaurant Administration Quarterly, 33(5), 32-40.

Biel, A. L. (1992). How brand image drives brand equity. Journal of Advertising Research, 32(6), 6-12.

Bollen, K. A. (1989). Structural equations with latent variables. New York: Wiley.

Bollen, K. A., & Long, J. S. (1993). Testing structural equation models. Newbury Park, CA: Sage.

Boomsma, A. (1982). The robustness of LISREL against small sample sizes in factor analysis models. In K. G. Joreskog & H. Wold (Eds.), Systems under indirect observation: Causality, structure, prediction (Part I, pp. 149-173). Amsterdam: North-Holland.

Chaudhuri, A. (2001). The relationship of brand attitudes and brand performance: The role of brand loyalty. Journal of Marketing Management, 9(3), 1-9.

Chu. R. K. S., & Choi, T. (2000). An importance-performance analysis of hotel selection factors in the Hong Kong hotel industry: A comparison of business and leisure travellers, Tourism Management, 21(2000), 363-377.

Cohen, J. (1988). Statistical power analysis for the behavioral sciences (2nd edition). Hillsdale, NJ: Erlbaum.

Cronbach, L. J. (1990). Essentials of psychological testing (5th ed.). New York: Happer Collins.

Curran, P. J., West, S. G., & Finch, J. F. (1996). The robustness of test statistics to non-normality and specification error in confirmatory factor analysis. Psychological Methods, 1, 16-29.

Fornell, C. & Larcker, D. F. (1981). Evaluating structural equation models with unobservable and measurement error. Journal of Marketing Research, 18, 39-50.

Gaski, J. F., & Nevin, J. R. (1985). The differential effects of exercised and unexercised power sources in a marketing channel. Journal of Marketing Research, 22(2), 130-142.

Gorsuch, R. L. (1983). Factor analysis. Hillsdale, NJ: Lawrence Erlbaum.

Hair, J. F., Anderson, R. E., Tatham, R. L., & Black, W. C. (1998). Multivariate data analysis (5th ed.). Upper Saddle River, New Jersey: Prentice-Hall International.

Hayduk, L. A. (1987). Structural equation modeling with LISREL: Essentials and advances. Baltimore: The John Hopkins University Press.

Hotelling, H. (1936). Relations between two sets of variates. Biometrika, 28, 321-377.

Hoelter, J. W. (1983). The analysis of covariance structures: Goodness-of-fit Indices. Sociological Methods and Research, 11, 325-344.

Hudson, S., Hudson, P., Miller, G. A. (2004). The Measurement of Service Quality in the Tour Operating Sector: A Methodological Comparison. Journal of Travel Research, 42, 3, 305-312

Jones, M. A., Mothersbaugh D. L. & Beatty S. E. (2002). Why customers stay: Measuring the underlying dimensions of services switching costs and managing their differential strategic outcomes. Journal of Business Research, 55, 441-450.

Jöreskog, K. G. (1973). A general method for estimating a linear structural equation system. Structural Models in the Social Sciences. A. S. Goldberger and O. D. Duncan, Eds., Academic Press, New York.

Jöreskog, K. G., & Sörbom, D. (1989). LISREL 7: A guide to the program and applications (2nd ed.). Chicago: SPSS Inc.

Kaiser, H. F. (1958). The varimax criterion for analytic rotation in factor analysis. Psychometrika, 23(3), 187-200.

Keesling, J. W. (1972). Maximum likelihood approaches to causal analysis. Ph. D. Dissertation, University of Chicago.

Keller, K. L. (1993). Conceptualizing, measuring, and managing customer-based brand equity. Journal of Marketing, 57, 1-22.

Keller, K. L. (2001). Building customer-based brand equity. Marketing Management. 10(2), 14-19.

Kelley, T. L. (1939). The selection of upper and lower groups for the validation of test item. Educational Psychology, 30, 17-24.

Kerlinger, F. N. & Lee, H. B. (1999). Foundations of behavioral research, 4th ed., New York: Macmillan.

Kisang, R., Heesup, H., & Tae-Hee, K. (2008). The relationships among overall quick-casual restaurant image, perceived value, customer satisfaction, and behavioral intentions. International Journal of Hospitality Management, 27 459-469.

Kleinbanum, D. G., Kupper, L. L. & Muller, K. E. (1998). Applied regression analysis and other multivariable methods. 2th ed., North Scituate, MA: Duxbury Press.

Kline, R. B. (1998). Principles and practice of structural equation modeling. New York: Guilford Press.

Mardia, K. V. (1970). Measures of multivariate skewness and kurtosis with applications. Biometrika, 57(3), 519-530.

Mardia, K. V. (1985). Mardia's test of multinormality. In Kotz, S., & Johnson, N. L. (Eds). Encyclopedia of statistical sciences, 5, 217-221.

Martineau, P. (1958). The personality of the retail store. Harvard Business Review, 36, 47-55.

Martilla, J. A., & James, J. C. (1977). Importance-performance analysis. Journal of Marketing, January, 77-79.

Matzler, K., F. Bailom, H. H. Hinterhuber, B. Renzl, and J. Pichler (2004). The Asymmetric Relationship between Attribute-Level Performance and Overall Customer Satisfaction: A Reconsideration of the Importance-Performance Analysis," Industrial Marketing Management, 33 (4), 271-277.

Mulaik, S. A., James, L. R., Altine, J. V., Lind, B. S. & Stilwell, C. D. (1989). Evaluation of goodness-of-fit indices for structural equation models. Psychological Bulletin, 105(3), 430-445.

Nunnally, J. C. (1967). Psychometric theory, New York, NY: McGraw-Hill Book Company.

Oliver, R. L. (1997). Satisfaction: A behavioral perspective on the consumer. Boston, MA: Irwin, McGrew-Hill.

Parasuraman, A., Zeithaml, V. A., & Berry, L. L. (1988). SERVQUAL: A multiple-item scale for measuring consumer perceptions of service quality. Journal of Retailing, 64(1), 12-40.

Podsakoff, P. M., MacKenzie, S., & Lee, J. Y. (2003). Common method bias in behavioral research: A critical review of the literature and recommended remedies. Journal of Applied Psychology, 88(5), 879-903.

Raykov, T., & Widaman, K. F. (1995). Issues in structural equation modeling, research. Structural Equation Modeling: A Multidisciplinary Journal, 2, 289-318.

Roscoe, J. T. (1975). Fundamental research statistics for the behavior sciences (2nd ed.). NY: Holt, Rinehart and Winston.

Steven, J. P. (1990). Intermediate statistics: A modern approach. Hillsdale, New Jersey: Lawrence Erlbaum Associates.

Sweeney, J. C., & Soutar, G. (2001). Consumer perceived value: The development of multiple item scale, Journal of Retailing, 77(2), 203-222.

Shiffler, R. E. (1988). Maximum Z score and outliers. The American Statistician, 42(1), 79-80.

Sweeney, J. C., Soutar, G. N. & Johnson, L. W. (1997). Retail service quality and perceived value: a comparison of two models. Journal of Retailing and Consumer Service, 4(1), 39-48.

Tabachnick, B. G., & Fidell, L. S. (2001). Using multivariate statistics (4th Edition). Boston, MA: Allyn & Bacon.

Vaske. J. J., Beaman. J., Stanley. R., & Grenier. M. (1996). Importance-performance and segmentation: Where do we go from here? Journal of Travel & Tourism Marketing, 5(3), 225-240.

Velicer, V. F. & Fava, J. L. (1998). Effects of variable and subject sampling on factor pattern recovery. Psychological Methods 3: 231-251.

Velicer, W. F., & Fava, J. L. (1987). An evaluation of the effects of variable sampling on component, image, and factor analysis. Multivariate Behavioral Research, (22), 193-209.

Vogt, W. P. (1999). Dictionary of statistics & methodology: A nontechnical guide for the social sciences. (2rd ed). Thousand Oaks, CA: Sage Publications.

Wiley D. E. (1973). The identification problem for structural equation models with unmeasured variables' structural models in the social sciences. A. S. Goldberger and O. D. Duncan, Eds., Academic Press, New York.

Williams, L. J. & Hazer, J. T. (1986). Antecedents and consequence of satisfaction and commitment in turnover models: A reanalysis using latent variable structural equation models. Journal of Applied Psychology, 71, 219-231.

Wright, S. (1921). Correlation and causation. Journal of Agriculture Research, 20, 557-585.

Yang, Z., & Peterson, R. T. (2004). Customer perceived value, satisfaction, and loyalty: The role of switching costs. Psychology and Marketing, 21(10), 799-822.

Zeithaml, V. A. (1988). Consumer perceptions of price, quality and value: A means-end model and synthesis of evidence. Journal of Marketing, 52(3), 2-22.

國家圖書館出版品預行編目資料

應用統計分析：SPSS的運用／陳寬裕著.－－
初版.－－臺北市：五南圖書出版股份有限
公司, 2017.10
面；　公分
ISBN 978-957-11-9408-0（平裝）

1.統計套裝軟體　2.統計分析

512.4　　　　　　　　　　106015901

1HON

應用統計分析：SPSS的運用

作　　　者— 陳寬裕

發 行 人— 楊榮川

總 經 理— 楊士清

總 編 輯— 楊秀麗

主　　編— 侯家嵐

責任編輯— 劉祐融

文字校對— 鐘秀雲、陳俐君

封面設計— 盧盈良

出 版 者— 五南圖書出版股份有限公司

地　　址：106台北市大安區和平東路二段339號4樓

電　　話：(02)2705-5066　　傳　　真：(02)2706-6100

網　　址：https://www.wunan.com.tw

電子郵件：wunan@wunan.com.tw

劃撥帳號：01068953

戶　　名：五南圖書出版股份有限公司

法律顧問　林勝安律師

出版日期　2017年10月初版一刷
　　　　　2023年 6 月初版五刷

定　　價　新臺幣560元

經典永恆・名著常在

五十週年的獻禮 —— 經典名著文庫

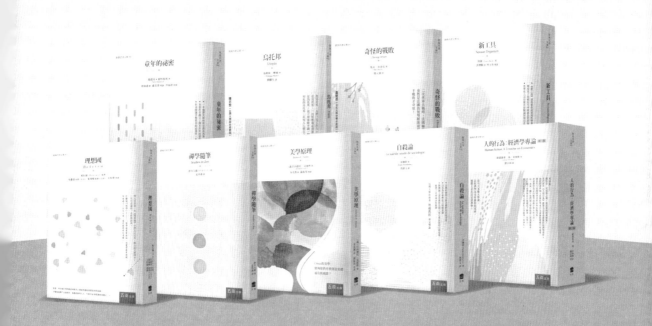

五南，五十年了，半個世紀，人生旅程的一大半，走過來了。

思索著，邁向百年的未來歷程，能為知識界、文化學術界作些什麼？

在速食文化的生態下，有什麼值得讓人雋永品味的？

歷代經典・當今名著，經過時間的洗禮，千錘百鍊，流傳至今，光芒耀人；

不僅使我們能領悟前人的智慧，同時也增深加廣我們思考的深度與視野。

我們決心投入巨資，有計畫的系統梳選，成立「經典名著文庫」，

希望收入古今中外思想性的、充滿睿智與獨見的經典、名著。

這是一項理想性的、永續性的巨大出版工程。

不在意讀者的眾寡，只考慮它的學術價值，力求完整展現先哲思想的軌跡；

為知識界開啟一片智慧之窗，營造一座百花綻放的世界文明公園，

任君遨遊、取菁吸蜜、嘉惠學子！